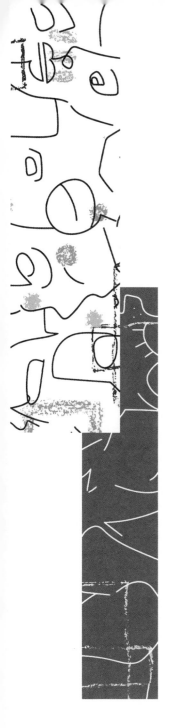

融合新闻叙事

故事、语言与修辞

刘涛 著

NARRATIVE OF CONVERGENT JOURNALISM

Story, Language and Rhetoric

北京大学出版社
PEKING UNIVERSITY PRESS

图书在版编目(CIP)数据

融合新闻叙事：故事、语言与修辞 / 刘涛著. -- 北京：北京大学出版社，2024.10
ISBN 978-7-301-35122-2

Ⅰ.①融⋯ Ⅱ.①刘⋯ Ⅲ.①新闻写作—研究 Ⅳ.①G212.2

中国国家版本馆 CIP 数据核字(2024)第 104659 号

书　　　名	融合新闻叙事：故事、语言与修辞 RONGHE XINWEN XUSHI: GUSHI、YUYAN YU XIUCI
著作责任者	刘　涛　著
责 任 编 辑	董郑芳
标 准 书 号	ISBN 978-7-301-35122-2
出 版 发 行	北京大学出版社
地　　　址	北京市海淀区成府路 205 号　100871
网　　　址	http://www.pup.cn
新 浪 微 博	@北京大学出版社　　　@未名社科–北大图书
微信公众号	北京大学出版社　　北大出版社社科图书
电 子 邮 箱	编辑部 ss@pup.cn　　　总编室 zpup@pup.cn
电　　　话	邮购部 010-62752015　　发行部 010-62750672 编辑部 010-62753121
印　刷　者	涿州市星河印刷有限公司
经　销　者	新华书店
	720 毫米×1020 毫米　　16 开本　　29.5 印张　　501 千字 2024 年 10 月第 1 版　　2024 年 10 月第 1 次印刷
定　　　价	128.00 元(精装)

未经许可，不得以任何方式复制或抄袭本书之部分或全部内容。
版权所有，侵权必究
举报电话：010-62752024　电子邮箱：fd@pup.cn
图书如有印装质量问题，请与出版部联系，电话：010-62756370

目 录

绪论 融合新闻叙事的知识框架：一个数字叙事学的视角 …………… (1)
 一、融合新闻学的兴起 ……………………………………………… (3)
 二、叙事的缘起：中国与西方 ……………………………………… (9)
 三、叙事学：从狭义到广义 ………………………………………… (12)
 四、叙事理论：媒介性何以嵌入叙事性 …………………………… (18)
 五、叙事语言：融合性与叙事可供性 ……………………………… (26)
 六、叙事实践：通往叙事的社会向度 ……………………………… (36)
 七、本书框架及学理依据 …………………………………………… (41)

上编 原理与理论

第一章 故事观念与新闻叙事内涵 ……………………………………… (51)
 一、从故事到新闻故事 ……………………………………………… (53)
 二、故事与话语何以"结合"？ ……………………………………… (59)
 三、事件与实存：从经典故事到数据故事 ………………………… (62)
 四、故事的生成语言："形式的修辞"与故事的重新发现 ………… (71)
 五、故事结构及其"变奏"：互动故事的兴起 ……………………… (75)

第二章 语图结构与新闻叙事语言 ……………………………………… (82)
 一、理解语图关系的符号视角 ……………………………………… (83)
 二、并置叙事：语图结构的编排语言 ……………………………… (86)
 三、嵌入叙事：语图结构的图式语言 ……………………………… (91)

第三章　数字修辞与新闻叙事机制 （98）
一、数字修辞的兴起：当修辞学遇到数字叙事 （100）
二、修辞本质：从语言劝服到界面引导 （106）
三、修辞语法：基于互动的叙事规则构建 （112）
四、修辞情景：虚实互嵌与情景的"语言" （120）
五、修辞效果：情感认同与感官的"交响" （125）

第四章　再媒介化与新闻叙事图式 （130）
一、再媒介化：一个叙事图式问题 （132）
二、媒介形态维度的再媒介化叙事 （134）
三、媒介语法维度的再媒介化叙事 （136）
四、媒介意象维度的再媒介化叙事 （140）

第五章　数字人文与新闻叙事批评 （143）
一、从现实世界到数据世界 （144）
二、可视化实践与缺席的人文故事 （148）
三、嵌入与并置：数据新闻的人文向度 （153）

第六章　符号秩序与新闻叙事伦理 （157）
一、理解叙事伦理：符号秩序及其"述真"问题 （158）
二、信息伦理：新闻的形态与边界 （168）
三、数据伦理：数据的转译尺度及语言 （174）
四、视觉伦理："中介化事实"的视觉生成 （178）
五、技术伦理：算法的"黑箱"及其价值反思 （183）

中编　形式与语言

第七章　时间叙事："序列"结构及其超越 （194）
一、数字叙事学视野下的时间及时间叙事 （196）

二、时间与结构：时间线的另一副面孔 …………………………（200）
三、时间与表征：过去与未来的边界拓展 …………………………（207）
四、时间与认知：意义生成的时间图式再造 ………………………（213）

第八章　空间叙事：从叙事要素到叙事变量 …………………（223）
一、数字叙事学视野下的空间及空间叙事 …………………………（224）
二、作为现实表征的空间叙事 ………………………………………（230）
三、作为结构图式的空间叙事 ………………………………………（234）
四、作为认知媒介的空间叙事 ………………………………………（240）
五、作为主体实践的空间叙事 ………………………………………（245）

第九章　声音叙事：声音"景观"的生产 ………………………（249）
一、数字世界的声音故事 ……………………………………………（250）
二、事实呈现：不在场的"在场" ……………………………………（253）
三、符号表征：声音的时空想象力 …………………………………（255）
四、数据再现：数据可听化 …………………………………………（257）

第十章　互动叙事：可能世界中的"现实" ……………………（263）
一、互动性何以影响叙事性？ ………………………………………（265）
二、界面、互动装置与叙事可供性 …………………………………（268）
三、路径与遍历：被折叠的可能世界 ………………………………（274）
四、故事与情节：互动叙事的时空语言 ……………………………（277）
五、作为界面的环境：环境中的互动故事 …………………………（281）

第十一章　情感叙事：技术何以赋情 ……………………………（285）
一、数字新闻业的情感转向与情感叙事 ……………………………（286）
二、迈向数据云图：数据维度的情感建构 …………………………（292）
三、程序的情感想象力：互动维度的情感参与 ……………………（297）
四、数字情景及其语言：场景维度的情感触发 ……………………（300）

第十二章　竖屏叙事：界面的尺度与语言 …………………………（306）
　一、竖屏：一种新的人体工程结构 …………………………（307）
　二、技术、界面及其信息方式 ………………………………（310）
　三、重识版面：滚屏中的故事 ………………………………（312）
　四、从竖屏叙事到竖屏文化 …………………………………（316）

下编　修辞与实践

第十三章　中国话语体系构建：新概念·新范畴·新表述 ………（321）
　一、理解中国话语体系：内涵与逻辑 ………………………（322）
　二、新概念：语义网络建构的符号创新 ……………………（327）
　三、新范畴：认知模式再造的框架创新 ……………………（331）
　四、新表述：故事系统生成的形式创新 ……………………（335）

第十四章　中国叙事体系构建：新文本·新语言·新生态 ………（348）
　一、理解中国叙事体系：内涵与逻辑 ………………………（350）
　二、新文本：叙事体系构建的形式逻辑 ……………………（353）
　三、新语言：叙事体系构建的语法逻辑 ……………………（360）
　四、新生态：叙事体系构建的实践逻辑 ……………………（365）

第十五章　西方数据新闻中的中国：一个视觉修辞分析框架 ……（371）
　一、数据：从数据链条到数据拼图 …………………………（375）
　二、关系：相关与因果的概念置换 …………………………（377）
　三、时间：时间线与"时间政治学" …………………………（379）
　四、空间：全球地图与"新地缘叙事" ………………………（382）
　五、交互：数据的戏剧性与语法体系 ………………………（384）
　六、视觉标出与数据他者的生产 ……………………………（386）

第十六章　国家数据话语权建设的叙事框架创新 ……（390）
　　一、数据、图像与中国形象 ……（391）
　　二、从数据结构到视觉框架 ……（393）
　　三、视觉修辞与数据话语的生成 ……（396）
　　四、数据话语权：数据故事及其视觉想象力 ……（400）

第十七章　生态文明话语建构的数字叙事体系 ……（404）
　　一、数字表征与生态争议的发现 ……（407）
　　二、数字景观与生态美学的重构 ……（411）
　　三、数字互动与生态场景的再造 ……（417）
　　四、数字参与生态书写的创新 ……（422）

第十八章　传统文化传承创新的语义修辞系统 ……（427）
　　一、文化可述性与技术可塑性的相遇 ……（428）
　　二、故事形态：图像化与叙事时空再现 ……（431）
　　三、故事感知：情感化与叙事认同重塑 ……（434）
　　四、故事生成：游戏化与叙事情景重构 ……（441）

讨论　生成式人工智能与人机协作叙事 ……（447）
　　一、智能体：叙事中的行动者 ……（448）
　　二、"咒语"的世界：人机何以交流？ ……（452）
　　三、迈向人机协作叙事时代 ……（455）
　　四、人机混合智能与叙事的"智能转向" ……（458）

后　记 ……（461）

绪 论

融合新闻叙事的知识框架：一个数字叙事学的视角

人类活动离不开对意义的永恒探索，而叙事（narrative）则是一种基础性的意义实践。所谓叙事，主要是指关于事情的叙述行为与活动——"叙"意为叙述与表征，对应的是叙事之形式问题；"事"意为事件与故事，对应的是叙事之内容问题。因此，"叙"与"事"的结合，构成了叙事的基础内涵。经典叙事学沿着俄国形式主义与法国结构主义的理论脉络，将意义问题限定在文本范畴，认为文本是意义的"居所"，而意义存在于文本空间之中，并经由叙事的方式得以生成和显现。相应地，叙事学所关注的所叙之"事"，本质上体现为文本维度的表征之"意"。按照西方叙事学的经典概括，叙事被视为"故事"与"话语"的结合。① 西摩·查特曼（Seymour Chatman）对二者的内涵做出了清晰的界定："被交流的是故事（story），它是叙事的表面内容要素；故事又是通过话语（discourse）交流的，话语是叙事的形式表达要素。"② 简言之，故事指涉的是叙事的内容维度，即"讲什

---

① 〔美〕玛丽-劳尔·瑞安.（2014）.故事的变身.张新军译.南京：译林出版社（p.7）.
② 〔美〕西摩·查特曼.（2013）.故事与话语：小说和电影的叙事结构.徐强译.北京：中国人民大学出版社（p.17）.

么";话语则指向叙事的形式维度,即"如何讲"。① 正是经由话语的建构,故事才浮出文本,并上升为一种认知形象。正因如此,查特曼给出了"作为话语的故事"这一著名论断。②

有别于西方叙事学主要沿着模仿与虚构的叙事传统展开,中国叙事学则赋予"虚"与"实"一定的通约"语言"。③ 小说虚构的"躯体","'传述'的却恰恰是生活真正的内在真实"④。学者浦安迪立足中国叙事学的独特语境,对叙事给出了这样的定义:"叙事就是作者通过讲故事的方式把人生经验的本质和意义传示给他人。"⑤ 这里的"传示"并非直接"讲道理",而是需要诉诸一定的文化媒介或叙述文体——叙事文。有别于抒情诗和戏剧对人生经验的传示方式,叙事文主要关注的是时间流中的人生经验和故事。在具体的"讲述"方式上,"叙事文并不直接去描绘人生的本质,而以'传'(transmission)事为主要目标,告诉读者某一事件如何在时间中流过,从而展现它的起讫和转折"⑥。显然,尽管中西叙事的缘起不同,观念亦有差异,但二者在"讲故事"层面汇聚成一条河流。

作为媒介融合语境下的一种新兴的新闻形式、观念与实践,融合新闻如何讲故事,成为一个亟待突破的叙事学命题。本书主要立足融合新闻学(convergence journalism)的学科领域,聚焦于融合新闻这一新兴的新闻形态与实践,致力于探讨媒体融合语境下新闻叙事学的理论与实践。相较于传统新闻叙事,融合新闻的融合性、数据性、互动性等特征,从根本上挑战甚至颠覆了经典叙事学所依赖的结构主义原则。如果说传统新闻叙事的理论基础是经典叙事学,融合新闻叙事的理论话语则转向数字叙事学(digital narra-

---

① 叙事被视为故事(story)与话语(discourse)的结合,这一观点得到了经典叙事学的普遍认可。需要特别强调的是,这里的"话语"并非福柯意义上的话语概念,其本质上意为叙事话语(narrative discourse),即故事的"讲述"方式。因此,经典叙事学中的话语概念,并非主题与思想维度的概念,而是指向叙事的媒介与形式范畴。

② 〔美〕西摩·查特曼.(2013).故事与话语:小说和电影的叙事结构.徐强译.北京:中国人民大学出版社,p.32.

③ 杨义.(1997).中国叙事学.北京:人民出版社(p.15).

④ 浦安迪.(1996).中国叙事学.北京:北京大学出版社(p.32).

⑤ 浦安迪.(1996).中国叙事学.北京:北京大学出版社(pp.5-6).

⑥ 浦安迪.(1996).中国叙事学.北京:北京大学出版社(pp.6-7).

tology）。由于数字媒介的技术逻辑已然深刻嵌入融合新闻的叙事系统，新闻叙事必然呈现出有别于传统新闻叙事的新原理、新语言与新实践。基于此，本书绪论部分在对融合新闻、叙事学理论进行梳理的基础上，立足叙事理论、叙事语言和叙事实践三大命题，以"融合性""媒介性"和"叙事性"为核心概念工具，探讨融合新闻叙事对于传统新闻叙事的"超越"方式及其打开的叙事世界，从而勾勒融合新闻叙事的知识框架，并以此为依据形成本书的章节框架。

一、融合新闻学的兴起

数字媒介时代的新闻观念、内涵、形态与实践已然发生了重要变化。如何捕捉并理解这些变化？我们不妨从一个新闻案例切入，一窥新闻及新闻业在数字时代的另一副"面孔"。

2021年，在中国共产党成立100周年之际，《人民日报》推出记录百年奋斗历程的手绘长卷《复兴大道100号》，并以此为基础进行跨媒介叙事，形成静态长图、SVG海报、交互式H5、短视频、线下体验馆等系列融媒体产品矩阵。任何一种文本形态的生产，都是媒介性与叙事性"相遇"的产物，即立足特定的媒介可供性，形成与之"匹配"的文本产品。这些文本来自不同的媒介渠道，具备不同的符号潜能，携带不同的传播使命，彼此之间遥相呼应，构筑了一个巨大的故事世界（story world）。H5作品《复兴大道100号》立足数字叙事（digital narrative）的理念与方法，以"复兴大道"为要素整合图式，以"空间叙事"为文本组织结构，以"交互融合"为情景创设理念，以"一镜到底"为核心叙事语言，将百年历程中的重要场景、事件、人物、故事进行设计与编排。用户沿着"道路"行进，即可穿越百年时光，重温一个个历史瞬间，从而"参与"并"见证"百年以来的风雨历程。一方面，在内容呈现上，该作品最大限度拓展了新闻报道的信息含量，包含300多个历史事件。这里有红船起航、红军长征、新中国成立、党的十八大召开等重大历史场景，也有"半条被子""八女投江"和关于刘胡兰、雷锋等感人至深的党史故事，由此实现了历史知识的视觉化、情感化传播。另一方面，在表现形式上，有别于传统的新闻报道方式，该作品充分发挥数字媒介的融合功能,不仅整合了文字、图像、声音、动画、AI 交互等多种媒介要素及技术,而且集视觉性、交互性、游戏性、趣味性、情感性于一体,由此创设了一种沉浸式的接受体验,如用户可以在特定场景"驻足",上传自己的照片,生成专属的"打卡纪念照"……H5 作品《复兴大道 100 号》一经发布,迅速成为"爆款",相关内容的全网点击阅读量超过 10 亿次,并获得第三十二届中国新闻奖(融合报道)一等奖。

不难发现,H5 作品《复兴大道 100 号》作为一种新兴的新闻形态,冲击并改写了传统新闻的内涵与形式。实际上,与之类似的探索和创新实践,早在以互联网为代表的数字媒介兴起之际,就已经如"星星之火"悄然起步,顺势而为,并在今天的社交媒体时代蔚然成风,形成"燎原之势"。当传统新闻遭遇数字媒介生态时,一场媒体转型与创新发展变局随即拉开帷幕,这不仅打开了一个全新的新闻世界,而且促生了一个有别于传统新闻学的学科领域——融合新闻学。

(一)媒体融合与融合新闻

只有回到"媒体融合"(media convergence)这一时代语境中,才能真正认识数字媒介时代的新闻和新闻业,并进一步理解融合新闻学的"出场"方式及其观念内涵。

首先,故事的开始,还须从媒介与技术谈起。从 20 世纪 90 年代末开始,互联网新闻的兴起直接推动了新闻业的"数字转向"。从 Web 1.0 到 Web 2.0,再到 Web 3.0,互联网的技术逻辑深刻地改写了媒介生态的底层语言,亦改写了新闻的形式、形态与语态。技术变革浪潮中的新闻业,不得不拥抱新技术,转战互联网,由此拉开了传统媒体与新兴媒体融合的时代大幕。实际上,互联网并非纯粹的技术与平台,其亦是一种技术思维,重构了一个时代的媒介语法,并引发了深层次的媒介变革。

其次,这场媒介变革的另一个驱动力便是资本与市场。在技术逻辑铺设的生态"变局"中,互联网打破了媒体的固有边界,也重构了媒介的市场版图,其显著标志便是,内容、受众、技术、流量越来越多地涌向互联网。实际上,互联网思维的本质是融合,其并非将传统媒体推向远处,划出自己的"疆域",而是通过改写市场运行的底层逻辑以及重构受众与文本之间的

"相遇"方式，打造一个"合二为一"的市场空间。占有市场，即创新盈利模式，亦是打造品牌影响。因此，在融合中寻求生机，已然成为媒体转型与创新发展的不二选择。

最后，如果说技术逻辑与市场逻辑是全球媒体融合的"通用语言"，各个国家纷纷在媒体融合的大潮中顺势而为、乘势而上，那么，中国的媒体融合离不开另一重驱动逻辑——政治逻辑。甚至可以说，媒体融合已然上升为一项国家战略工程，在党中央的总体布局和战略部署中有序推进，积极参与社会治理体系创新。从 2014 年《关于推动传统媒体和新兴媒体融合发展的指导意见》到 2022 年党的二十大精神，党中央对媒体融合作出了一系列重要论述与战略部署。媒体融合成为习近平文化思想的重要组成部分，并深度嵌入中国特色社会主义文化建设的行动框架。2014 年 8 月 18 日，中央全面深化改革领导小组第四次会议审议通过《关于推动传统媒体和新兴媒体融合发展的指导意见》，提出要"坚持传统媒体和新兴媒体优势互补、一体发展"的总体定位，正式拉开了我国媒体融合发展的战略序幕。2016 年 2 月 19 日，习近平总书记在党的新闻舆论工作座谈会上进一步指出了媒体融合对于新媒体舆论高地建设的重要意义，强调"要推动融合发展，主动借助新媒体传播优势。要抓住时机、把握节奏、讲究策略，从时度效着力，体现时度效要求"[1]。2018 年 8 月 21 日至 22 日，习近平总书记在全国宣传思想工作会议上提出，"要扎实抓好县级融媒体中心建设，更好引导群众、服务群众"[2]。2019 年 1 月 25 日，习近平总书记在中共中央政治局第十二次集体学习时提出了"全程媒体、全息媒体、全员媒体、全效媒体"[3]（"四全媒体"）的重要概念。2019 年 10 月 31 日，党的十九届四中全会审议通过《中共中央关于坚持和完善中国特色社会主义制度 推进国家治理体系和治理能力现代化若干重大问题的决定》，指出要"建立以内容建设为根本、先进技

---

[1] 人民日报.（2016）. 习近平在党的新闻舆论工作座谈会上强调 坚持正确方向创新方法手段 提高新闻舆论传播力引导力. 2 月 20 日第 1 版.

[2] 人民日报.（2018）. 举旗帜聚民心育新人兴文化展形象 更好完成新形势下宣传思想工作使命任务. 8 月 23 日第 1 版.

[3] 人民日报.（2019）. 习近平在中共中央政治局第十二次集体学习时强调 推动媒体融合向纵深发展 巩固全党全国人民共同思想基础. 1 月 26 日第 1 版.

术为支撑、创新管理为保障的全媒体传播体系"①。2020年6月30日，中央全面深化改革第十四次会议审议通过《关于加快推进媒体深度融合发展的指导意见》，会议强调要"推动媒体融合向纵深发展，要深化体制机制改革，加大全媒体人才培养力度，打造一批具有强大影响力和竞争力的新型主流媒体，加快构建网上网下一体、内宣外宣联动的主流舆论格局"②。2022年，党的二十大报告明确提出，要"加强全媒体传播体系建设，塑造主流舆论新格局"③。2023年3月，"扎实推进媒体深度融合"被写入国务院政府工作报告。④ 2024年7月，党的二十届三中全会进一步指出，要"构建适应全媒体生产传播工作机制和评价体系，推进主流媒体系统性变革"⑤……

在传统媒体与新兴媒体融合发展的时代语境下，融合新闻作为一种新兴的新闻形态和新闻实践应运而生，融合新闻学同样作为一个新兴的学科领域拓展了数字媒介时代新闻学的知识体系。学界已出现"互联网新闻学""数字新闻学""新新闻学""融合新闻学"等概念，以对"后传统新闻学"的新闻活动进行命名。学者杨保军综合比较这些概念的科学性、适用性及前瞻性，认为"融合"构成了当前新闻活动的本质属性，因此"融合新闻学"是符合时代总体特征的一个总名称。相较于其他的命名形式，"融合新闻学具有更强的包容性，它既可以实质性地包容新闻学的传统内容，也可以表征当下的新内容，并能预示未来的可能内容"⑥。这一观点代表了学界的主流认识。此外，从国家层面的相关表述来看，"融合新闻学"已然上升为一个

---

① 人民日报.（2019）.中共中央关于坚持和完善中国特色社会主义制度 推进国家治理体系和治理能力现代化若干重大问题的决定.11月6日第1版.

② 人民日报.（2020）.习近平主持召开中央全面深化改革委员会第十四次会议强调 依靠改革应对变局开拓新局扭住关键鼓励探索突出实效.7月1日第1版.

③ 中共中央文献编辑委员会编.（2023）.习近平著作选读（第一卷）.北京：人民出版社（p.36）.

④ 人民日报.（2023）.政府工作报告——2023年3月5日在第十四届全国人民代表大会第一次会议上.3月15日第1版.

⑤ 人民日报.（2024）.中共中央关于进一步全面深化改革 推进中国式现代化的决定（二〇二四年七月十八日中国共产党第二十届中央委员会第三次全体会议通过）.7月22日第1版.

⑥ 杨保军.（2022）."融合新闻学"：符合时代特征的总名称——关于"后新闻业时代"开启后新闻学命名问题的初步思考.新闻界,1,100-110.

具有普遍共识的权威概念。①

(二) 从融合新闻到融合新闻学

融合新闻学的核心概念是"融合性",而知识体系意义上"学"的内涵取决于我们对"融合"的理解。具体而言,当我们关注"融合"的不同命题或面向时,便拥有了不同的"问题意识"。但无论何种意义上的"融合",都离不开媒体融合这一总体语境。换言之,只有将融合新闻置于媒体融合所铺设的基础逻辑和底层框架中加以考察,才能真正把握"融合"之本质,进而抵达融合新闻学的核心知识体系。

媒体融合催生了融合新闻的理念与实践。一般来说,"融合新闻"的概念有广义和狭义之分。广义的"融合新闻"强调"全媒体"和"跨媒体"意义上的"融合",主要是指媒体融合语境下的新闻生产、发布、运营、社会服务实践和活动,其特点是整体性策划、全局性整合、一体化生产、跨平台传播、多渠道分发、智能化协同、全媒体运营等。在广义维度,"融合新闻"是一个相对开放的、包容的概念,一切能够体现"融合"内涵的新闻文本、形式与活动,都可以纳入"融合新闻"的概念范畴。"融合",是当前新闻活动的典型特征和本质属性,具体包含多维度、多层次的融合——新闻生产流程维度的融合、媒介形态边界维度的融合、新闻主体构成维度的融合、故事世界生成维度的融合、人机协同共创维度的融合等等。当"融合"主导新闻活动的内在规则时,融合的内涵已然转向了"总体融合""全面融合""系统融合"和"生态融合",而党中央提出的"四全媒体"实际上是"融合"理念在实践维度的具体体现。相应地,以"融合性"为内在的规定属性、建立在"融合"基础上的新闻文本、形式、活动便是广义上的融合新闻。

狭义的"融合新闻"强调"新媒体"和"多媒体"意义上的"融合",

---

① 2018年,教育部正式发布《普通高等学校本科专业类教学质量国家标准》,这份被称为"国标"的指导性文件划定了新闻传播学类专业的知识体系与核心课程。相较于2012年发布的《普通高等学校本科专业目录和专业介绍》,2018年的"国标"聚焦于新闻传播事业的新特点、新发展和新趋势,提出了针对各个专业的课程体系建议,其中最显著的"改革"举措就是在新闻学、广播电视学、网络与新媒体专业新增了"融合新闻学"课程,同时在教学实践环节新增了与融合新闻有关的专业实训课程。

主要是指媒体融合语境下区别于报刊、广播、电视等传统新闻形态的一种新兴的多媒体新闻形态，即融合了多种媒介元素的新闻形态，如网络图文新闻、H5新闻、VR新闻、AR新闻、短视频新闻、数据新闻、动画新闻、新闻游戏、移动直播新闻、AI共创新闻等，其特点体现为坚持用户中心原则，整合多种介质元素，强调产消共创融合，突出双向互动设计，注重新闻故事驱动，倾向情感话语生产，强化用户消费体验等。在狭义维度，融合新闻回应的是新闻文本层面的概念，其对应的"融合"特征主要体现为"多媒融合"，即由多种媒介元素融合而成的文本。在融合新闻发展的早期，"多媒融合"主要是指符号模态维度的融合，即数字媒介技术支撑下的文字、图像、数据、声音、动画等要素的融合。此乃融合新闻的典型形态，其突破了传统新闻基于语言逻辑的"书写"方式，而赋予新闻表达更为丰富的符号空间和感知模式。当前，随着媒体融合向纵深发展，数字媒介技术呈现出前所未有的"融合"能力，"多媒融合"中的媒介元素，已然超越了符号模态维度，而延伸到互动、空间、身体、算法、情景等维度，由此形成了融媒体、融合文本的概念内涵。例如，H5新闻可视为文字、图像、互动等的融合，VR新闻可视为图像、互动、身体等的融合，AR新闻可视为文本、空间、程序等的融合，AI共创新闻可视为图文、算法、智能体等的融合……

概括而言，广义上的"融合新闻"强调的是一种新兴的新闻观念和实践，而狭义上的"融合新闻"主要是指一种新兴的新闻形态。当我们在"媒体融合"或"全媒体传播"维度讨论融合新闻时，一般使用其广义概念；而当我们在新闻文本或类型层面讨论融合新闻时，则更多使用其狭义概念。

厘清了融合新闻的定义后，那么什么是融合新闻学？新闻学是研究新闻事业和新闻工作规律的科学，我们亦可以对融合新闻学做出一个类似的概念界定：融合新闻学就是研究媒体融合环境下融合新闻事业和新闻工作规律的科学。既然融合新闻的定义存在广义和狭义之分，那么对于融合新闻学同样存在两种理解：广义的"融合新闻学"是相对于"传统新闻学"而言的一个概念，主要是指媒体融合生态中的新闻理论与实践知识体系；狭义的"融合新闻学"是以新闻文本层面的融合新闻形态为观照对象，探讨其生产、传播与运作的理论与实践知识。尽管关于"融合新闻学"这一概念，长期存在"convergence journalism"和"convergent journalism"两种英文表述，且存在明显的混用问题，但我们依然可以对其内涵给出必要的区分——广义的"融合新闻学"更接近"convergence journalism"的内涵，而狭义的"融合新闻学"更契合"convergent journalism"的内涵。①

基于以上分析，不难发现，"融合新闻学"是一个能够准确揭示新闻对象变化、反映新闻活动本质、体现新闻发展趋势的科学概念。作为媒体融合语境下的新闻学，"融合新闻学"不仅是全球新闻界广泛认可的一个概念表述，而且最能体现当前中国新闻学的特色话语与实践——无论是新闻生态层面的融合逻辑，还是新闻业态层面的融合模式，抑或新闻形态层面的融合形式，中国的媒体融合及新闻实践正在探索一条独特的"融合"之路，并对"融合性"给出了来自中国的阐释话语和实践方案。从新闻叙事的角度来看，我们以融合新闻学作为当前新闻学的概念总称，一方面有助于以"融合性"为问题框架，揭示新闻学的内在本质及运作逻辑，进而打开叙事理论、叙事语言、叙事实践的"融合篇章"，另一方面有助于以中国为立场，结合中国独特的融合逻辑、融合模式、融合形式和融合语言，在全球比较视野中与世界对话，识别和发现中国融合新闻学的主体身份，进而构建新闻叙事学的自主知识体系。

二、叙事的缘起：中国与西方

在中国的叙事传统中，"叙"与"序"相通，叙事最早被称为"序事"，主要是指礼乐仪式中的次序与流程安排。②《周礼·春官宗伯·典命/职丧》有云："职丧掌诸侯之丧，及卿大夫、士、凡有爵者之丧"，"荷其禁令，序其事"。这里的"序其事"，即对丧礼的先后顺序进行安排。尽管"序事"并非今天叙事学所讨论的"讲故事"，但其中已经包含了叙事之"叙"所关

---

① 在媒体融合语境下，由于新闻媒体深度参与社会治理创新，加之全媒体传播体系特别重视"内容生态"建设，因此融合新闻的文本对象相对较为宽泛：一切具有时效价值、主题价值和信息价值的融媒体泛内容产品都属于融合新闻的内容范畴。关于这一问题的详细论述，参见刘涛等.（2021）.融合新闻学. 北京：高等教育出版社（pp. 1-7）.

② 杨义.（1997）.中国叙事学. 北京：人民出版社（p. 10）.

注的时间、顺序、过程、组织、线索等命题,因而具备了叙事的"雏形"。相应地,"叙事学也在某种意义上是顺序学或头绪学了"①。到了唐代,叙事真正作为一个文类术语"出场",意为一种关于"国史"的编撰方法。唐代刘知己在《史通》中专设"叙事"篇,指出"国史之美者,以叙事为工"。因此,中国叙事学的起源,实际上跟"记史"有关,这便决定了叙事之"事"的主体是历史,是事实。中国文化中的"史"和"事"颇有渊源。《说文解字》给出了清晰的解释:"史,记事也";"事,职也,从史"。这便有了"叙事起于史官"一说。基于史官的"记史"传统,形成了史文(如司马迁的《史记》),并以此为基础形成了小说叙事。

如果说西方叙事的源头是史诗,中国叙事则要追溯到史文,即便是后来发展成熟的明清奇文之叙事,亦未完全摆脱史文的影响。正因如此,中国叙事传统形成了两大分支,分别是史文传统和小说传统。相比较而言,"西方的史诗原则上是虚构艺术,只与历史传说有微弱的关联。而中国的史文对于'虚构'与'事实'却从来没有过严格的分界线"②。这意味着,中国的"叙事"既包含了历史的成分,也包含了小说的成分。必须承认,中国叙事传统中的"虚"与"实",并非截然对立的事物,而是具有内在的辩证结构和对话基础。学者杨义如是概括:"中国叙事作品虽然在后来的小说中淋漓尽致地发挥了它的形式技巧和叙写谋略,但始终是以历史叙事的形式作为它的骨干的,在一个相当长的时间中存在着历史叙事和小说叙事一实一虚,亦高亦下,互相影响,双轨并进的景观。"③ 中国的叙事之本质是"传述"而非西方的"模仿",因此"中国叙事传统的历史分支和虚构分支都是真实的——或是实事意义上的真实或是人情意义上的真实"④。

尽管史文传统和小说传统构成了中国叙事的重要分支,但不得不承认,真正将中国叙事学推向成熟的文体是小说,并形成了以"讲故事"为主体的叙事学。如果说中国的叙事与西方的叙事代表的是不同的支流,那么,二者最终在"故事"这里形成"合流"之势——西方叙事学发展成熟的故事

---

① 杨义. (1997). 中国叙事学. 北京:人民出版社 (p. 11).
② 浦安迪. (1996). 中国叙事学. 北京:北京大学出版社 (p. 31).
③ 杨义. (1997). 中国叙事学. 北京:人民出版社 (p. 15).
④ 浦安迪. (1996). 中国叙事学. 北京:北京大学出版社 (p. 32).

与形式问题，成为中西叙事学的共通命题。

西方的叙事传统始于荷马史诗，发展于中世纪文学，成熟于18世纪、19世纪的长篇小说。相关的叙事研究可以追溯到亚里士多德的《诗学》。亚里士多德所关注的悲剧叙述中的情节、性格、言语、思想、戏景、唱段问题，已经涉及叙事学的相关论题——言语和唱段属于叙述"媒介"的范畴，戏景属于叙述"方式"的范畴，情节、性格和思想属于叙述"对象"的范畴。① 亚里士多德对于叙事的讨论，建立在文艺作品的模仿论（或摹仿论）之上，即艺术不仅能够真实地模仿世界，而且能够反映并揭示现实的规律，这无疑赋予了文艺作品所叙之"事"以真实性基础。如果说柏拉图对待文艺作品的态度是消极的，是悲观的，是不信任的，认为其仅仅是对现实的一种粗糙的临摹，与理念或真理相去甚远，那么亚里士多德则将文艺作品的模仿行为视为一种通往真理的认识路径，由此肯定了叙事之于现实认知的本体意义。因此，在《诗学》所打开的叙事观念中，文艺作品对现实的模仿主要体现为对现实中某种行动的模仿②，从而在模仿中建立相应的理念，即逻各斯（logos）③。亚里士多德以悲剧为例，概括了文艺作品叙事的模仿之本质——"悲剧是对一个严肃、完整、有一定长度的行动的摹仿，它的媒介是经过'装饰'的语言，以不同的形式分别被用于剧的不同部分，它的摹仿方式是借助人物的行动，而不是叙述，通过引发怜悯和恐惧使这些情感得到疏泄。"④

必须承认，亚里士多德关于叙事的论述，主要集中于文艺作品的情节问题，并形成了叙事研究最初的情节观。在叙事学的知识框架中，情节具有本体性的理论意义——作为谋篇布局的意义"装置"，情节乃是叙事的核心"语法"，其不仅决定了故事的形成"脉络"，也决定了话语的表征"形态"。实际上，对于叙事学所涉及的故事与话语问题，亚里士多德早期的探索依旧有其积极意义。一方面，就故事而言，亚里士多德充分肯定了情节的事件之

---

① 〔古希腊〕亚理士多德.（1996）.诗学.陈中梅译.北京：商务印书馆（pp.63-73）.
② 〔古希腊〕亚理士多德.（1996）.诗学.陈中梅译.北京：商务印书馆（p.63）.
③ 〔美〕西摩·查特曼.（2013）.故事与话语：小说和电影的叙事结构.徐强译.北京：中国人民大学出版社（p.17）.
④ 〔古希腊〕亚理士多德.（1996）.诗学.陈中梅译.北京：商务印书馆（p.63）.

本质，并将情节定义为"事件的组合"①，认为故事即情节编制的产物。正如亚里士多德所说："至于故事，无论是利用现成的，还是自己编制，诗人都应先立下一个一般性大纲，然后再加入穿插，以扩充篇幅。"② 另一方面，就话语而言，亚里士多德较为系统地论述了情节中事件的组织策略问题。例如，对于悲剧的故事呈现方式，亚里士多德提出了重要的"结解论"——"所谓'结'，始于最初的部分，止于人物即将转入顺境或逆境的前一刻；所谓'解'，始于变化的开始，止于剧终。"③

不难发现，亚里士多德的情节观所涉及的事件组合与叙述方式，与后来叙事学所讨论的故事与话语问题，实际上具有内在的逻辑勾连。叙事有狭义和广义之分。前者主要是指经典叙事学意义上的叙事，关注的是"讲故事"这一基础的叙事命题；后者则更像是一个概念"容器"，承载着较为丰富的意义内涵，并将叙事的本质推向了社会维度和隐喻范畴。

三、叙事学：从狭义到广义

从狭义上讲，叙事就是讲故事，即借助一定的媒介形式将故事"讲述"给他人，以达到意义传递的目的。经典叙事学将目光聚焦于文本层面的叙事问题，形成了以媒介表征为基础、以文本表意为目的、以故事表达为主体的叙事学传统。

（一）"叙事=故事+话语"

经典叙事学实际上关注的是狭义上的叙事命题。相应地，叙事主要围绕故事与话语两个问题展开。故事主要指向叙事的内容部分，意为一种关于事件的组合关系或组织链条。故事的核心构件有二：一是事件，二是实存。前者主要是指具有因果关系的行动与过程，后者则指向事件发生的具体对象，如人物、背景等。按照查特曼的观点，"每个叙事都是一个整体，因为它是

---

① 〔古希腊〕亚里士多德. (1996). 诗学. 陈中梅译. 北京：商务印书馆 (p.63).
② 〔古希腊〕亚里士多德. (1996). 诗学. 陈中梅译. 北京：商务印书馆 (p.125).
③ 〔古希腊〕亚里士多德. (1996). 诗学. 陈中梅译. 北京：商务印书馆 (p.131).

由事件与实存等因素构成的，而这些因素又区别于它们所构成的东西。事件与实存是单独的和离散的，而叙事则是连续的复合体"①。话语则是形式范畴的概念，具体包含两个亚成分：一是叙事的形式，即"叙事传达之结构"；二是叙事的表现方式，即"它在具体材料化媒介中的呈现"。② 因此，叙事意味着对事件和实存进行整合，使其成为一个整体的、连续的故事，而故事的讲述方式便涉及话语问题。如果说广义的叙事主要是指有关要素组织的表意问题，"故事"更多地作为一个隐喻性的意义概念，那么狭义的叙事则将"故事"推向叙事的中心位置，这是经典叙事学给出"叙事＝讲故事"这一论断的原因所在。玛丽-劳尔·瑞安（Marie-Laure Ryan）指出，叙事文本有别于其他文本类型的主要特点，便是其具有"在心中唤起故事的能力"③。

区别于一般意义上的事件，故事主要是指一种媒介化的、文本化的、情节化的、结构化的事件组合或事件关系。唯有当借助一定的媒介手段，对事件进行符号化的呈现以及情节化的讲述，使之成为文本中的事件时，事件才具备成为故事的潜能。换言之，故事乃是被讲述的事件——正是在讲述的过程中，事件进入话语，并接受话语的组织和编排，从而拥有了某种形式与结构。正因如此，叙事甚至被直接定义为"有意义的结构"④，这无疑突出了话语之于故事建构的积极意义。叙事学者米克·巴尔（Mieke Bal）指出，叙事包含三个内在关联的层次，即素材（fabula）、故事和文本（text）。其中，素材是"按照逻辑和时间先后顺序串联起来的一系列由行为者所引起或经历的事件"，故事是"以某种方式对于素材的描述"，文本指的是"由语言符号组成的一个有限的、有结构的整体"。⑤ 简言之，素材指向叙事之"源"，倘若缺少素材基础，故事的讲述与编织便无从谈起。正如巴尔所说：

---

① 〔美〕西摩·查特曼. (2013). 故事与话语：小说和电影的叙事结构. 徐强译. 北京：中国人民大学出版社 (p. 7).
② 〔美〕西摩·查特曼. (2013). 故事与话语：小说和电影的叙事结构. 徐强译. 北京：中国人民大学出版社 (p. 8).
③ 〔美〕玛丽-劳尔·瑞安. (2014). 故事的变身. 张新军译. 南京：译林出版社 (p. 7).
④ 〔美〕西摩·查特曼. (2013). 故事与话语：小说和电影的叙事结构. 徐强译. 北京：中国人民大学出版社 (p. 11).
⑤ 〔荷〕米克·巴尔. (1995). 叙事学导论. 谭君强译. 北京：中国社会科学出版社 (p. 3).

"如果我们将素材主要视为想象（imagination）的产物的话，那么，故事可以看作为一种编排（ordering）的结果。"① 换言之，并非所有的文本都是叙事，只有那些同时包含了素材、故事和文本的符号表达系统，才能被称为叙事。

经典叙事学继承了亚里士多德的叙事传统，最终在俄国形式主义与法国结构主义的深刻影响下形成了相对成熟的本体内涵：一是事件基础，二是时间顺序，三是因果关系，四是可能模式。

首先，事件基础意为叙事的内容指向的是讲述事情而非言说道理——所谓的"说理"，亦存在故事性的生成基础。热拉尔·热奈特（Gérard Genette）将故事的本质概括为事件。② 实际上，事件预设了一种时间图式，也预设了叙事的行动和过程，因此成为叙事的基本素材和对象。离开了事件的存在基础和形成逻辑，故事所强调的编排与组织便成为无本之木。正因为故事存在一个基础性的事件模型，叙事被定义为"通过语言或其他媒介来再现发生在特定时间和空间里的事件"③。巴尔以事件为分析基础，提出了"叙述圈"这一概念，用以说明事件之间的作用关系和结构，并将事件性视作叙述圈的核心特征之一，意在强调事件的实现方式。④

其次，时间顺序是指"叙事中的事件从根本上是相互关联的、成链条的、相辅相成的"⑤，即叙事以序列和顺序为基础，铺设了一种时间性的认知图式。亚里士多德提出的"开头""中间"和"结尾"，不仅适用于"作为'模仿'的故事-事件"，而且"标记出了情节"。⑥ 换言之，情节存在一个基础性的时间生成基础。正因如此，经典叙事也被称为时间叙事。根据故事与话语的时态关系，经典叙事所区分的三种典型形式——回顾叙事、同步

---

① 〔荷〕米克·巴尔. (1995). 叙事学导论. 谭君强译. 北京：中国社会科学出版社（p. 54）.
② 〔法〕热拉尔·热奈特. (1990). 叙事话语新叙事话语. 王文融译. 北京：中国社会科学出版社（p. 31）.
③ 申丹，王丽亚. (2010). 西方叙事学：经典与后经典. 北京：北京大学出版社（p. 2）.
④ 〔荷〕米克·巴尔. (1995). 叙事学导论. 谭君强译. 北京：中国社会科学出版社（p. 20）.
⑤ 〔美〕西摩·查特曼. (2013). 故事与话语：小说和电影的叙事结构. 徐强译. 北京：中国人民大学出版社（p. 31）.
⑥ 〔美〕西摩·查特曼. (2013). 故事与话语：小说和电影的叙事结构. 徐强译. 北京：中国人民大学出版社（p. 32）.

叙事和预示叙事，本质上意味着对叙事时间进行不同"操作"而形成的结果，分别对应不同的时态、体态和情态系统。① 与此同时，叙事所建立的"缘起""变化""转折""发展""脉络"等认知形象，实际上对应着不同的时间图式。

再次，因果关系意味着叙事所建立的意义序列本质上依赖因果性的推演逻辑和论证结构。作为一种意义组织法则，因果关系是一种基础性的叙事关系，其特征体现为"从原因到结果，结果又导致另一个结果，直到最终结果"②。在叙事进程中，因果关系决定了故事的变化之本质，并在变化基础上形成所谓的情节。③ 由于因果性预设了一种由因及果的事件"进程"，因此叙事完成了从一种状况到另一种状况的转变。所谓情节，实际上指向事件之间的因果联系。④ 叙事中的情节生成逻辑，如亚里士多德所强调的"突转"与"发现"⑤，往往遵循的是因果的"语言"——因果关系不仅创设了叙事的"行进"方向和逻辑，而且赋予了情节之"变化"一定的合理性。正是在因果关系所铺设的论证模型中，故事拥有了"主题"，话语拥有了"结构"，事件拥有了"结局"。

最后，可能模式意为因果关系所依赖的解释原则是偶然性而非确定性，如故事的"开头"是可能的，故事的"中间"是或然的，故事的"结尾"是必然的。因此，"生产情节（至少是某些情节）就是削弱或窄化可能性的过程。选择变得越来越有限，而最终选择看上去完全不是选择，而是一种必然性（inevitability）"⑥。在巴尔的"叙述圈"理论中，"可能性"被视为一

---

① 〔美〕乌里·玛戈琳. (2002). 过去之事，现在之事，将来之事：时态，体式，情态和文学叙事的性质. 载戴卫·赫尔曼. 新叙事学. 马海良译. 北京：北京大学出版社 (pp. 89-113).

② 〔美〕西摩·查特曼. (2013). 故事与话语：小说和电影的叙事结构. 徐强译. 北京：中国人民大学出版社 (p. 31).

③ 〔美〕大卫·波德维尔，克里斯汀·汤普森. (2015). 电影艺术：形式与风格. 曾伟祯译. 北京：北京联合出版公司 (p. 90).

④ 〔英〕爱德华·摩根·福斯特. (2009). 小说面面观. 冯涛译. 北京：人民文学出版社 (p. 74).

⑤ 〔古希腊〕亚理士多德. (1996). 诗学. 陈中梅译. 北京：商务印书馆 (p. 131).

⑥ 〔美〕西摩·查特曼. (2013). 故事与话语：小说和电影的叙事结构. 徐强译. 北京：中国人民大学出版社 (pp. 31-32).

个重要的分析概念，意在强调"事件的合理性与有效性"①。在可能性与偶然性的"牵引"下，故事具有了"遍历"的可能，结构呈现出"开放"的状态，结局也体现出"发现"的深意。进一步讲，叙事学所关注的悬念、冲突、行动与情节，实际上都是对可能性的一种微妙注解——悬念创设了诸多可能性，冲突乃是诸多可能性的汇聚与交织，行动指向可能性的实现方式，情节则意味着赋予可能性及其"展开"路径一定的关系和结构。

（二）数字媒介时代的广义叙事学

广义的叙事意为一种普遍的意义组织行为与方式——但凡涉及表意活动的符号实践，都可谓叙事。相应地，叙事意指一切有关要素组织、编排与配置的意义实践。在广义层面，叙事超越了文本的语义范畴，而被推向社会维度的表意范畴，主要是指一种面向社会（而非仅限于文本受众）的意义组织活动、行为与过程。例如，一幅图像内部的要素编排是一种叙事，图像在社会空间的传播所形成的公共事件，即图像事件（image event），亦是一种叙事。不难发现，广义的"叙事"更多地作为一个隐喻性的概念，泛指一切表意实践，甚至成为"表意"的代名词。瑞安概括出诸多叙事模式，其中的一对模式范畴是语言性叙事（literal narrative）和隐喻性叙事（metaphorical narrative）：前者意为传统意义上的文字叙事，其遵循一般的语言结构，主要"讲述"的是故事或事件；后者则超越了"讲故事"的范畴，仅仅包含叙事的部分特征，如"关于集合实体而非个体的境况"②。

显然，广义的叙事对应的便是"隐喻性叙事"的概念，我们可以从三个维度加以识别和理解：一是超越语言范畴的叙事，其主要是指非语言性文本的表意实践，如物的叙事、艺术的叙事。正如瑞安所说："如果把隐喻推到极致，就可适用于被剥夺语义内容的艺术形式，如音乐和建筑。"③二是传递象征内涵的叙事，其主要是指某一符号实践传递了某种象征意义或暗指意义。换言之，倘若某一符号、事件、行动或过程传递了一定的象征意义，其

---

① 〔荷〕米克·巴尔. (1995). 叙事学导论. 谭君强译. 北京：中国社会科学出版社（p. 20）.
② 〔美〕玛丽-劳尔·瑞安. (2014). 故事的变身. 张新军译. 南京：译林出版社（p. 15）.
③ 〔美〕玛丽-劳尔·瑞安. (2014). 故事的变身. 张新军译. 南京：译林出版社（p. 15）.

便意味着一种叙事,如数据叙事、身体叙事、仪式叙事等。三是指向批评范畴的叙事,更多地是在话语、意识形态层面思考叙事问题,其代表性叙事概念便是让-弗朗索瓦·利奥塔(Jean-Francois Lyotard)的宏大叙事(grand narrative),以及文化研究的意识形态批评所关注的种族叙事、阶级叙事、性别叙事等。

可见,正是在广义的叙事维度,叙事学被推向以表意活动为中心、连接文本与社会、关注叙事效果的叙事范畴。相应地,经典叙事学所依赖的"结构""形式""语言"等元命题,必然面临"边界"的模糊、拓展、消失、坍塌等问题。正是在这一背景下,广义叙事学随之诞生,其旨在超越"文本"的限定框架,打开"表意"的社会向度,激活"叙述"的批评空间,以便在一个更大的意义范畴中讨论意义问题。尽管叙事学的内涵泛化已成事实,甚至遭遇诸多批评,但必须承认,这一开放的胸怀和姿态在"接纳"其他意义实践方面无疑具有积极意义——在新媒介技术环境下,由于文本的内涵和外延已然发生了巨大变化,因此广义的叙事概念为正在发生的故事的"变身"以及话语的"变奏"提供了理论依据。具体而言,按照经典叙事学的理解,作为叙事的两大核心"构件",故事和话语乃是不同范畴的概念,故事往往具有相对的独立性。① 然而,数字媒介时代的叙事则极大地释放了话语的想象力,尤其是伴随着互动叙事、跨媒介叙事、VR/AR 叙事、人机协同叙事等新兴叙事形式的出现,叙事维度的"故事"逐渐具有一个根本性的"话语"基础——话语之于故事的意义,已然超越了载体、形式、语言的面向,上升到存在、生成、本体的维度,由此重构了故事与话语之间的传统逻辑,并呼唤一种全新的叙事理论与观念。

显然,就数字文本的内涵、形式及其语义问题而言,经典叙事学及其依托的结构主义传统面临前所未有的阐释困境。相反,广义的叙事概念则为这场从经典叙事到数字叙事的"接力"与"转向",提供了重要的认知基础和理论依据,并由此开辟了广义叙事学的"数字篇章"。例如,在融合新闻的创新实践中,数据可听化(data sonification)超越了传统的声音叙事理念,

---

① 申丹,王亚丽.(2010).西方叙事学:经典与后经典.北京:北京大学出版社(p.20).

而呈现出一种全新的叙事形式和语言。所谓数据可听化,意为借助声音再现数据,将数据关系转化为一种声音关系或声音景观。① 区别于常见的数据可视化,数据可听化不仅拓展了数据的转译与表征方式,还极大地创新了数据新闻的情感叙事实践。通过调整音调、音色、节奏等声学参数,数据可听化能够表现不同的情感或呈现某种情感变化,由此唤起特定的情感想象与情感共鸣,进而推动某一议题的数字建构及社会传播。澎湃新闻于2019年推出的数据新闻对因抑郁症自杀的网友"走饭"生前所有的微博进行文本分析,并利用可听化技术将数据转化成专属于她的"情感奏章",以低沉或明快的音调区分微博内容所蕴含的负面或正面情绪。通过不断变化的音调,用户可以深切地感知"走饭"生前的情绪走向,从而以声音为感知符号,以时间为认知尺度,捕捉隐匿在文字中的"变化"过程,并赋予这种"变化"一种形象的展示模型,由此打开了公共议题建构的情感修辞向度。由于声音可听化打开了叙事的情感维度,因此在公共舆论场对抑郁症议题的媒介建构,从经典叙事所擅长的语言逻辑转向一种以数据、声音、情感为论证模型的数字叙事逻辑,从而在叙事维度上公共议题被赋予一种全新的"显现"方式。不难发现,当文字符号被转换为可听的、可视的声音符号时,数字叙事亦体现为一种广义的叙事概念。

四、叙事理论:媒介性何以嵌入叙事性

数字媒介的兴起不仅重构了叙事的观念,也改写了叙事的生成语法,由此推动了数字叙事学的诞生。数字媒介与生俱来的技术属性,不断冲击着经典叙事学所依赖的结构主义原则。受到结构主义和符号学的深刻影响,经典叙事学将结构视为叙事学的核心问题。甚至可以说,叙事学总体上是以结构为圆心、以文本为半径而形成的一种知识话语——意义存在于结构之中,结构乃是意义生成的符号装置,因此,结构中储存着叙事的核心密码。所谓结

---

① 刘涛,朱思敏. (2020). 融合新闻的声音"景观"及其叙事语言. 新闻与写作, 12, 76-82.

构，意为"关于世界之表达层面的符号学形式"①。结构之所以被视为意义的生成"装置"，是因为结构具有三大特征，即整体性、转换性和自我调节性。② 因此，探寻文本之结构的过程，无疑是一场抵达文本之叙事"方式"的破译之旅。

（一）叙事学的"结构之殇"：结构与后结构

数字媒介的技术规则及其生成的数字文本，从根本上挑战乃至颠覆了结构的内涵与形式——结构不再是某种静态的、稳定的符号形式，而是呈现出一定的浮动性和不确定性，甚至超越了符号学的传统解释框架，等待着全新理论话语的"认领"。我们不妨从一个融合新闻案例切入，思考数字叙事系统中的结构，是如何跳出符号学意义上的表征框架，又是如何进入技术规则的"接管"领域，最终成为技术与表征"调和"的产物。

2020年4月8日，因新冠疫情而被管控76天的武汉正式"解封"。《人民日报》在这一特殊时刻发布融合新闻《今天，发条微信一起点亮武汉》。该作品呈现了九张以武汉地标建筑为题材的海报图片，经由用户点击，海报图片会由黑白变为彩色，并弹出与"武汉解封"这一新闻事件相关的文案，寓意"点亮武汉"与"武汉复苏"。该作品通过在静态海报中融入SVG互动技术，为普通的图片素材增添了交互元素，由此创设了一种全新的"阅读"体验。事实上，交互操作设计的底层"语言"体现为程序修辞（procedural rhetoric），即借助特定的操作规则、叙事内容以及相应的符号表征系统，可以让受众在不自觉中接受设计者所预设的信息或价值观念。③ 在上述案例中，用户的点击行为只能"触发"一种叙事后果，即图片变为彩色，而这恰恰是技术逻辑支撑下的"精心设计"，其目的在于制造一种"点亮"的意象，引导用户将眼前所见与"武汉复苏"进行勾连，解读出设计者预设的叙事意义。

---

① 〔法〕格雷马斯. (2011). 论意义：符号学论文集（上）. 吴泓缈, 冯学俊译. 天津：百花文艺出版社（p.43）.

② 〔美〕西摩·查特曼. (2013). 故事与话语：小说和电影的叙事结构. 徐强译. 北京：中国人民大学出版社（p.7）.

③ 刘涛, 曹锐. (2021). 程序修辞：游戏研究的修辞学范式. 新闻界, 1, 35-50.

不难发现，融合新闻叙事呈现出何种"表征"语言，不仅取决于文本"展开"过程中所同步呈现的结构，如时间结构、空间结构、关系结构等，而且取决于文本得以"展开"的媒介之结构——前者属于符号学的语义再现范畴，后者则属于媒介学的技术规则范畴。因此，如果说融合新闻存在一个意义生成之结构，那么，这里的结构并非某一认知形象的界面"投射"，而是存在一个基础的技术生成法则。这便需要回到融合新闻的媒介技术维度，从具体的技术属性出发，探讨经典叙事学的结构在融合新闻中的"变奏"方式及语言。

唯有立足数字媒介的媒介性基础，才能真正把握融合新闻的叙事性内涵。具体而言，数字媒介存在诸多有别于传统媒介的技术属性，如列夫·马诺维奇（Lev Manovich）提出的"数字化""模块化""自动化""多变性"和"跨码性"①，或者简·梵·迪克（Jan van Dijk）提出的"数字代码"（digital code）、"整合"（integration）和"互动性"（interactivity）②，抑或瑞安提出的"可编程性""互动与反应属性""多变的符号和变化的显示""多重知觉和符号渠道"以及"网络化能力"③。这些媒介属性均以不同的方式作用于数字叙事的结构，并深刻地影响着故事的观念及其生成语言。纵观数字媒介的技术属性，"互动性是最能区分新旧媒介的属性"④。基于此，这里仅以互动性为例，探讨经典叙事学所依赖的叙事根基——结构，如何承受互动性的"进犯"，并最终转向了数字叙事的后结构/数字结构命题。

相较于传统媒介而言，互动性从根本上改写了数字叙事学的底层逻辑——由于互动性深度嵌入叙事维度，因此经典叙事学赖以存在的结构，开始遭遇系统性的挑战甚至坍塌，由此转向了后结构主义的数字叙事学。互动性沿着叙事语义和叙事规则两个维度，深刻地影响着叙事性的内涵。⑤ 由于互动的嵌入，叙事的结构便不再被文本生产者所掌控，而是经由用户的参与

---

① 〔俄〕列夫·马诺维奇. (2020). 新媒体的语言. 车琳译. 贵阳：贵州人民出版社（pp. 27-47）.
② van Dijk, J. (2006). *The network society: Social aspects of new media*. London: Sage, p. 6.
③ 〔美〕玛丽-劳尔·瑞安. (2014). 故事的变身. 张新军译. 南京：译林出版社（p. 94）.
④ 〔美〕玛丽-劳尔·瑞安. (2014). 故事的变身. 张新军译. 南京：译林出版社（p. 95）.
⑤ 刘涛, 曾宪博. (2024). 可能世界中的"现实"：融合新闻的互动叙事形式及语言. 新闻与写作，4, 96-109.

及调适，呈现出一种更为复杂的生成状态。换言之，结构从原本确定的、稳定的、模式化的"存在方式"中挣脱出来，而呈现出浮动的、变化的、偶然的特点与趋势。2019 年英国申请脱欧期间，下议院议长约翰·伯考（John Bercow）在议会召开时为维持现场秩序而大喊"Order"（肃静）的短视频在互联网迅速走红，一时成为网络热"梗"，该议长也被网友戏称为"Order 哥"。英国《泰晤士报》随即推出新闻游戏《这次换你做议长》。在游戏过程中，用户有机会成为"临时议长"，体验下议院议长的职能，参与下议院的发言、投票等事务。这一特殊的互动设计方式，不仅有助于用户走近并了解下议院的日常事务，还能够使用户在对可能世界（possible world）的多次遍历中，实现游戏经验与现实知识之间的无缝转换。

由此可见，互动与叙事的"相遇"，引发了猝不及防的叙事后果——叙事学逐渐走出原始的"舒适区"，开始面对接受者在叙事活动中的"输入"行为，并深入思考数字媒介语境下的"再出发"问题。正是缘于对互动问题的重视与思考，叙事学才完成了真正意义上的"数字转向"，相应地，数字叙事学也成为一个合法的学术领域。

（二）意义之"传导"：从物质到表征

在经典叙事学遭遇困境之处，数字叙事学便作为一种新兴的理论话语出场，实现了叙事学在数字媒介时代的"再次出发"。例如，由于传统媒介主体上是一种时间性媒介，因此传统新闻叙事高度依赖线性结构，即按照时间"前行"的顺序进行要素组织、编排与布局，如报纸叙事依赖文字本身的排列顺序，杂志叙事依赖书本的翻页顺序，电视叙事依赖画面的扫描顺序，广播叙事依赖信号的传输顺序，电影叙事依赖胶片的滚动顺序……融合新闻叙事则以数字媒介为叙事载体，沿着数字叙事学的理论视角，从根本上改写了叙事结构的物质逻辑和技术语言，从而形成了一种全新的故事"讲述"方式。

且不说 H5、游戏技术等新兴技术所打开的极具想象力的故事世界，即便是最基本的网页文本，也因为超链接技术的嵌入，实现了叙事文本的"扩容"工程——除了对文本形式层面的"边界"进行拓展，超链接还将存储在网络世界的对象、信息、文件等有组织地连接起来，创造了一个庞大的互文世界。正是在以超链接为基础的数字结构中，文本要素的组织方式和语言结构呈现出极大的延展性和自由度。按照列夫·马诺维奇的观点,"超链接的原理构成了交互媒体的基础",超链接是对人类的"联想"这一最基本的心理过程进行外在化与客体化的产物。① 当用户的意识在文本世界中不断游移时,超链接提供了一种互文的语言,即通过对用户的感知、思维等意识活动进行捕捉、固化和延展,生成一种连续的、结构化的文本形式。而数字文本形成的基础"语言"便是超链接,其作为文本要素的整合逻辑,深刻地影响着文本的存在形式和生成形式,如数字文本的复制、粘贴、裁剪之所以成为可能,是因为超链接深层的连接结构发生了断裂或重组。当文本要素以超链接的方式组织在一起,并在此基础上建立"结构"之概念时,经典叙事学所关注的结构和语言问题便不得不进行拓展和创新,以适应超链接的文本生成逻辑。

数字叙事学的本质乃是叙事学的"媒介转向"——转向对媒介性的重视与考察,并从媒介的内在规定性维度出发,揭示"叙事何以成为叙事"之叙事性内涵。媒介性并非简单的媒介特性,而是指向一种关系属性②,其在本质上回应的是媒介之连接、中介、转化、生成之功能得以实现的内在规定性——正是在媒介性维度,媒介通过操控某种关系而具有了"无中生有"的能力。经典叙事学给出的"叙事=故事+话语"这一普遍的认识话语,实际上并未充分意识到媒介之于叙事的深刻影响。尽管查特曼亦承认"媒介也影响到传达"③,并给出了"媒介可能专事某种特定的叙事效果,而不是其他效果"④ 的重要论断,但不得不承认,媒介仅仅被视为一种区分文本形态的"质料",其在叙事中的作用仅限于"载体"功能,并未真正进入叙事学的知识维度——媒介被故事孤立,亦被话语抛弃。实际上,经典叙事学对故事之独立性的默许,已然将媒介排除在故事的生成语法之外——"若同一故事可由不同的媒介表达出来则可证明故事具有相对的独立性,它不随话语形

---

① 〔俄〕列夫·马诺维奇. (2020). 新媒体的语言. 车琳译. 贵阳: 贵州人民出版社 (p.59).
② 〔美〕玛丽-劳尔·瑞安. (2014). 故事的变身. 张新军译. 南京: 译林出版社 (p.25).
③ 〔美〕西摩·查特曼. (2013). 故事与话语: 小说和电影的叙事结构. 徐强译. 北京: 中国人民大学出版社 (p.8).
④ 〔美〕西摩·查特曼. (2013). 故事与话语: 小说和电影的叙事结构. 徐强译. 北京: 中国人民大学出版社 (p.15).

式的变化而变化。"① 在经典叙事学看来,"故事独立于它所运用的媒介和技巧,也就是说,它可以从一种媒介转移到另一种媒介,从一种语言翻译成另一种语言"②。简言之,由于忽视了媒介性深层的关系属性,经典叙事学仅仅在"质料"维度思考媒介问题,并未将叙事带入媒介性的审视维度,由此忽视了媒介性与叙事性之间极为丰富的作用关系。

区别于经典叙事学对媒介的忽视,数字叙事学不仅承认作为媒介叙事发生的"载体"角色,而且充分肯定媒介作为叙事生成的"变量"功能和"规则"逻辑。按照数字叙事学的基本假设,数字媒介的物质属性及其作用方式,并非局限于媒介文本的载体维度,而是深刻地嵌入叙事内部,提供了一种从物质到表征的语义"传导"机制。正因如此,数字媒介的技术规则,打开了一个全新的叙事世界及意义面向。由于媒介属性深刻地嵌入叙事维度,因此数字叙事最终体现为一种以数字媒介的媒介性为基础的中介化故事(mediatized story)。③ 当数字媒介的物质"语言"深度嵌入文本表征的叙事系统时,一系列新兴的数字叙事形式随之浮出水面。相应地,叙事学中的诸多元命题亦呈现出新的理论内涵,如以虚实融合为特征的叙事形式④、以情感认同为目标的叙事语言⑤、以混合空间(hybrid space)为基础的叙事场景⑥、以具身实践为手段的叙事行为⑦、以游戏表达为载体的叙事形态⑧、

---

① 申丹,王亚丽. (2010). 西方叙事学:经典与后经典. 北京:北京大学出版社 (p. 20).
② 胡亚敏. (2004). 叙事学(第二版). 武汉:华中师范大学出版社 (p. 118).
③ Lundby, K. (2008). Mediatized stories: Mediation perspectives on digital storytelling. *New Media & Society*, *10* (3), 363-371.
④ Liestøl, G. (2018). Story and storage-narrative theory as a tool for creativity in augmented reality storytelling. *Virtual Creativity*, *8* (1), 75-89.
⑤ Döveling, K., Harju, A. A. & Sommer, D. (2018). From mediatized emotion to digital affect cultures: New technologies and global flows of emotion. *Social Media+Society*, *4* (1), 2056305117743141.
⑥ De Souza e Silva, A. (2006). From cyber to hybrid: Mobile technologies as interfaces of hybrid spaces. *Space and Culture*, *9* (3), 261-278.
⑦ Gattenhof, S., Sibthorpe, N., Hancox, D., McGowan, L. & Oancea, S. (2019). Senses of Community: Place-making and digital narrative through embodied practice. *Social Alternatives*, *38* (1), 21-29.
⑧ Kalaf, L. (2023). Gamification: How game design and narrative therapy can work together. *International Journal of Narrative Therapy and Community Work*, *1*, 25-32.

以跨媒介叙事为方法的叙事观念①、以人工智能为驱动的叙事实践②等等。这些新兴的数字叙事形式与实践，超越了经典叙事学的"文本"依赖，亦超越了结构主义的"路径"依赖，从而挑战乃至颠覆了经典叙事学的诸多基础概念、命题与假设。

  当叙事的语言遭遇媒介的规则时，叙事学不得不直面数字媒介的物质逻辑及其拓展的理论面向。这里，我们以数字叙事中备受关注的界面问题为例，同时结合互动性所铺设的媒介法则，阐述媒介性与叙事性如何在"界面"交汇，并形成一种独特的叙事实践。数字媒介中的界面已然超越了"载体"的维度，其作为一种连接物质与表征的中介，不仅限定了文本的呈现形式，而且支配着文本叙事的语义系统。③ 数字叙事中的互动技术在"载体"和"程序"两个维度拓展了界面的内涵。一方面，考虑到互动的便捷性和高效性，界面的设计及布局逐渐向用户的身体"妥协"，即按照有利于身体互动的方式不断调适与升级，以打造最优化的用户"接触"模式。例如，当智能手机更多地选择"竖屏"这一界面"形式"时，其内容组织与布局便呈现出"竖屏叙事"的特征，这种建立在界面"尺度"上的叙事方式，实际上是对人体工程结构的一种微妙回应。④ 另一方面，互动也深刻地影响着界面之上的信息呈现，尤其是在程序系统及其修辞结构的"表征"之下，界面与内容超越了载体与信息的关系，二者合二为一，成为一种崭新的信息表达形态。在融合新闻叙事中，界面提供了人机互动的发生场所，鼓励用户调动自身能动性对新闻事件进行自主探索，对事实真相进行主动挖掘，以增强用户的叙事认同感，而这一过程实际上离不开基于界面的响应与反馈机制。在具体的媒介实践中，界面已然超越了物理学层面上的平面概念，更多地意味着一个文化意义上的复合体，集成了人、事物、现象、技术、

---

  ① Von Stackelberg, P. & Jones, R. E. (2014). Tales of our tomorrows: Transmedia storytelling and communicating about the future. *Journal of Futures Studies*, 18 (3), 57-76.
  ② Szilas, N. (2015). Reconsidering the role of AI in interactive digital narrative. In Hartmut Koenitz et al. (eds.). *Interactive digital narrative: History, theory and practice* (pp. 136-150). London: Routledge.
  ③ Johnson, S. K. (1997). *Interface culture: How new technology transforms the way we create and communicate*. San Francisco, CA.: Harper Edge, p. 14.
  ④ 刘涛. (2021). 新媒体竖屏叙事的"版面"语言及其语图关系. 现代出版, 5, 25-35.

时间、空间等各类元素。① 换言之，界面作为数字叙事最基本的发生机制，为人机会话创设了具有现实可能性的发生场所，为互动行为的发生提供了基本的物质条件，为数字叙事的发展开拓了更加广阔的空间。正是在以界面为基础的装置结构中，数字叙事中的故事之"变身"与话语之"变奏"成为可能。

那么，数字媒介的技术属性，是如何"传导"至文本叙事的形式维度，并改写了叙事的"语言"？相较于传统新闻较为单一的呈现形式，数字媒介的融合性、互动性、数据性等技术属性，引发了新闻叙事深处的"形式革命"，诸如短视频新闻、数据新闻、H5新闻、VR新闻、AR新闻、新闻游戏等表达形态推陈出新。数字媒介的技术逻辑及其铺设的叙事规则，极大地释放了语言与形式层面的修辞空间。对于不同的融合新闻形态而言，"形式的修辞"发生在不同的语言维度，如时间维度、空间维度、声音维度、情感维度、互动维度、再媒介化维度等，相应地也就形成了不同的新闻故事，亦创设了不同的故事体验。例如，VR新闻将用户的身体带入故事，并赋予身体一定的叙事"位置"，由此改写了传统意义上的故事观念；再如，AR新闻将故事搬到现实空间，使得传统意义上的故事不再局限于文本空间，而是延伸到了环境维度，由此重构了故事的存在方式……具体而言，VR新闻通过搭建全景式、环绕式的数字情景，构建了身体"在场"的情感生发系统。在VR新闻中，用户的身体不再被禁锢、束缚、麻醉，而可以自由移动和探索，直接"触碰"相应的"现场"图景与内容。② 相应地，VR新闻所创设的虚拟场景能够直接作用于用户的身体感官，促使其产生丰富而真切的知觉体验和情感体验，并代入新闻现场目击者或参与者的视角来理解新闻事实。具体而言，以VR为代表的虚拟场景主要通过三种手段影响并刺激人们的情感，分别是控制场景中的光线与氛围，选择摄像机的记录位置与区域，以及调整身体与物品之间的距离与关系。③ 英国《卫报》制作的VR新闻《一方囚室》（"6×9: A Virtual Experience of Solitary Confinement"）模拟了真实的囚

---

① 倪钢. (2006). 界面文化的解释. 自然辩证法研究, 11, 62-66.
② 〔俄〕列夫·马诺维奇. (2020). 新媒体的语言. 车琳译. 贵阳: 贵州人民出版社 (p.109).
③ Kukkakorpi, M. & Pantti, M. (2021). A sense of place: VR journalism and emotional engagement. *Journalism Practice*, 15 (6), 785-802.

室场景——狭小的空间、昏暗的灯光、潮湿的墙面、囚犯们的哀号，无不显现出压抑、绝望、逼仄的氛围。用户置身于场景之中，能够以第一视角沉浸式地体验封闭式监禁带给人们的恐惧、焦虑与不安等消极情绪，进而在这些消极情绪的引导下，反思"关禁闭"这一惩处手段深层的伦理问题。显然，VR新闻模拟并再现了特定的新闻景观，尤其是以身体为界面，创设了一种具身性的故事生成体系。

概括而言，要探索融合新闻的叙事理论，客观上需要立足数字叙事学的理论假设，系统探讨媒介性与叙事性之间的接合理念、原理和逻辑。唯有回到叙事学的理论起点，聚焦于具体的叙事问题，如故事、结构、语言、修辞、图式、伦理等命题，沿着理论归纳和理论演绎两个路径进行深入探究，尤其是检视经典的叙事命题在融合新闻叙事语境中的新内涵、新机制与新话语，如此才能相对系统地勾勒出融合新闻叙事的理论体系。有待深入探讨的理论命题包括新闻叙事本体维度的故事观念、新闻叙事语言维度的语图关系、新闻叙事机制维度的数字修辞、新闻叙事图式维度的再媒介化、新闻叙事批评维度的数字人文、新闻叙事伦理维度的符号秩序等等。

五、叙事语言：融合性与叙事可供性

融合新闻叙事的"媒介转向"，意味着回到数字媒介的技术本身，探讨技术与叙事的"相遇"方式，并在此基础上探讨数字媒介的叙事可供性（storytelling affordance）命题。具体包括以下三个命题：一是数字技术应用所打开的叙事创新之可能，即融合新闻叙事何以实现媒介性与叙事性的接合；二是数字媒介规则所铺设的传播方式之可能，即基于数字媒介技术的叙事规则何以影响了新兴传播形式的形成；三是数字叙事本身所拓展的现实建构之可能，即不同的融合新闻形态，如网页新闻、短视频新闻、H5新闻、数据新闻、动画新闻、VR新闻、AR新闻，何以构筑起一个另类的故事世界，并在此基础上完成了现实在不同叙事系统中的建构与形成。为了正面回应这三大命题，我们首先需要回到"可供性"（affordance）这一概念本身，探讨从技术可供性到媒介可供性，再到叙事可供性的理论演进逻辑，并进一步把握融合新闻叙事之融合"语言"。

(一) 从技术可供性到叙事可供性

早在 1979 年,美国生态心理学家詹姆斯·杰罗姆·吉布森 (James Jerome Gibson) 便提出了"可供性"这一概念,用于阐释动物与环境之间的关系。吉布森所讨论的可供性主要是以环境为考察对象,旨在说明环境本身为动物的行动与需求所提供 (offer)、准备 (provide) 或供给 (furnish) 的东西。① 显然,"可供性"这一概念发端于生态学的立场和视角,因此也被用来描述主体与环境以及环境中事物之间的协调性 (complementarity) 问题。按照吉布森的观点,这种协调性不仅可以被主体识别和感知,而且能够为行动者提供某种行动之可能。显然,可供性这一概念的出场,本身就预设了两个前提:其一,可供性并非指向客体的属性,但确实是以客体的物理属性为问题起点;其二,可供性指向一种生成性的关系,即将主体与客体并置在一个关系结构中,探讨客体对其"所能"进行展示的能力及可能。必须承认,可供性往往会因使用者或使用情境的不同而发生变化。例如,对于某些昆虫而言,水面为其提供了行走或驻足的平面,而在人类这里,却不具备行走的可供性。②

随后,可供性这一概念被引入设计学、传播学、社会学等领域,逐渐成为了一个备受青睐的学术用语。唐纳德·亚瑟·诺曼 (Donald Arthur Norman) 率先将可供性引入设计学领域。他将可供性界定为"事物属性与其行动能力之间的一种关系,它决定了如何使用该事物"③,并以关系为考察对象,提出了用以探索设计作品与个体认知之间关系的"感知可供性"(perceived affordance)。④ 显然,诺曼对于可供性概念的使用,已经不再满足于生态学视角的协调性问题,而尝试将目光转向普遍的人造物及其"示能"

---

① Gibson, J. J. (2014). *The ecological approach to visual perception: Classic edition*. London, UK: Psychology Press, p. 119.

② Hutchby, I. (2014). Communicative affordances and participation frameworks in mediated interaction. *Journal of Pragmatics*, 72, 86–89.

③ Norman, D. (2013). *The design of everyday things: Revised and expanded edition*. Philadelphia, PA: Basic Books, p. 11.

④ Norman, D. A. (1999). Affordance, conventions, and design. *Interactions*, 6 (3), 38–43.

问题，尤其关注在主体与客体的互动结构中对可供性加以考察。显然，如果说吉布森关注的可供性概念主要强调"功能的承担"问题，诺曼则关注使用者所获得的"感知提示"问题。

威廉·加弗（William Gaver）进一步拓展了可供性概念考察的互动维度，并在此基础上探讨互动关系中的行动性命题。按照加弗的观点，可供性意味着行动者与环境之间的互补性，"它使得具备一定行动能力的有机体有可能采取特定的行动"[1]。基于互动与行动的认识维度，加弗延伸出了"技术可供性"（technology affordance）的概念，用以阐明技术性与行动性之间的作用关系[2]。具体而言，技术可供性试图回答的核心命题是：技术本身所具备或携带的性能、特质与功能，能够在多大程度上帮助使用者达成既定的行动目标[3]。实际上，技术可供性并非单纯地指某一技术性能对用户行为的"供给"关系，而是强调二者之间的双向促进过程或彼此约束逻辑[4]。

作为一种典型的技术物，媒介技术迅速进入技术可供性的观照视域，由此打开了用户向度的技术分析视角。加弗较早将可供性理论引入报纸、电子媒体等媒介研究领域，开辟了媒介可供性研究的先河。传播学领域主要关注"社会可供性"（social affordance）和"传播可供性"（communicative affordance）这两个概念：前者更加强调媒介环境对个体行为的引导和约束，如巴里·威尔曼（Barry Wellman）等人强调特定技术可为媒介使用者提供特定的功能[5]；后者则突破了事物的具体功能，主要关注技术与人之间的互动关系[6]。

---

[1] Gaver, W. W. (1991, March). *Technology affordances*. In Proceedings of the SIGCHI conference on human factors in computing systems (pp. 79-84).

[2] Gaver, W. W. (1991, March). *Technology affordances*. In Proceedings of the SIGCHI conference on human factors in computing systems (pp. 79-84).

[3] Leonardi, P. M. (2013). Theoretical foundations for the study of sociomateriality. *Information and Organization*, 23 (2), 59-76.

[4] Majchrzak, A., Faraj, S., Kane, G. C. & Azad, B. (2013). The contradictory influence of social media affordances on online communal knowledge sharing. *Journal of Computer-Mediated Communication*, 19 (1), 38-55.

[5] Wellman, B., Quan-Haase, A., Boase, J., Chen, W., Hampton, K., Díaz, I. & Miyata, K. (2003). The social affordances of the Internet for networked individualism. *Journal of Computer-Mediated Communication*, 8 (3), JCMC834.

[6] Hutchby, I. (2001). Technologies, texts and affordances. *Sociology*, 35 (2), 441-456.

安德鲁·理查德·施罗克（Andrew Richard Schroc）在此基础上提出移动媒体的"便携性""可获取性""可定位性""多媒介性"① 等概念，确立了媒介可供性研究的核心概念框架。2017年，潘忠党较早将媒介可供性概念引入中国传播学界，并将新闻传播领域的可供性理论划分为生产可供性、社交可供性和移动可供性。②

当前，可供性已然成为传播学理论建构的核心概念之一。③ 作为一种理论视角，可供性不仅有助于回应数字媒介所预示的某种"可能空间"，而且提供了一种理解主体与媒介之间交互关系、媒介技术与媒介实践之间作用方式的理论路径。建立在媒介可供性基础上的交互实践无疑拓展了媒介技术研究的理论视域，并以"情感性"④"可见性"⑤"时间性"⑥"数字性"⑦"身份性"⑧ 等为分析概念，重构了数字媒介的媒介性内涵。梅根·莫雷诺（Megan Moreno）和雅尔达·乌尔斯（Yalda Uhls）将社交媒体的技术可供性细分为功能可供性、社交可供性、身份可供性、认知可供性和情感可供性⑨，这不仅从可供性视角揭示了社交媒体区别于传统媒体的根本特质，而且在媒介技术与主体实践之间构建了一种全新的阐释话语。

---

① Schrock, A. R. (2015). Communicative affordances of mobile media: Portability, availability, locatability, and multimediality. *International Journal of Communication*, 9, 1229-1246.

② 潘忠党,刘于思. (2017). 以何为"新"？"新媒体"话语中的权力陷阱与研究者的理论自省——潘忠党教授访谈录. 新闻与传播评论, 1, 2-19.

③ Nagy, P. & Neff, G. (2015). Imagined affordance: Reconstructing a keyword for communication theory. *Social Media+ Society*, 1 (2), 2056305115603385.

④ Mascheroni, G. & Vincent, J. (2016). Perpetual contact as a communicative affordance: Opportunities, constraints, and emotions. *Mobile Media & Communication*, 4 (3), 310-326.

⑤ Strand, C. (2019). Navigating precarious visibility: Ugandan sexual minorities on Twitter. *Journal of African Media Studies*, 11 (2), 229-256.

⑥ Kaun, A. & Stiernstedt, F. (2014). Facebook time: Technological and institutional affordances for media memories. *New Media & Society*, 16 (7), 1154-1168.

⑦ Harmer, E. & Southern, R. (2020). Is digital news really that digital? An analysis of how online news sites in the UK use digital affordances to enhance their reporting. *Journalism Studies*, 21 (16), 2234-2248.

⑧ Hedman, U. (2020). Making the most of Twitter: How technological affordances influence Swedish journalists' self-branding. *Journalism*, 21 (5), 670-687.

⑨ Moreno, M. A. & Uhls, Y. T. (2019). Applying an affordances approach and a developmental lens to approach adolescent social media use. *Digital Health*, 5, 2055-2076.

那么，数字媒介技术在叙事维度的影响以及由此打开的叙事实践，无疑成为融合新闻叙事研究的一个新命题。媒介性与叙事性的"相遇"，催生了一个重要的研究命题——叙事可供性。实际上，数字媒介的诸多功能和属性，极大地释放了叙事的想象力，如拓展了叙事结构、故事框架、情感叙事的可能形式[1]，再造了新闻叙事中的资源链接模式[2]，重塑了用户对特定媒介内容的选择与接受方式[3]，赋予了特定情境下的书写模式与记忆方式以可能性[4]……必须承认，对于叙事可供性的研究，不能简单地停留在媒介技术的功能属性或特征层面，而是要立足数字技术在叙事中的出场方式和使用情景，充分考虑技术使用者在叙事层面的主体性和参与性，如此才能以可供性为概念工具，揭示数字媒介时代媒介性与叙事性的结合方式，并在此基础上重构融合新闻叙事的知识话语。由于融合新闻具有不同的功能情景，如信息传递、真相挖掘、价值引导等，因此，叙事可供性必然取决于新闻生产者的传播意图以及新闻文本的使用情景。唯有将数字技术置于相应的功能情景之中，充分考虑叙事嵌入社会语境的原理、语言和路径，以此探讨数字技术所打开的叙事之可能空间，才能真正以叙事可供性为概念工具，揭示融合新闻的叙事规则及其语言系统。

（二）"多媒融合"与叙事论证结构

当不同的媒介元素在文本中"相遇"时，彼此之间的关系并非简单的符号"照面"，而是统摄于叙事论证的语义系统之中，并致力于回答这样一个叙事可供性命题：相较于传统新闻，融合新闻叙事体现出何种语言优势和论证潜能，使得事实的另类呈现和深度开掘成为可能？实际上，经由要素之间的修辞性结合，融合新闻的叙事结构和语言超越了单一的信息模态，而呈

---

[1] Papacharissi, Z. (2016). Affective publics and structures of storytelling: Sentiment, events and mediality. *Information, Communication & Society*, 19 (3), 307–324.

[2] Harmer, E. & Southern, R. (2020). Is digital news really that digital? An analysis of how online news sites in the UK use digital affordances to enhance their reporting. *Journalism Studies*, 21 (16), 2234–2248.

[3] Smart, G. & Thompson, R. (2017). "Someone just like me" narrative, figured world, and uptake in therapeutic books for youths with mental health disorders. *Written Communication*, 34 (1), 5–29.

[4] Yang, Y. (2022). Pandemic and memory: Online memory narratives of COVID-19 survivors in China. *Chinese Journal of Communication*, 15 (4), 611–634.

现出一种多模态的叙事论证模型。

融合新闻的叙事可供性及其实现方式，根本上取决于叙事元素自身在叙事维度的可供性内涵。不同的媒介元素可作用于不同的感知"管道"，形成不同的意义之"流"，从而在叙事上呈现出不同层面的可供性特质，由此打开不同的叙事潜能和表意空间。在多媒体叙事语境中，整合性（integration）意味着一种将技术与艺术结合为一体的表达理念[1]，相应地，新闻叙事的融合语言主要体现为一种对多种媒介元素的"整合方案"。作为融合新闻的两种基本媒介元素或信息模态——语言和图像，二者在"相遇"深处的融合性本质上回应的是语图关系问题，其核心命题是立足语言和图像的叙事特征，探讨二者之间的整合性问题。具体而言，语言和图像赋予了叙事不同的表意模式——语言对应的叙事模式为自主式或确定式叙事，图像则对应说明式或不确定式叙事[2]。显然，语言符号是时间性的、论证性的、故事性的，具有逻辑推演和思维建模的叙事潜能；图像符号则是空间性的、再现性的、情感性的，能够有效地打开叙事的形象之维和情感向度[3]。实际上，融合新闻的融合性本质远远超越了纯粹的语言与图像之间的叙事关系，而延伸到了多种媒介元素之间的整合图式及其语言。例如，再媒介化叙事是一种较为普遍的"多媒融合"的整合图式，其特征便是吸纳、挪用、整合其他媒介的表征形式、叙事语言、技术逻辑、文化意涵等，如电影语法中的"一镜到底"、地图语法中的空间叙事、游戏语法中的闯关实践等，从而沿着某一既定的"媒介图式"，赋予多种媒介元素一种有"章"可循的聚合结构和整合框架[4]。

可见，当不同的媒介元素融合在一起时，融合新闻便拥有了整合性的叙事潜能，即新闻文本中的不同媒介元素各司其职，协同发力，一方面创设事实认知的感知语境，另一方面打开事实呈现的不同面向——语言文字的因果

---

[1] Packer, R. & Jordan, K. (2001). Overture. In Randall Packer & Ken Jordan (Eds.). *Multimedia: From Wagner to virtual reality* (pp. xv-xxxviii). New York: W. W. Norton.

[2] 〔美〕玛丽-劳尔·瑞安. (2014). 故事的变身. 张新军译. 南京: 译林出版社 (p.19).

[3] 刘涛. (2021). 新媒体竖屏叙事的"版面"语言及其语图关系. 现代出版, 5, 25-35.

[4] 刘涛, 蔡雨耘. (2021). 形态·语法·意象: 融合新闻的"再媒介化"叙事语言. 新闻与写作, 4, 74-80.

推演优势、图像符号的景观呈现优势、声音符号的场景唤起优势、视频符号的过程记录优势、数据符号的逻辑论证优势、动画符号的现场模拟优势……换言之，不同的媒介元素为叙事提供了不同的功能选项，相应地也就拓展了事实呈现与认知的诸多可能。必须承认，融合性所生发出的叙事可供性，并非停留在单一模态元素的叙事优势和潜能问题层面，而延伸到多种媒介元素的"相遇"机制与其创设的融合语言，其目的是形成一种面向事实表征与认知的叙事"合力"。

那么，多种媒介元素究竟如何整合在一个文本系统中，并拓展事实呈现的"景观"以及实现事实认知的"增量"？这仍是一个有待深入研究的数字叙事命题。从叙事可供性的角度来看，"多媒融合"的意义在于打开叙事之于现实的"发现"功能，即在叙事维度重新建构、抵达和认识现实，这便涉及事实呈现的叙事论证问题。概括而言，由于不同媒介元素之间存在诸多可能的"结合"方式，因此融合新闻叙事呈现出丰富而复杂的论证"语言"。其主要论证逻辑有三：一是调用相应的媒介元素，突出事实性，如借助图像展示、视频记录、声音捕捉等，呈现多元化的事实"景观"，以提升新闻事实信息的可信度；二是创新可能的语义模式，强化论证性，如整合不同元素的叙事优势，回应不同的事实问题，揭示不同的事实面向，从而完成多层次、多维度的"事实拼图"；三是激活潜在的故事线索，传递故事性，如通过数据可视化的要素整合与转译方式，识别和发现数据中的新闻故事，从而以故事为"媒"，达到启人悟"道"的论证目的。例如，为了系统呈现印度新德里不同地区的空气污染情况，《纽约时报》于2020年推出融合新闻《谁能够在新德里呼吸干净的空气》（"Who Gets to Breathe Clean Air in New Delhi"）。该作品以深度报道为叙事基础，嵌入了传感器数据、摄影图像、地图、交互图表、纪实视频等信息元素，同时基于多模态信息的多元整合，揭示了环境污染背后的阶层、贫穷与生态正义问题。在该作品中，记者走进印度的两个不同社会阶层的家庭，通过传感器记录两个孩子在PM2.5环境中的暴露情况，最终发现来自贫穷家庭的孩子所承受的污染数据是来自中产阶层家庭孩子的四倍。该作品采用分屏技术，以纪实影像的方式动态记录了两个孩子从早到晚的行动轨迹，实时呈现其所处环境的污染情况，并在画面上动态标注对应的PM2.5数据，同时结合地图的动态呈现和动画演示，揭示了社会阶层与环境污染之间的内在关系。可见,该作品不仅调用了多种媒介元素,最大限度地发挥出不同符号形式在事实呈现上的论证优势和表征潜能,而且在叙事语言上有效实现了表征与互动的结合、数据与故事的融合、技术与艺术的整合,从而以融合性为基础,实现了新闻事实的多元呈现与多维表达。

需要特别强调的是,基于融合性的叙事可供性讨论,不能仅仅停留在符号要素之间的模态关系与组合结构层面,还应重返"融合"发生的数字媒介维度,即立足具体的融合新闻形态及其依托的技术逻辑,探讨既定技术系统中的融合叙事方式及其打开的事实空间。例如,尽管网页新闻、数据新闻、H5新闻、VR新闻、AR新闻、生成式AI新闻都呈现出"多媒融合"的特征,但由于"融合"发生的技术逻辑存在显著差异,因此不同新闻形态的融合语言必然呈现出独特的整合方案。具体而言,网页报道主体上遵循的是语言主导、图像佐证的叙事模式,即语言铺设了叙事论证的主体框架,图像更多地扮演着"视觉证据"的辅助角色;数据新闻对其他元素的整合模式,主体上是以数据可视化或数据可听化为整合机制,其最终呈现的故事,本质上体现为图像意义上的数据故事;VR新闻的融合逻辑,已然超越了纯粹的媒介要素维度,进一步拓展了叙事的空间向度和身体向度,由此将融合叙事推向了以身体为界面的具身论证维度;AR新闻的显著特征是将故事搬到了现实空间,通过对现实场景的"增强"叙事,打造一种虚实融合的混合空间(hybrid space),并沿着这一特殊的空间逻辑进行媒介要素整合;生成式AI新闻的要素整合方式,主要遵循的是算法逻辑及其深层的程序修辞机制,因此,融合的底层语言体现为算法驱动的人机协作叙事。

(三) 基于融合性的叙事语言体系

唯有回到融合新闻之"融合"问题,才能真正理解融合新闻叙事有别于经典叙事的独特内涵,并以叙事可供性为概念工具,理解数字媒介技术所打开并重构的叙事世界。融合性是融合新闻有别于传统新闻的本体特征。融合新闻之"融合"本质,主要体现在三个方面:一是语义结构维度的媒介元素融合,二是文本实践维度的情景系统融合,三是媒介渠道维度的故事世界融合。相应地,融合新闻的叙事语言体系探索,客观上需要回应上述三个维度的融合性命题，即立足不同的融合本质，探索融合新闻的叙事系统。

一是语义结构维度的媒介元素融合。顾名思义，融合新闻是融合了诸多媒介元素的新闻形态，包括文字、图像、声音、动画、数据等。无论是早期的融合媒介形态，如网页、视频、Flash 等，还是新兴的融合媒介形态，如 H5 新闻、VR 新闻、数据新闻、新闻游戏等，都极大地释放了数字媒介的要素融合能力，融合新闻由此呈现出"多媒融合"之基础特征。相应地，多种媒介元素如何发挥"合力"作用，在文本维度讲述新闻故事，便成为融合新闻叙事首先需要理清的叙事语言命题。

二是文本实践维度的情景系统融合。传统新闻主要体现为一种"观看"结构，融合新闻则拓展了叙事的实践向度，使得用户的"参与"和"体验"成为可能，由此创设了一种媒介化的接受情景。如果说传统新闻叙事主体上考察的是文本内部的表征语言问题，融合新闻则将情景推向一个重要的叙事位置，使得"情景的语言"成为叙事语言的一部分。[①] 情景既是融合发生的场所，亦是融合叙事的果实。相应地，技术、互动、用户、环境等均作为叙事的"变量"，参与到叙事之中，形成了一种全新的"融合"概念。因此，融合性的内涵，已然超越了文本内部的媒介元素融合问题，而进一步以文本外部的情景系统为基础，上升为文本与用户、文本与环境、文本与实践维度的数字情景生成命题，包括文本、界面、身体、空间、算法、场景之间更为复杂的融合实践。伴随着位置媒介（locative media）的兴起，以 AR 新闻为代表的新兴新闻形式得以在现实场景中编织故事，从而将用户带入故事，使其成为故事中的叙事元素。当用户深度介入故事的生成结构，甚至进入故事时，附着在故事之上的情感，便不再是生产者的一种"单向输出"，而是接受者自主探索、自主建构的"果实"。这无疑赋予了用户自由的情感书写空间和另类的叙事体验方式，即用户能够超越了故事"旁观者"的角色，直接参与故事、经历故事、创造故事。可见，如果说语义结构维度的媒介元素融合，回应的是狭义的叙事概念，那么，文本实践维度的情景系统融合，回应的则是广义的叙事概念。

---

① 刘涛，刘锦鹏. (2024). 通往数字世界的修辞学：融合新闻叙事的数字修辞体系构建. 传媒观察，2, 5-21.

三是媒介渠道维度的故事世界融合。尽管说故事"居住"在媒介里，具有媒介化的质料基础，但其也具有强大的迁移性、转换性和延伸性，即一个故事可以突破表达形式的限制，跨越媒介质料的壁垒，最终流动到不同的媒介载体或平台那里，并且按照媒介的质料与属性，形成故事的另一种演绎形式。跨媒介叙事（transmedia storytelling）之所以能够成为一个合法的叙事学命题，是因为其一方面假定了故事与话语的分离，另一方面又承认了不同故事之间的勾连之可能——"故事"得以迁移、转换或延伸的动力基础，源自媒介装置在"话语"形式维度的再写体系。正因如此，存在于原始媒介的核心故事，在不同的媒介系统那里获得了一种可延展、可编辑、可探索的呈现"话语"，由此形成了一种以媒介性为生成基础的"故事的化身"（avatars of story），进而构筑了一个更大的故事世界。简言之，故事世界形成的互文性基础，本质上是在"故事"维度，而非存在于"话语"层面，但必须承认，"话语"并非简单的故事复现，而是沿着媒介逻辑及其生成的互动网络，提供了另一种想象"故事"的媒介方案。因此，作为全媒体时代的新闻理念与实践，融合新闻的"融合"本质必然体现为不同媒介渠道的叙事融合问题，即每一种新闻形式——深度报道、数据新闻、H5 新闻、VR 新闻、新闻游戏等，充分发挥自身的叙事可供性，从不同维度讲述新闻故事，最终构筑一个全媒体的故事世界，以此打开现实建构与认知的不同面向。

当然，除了在不同媒介渠道层面的叙事融合，融合新闻还能够依靠其强大的全媒体整合能力，将多种新闻形式整合在一个产品生态中，以实现不同新闻形式之间的协同叙事。融合新闻能够利用多种媒介形式协同讲述新闻故事。例如，《中国青年报》于 2021 年推出融合新闻《点亮事实孤儿的未来》。该作品聚焦于"事实孤儿"这一特殊群体，将深度报道、Vlog、VR、数据新闻等诸多新闻形式整合在一个 H5 产品生态中，实现了故事之间的勾连与对话。具体而言，在该作品中，深度报道借助故事化的叙事语言，展现了特殊群体的动人故事，体现出强烈的人文关怀；Vlog 视频将镜头聚焦于一个个孤儿，以直观、鲜活的方式呈现了这一特殊群体的生活现状与情感需求；VR 技术通过移步换景的镜头语言，创设了一种沉浸式的感知空间，以主观视角引导用户走进孤儿的"梦想小屋"，从而唤起用户的无意识情感共鸣；数据新闻以"读数"形式客观地呈现了"事实孤儿"的生存现状，以传递一种总体性的事实"景观"。该作品围绕"事实孤儿"这一特殊群体进行多元化的故事建构,在融合多种媒介形式的基础上,同时设置了"点亮心愿""更多助力"等交互装置,引发数百万用户参与爱心募捐。实际上,故事世界的建构除了涉及多种媒介渠道之间的叙事协同,还涉及更大维度的生态系统的媒介化生成。

六、叙事实践:通往叙事的社会向度

经典叙事学主要在文本表意层面讨论叙事问题。相应地,其叙事的内涵局限于文本维度,从未跳出文本中心论的范畴。作为文本传播结构中的两级——传播主体与传播客体,反而游离于叙事之外,未能在叙事学中获得合法的"出场"机会。因此,在经典叙事学那里,叙事被视为一种"讲故事"的理念,其寄居在文本性范畴,未能进入实践性范畴,亦未能获得相应的社会性内涵。为了弥合文本性与实践性之间的断裂,尤其是弥补叙事学对文本实践及传播语境的忽视,20世纪80年代诞生了后经典叙事学的理念,其特点便是将"叙事实践"推向一个重要的理论位置。如果说经典叙事学的特点是以文本为中心,"将叙事作品视为独立自主的体系,隔断了作品与社会、历史、文化环境的关联",那么,后经典叙事学则旨在打开叙事的实践性与社会性向度,"将叙事作品视为文化语境中的产物,关注作品与其创作语境和接受语境的关联"。① 概括而言,后经典叙事学的总体特征是聚焦于叙事的社会向度,认为叙事不仅要关注文本内部的组织法则,还应该接合文本外部的语境、现实与实践,以此打开叙事的社会向度和实践向度。简言之,后经典叙事学不仅赋予叙事一定的社会场景,而且激活了叙事的功能问题和修辞立场,从而将叙事视为"社会中的叙事",以此拓展叙事与社会的勾连关系。

作为后经典叙事学的代表性叙事形式,修辞叙事学(rhetorical narratology)立足修辞学与叙事学之间的"共同"部分,在叙事、主体、语境、实践之间建立了一种作用关系和接合逻辑,从而实现了修辞目的与叙事效果的勾连。如果说经典叙事学关心的核心命题是"什么是叙事",修辞叙事学则重

---

① 申丹,王亚丽. (2010). 西方叙事学:经典与后经典. 北京:北京大学出版社 (p.6).

点探讨"叙事在作者与读者的交流中是如何运作的"①。修辞叙事学的理论基础是言语行为理论（Speech Act Theory），其认为建立在言语基础上的叙事，能够回应并作用于人类实践中的行为方式。作为修辞叙事学的代表性学者，詹姆斯·费伦（James Phelan）提出了著名的"作为修辞的叙事"（narrative as rhetoric）之论断，他将叙事界定为"某人在某个场合出于某种目的对某人讲一个故事"，这无疑复活了读者、文本、作者之间的修辞交流关系，从而将叙事带入修辞的知识视域，揭示了叙事既是故事又是行动这一事实。② 当叙事获得了修辞的潜能、行动的面向时，其在社会维度的功能问题便被极大地激活了，由此打开了叙事的修辞之维。从这个意义上讲，修辞叙事学不仅意味着一种后经典叙事理论，而且具有重构叙事学知识范式的方法论意义，即将"叙事实践"推向了一个重要的理论位置。

作为一种与社会现实联系极为密切的信息形式，融合新闻具有先天的社会向度和实践取向。区别于传统新闻叙事的文本中心立场，融合新闻拥有更为自由的叙事可供性，尤其是将"形式的修辞"推向了一个显性的故事生成维度，即叙事形式层面的"语法革命"深刻地改写了故事的生成语言，亦拓展了故事的修辞潜能。这使得建立在叙事维度的修辞实践（rhetorical practice）及其深层的社会劝说成为现实。具体而言，修辞能够改变个人或群体的行为方式，并设定新的行动模式，从而实现塑造社会的功能。③ 当叙事拥有了普遍的修辞之维时，叙事与社会的接合成为可能。那么，融合新闻又如何"以叙事的方式"实现特定的社会功能？这便需要回到融合新闻的实践语境。一是要关注叙事本体层面的论证语言，探讨融合新闻何以借助叙事语言的创新而拥有了全新的论证方式，从而"发现"现实；二是要关注叙事形式层面的传播逻辑，探讨融合新闻何以借助叙事形式的创新而再造了全新的接收体验，从而"建构"现实；三是关注叙事效果层面的话语实践

---

① 申丹．（2020）．修辞性叙事学．外国文学，1，80-95．
② 〔美〕詹姆斯·费伦．（2002）．作为修辞的叙事：技巧、读者、伦理、意识形态．陈永国译．北京：北京大学出版社（p.14）．
③ Buchanan, R. (1985). Declaration by design: Rhetoric, argument, and demonstration in design practice. *Design Issues*, 2 (1): 4-22.

（discursive practice），探讨融合新闻何以借助叙事话语的创新而生成了全新的话语形式，从而"重塑"现实。

首先，融合新闻以计算逻辑为基础、以数据故事为载体，重构了一种全新的叙事论证体系，以此揭示那些躲在暗处的社会议题以及被遮蔽的社会矛盾，由此在叙事之"意义"维度实现了叙事与社会的接合，打开了叙事实践的"问题之维"。当前，大数据、人工智能、数字视听等技术广泛应用于融合新闻实践场景，新闻叙事与生产的"智能转向"已然成为事实，这极大地提升了新闻对社会问题的识别、捕捉与表征能力。随着普适计算（ubiquitous computing）深度嵌入社会场景，现实已然成为一个巨大的"数据集合"，人也作为其中的一个数据节点，行走于数据社会之中。数据不仅是现实的表征符号，也是万物互联的基础与语言。正是在数据铺设的连接与转译系统中，人与人、人与物、物与物之间拥有了信息交换的可能。相应地，"数据语言"已经深刻嵌入人类社会，甚至成为一种通用的"交流货币"，现实亦拥有了一种数据化的"画像"。相较于传统新闻而言，数据新闻改写了新闻叙事的论证语言，并赋予了新闻叙事从"临摹"现实到"发掘"现实的积极转变，这使得在数据维度"重新发现社会"成为现实。

如果说传统新闻叙事主体上是以语言逻辑把握现实，融合新闻则将新闻叙事的论证规则延伸到计算逻辑，这一解蔽现实的方式在一定程度上亦是一种修辞性的符号实践。例如，数据新闻通过对现实的数据化处理与表征，重构了一种描述现实的数据图景，编织了一种超越人物故事范畴的数据故事，从而提供了一种照亮现实、理解现实的"数据方案"。美国非营利新闻调查机构 ProPublica 于 2023 年推出并更新了数据新闻《美国致癌工业空气污染的详尽地图》（"The Most Detailed Map of Cancer-Causing Industrial Air Pollution in the U. S."）。该作品以交互地图的可视化方式，详细展示了美国各州相关工业设施排放有毒气体的具体地点及辐射范围。该制作团队利用深浅不一的色块在美国地图上标注出工业废气所含的化学物质及其致癌的风险值，并将这一数值与美国国家环境保护局（EPA）公布的安全数值进行对比，以便于公众掌握每个地区潜在的风险指数。当用户点击相应的地图位置时，系统会自动显示该区域的工业设施布局与"波及"的相关区域，同时标注风险区域的学校、医院等信息,以此揭示更深层次的公共安全风险。显然,这里的数据可视化,不仅意味着一种符号转译层面的修辞实践,而且体现为一种空间化的视觉论证方式,即将现实置于一种可计算、可对比的数据模型中,在"地图"这一空间图式中赋予公众一种整体性的风险感知结构和环境认知框架,从而在数据可视化层面实现公共知识的生产。正是基于计算逻辑及其对应的叙事论证方式,融合新闻开掘了一条从叙事创新到真相挖掘的认知管道。

其次,融合新闻通过对叙事形式的不懈探索与创新,丰富了文本接受维度的感知体验,亦拓展了用户与文本的"相遇"场景和方式,由此在叙事之"形式"维度重构了叙事认知的接受情景,并拓展了叙事实践的"用户之维"。修辞叙事学的基础内涵便是将受众纳入叙事的考量范畴,一方面关注叙事维度的受众连接问题,另一方面关注叙事之于受众的影响。那么,受众如何才能心甘情愿地"走近"文本,并与文本生产者建立一种积极的对话?修辞叙事学给出的答案便是重组作者、文本与受众之间的平衡关系,即通过文本的策略性设计,将作者的修辞意图植入文本,以实现作者与受众之间的有效交流。区别于传统新闻的单向输出模式,融合新闻在文本设计之初便嵌入了用户思维和交互思维,如借助视觉化、趣味化、游戏化、情景化、情感化、互动化的形式创新,拉近用户与信息的接收距离,增强文本传播的"连接"能力,丰富用户对新闻信息的接收体验。2023年两会期间,湖南红网推出融合新闻《双语看两会丨画中奇妙游!看中国风如何惊艳世界》。该作品以国风画卷为叙事背景,巧妙地将《政府工作报告》中的关键信息融入音乐、戏剧、舞蹈、诗词诵读等艺术形式,实现了"硬新闻"的"软着陆"。在技术与艺术的联动牵引下,用户可以跟随画卷的展开而步入"画中世界",完成对严肃信息的有效认同。

如果说传统叙事对现实的"模仿"是有限的,数字叙事则呈现出前所未有的"虚拟"能力[1],即在技术维度构筑一种逼真的"现实"。作为连接文本与世界的"沟通"语言,"虚拟"一直都是叙事不懈追求的永恒方向,

---

[1] 〔美〕戴卫·赫尔曼. (2002). 新叙事学. 马海良译. 北京:北京大学出版社(p.63).

而融合新闻则立足融合性、游戏性等叙事可供性基础，通过数字美学的深度开掘，极大地拓展了"虚拟"的叙事想象力。具体而言，除了一般意义上的场景建模、情景再现与仿真模拟，H5新闻、新闻游戏、VR新闻、AR新闻等还赋予"虚拟"更为自由的数字美学空间和沉浸叙事潜能，如引入化身角色以实现身份认同，利用虚拟现实以实现具身认同，设计导航空间（navigating space）以获得视界认同等，从而在数字美学维度拉近文本与用户的接收距离。2021年建党100周年之际，新华社推出H5新闻《2021，送你一张船票》。该作品通过绘制"中共一大""南昌起义""红军长征""新中国成立""抗美援朝""改革开放""香港回归""奥运开幕"等重大历史事件的国潮插画，以"一镜到底"的艺术手法创作了一幅描绘百年奋斗历程的恢弘长卷。用户可以"乘坐"嘉兴南湖红船在画轴中"航行"，回顾建党100年来的峥嵘岁月。为了打造极具代入感和故事性的接受情景，该作品在长卷动画开启之前，要求用户输入自己的出生年月，并在之后的诸多历史场景中，提醒相关事件与用户之间的时间关系，如"1921年，中国共产党诞生。此时距你出生还有**年""1997年，中国对香港恢复行使主权。这特别的一年，你**岁了""2020年，中国832个贫困县全面脱贫摘帽。**岁的你迎来中国全面小康"等，以实现个体命运与宏大历史之间的积极对话。在沉浸式的遍历体验中，用户可以"见证"党史上的一个个里程碑式事件，这不仅能够唤起对特定历史场景的集体记忆，也能够使用户在闯关互动中获取特定历史节点的党史知识。在建党100周年这一重要时刻，H5作品《2021，送你一张船票》迅速"出圈"，成为当时年轻人竞相"打卡"的"爆款"产品，并最终获得第三十二届中国新闻奖一等奖。当时政新闻以一种游戏化的知识形态进入融合新闻的叙事系统时，主流宣传有效破除了"次元壁"。显然，作品的"出圈"无疑是对修辞叙事的一种微妙注解——"出圈"意为打破了文本的固有"疆域"，建立了一种新的"阅读"关系，使得作者、文本与受众进入一种平衡状态，从而赋予作品一种新的"生命形式"。

最后，融合新闻以融媒化的方式讲述新闻故事，从而以故事为"媒"，在故事维度编织相应的话语体系，实现了叙事与话语的接合，拓展了叙事实践的"话语之维"：一方面助力既定话语形式的叙事建构，另一方面"以话语的方式"影响社会,为社会治理创新提供有效的"叙事方案"。话语与叙事的关系密不可分:话语建构离不开叙事语言与形态的创新,而叙事的"落点"往往指向一个话语命题。必须承认,话语的数字叙事建构,离不开一定的修辞策略,诸如视觉修辞(visual rhetoric)、公共修辞(public rhetoric)、程序修辞等新兴的修辞形式与实践,使得主题话语的故事化、游戏化、场景化、视觉化建构成为可能。当融合新闻叙事的修辞实践,超越了纯粹的美学与形式维度,而悄无声息地指向认同问题时,其本质上体现为一种话语生产实践。相较于传统新闻叙事而言,融合新闻极大地拓展了数字叙事的修辞想象力,如视觉修辞维度的图像框架(visual framing)再造、公共修辞维度的公共话语(public discourse)生产、程序修辞维度的话语规则建构,这使得融合新闻叙事具有难以比拟的话语建构优势。例如,2019年,交汇点新闻客户端推出融媒体专栏《听·见小康》。该系列的H5作品包含100多个讲述小康故事的音视频,用户可以"驾驶"页面上的"小康幸福车"走进江苏省的小康故事。《听·见小康》将"全面建设小康""全面建成小康社会""小康社会""奔小康"等主流话语融入具体的人物故事加以呈现,使"小康"话语以一种形象而生动的方式被生产出来。再如,2021年10月,联合国生物多样性大会在昆明召开之际,人民网等推出了H5产品《瞧,我的幸运物种》。用户可以通过互动测试的方式解锁专属的幸运物种,并了解该物种的保护级别、分布区域、保护工作、保护现状等信息。这一趣味化的叙事创新设计,生动地阐释并演绎了"人与自然和谐共生"话语的精神内涵。概括而言,在加强全媒体传播体系建设、塑造主流舆论新格局、推动社会治理创新的媒体融合背景之下,融合新闻如何创新叙事体系,进而推动话语体系构建,以实现主流话语的创新与传播,则成为一个亟待深入探索的叙事实践命题。

七、本书框架及学理依据

概括而言,在传统新闻叙事那里,媒介更多地发挥着"载体"的功能,并未完全跨入叙事学的内部"疆域"。然而,融合新闻叙事则立足"媒体融合"这一现实语境,实现了媒介性与叙事性的接合与对话,并打开了一个全新的叙事世界,由此重构了新闻叙事的叙事理论、叙事语言和叙事实践。数字媒介的技术属性及其铺设的叙事规则,极大地拓展了融合新闻的叙事可供性。

融合新闻的叙事可供性之实现,主要体现为融合性基础上的叙事语言创新及其对现实世界的"打开方式",具体包括三个维度的叙事语言问题。一是文本系统内部的"多媒融合"语言,即多种媒介元素如何发挥叙事"合力",共同讲述新闻故事;二是特定应用场景中文本外部的融合"语言",如文本、环境、身体、空间、LBS、算法等要素之间的多维整合方式及其重构的数字叙事情景;三是立足"全媒体"这一概念基础,形成不同媒介渠道之间的跨媒介叙事语言。正是立足数字叙事学的理论基础和实践逻辑,融合新闻拓展了叙事的社会向度和实践向度,实现了叙事与社会的勾连,尤其体现为以话语实践为"抓手"、以修辞实践为"方法",打造了一种"发现"现实、"建构"现实、"重塑"现实的"叙事方案"。

基于此,本书以数字叙事学为理论视角,立足数字媒介技术的叙事可供性,从叙事理论、叙事语言、叙事实践三个维度出发,探讨融合新闻的语义系统及其打开的故事世界,以此勾勒融合新闻叙事的知识体系。全书分为上、中、下三编,具体包括上编"原理与理论"、中编"形式与语言"和下编"修辞与实践",其分别指向融合新闻叙事研究的"三大体系"——以数字叙事为基础的叙事理论体系、以融合性为观照对象的叙事语言体系、以修辞叙事为目标的叙事实践体系(框架结构见表0-1)。具体而言,上编聚焦于融合新闻相较于传统新闻的"变"与"不变",以叙事可供性为概念工具,探讨融合新闻叙事的六大理论命题,即叙事内涵维度的故事观念、叙事语言维度的语图结构、叙事机制维度的数字修辞、叙事图式维度的再媒介化、叙事批评维度的数字人文、叙事伦理维度的符号秩序。中编探讨融合新闻的六大叙事形式及其深层的语义系统,具体包括时间叙事、空间叙事、声音叙事、互动叙事、情感叙事、竖屏叙事。下编从修辞叙事学的视角出发,致力于构建"以融合新闻为方法"的中国叙事体系,尤其是聚焦于"融合新闻如何讲好中国故事"这一重大现实命题,探讨中国话语体系构建、中国叙事体系构建、国家数据话语权构建、生态文明话语传播、传统文化传承创新等重大议题传播或话语建构的"叙事方案"。

表 0-1 本书框架结构

知识框架	基本结构	核心问题	研究内容
	绪论		融合新闻叙事的知识框架：一个数字叙事学的视角
叙事理论体系	上编 原理与理论	媒介性何以嵌入叙事性？	第一章 故事观念与新闻叙事内涵
			第二章 语图结构与新闻叙事语言
			第三章 数字修辞与新闻叙事机制
			第四章 再媒介化与新闻叙事图式
			第五章 数字人文与新闻叙事批评
			第六章 符号秩序与新闻叙事伦理
叙事语言体系	中编 形式与语言	如何解读文本语义系统？	第七章 时间叙事："序列"结构及其超越
			第八章 空间叙事：从叙事要素到叙事变量
			第九章 声音叙事：声音"景观"的生产
			第十章 互动叙事：可能世界中的"现实"
			第十一章 情感叙事：技术何以赋情
			第十二章 竖屏叙事：界面的尺度与语言
叙事实践体系	下编 修辞与实践	融合新闻如何讲好中国故事？	第十三章 中国话语体系构建：新概念·新范畴·新表述
			第十四章 中国叙事体系构建：新文本·新语言·新生态
			第十五章 西方数据新闻中的中国：一个视觉修辞分析框架
			第十六章 国家数据话语权建设的叙事框架创新
			第十七章 生态文明话语建构的数字叙事体系
			第十八章 传统文化传承创新的语义修辞系统
	讨论		生成式人工智能与人机协作叙事

（一）上编：原理与理论

上编旨在探索融合新闻的叙事理论体系。如果说传统新闻叙事的理论基础是经典叙事学，融合新闻叙事的理论话语则转向数字叙事学。从传统新闻到融合新闻，叙事学需要回应的核心理论命题是：媒介性何以嵌入叙事性？由于数字媒介的技术逻辑已经全面嵌入、穿透乃至接管了融合新闻叙事的装置结构，并进一步基于物质性、程序性逻辑"传导"至融合新闻的表征逻辑，由此改写了新闻叙事的发生系统及原初的理论假设。为了相对系统地勾勒融合新闻叙事的理论框架，上编聚焦于六大理论命题，分别是叙事内涵、叙事语言、叙事机制、叙事图式、叙事批评和叙事伦理，并以此为理论对象，探讨融合新闻叙事相较于传统新闻叙事在这些基础理论命题上的特征、原理和理念。

之所以关注叙事内涵、叙事语言、叙事机制、叙事图式、叙事批评、叙事伦理这六大理论命题，主要原因有二。一是从叙事学本身的理论脉络切入，勾勒出叙事理论研究的核心问题域——叙事内涵回应的是"什么是叙事"；叙事语言回应的是"什么是叙事结构"；叙事机制回应的是"叙事何以发生"；叙事图式回应的是"叙事有何套式"；叙事批评回应的是"叙事何以成为叙事"；叙事伦理回应"叙事遵循何种意义规则"。二是立足新闻本体维度的功能与价值，以六大核心问题域为观照对象，识别并思考融合新闻叙事相较于传统新闻叙事的"变"与"不变"，主要从"变"的维度切入，论证并选择具体的分析视角或问题对象，解析六大理论命题的基本原理及知识系统——以"新闻故事"为问题对象，探讨融合新闻的叙事内涵（第一章）；以"语图结构"为问题对象，探讨融合新闻的叙事语言（第二章）；以"数字修辞"为理论视角，探讨融合新闻的叙事机制（第三章）；以"再媒介化"为理论视角，探讨融合新闻的叙事图式（第四章）；以"数字人文"为理论视角，探讨融合新闻的叙事批评（第五章）；以"符号秩序"为理论视角，探讨融合新闻的叙事伦理（第六章）。

（二）中编：形式与语言

中编旨在探索融合新闻的叙事语言体系。当叙事学给出"叙事＝故事＋话语"这一经典概括时，"话语"实际上指向叙事之"叙"，即叙事的形式及语言问题。正因如此，融合新闻叙事的知识体系构建，必然涉及对叙事语言的系统研究。区别于其他的叙事文体，新闻文本作为一种扎根现实土壤、坚持事实本位的叙述文体，需要回应的核心叙事语言命题是：以叙事可供性为理论依据，探讨新闻叙事的形式逻辑与新闻价值的意义逻辑之间的对话空间。简言之，叙事语言研究不能停留在纯粹的形式"狂欢"层面，而是要回归新闻的价值本体，一方面思考数字媒介赋能新闻叙事的形式想象力，另一方面将叙事语言问题置于新闻本体维度加以考察，检视叙事形式之于新闻价值及内涵的拓展方式——倘若一种叙事形式所释放的价值内涵是有限的，并未打开新的事实空间，或者制造新的感知模式，抑或创设新的认同体验，那么，这样的形式及语言问题便远离了新闻叙事的范畴。因此，本书将叙事可供性作为叙事语言分析的概念工具，不仅关注媒介性之于融合新闻叙事的形式拓展与语言创新问题，而且特别重视在可供性维度重新"发现"新闻，即聚焦于融合新闻在事实呈现、真相挖掘、议题建构等层面的叙事语言问题，并形成相应的知识话语。

相较于传统新闻而言，融合新闻拥有更为自由、更具想象力的"形式"空间，出现了图文新闻、数据新闻、短视频新闻、H5 新闻、VR 新闻、AR 新闻、新闻游戏、智能新闻等一系列新兴的新闻形态。那么，如何勾勒融合新闻的叙事语言体系？常见的思路有二：一是聚焦于具体新闻形态的叙事语言探索，如图文新闻叙事语言、数据新闻叙事语言、H5 新闻叙事语言、新闻游戏叙事语言等。尽管这一思路的操作性和针对性相对较强，但难以形成相对稳定的知识话语。由于数字媒介时代的融合新闻形态处于永不停息的变化之中，任何一种类型划分方式都无法穷尽所有的新闻形态，其结果是势必陷入疲惫的形式"追赶"境地，叙事语言体系的科学性、系统性、前沿性会大打折扣。二是从叙事学本身的知识问题出发，回到叙事语言的知识原点，以问题为导向，探讨具有普遍性的知识形态。考虑到这一思路有助于回答叙事学本身的知识性问题，因此本书选择这一框架设计思路。具体而言，本书聚焦于叙事语言深处的融合性命题，选择融合新闻叙事的六大常见类型与形式——时间叙事（第七章）、空间叙事（第八章）、声音叙事（第九章）、互动叙事（第十章）、情感叙事（第十一章）和竖屏叙事（第十二章），在重访经典理论和原始假设的基础上，探讨融合新闻叙事相较于传统新闻叙事的"超越"方式及其知识生产空间，并以此为论证方向，尝试建构融合新闻的叙事语言体系。

（三）下编：修辞与实践

下编旨在探索融合新闻的叙事实践体系。在经典叙事学那里，叙事更多地停留在文本空间内部，关注文本语义维度的意义组织与故事讲述问题，其并未触及社会维度的实践命题。然而,随着20世纪80年代后经典叙事学的兴起,叙事跳出了文本中心论,开始从文本空间挣脱出来,将目光延伸到传播维度的受众接受和社会影响,由此打开了叙事学的实践向度。尤其是在广义叙事学、修辞叙事学的理论视域中,叙事承载着积极的社会"抱负",即以话语和修辞为"媒",参与、影响乃至改变社会。相应地,叙事实践便作为一个理论命题进入叙事学的知识框架,一方面重构了叙事学的理论话语,另一方面拓展了叙事学的语言体系。实际上,理论、语言、实践之间并非各自为阵,而是彼此勾连,这三者之间的深度对话完整地勾勒出叙事语言体系的知识"拼图"。因此,本书参照叙事学的经典公式——"叙事=故事+话语",重新界定了叙事的内涵——"叙事=故事+话语+实践"。①

那么,叙事是如何获得实践的向度与内涵的?这一问题除了涉及广义叙事学对叙事内涵与空间的拓展,还不能不提到与叙事密切相关的两个核心概念——"话语"和"修辞"。叙事、话语、修辞之间的关系难舍难分,彼此之间的接合,构筑了一个通往意义世界的三元矩阵。正是在话语(实践)和修辞(实践)那里,叙事开始进入社会场景,召唤文本之外的意义世界,最终拥有了影响社会的话语权力和修辞潜能。② 简言之,在话语那里,叙事主要以话语实践的名义发生作用,即通过对既定话语的叙事建构,实现公共议题、公共话语的合法化生产,从而在与外部世界的互动中界定现实、建构现实及再造现实;在修辞那里,叙事不仅拥有了意义的主体和功能,而且获得了谋篇布局的策略和技巧,还具备了"以言行事"的符号欲望与行动潜能。可见,在话语和修辞的作用结构中,叙事如同"武装"了两柄利剑,刺破文本的夜空,迎来文本实践的曙光。

本书下编立足融合新闻叙事的社会场景,探讨融合新闻如何以话语建构为目标、以修辞表达为策略,实现社会维度的叙事实践功能。除了对叙事实

---

① 考虑到叙事学中的"话语"实际上对应的是形式与语言命题,而"实践"又是通过修辞(实践)与话语(实践)的方式加以实现的,因此,本书《融合新闻叙事:故事、语言与修辞》的副标题"故事、语言与修辞"实际上对应于叙事学知识体系的三大核心命题,即叙事理论维度的"故事"问题、叙事形式维度的"语言"问题、叙事实践维度的"修辞"问题。

② 关于叙事与话语、叙事与修辞之间的理论内涵及运作机制,详见本书第十三章、十四章的相关论述。

践本身的内涵分析，本书重点回到中国场景，直面中国问题，聚焦于"融合新闻如何讲好中国故事"这一重大国家战略命题，探讨中国叙事体系构建的"融合新闻方案"。党的二十大报告明确指出，要"加快构建中国话语和中国叙事体系，讲好中国故事、传播好中国声音，展现可信、可爱、可敬的中国形象"[①]。唯有将融合新闻叙事置于中国叙事体系构建的问题语境中加以考察，才能真正拓展融合新闻叙事的实践空间及想象力，进而构建"以融合新闻为方法"的中国叙事体系。基于此，本书下编以融合新闻的"叙事何为"为问题导向，一方面探讨中国话语体系构建的新概念、新范畴、新表述（第十三章）以及中国叙事体系构建的新文本、新语言、新生态（第十四章），另一方面回到中国问题场景，选择代表性的战略议题和国家话语，从融合新闻叙事实践出发，分别探讨西方数据新闻涉华报道的视觉修辞方式（第十五章）、中国数据话语权建设的叙事框架创新路径（第十六章）、生态文明话语建构的数字叙事体系（第十七章）以及中华优秀传统文化传承创新的语义修辞系统（第十八章），以此构建融合新闻的叙事实践体系。

---

① 人民日报.（2022）.高举中国特色社会主义伟大旗帜 为全面建设社会主义现代化国家而团结奋斗——在中国共产党第二十次全国代表大会上的报告. 10 月 26 日 01-05 版.

上 编

原理与理论

第 一 章

故事观念与新闻叙事内涵

在经典叙事学那里，叙事被认为是"故事"（story）与"话语"（discourse）的结合——前者主要是指文本的呈现内容，后者则关注文本的表现形式。按照叙事学家西摩·查特曼（Seymour Chatman）的观点，一个叙事即一个结构，"它含有一个内容平面（称为'故事'）和一个表达平面（称为'话语'）"①。关于故事与话语的内涵，查特曼给出了一个通俗的解释，"故事即被描述的叙事中的是什么（what），而话语是其中的如何（how）"②。具体而言，故事包含事件和实存，前者主要是指行动与事故，后者主要是指人物与背景。查特曼特别指出，除了事件和实存，故事还应该关注将事件和实存联系起来的那些联结，如情景描述、媒介经验等。话语主要包含两部分内容：一是叙事形式本身，即"叙事传达之结构"；二是叙事的表现形式，即"在具体材料化媒介中的呈现，如文字的、电影的、芭蕾的、音乐的、哑剧的或其他的媒介"③。

尽管学界对叙事给出了不同的界定和阐述，但"叙事＝故事+话语"之

---

① 〔美〕西摩·查特曼.（2013）.故事与话语：小说和电影的叙事结构.徐强译.北京：中国人民大学出版社（p.130）.
② 〔美〕西摩·查特曼.（2013）.故事与话语：小说和电影的叙事结构.徐强译.北京：中国人民大学出版社（p.6）.
③ 〔美〕西摩·查特曼.（2013）.故事与话语：小说和电影的叙事结构.徐强译.北京：中国人民大学出版社（p.8）.

论断得到了较为普遍的认可。就叙事的内涵而言，"叙事学界公认的'故事'和'话语'的区分适用于不同媒介的叙事作品"①。基于话语的表征作用，文本承载了相应的内容，并成为一种叙事文本。实际上，叙事学所强调的"话语"，本质上是一个文本形式范畴的概念，即一种有关故事的言说方式。因此，故事的形成与呈现，必然取决于一套能够"讲述"故事的话语形式。查特曼甚至给出了一个更简洁的表述：叙事乃是一种"有意义的结构"②。进一步讲，叙事体现为一种表征，但并非所有的表征都是叙事，只有那些能够承载故事、唤起故事、言说故事的表征，才具备成为叙事之可能。正如玛丽-劳尔·瑞安（Marie-Laure Ryan）所说："叙事可以是故事与话语的结合，然而，正是其在心中唤起故事的能力，使得叙事话语同其他文本类型区别开来。"③ 换言之，当一种表征最终以文本的形式固定下来，并具有讲述故事的潜能时，其对应的便是叙事的概念。简言之，话语中一旦有了故事，便成为叙事。

　　就故事的观念与内涵而言，狭义的叙事即"讲故事"。叙事无法脱离故事而存在，故事也因为叙事而成为故事。法国叙事学者热拉尔·热奈特（Gérard Genette）将故事视为叙事的生命和灵魂，认为故事乃是叙事的"果实"。正如热奈特所说："叙事、叙述话语之所以成为叙事、叙述话语，是因为它讲述故事，不然就没有叙述性……还因为有人把它讲了出来，不然它本身就不是话语。从叙述性讲，叙事赖以生存的是与它讲述的故事之间的关系；从话语讲，它靠与它讲出来的叙述之间的关系维系生命。"④

　　不难发现，叙事学将故事推向了叙事研究的核心位置——正是源自对故事的不同理解，叙事形成了不同的内涵与外延。那么，如何认识融合新闻的叙事观念？为了回答这一问题，本章立足数字叙事学的基本理念与方法，重返经典叙事学的核心命题——故事，尝试以"新闻故事"为考察对象，揭

---

① 申丹，王亚丽. (2010). 西方叙事学：经典与后经典. 北京：北京大学出版社（p.20）.
② 〔美〕西摩·查特曼. (2013). 故事与话语：小说和电影的叙事结构. 徐强译. 北京：中国人民大学出版社（p.11）.
③ 〔美〕玛丽-劳尔·瑞安. (2014). 故事的变身. 张新军译. 南京：译林出版社（p.7）.
④ 〔法〕热拉尔·热奈特. (1990). 叙事话语 新叙事话语. 王文融译. 北京：中国社会科学出版社（p.9）.

示融合新闻叙事区别于传统新闻叙事的数字性之本质。正如瑞安的著作《故事的变身》(*Avatars of Story*)之标题所揭示的那样,数字叙事的显著特征便是赋予了故事无限"变身"之可能。那么,相较于传统新闻叙事,融合新闻中的故事是如何"变身"的,又呈现出何种"模样"?基于这一基础性的问题意识,本章聚焦于融合新闻的基本特征及其物质属性,总体上沿着故事内涵、故事阐释、故事本体、故事语言、故事结构这一认识路径展开,以期勾勒融合新闻叙事的故事观念。本章的研究思路如下:一是回到叙事学的理论原点,探讨故事的内涵及形成机制,并在与文学故事比较的基础上,回答"何为新闻故事"这一命题;二是立足"叙事=故事+话语"这一经典的理论模型,将故事置于叙事学的理论脉络,通过引入阐释学的认识方法,回答"故事与话语何以'结合'"这一命题;三是以"事件"与"实存"这两个基本的故事"构件"为研究对象,通过检视其在融合新闻中的新表征与新内涵,回答"新闻故事何以变身"这一命题;四是聚焦于故事的语言问题,通过批判性地审视故事与话语之间的关系,回答"故事如何生成"这一命题;五是将目光延伸到故事的结构与规则维度,以融合新闻叙事的显著特征——互动性为考察对象,进一步探讨互动故事的兴起及其重构的故事观念。

一、从故事到新闻故事

经典叙事学中的故事,一方面在时序结构中形成,另一方面又在空间结构中发生。因此,时间和空间,构成了故事的两个基本存在向度,相应地也就形成了"故事-事件"和"故事-实存"两个理论命题——前者对应的是时间维度,后者则指向空间维度。①"故事-事件"意为故事在时间结构中的序列与过程,"故事-实存"意为故事在空间结构中的存在与关系。显然,事件与实存构成了故事的存在基础。而要进一步理解故事的生成语言,便不能不提及叙事中的话语问题。正因为话语的存在与作用,故事拥有了文本化

---

① 〔美〕西摩·查特曼. (2013). 故事与话语:小说和电影的叙事结构. 徐强译. 北京:中国人民大学出版社(p.81).

的存在形式，并成为文本中的故事。

（一）故事：话语投射的认知形象

早在经典叙事学给出"叙事＝故事＋话语"这一理论模型时，实际上已经预设了故事与话语之间的二分结构，即故事具有相对的独立性，其在话语中"显现"，但并不受制于话语的"摆布"。查特曼在叙事学的经典著作《故事与话语：小说和电影的叙事结构》中将故事与话语视为叙事结构形成的两个向度，认为二者之间存在明显的二分结构。

按照经典叙事的一般理解，故事与话语属于不同范畴的叙事问题，二者结合为叙事，但依然存在区分、离析的可能。故事与话语的分离，可以从故事的跨媒介性维度加以理解，"若同一故事可由不同的媒介表达出来则可证明故事具有相对的独立性，它不随话语形式的变化而变化"[①]。因此，话语并不决定故事本体，其更多地作用于叙事的形式维度。例如，记者通过专业调查，发现了现实中的事件或真相，而后诉诸一定的新闻文体以及叙述形式，将事件和真相转换为文本意义上的故事。由于故事具有相对的独立性，话语主体上体现为新闻文体范畴的表达形式，即一种对故事的"编织""传导"或"输送"方式，而非对故事的"创造"方式。借用一句熟悉的广告语：话语并不直接生产故事，其不过是故事的"搬运工"而已。

作为叙事的两个基本构成模块，故事与话语之间是什么关系？在经典叙事学中，故事主要体现为一种具有因果关系的事件，而话语则是故事的表达形式或存在形态——话语是故事的"载体"，亦是故事的"居所"，其更多地发挥着表征、再现的叙事功能；故事则是话语的"果实"，其依赖话语的表达，但并不完全受制于话语的束缚。在以小说、电影为代表的虚构性叙事文体中，话语拥有相对自由的表达空间，亦具有较为灵活的呈现形式。所谓的故事，首先"停泊"在话语流经的"岸边"，其主体上表现为作者对世界的一种想象方式。正是在想象层面，话语拥有相对充分的"发挥"自由——当话语遵守一定的"语言"规则时，其便可以自由地建构故事，形成不同的故事世界。

[①] 申丹，王亚丽．（2010）．西方叙事学：经典与后经典．北京：北京大学出版社（p.20）．

当话语中流淌着故事时，话语便拥有了生命，文本也成为一种叙事性文本。因此，话语乃是故事的表现形式，而故事则是话语投射出的认知"形象"。在经典叙事学那里，故事与话语之间的关系可以简单地表述为：故事存在于话语之中，但话语并非故事的原生母体，因此并不参与故事的直接创造，其仅仅为故事提供了一种显现方式。相应地，话语不过是故事的形式，其功能便是对已经"存在"的故事进行组织和表达——话语的出场，并非实现了故事从无到有的创造，而是将一种形态的故事，如现实中客观存在的事件、作者想象中的虚构形象、潜藏于世界中的事实或规律等，转化为一种文本化的心理意象，以便于人们在文本维度加以识别、感知和理解。由此可见，故事是一种建立在话语表征基础上的感知形象。正如瑞安所说："故事，就如同叙事话语，是一种表征，但又不像话语，它并非编码在物质符号里的表征。故事乃一心理意象、一个认知建构，关涉到特定类型的实体，以及这些实体之间的联系。"①

对于传统新闻叙事而言，故事往往先于话语而存在。尽管话语会影响故事的感知体验，但必须承认，这种影响仅仅停留在形式与修辞层面，无法动摇故事的内容及本质。这是因为，故事形成的要素和条件，往往存在于现实之中，而话语的作用机制，不过是将故事转化为一种可接触、可感知、可阐释的文本形式。概括而言，在传统新闻那里，话语之于故事的影响，仅仅发生在形式维度，而非作用于内容本身。尽管话语与故事的结合，形成了文本意义上的叙事，但在不同的叙事文体那里，二者之间的"结合"方式却呈现出不同的逻辑与语言，相应地也就形成了不同的叙事方式。例如，虚构性文本与纪实性文本不仅对话语提出了不同的语言规则和形式要求，而且在故事与现实的关系上也给出了不同的映射标准和方法，相应地也就形成了不同的故事观念。

（二）新闻故事：情节的可能性模式及其超越

为了理解新闻故事的内涵，首先需要回到叙事之中，探讨新闻故事有别于文学故事的独特内涵。故事的核心特质是情节性，难以想象没有情节的故

---

① 〔美〕玛丽-劳尔·瑞安. (2014). 故事的变身. 张新军译. 南京：译林出版社（p.7）.

事，也难以想象没有事件的情节。正因如此，"经典叙事在传达过程中必然要传达情节，即诸事件的轮廓"①。情节的形成，不仅依赖时间上的行动与变化，而且依赖空间上的主体与关系。正是在情节基础上，叙事的故事性成为一个显性的意义命题。

情节本质上涉及对事件的组织与安排，其目的是赋予故事一定的戏剧结构。当米克·巴尔（Mieke Bal）将叙事界定为事件与事件之间的相互关系②时，情节问题主体上指向故事深层的叙述语法。那么，事件究竟是依照何种原则与规律被组织、被安排的？这一问题则涉及情节生成的可能性模式。按照经典叙事学的基本假设，事件发展的方向、路径与原理，遵循的是一种偶然性原则。偶然性意为因果关系所依赖的解释原则体现为可能性逻辑，如开头的事件是可能的，中间的事件是或然的，结尾的事件是必然的。相应地，"生产情节（至少是某些情节）就是削弱或窄化可能性的过程"③。显然，偶然性原则意味着事件发展存在多种可能的方向和路径，而事件之间的作用关系亦存在多种可能的勾连方式，每一种可能都会"导向"不同的后果，并形成不同的故事，这无疑赋予了创作者更为自由的发挥空间。电影《滑动门》（*Sliding Doors*）更像是一个微妙的隐喻，将叙事活动的可能性模式以一种直观且形象的"形式"加以演绎。被解雇的海伦在搭乘地铁时，面临着两种可能：搭上地铁或者错过地铁。导演便根据这两种可能，设计了两条叙事线索，平行展开，交叉叙述。影片讲述的恰恰是海伦的两种不同的人生历程，并以此构造了一个别样的故事世界。实际上，在一般的电影叙事中，人物的每一次选择、事件的每一个后果，最终都会凝缩为一种可能，只不过《滑动门》将这种可能按照可能性模式加以"展示"，因此其更像是一种关于故事的元故事。

新闻叙事在表达层面也遵循可能性模式，如对事实或真相的可能原因进

---

① 〔美〕罗伯特·斯科尔斯，詹姆斯·费伦，罗伯特·凯洛. (2015). 叙事的本质. 于雷译. 南京：南京大学出版社（p.10）.

② 〔荷〕米克·巴尔. (1995). 叙事学导论. 谭君强译. 北京：中国社会科学出版社（pp. 12–19）.

③ 〔美〕西摩·查特曼. (2013). 故事与话语：小说和电影的叙事结构. 徐强译. 北京：中国人民大学出版社（pp. 31–32）.

行推理。但不可否认，新闻叙事追求的是一种有限的可能，即遵循验证与排除的原则，对诸多可能进行论证，最终在选择与否定中抵达唯一的可能。简言之，如果说文学叙事的可能性模式最终打开了无限可能，新闻叙事则是在对无限可能的验证与排除中最终抵达一种可能。例如，央视《新闻调查》于2003年播出的节目《双城的创伤》主要关注发生在甘肃省武威市的一起少年连续服毒自杀事件。为了揭开鲜为人知的服毒原因，记者开篇便提出当地流传甚广的三种传言——服毒学生的课桌上都刻着"519"这一数字，他们都曾去过一个秘密基地"魁星阁"，以及在学生中流传着一本"白皮书"。那么，孩子们服毒自杀的原因是否与此有关？围绕这三种可能，记者通过实地走访与调查，一一否定了这三种可能。随后，记者在与孩子们的对话中，发现事件背后另有隐情，并进一步展开调查。

不难发现，尽管新闻叙事也遵循可能性模式，但其并未像文学叙事那样以想象为基础，完全滑向"路径依赖"，并进入一个不受束缚的"可能之网"。相反，新闻叙事在对可能性的选择与应变上，保持了极强的警惕和反思，其预设了一个唯一合法的可能路径，以此确立故事的"展开"方式。显然，面对可能的行动与方向，新闻叙事并不会不假思索地进入"可能空间"，而是依照事实逻辑进行判断和选择，以此进入唯一合法的事件结构。

作为情节的重要特征之一，"变化"揭示了故事形成的事件之本质。如果说文学故事中的"变化"，主要关注语篇与情节意义上的变化之"链条"问题，即"变"向何处，那么，新闻故事所关注的"变化"，则更多地转向了变化之"点位"问题，即缘何生"变"。由于文学叙事和新闻叙事具备不同的事件性内涵，因此二者形成了不同的故事观念——文学叙事中的事件及其携带的行动与变化之本质，旨在以合理性为基础，打开一个想象的世界，相应地，事件中的行动与变化，是想象的后果，是情节的表象，是故事的动人之处，更是悬念与冲突的动力之源；新闻事件中的行动与变化，主要是选择，是推演，是求解，其目的便是依照现实本身的内在规定性，在局部事实与整体事实之间建立一种合法的推演逻辑，以构筑真实的新闻世界。所谓新闻世界，意为由新闻叙事建构的认识世界，其合法性来源是客观世界，但本质上又体现为一个意义世界。① 因此，每一种变化的推演，每一次行动的走向，都建构了局部的新闻事件，亦建构了局部的新闻事实。因此，如果说文学叙事中的故事世界是想象的、多元的，新闻世界则是现实的、确定的。如同游戏中的选择与闯关，只有当所有的可能性都能够沿着一种"正确"的路径前行时，局部事件才能由点连线、由线成面、由面织网，最终形成一个结构化的整体事件，进而完成从局部事实到整体事实的"拼图"。倘若新闻事件未能处理好叙事中的可能性问题，那么，以可能性为推演基础所形成的新闻世界，便难以达到调和客观世界与主观世界的目的。

显然，新闻叙事并不接受可能性的肆意发挥和自由延伸，其在可能性的"处理"方式上，主要依据的是现实性原则而非文学叙事的合理性原则。即便是当前备受关注的融合新闻形态——新闻游戏，也是通过一定的程序修辞机制，尝试在互动中抵达一种确定的事实结果。用户的每一次互动操作，都打开了一个可能的空间，但这种选择却受制于某种引导性的数字修辞机制，其目的是形成一种确定的认知图景。② 例如，2020年，央视财经与腾讯光子工作室群联合推出了跑酷类功能游戏《脱贫奔小康》，该游戏设定的行动目标是用户以化身为贫困山区运输物资。其他同类游戏一般以"活得更久"为游戏目标，《脱贫奔小康》则将游戏目标设定为"扶贫"。在具体的游戏过程中，玩家需要躲避沿途的各种障碍物，并收集掉落的书本、衣物等物资，以提升山区孩子的幸福指数。显然，该游戏预设了无数的可能性，玩家亦拥有多种可能的选择。但是，这里的可能性所遵循的并非自由模式或偶然模式，即用户的任何一种选择，并不会激活一个替代性的行动路径，或者进入一个未知的"可能空间"，相反，选择更多地意味着一种对不确定性的排除或消除，并对新闻故事的事件性加以约束和限制，从而将用户的行为"导向"一个确定的新闻世界。

---

① 王润泽，米湘. (2024). 新闻世界：新闻学元概念和问题的新探索. 新闻大学，1，33-47+120.
② 刘涛，刘锦鹏. (2024). 通往数字世界的修辞学：融合新闻叙事的数字修辞体系构建. 传媒观察，2，5-21.

二、故事与话语何以"结合"？

尽管话语依旧属于形式的范畴，但其深刻地影响着故事的"演绎"方式和"展开"结构。这种影响已然超越了纯粹的形式与表征维度，而延伸到认知与阐释维度。因此，唯有回到阐释学那里，才能真正理解话语之于故事的作用结构，并进一步把握故事的意义系统。

文本不会自己"说话"，所有的意义不过是阐释的产物而已。[①] 长期以来，阐释学存在两种基本的阐释观念：一是阐释的文本性，二是阐释的开放性。[②] 前者认为文本阐释发生在一个封闭的认识空间，这是结构主义坚持的基本阐释立场；后者则认为文本意味着一个多元且开放的阐释对象，此乃后结构主义所推崇的阐释方式。实际上，文本性和开放性不仅指向阐释的自由度问题，而且提供了一种理解叙事的认识思路，即在不同的阐释观念那里，故事与话语的"结合"呈现出不同的逻辑与语言。

一方面，按照阐释学的文本性观念，话语依附一定的语言秩序，其想象力势必大打折扣，由此将压缩阐释行为的"发挥"空间。这使得建立在话语基础上的文本系统，呈现的是一种封闭的、稳定的、静态的故事形式。文本之所以呈现出阐释上的文本性特征，是因为构成文本的话语受制于某种规约体系。面对这一"共享的语言"，人们的解码与阐释过程，遵循的并非某种自由意志，而是某种共享的语言规范，这无疑限制了阐释的自由性与开放性。有别于虚构类文体的书写方式，新闻报道的内容是事实。因此，任何话语上的探索与尝试，不仅受制于事实本身的内在规定，而且受制于新闻伦理规范的明确限定，由此带来的阐释后果是：人们并不关心话语的美学内涵，而更多地将目光聚焦于话语之于事实的呈现与发掘能力，即一种话语是否打开了一个真实的、可信的事实认知空间。显然，在新闻叙事这里，话语本质上体现为一种关于真实的语言，而故事也被还原为一个基础性的事实命题。

[①] 刘涛. (2023). 数字媒介时代的图像阐释学及其范式创新. 传媒观察，10，1-2.
[②] 顾明栋. (2022). 为何一千个读者就有一千个哈姆雷特？——论诠释的开放性与文本表意逻辑. 文艺理论研究，3，80-89.

倘若人们从文本的话语中识别并发现了有悖新闻伦理的话语形式与语言，便会从根本上否定话语的合法性。相应地，建立在话语基础上的故事便失去了文体意义上的正当性。

显然，在文本性这里，故事与话语之间存在一种间离结构，即故事并不会因为话语的变化而改变自身的"模样"。正是基于文本性的阐释观念，故事拥有相对的独立性。这意味着任何一种阐释行为，不过是将故事从话语中离析出来，形成一种忠实于原作的意义。实际上，经典叙事学给出"叙事=故事+话语"这一论断，已经默许了故事与话语的分离，亦默许了故事与话语在等式中的"变量"内涵——倘若故事任由话语进行摆布，那故事与话语的区分便失去了意义。由于故事被视为从文本系统中独立出来的一种结构，因此其便具有转换、迁移的可能——"故事独立于它所运用的媒介和技巧，也就是说，它可以从一种媒介转移到另一种媒介，从一种语言翻译成另一种语言。"① 因此，尽管故事依赖话语的表征实践，但话语并不影响故事的"出厂设置"。

即便是当前新闻领域普遍流行的非虚构写作，其本质上遵循的依旧是一种"新闻的语言"。尽管非虚构写作在话语的形式与语言上愈发趋向文学化的创作，如赋予话语一定的想象空间和文学色彩，但其关注的文学性与文学作品关注的文学性，本质上属于不同的语言范畴，二者打开的"故事"内涵亦具有本质性的区别：前者的"发挥"空间受制于事实的"牵连"和"羁绊"，所谓的文学性，不过是一种局部的、微观的"修饰"，其目的是以故事为基础，抵达事实的彼岸；后者则摆脱了事实的束缚，主体上关注的是"想象的正当性"，因而最终抵达的是想象的故事世界。因此，按照阐释的文本性观念，故事"潜藏"在文本的话语形式中，而阐释的目的便是根据话语的解码规则对故事进行还原，即发现并复活故事原本存在的属性，以形成一种稳定的意义。

另一方面，按照阐释学的开放性观念，人们之所以能够自由地控制并阐释文本的意义，根本上是因为文本具有相对灵活的话语形式，其超越了传统的"语言"规则和"形式"边界，由此带来的阐释后果是：从话语到故事

---

① 胡亚敏.（2004）.叙事学（第二版）.武汉：华中师范大学出版社（p. 118）.

的推演秩序不再遵循某种理据逻辑，因而阐释者可以根据自身的经验系统和意义目的，自主地获取属于自己的意义。当话语不再遵循某种严格的秩序和标准时，故事与话语之间的二元关系便进入一种模糊的认知区间，即故事愈发依赖话语的语言和形式，并将自身的独立性和规定性让渡给话语，从而释放话语的想象力。相应地，话语的作用被推向了一个显著的叙事位置——话语不仅决定了故事的表现形式，而且打开了一个开放的故事世界。正因如此，人们可以根据自身的知识基础和阐释目的，从容地面对并处理话语的元语言（meta-language）问题，即通过重构话语的阐释规则，"获取"属于自我的故事。按照罗曼·雅各布森（Roman Jakobson）的观点，元语言意为关于语言的语言，其功能便是设定语言的游戏规则和底层逻辑。[1] 主体之所以能够掌控阐释的元语言，主要是因为现行的语言秩序处于一种不稳定的浮动状态，这无疑释放了个体的阐释自由。例如，如果说古典的现实主义绘画中依然存在普遍默许的话语秩序，即艺术被视为现实的"镜像"，人们能够根据内容与现实的相似性来把握绘画中的故事，并形成相应的美学感知和判断，那么，后来兴起的现代主义及后现代主义艺术，如表现主义、未来主义、达达主义、超现实主义、波普艺术、装置艺术等运动，则彻底解构了艺术的话语系统——故事与话语之间的边界变得愈发模糊，话语不再拥有统一的、一致的秩序和逻辑，相关的"解码"过程也变得无"章"可循。这无疑将话语基础上的故事感知过程让渡给了某种自由意志而非语言法则。

当文本叙事拥有无限自由的表达空间时，故事则如同一个"牵线木偶"，受制于话语的"发挥"方式。显然，文本阐释之所以存在开放性的问题，根本上是因为话语层面的语言和语法问题超越了结构主义所设定的规则体系，而转向了一种极为自由的语言形式，甚至是后结构主义维度的符号游戏或形式狂欢。这一"转向"发生在话语维度并体现为一个话语问题，最终深刻地影响了故事的生成法则，由此带来的后果是：话语层面的语义系统将变得愈发复杂，甚至难以捉摸，阐释的权力便逐渐从作者支配的"牢笼"中挣脱出来，下放到每一个自由的阐释者。正因如此，开放性所关注的"作者死了"便成为一个无法回避的问题。基于此，我们可以从故事与话语的关

---

[1] Jakobson, R. (1960). Closing statements: Linguistics and poetics. In Thomas A. Sebeok (Ed.), *Style in Language* (pp.350-377). Cambridge, MA: MIT Press, p.353.

系出发，赋予"作者死了"一种叙事学的解释：故事与话语的二元关系趋向消解，话语层面的规则体系遭遇坍塌，其难以提供一种通往普遍解码的秩序和准则，由此将故事推向了一个开放的建构模式。相应地，故事不再是可以从话语中离析出来的一个对象，而是愈发依赖话语的形式逻辑。简言之，故事之所以呈现出各种"变身"，除了话语自身的自由性与开放性，还有一个重要原因则是阐释在其中发挥了作用，即话语维度的规则消解与秩序坍塌，使得阐释行为本应遵循的理据逻辑不复存在，由此"故事的境况"被推向了一个极为自由的阐释空间。

概括而言，文本性默认话语中存在稳定的故事，即意义实体；而开放性则否定故事阐释的绝对性和封闭性，认为话语的"构造"方式，必然会重组故事的"形成"结构，从而支配故事的意义系统。如果说传统新闻叙事主要停留在文本性维度，融合新闻叙事则赋予话语极大的想象力，如图像化、互动化、情感化、游戏化、智能化，这使得故事的形成与阐释，逐渐呈现出从文本性向开放性偏移的新趋势。关于融合新闻叙事中的话语想象力及其重构的故事世界问题，我们将在第四部分详细论述。

三、事件与实存：从经典故事到数据故事

按照经典叙事学的观点，故事实际上包含两部分内容：一是事件，二是实存。前者意为"由行为者所引起或经历的从一种状况到另一种状况的转变"[1]，其主要体现为一个时间范畴的叙事概念；后者意为在事件中"实实在在"存在的实体性对象，如人物和背景[2]，其主要表现为一个空间范畴的叙事概念。查特曼对此给出了一个形象的解释："只有在事件和实存同时出现之处，故事才会发生。不会有'无实存的事件'。诚然，一个文本可以有实存而无事件（一幅肖像、一篇描写性散文），但没有人会把这叫作叙事。"[3]

---

[1] 〔荷〕米克·巴尔. (1995). 叙事学导论. 谭君强译. 北京：中国社会科学出版社（pp.12-13）.

[2] 〔美〕西摩·查特曼. (2013). 故事与话语：小说和电影的叙事结构. 徐强译. 北京：中国人民大学出版社（p.82）.

[3] 〔美〕西摩·查特曼. (2013). 故事与话语：小说和电影的叙事结构. 徐强译. 北京：中国人民大学出版社（p.98）.

融合新闻的数字性与融合性特点，决定了故事的事件和实存——所言之"事"和存在之"物"，必然呈现出有别于传统新闻的独特属性。由于数字环境下的叙事话语发生了深刻变化，传统新闻叙事所依赖的结构主义原则正遭遇前所未有的挑战——以数字叙事学为理论基础的融合新闻叙事，不断冲击着"事件"的本质与"实存"的形态，因此，唯有重返叙事学的初始语境，重访故事形成的两个基本"构件"——事件与实存，深刻挖掘其在数字叙事语境下的"变身"之可能以及"化身"之内涵，才能真正把握融合新闻叙事的故事观念。

（一）时间与因果：事件的"变身"

叙事与事件密切相关。没有了事件，叙事之"事"便荡然无存，这也是叙事被定义为"通过语言或其他媒介来再现发生在特定时间和空间里的事件"[①] 的原因所在。事件在故事中具有决定性的存在意义，离开事件，故事也就无从谈起。热奈特认为故事的本质是事件，而事件则意味着一种序列和关系。[②] 由于经典叙事学主体上是在时间范畴中讨论故事，因此，事件之所以成为事件的条件——关系和结构，主体上体现为一种时间维度的因果关系，即由"因"到"果"的变化之过程。而这里的"变化"，即叙事学中情节的核心要义。爱德华·摩根·福斯特（Edward Morgan Forster）给出了类似的观点，认为故事是按照时间逻辑排列的事件，而情节则主要是指事件之间的因果关系。[③] 基于对因果关系的发现与识别，事件被赋予了"来龙去脉"的深意，从而具有了"构筑"故事之可能。传统新闻中的事件，主要体现为人物、动机、行动、过程、结果的集合。对比而言，融合新闻叙事中的事件，又呈现出何种内涵与特质？

按照经典叙事的故事观念，事件意味着一个"展开"的行动与关系——展开的方向是时间，展开的语言是因果，展开的表征是序列。显然，一种叙述话语被称为事件的必要条件，便是其具有行动意义上的过程性、动态性和

---

① 申丹，王丽亚. (2010). 西方叙事学：经典与后经典. 北京：北京大学出版社（p.2）.

② 〔法〕热拉尔·热奈特. (1990). 叙事话语 新叙事话语. 王文融译. 北京：中国社会科学出版社（p.31）.

③ 〔英〕爱德华·摩根·福斯特. (2009). 小说面面观. 冯涛译. 北京：人民文学出版社（p.74）.

情节性。由此可见，事件本质上并非空间性的，而是时间性的，其揭示了故事的时间之本质。一则说明性的新闻消息，之所以很难称为故事，是因为其并未提供一个基于时间逻辑的新闻事件。正是在时间结构中，事物不仅具有开始、发展、转折、结果的内涵，而且拥有过程、序列、脉络、轨迹的深意。由于时间上升为事件表征与形成的本体属性，因此其赋予了事件一种根本性的界定方式和认知维度，这也是经典叙事通常被称为时间叙事的原因所在。① 为什么一幅图像很难讲述一个故事？一个重要的原因便是图像所捕捉的是世界的瞬间——作为现实断片的瞬间，压缩了时间的存在方式，亦凝缩了事件的展开结构。人们很难在瞬间识别出某种戏剧性的转变或过程，故而无法形成一种事件性的观念或意识。只有将图像置于一个互文结构中，赋予其时间性内涵，并在时间维度上揭示某种因果关联或演进变化时，图像才会上升到事件的维度，成为图像事件（image event）。由此可见，倘若一种叙述话语未能揭示时间维度的变化，那便难以称为事件。

在传统新闻叙事中，事件延续了经典叙事的一般属性和内涵，即事件性本质上意味着以时间性为基础的行动与变化。然而，有别于经典叙事中的事件形成逻辑，新闻事件存在一个明确的"行动"逻辑和"变化"方向。具体而言，如果说一般事件的变化主要体现为戏剧性基础上的情节问题，新闻事件则对变化的逻辑和方向提出了严苛的规定——是否沿着事实推演的方向展开，是否在论证结构上建立一种因果逻辑，是否打开一幅不为人知的事实图景？巴尔立足"素材"这一分析工具，提出了"叙述圈"的概念，用以说明事件之间的作用关系和结构。叙述圈具有三种叙事内涵：一是可能性，即事件的合理性与有效性；二是事件性，即事件的实现过程；三是结果性，即事件发展的结果。② 相比较而言，文学故事的结果既可以是封闭的，也可以是开放的——部分小说为了追求特定的美学风格，刻意终止叙事的关键情节线，形成一个意味深长的"留白"，以便于读者进行自由想象并加以"填充"。然而，新闻叙事的目的则是在信息维度上消除公众认知的不确定性。

---

① 刘涛, 薛雅心. (2023). "序列"结构及其超越：融合新闻的时间叙事形式及语言. 新闻记者, 12, 3–21.

② 〔荷〕米克·巴尔. (1995). 叙事学导论. 谭君强译. 北京: 中国社会科学出版社（p.20）.

因此，新闻事件拒绝模糊性结果，也拒绝开放性意义，亦拒绝想象性留白，其追求的是一种确定的事实结果，否则便难以被称为新闻事件。诚然，现实具有不同的存在面向，事实也仅仅是对现实的一种抵达方式或观察结果。所谓的确定性，并非强调一种整体的真实性，而是强调记者所"占有"的事实之确定性。在新闻叙事中，倘若一个事件缺乏事实层面的信息价值，或者说在事实与真相问题上隔靴搔痒，那其便不具备"讲故事"的前提和条件。

因此，唯有回到"事实"这一根本性的认识视角，才能真正揭示融合新闻叙事中的事件之本质，进而理解其中的故事之观念。根据经典叙事的基本原理，事件的本质是时间性和因果性。这两大特性铺设了传统新闻中故事形成的叙事规则，也决定了新闻故事的结构和语言，甚至可以说，结构乃是时间性和因果性综合"建模"的结果。然而，融合新闻则在时间、因果问题上给出了独特的解释，甚至超越了原初的理论假设，并在此基础上拓展了事件的内涵与外延。

一方面，在时间性问题上，融合新闻摆脱了时间的根本性束缚，不仅赋予时间线更为自由的形式与结构，而且将事件的生成语言从时间维度延伸到空间维度，使得空间化的故事表征成为现实。按照经典叙事学的观点，"一个叙事均由一个状况开始，然后根据叙事因果关系的模式引起一系列的变化；最后，产生一个新的状况，给该叙事一个结局"①。显然，事件发生在时间设定的坐标结构中，亦受制于时间逻辑的限定。正如巴尔所说："事件，不论如何微不足道，实际上总要花费时间。"② 有别于其他的认知语言，时间性铺设了一种基础性的意义图式。在康德的图式论中，十二大范畴都服从于时间的规则，如时间序列、时间内容、时间次序、时间总和等，并在本质上体现为时间的规定③，如因果性强调的是时间上的"相继"，协同性强调的是时间上的"并存"……正是在时间结构中，事件被视为一种序列、一个过程、一段经历，并拥有了"发展""演进"的方向与意涵。按照查特曼的观点："叙事是交流，这就很容易被想象为从左到右、从读者到受众的箭

---

① 〔美〕大卫·波德维尔，克里斯汀·汤普森. (2015). 电影艺术：形式与风格. 曾伟祯译. 北京：北京联合出版公司（p.90）.

② 〔荷〕米克·巴尔. (1995). 叙事学导论. 谭君强译. 北京：中国社会科学出版社（p.5）.

③ 〔德〕康德. (2004). 纯粹理性批判. 邓晓芒译. 北京：人民出版社（p.143）.

头运动。"① 不难发现，经典叙事意义上的故事，根本上体现为一种基于时间图式的时间性故事——正是在时间提供的线性逻辑中，事件得以发生，因果得以识别，故事得以形成。离开时间所发挥的基础性的组织功能与图式作用，故事赖以存在的事件、因果、情节都将不复存在。热奈特将叙事中的时间区分为故事时间和话语时间，认为二者之间的关系，可以从时序（order）、时距（duration）和频率（frequency）三个维度加以考察。② 然而，融合新闻的数据性、互动性、融合性等特征，改写了时序、时距和频率的内涵，并赋予新闻叙事无数的"生成之线"，由此制造了一幅前所未有的时间图式，即一种嵌套的、网络的、拓扑的、面向未来的时间图式。③ 当叙事不再一味地依附时间逻辑，甚至可以摆脱时间逻辑而存在时，融合新闻便从根本上颠覆了经典叙事中事件形成的线性逻辑，从而赋予了故事一种多元的"变身"。

另一方面，在因果性问题上，融合新闻的事实呈现与真相挖掘，越来越多地转向一种数据化的论证结构，由此改写了传统新闻叙事的论证语言，并形成了以数据论证为基础的新闻事件。任何符号系统都包含了一个关系之网，关系是事物存在的根本属性。④ 按照经典叙事学的观点，事件以序列的方式呈现与形成——"它们的联系是从原因到结果，结果又导致另一个结果，直到最终结果。"⑤ 因此，在传统新闻的叙事观念中，事实主要依赖对因果关系的识别和认知——正因为揭示了"因果"，才有了叙事"发现"。倘若一个事件未能揭示一种因果联系，那便意味着叙事的"结果"是苍白的，是徒劳的，是无济于"事"的，这样的事件便难以被称为新闻故事。作为一种认识范畴的逻辑结构，因果性揭示了一种极为普遍的认识关系，即

---

① 〔美〕西摩·查特曼.（2013）.故事与话语：小说和电影的叙事结构.徐强译.北京：中国人民大学出版社（p.17）.

② 〔法〕热拉尔·热奈特.（1990）.叙事话语 新叙事话语.王文融译.北京：中国社会科学出版社（pp.13-106）.

③ 刘涛，薛雅心.（2023）."序列"结构及其超越：融合新闻的时间叙事形式及语言.新闻记者，12，3-21.

④ Capra, F.（1996）. *The web of life*. London: Harper Collins, p.37.

⑤ 〔美〕西摩·查特曼.（2013）.故事与话语：小说和电影的叙事结构.徐强译.北京：中国人民大学出版社（p.31）.

一种由"因"及"果"的认识逻辑。早在牛顿时期,因果性便被赋予了科学的本质——正是在寻找"因"的过程中,现代科学随之诞生。以数据新闻为代表的融合新闻则将相关关系推向了一个重要的认识位置,从而形成了以相关关系为基础的新闻论证体系。区别于传统新闻的论证"语言",数据新闻提供了一种基于社会科学的论证体系。[1] 必须承认,相关不等于因果。前者关注"是什么",后者关注"为什么"[2];前者属于非决定论范畴,后者体现的是一种朴素的决定论思想。

相比较而言,传统新闻的论证基础是因果性,融合新闻则将其论证基础延伸到了相关性与类比性,尤其是要在数据的相关与类比的基础上发现新闻真相,讲述新闻故事。换言之,并非所有的相关和类比都意味着"讲故事",倘若一种叙述在相关或类比基础上发现了难以识别的关系,且这种关系打开了一个全新的认识空间,如揭示了鲜为人知的事实与真相,那么,这一叙述便意味着一种戏剧性的意义结构。正是在相关或类比结构中,原本陌生的数据走到了一起,并搭建了一个全新的叙述语境——当数据从原始的关系结构中挣脱出来,进入一种对比性的关系结构时,其便不再偏居一隅,也不再仅仅意味着一个纯粹的数字,而是向彼此"敞开",具有了再阐释、再解读的可能,从而具有了重新发现并认识现实之可能。例如,美国的移民和犯罪之间究竟是什么关系?时任美国总统特朗普曾将犯罪率高的原因归于移民问题。2018 年,美国非营利新闻组织马歇尔计划(The Marshall Project)联合《纽约时报》推出的数据新闻《犯罪移民的迷思》("*The Myth of the Criminal Immigrant*"),通过追踪美国 200 个城市在 40 年间的犯罪情况统计数据,以可视化的方式直观地揭示了一个鲜为人知的事实,即美国城市犯罪和移民人口之间并无相关性,从而有力地回击了特朗普对移民问题的指责。例如,通过比较美国对非法移民驱逐率最高与最低的十个地区的犯罪率,并对其进行可视化的展示,该研究团队发现二者之间并未见显著差异。该数据新闻以相关性为思维基础,发现了躲在暗处的事实真相,从而讲述了一个建

---

[1] 曾庆香,陆佳怡,吴晓虹. (2017). 数据新闻:一种社会科学研究的新闻论证. 新闻与传播研究,12,79-91+128.
[2] 〔英〕维克托·迈尔-舍恩伯格,肯尼思·库克耶. (2013). 大数据时代. 盛杨燕等译. 杭州:浙江人民出版社(p. 83).

立在数据论证基础上的新闻故事。显然，经由可视化的组织、编码与展示，原本散落一地的数据被勾连到一个全新的数据语境之中，这使得数据之间的推演和比较成为可能。正是在推演性的论证结构中，数据具有了"编辑"现实的可能，亦具有了"言说"故事的潜能。由此可见，如果说传统新闻中的事件，主要体现为一种因果维度的行动与过程，融合新闻的事件则延伸到了相关性方面，使得相关意义上的故事构建成为可能。

概括而言，融合新闻的互动性、数据性、融合性等特征，赋予了新闻叙事一种全新的事件性内涵：由于新闻事件并非想象的事件，而是一种真实发生的事件，因此，其事件形成的必要条件——行动与变化，必然体现为一种向事实与真相"靠拢"的推演与论证过程。换言之，并非所有的融合新闻都是在"讲故事"，只有那些诉诸一定的论证过程，并在事实呈现上提供了一种"有意义的结构"的新闻叙事，才可谓"讲故事"。

（二）数据与符号：实存的"化身"

"故事"是一个较为宽泛的概念，存在广义和狭义之分。广义的故事，对应广义上的叙事概念。在广义层面，叙事实际上被视为一个隐喻意义上的概念——任何承载并传递意义的形式，都可谓一种叙事。当叙事被泛化为一种意义行为时，原本被经典叙事理论排除在外的诗歌、抽象艺术等，也因具有文本特征和意义属性而被归入了叙事的范畴。相应地，"故事"不过是"意义"或"叙事"的代名词。然而，这一观念遭到了一定的质疑，质疑者认为其泛化了叙事的外延，将叙事学拱手让渡给了符号学的意义研究，致使叙事失去了自己的学科"领地"。因此，广义的故事愈发趋近于叙事的概念，其超越了具体的事件与行动范畴，而意味着一种有关意义的文本化组织形式。正因如此，故事离开了表象的范畴，并进入结构与形式维度。相应地，故事被定义为"从叙述信息中独立出来的结构"[①]。

狭义的故事，主要指向人物与事件的范畴。常见的故事形式是由人物的动机与行动驱动的故事，即人物故事。这也是为什么查特曼将人物和背景视为叙事之"实存"的两个基本构成要素。经典叙事学的理论基础是结构主

[①] 胡亚敏. (2004). 叙事学（第二版）. 武汉：华中师范大学出版社（p.118）.

义与形式主义，其更多地在文本与表征层面讨论叙事问题。因此，叙事并未"升维"为一个普遍的意义组织问题，而指向一种具有实存基础的故事表达活动。相应地，叙事的基础是讲故事，而故事则被简单地视为"事"与"人"的结合。在经典叙事学给出的"故事＝事件＋实存"这一较为普遍的理论框架中，如果说"事件"强调的是故事中"事"的属性，"实存"则主要指向故事中"人"与"物"的存在。概括而言，如果一个叙述中有了"人"，有了"物"，又有了能将"人"与"物"组织起来的"事"，这一叙述便进入叙事范畴，成为一个故事。必须承认，尽管结构主义将人物推向了叙事的核心位置，但一个较为普遍的观点是，"人物是情节的产物，其地位是'功能性'的"[1]。换言之，人物只是叙事的手段，而非叙事的目的——故事中的人物，往往作为情节中的参与者或行动元，受制于情节的摆布，服从于情节的安排，在叙事中仅仅发挥着功能性的作用。后来的叙事学逐渐转向开放的人物理论与观念，认为人物并非情节的产物，亦非情节的注脚；相反，人物是事件的主体，是动机的载体，是故事的灵魂，其不仅主导了叙事的情节内容，而且主导了故事的内涵与本质——一个没有人物的事件，往往难以引发深刻的情感共鸣，亦难以形成有效的叙述认同。

如果说传统新闻叙事中的实存主要体现为人物，新闻故事也更多地还原为人物故事，那么，融合新闻的数据化特征则将新闻故事的实存对象延伸到数据维度，即除了一般的人物故事，新闻故事的发生主体还体现为数据。其中，数据新闻更是将数据视为一种基本的故事构成要素。相应地，数据故事已然成为一种普遍的故事形态。传统新闻为了增强情节的连贯性与完整度，通常基于因果关系所铺设的认识逻辑来组织和编排新闻要素。同时，为了提升新闻故事的美学效果，并打开可能的消费空间，叙述者往往采用文学化的描述手法、戏剧化的表现风格、奇观化的展示方式等。这种故事化的新闻讲述方式在非虚构性写作中较为普遍：新闻故事一般聚焦于事件中的微观个体，通过对冲突和悬念的精心设置与布局，将微观命运与时代主题相勾连，打通主题呈现的情感认知向度，从而在个体命运维度编织一定的社会价值。

---

[1] 〔美〕西摩·查特曼. (2013). 故事与话语：小说和电影的叙事结构. 徐强译. 北京：中国人民大学出版社（p. 96）.

尽管传统新闻也使用数据，并在数据基础上推演主题内涵，但故事的核心形态依然是以事件为基础的人物故事，数据的"出场"往往会影响故事呈现的连续性与可读性。① 融合新闻则总体上建立在数据结构之上，数据成为事实挖掘和故事呈现的"主角"，其背后隐匿着人们难以察觉的事实真相。因此，新闻故事的生成与识别，不再依托单一的人物故事，而越来越多地转向数据驱动的事件及事实真相。相应地，新闻故事所形成的论证逻辑，主要体现为数据意义上的类比、归纳、演绎等实证方式。在此过程中，时间之于故事进程的主导逻辑被弱化了——"数据云图"中的时间，主要发挥着揭示数据关系、发现数据变化、呈现数据冲突的"节点"作用，离开数据所揭示的"关系""变化"和"冲突"，时间的存在向度便不复存在，或至少难以形成相应的时间意识。

当数据主导了实存的主体内容时，融合新闻则通过重构实存的内涵，进一步重构了新闻故事的观念，即从传统新闻所关注的"人物实存"，逐渐延伸到"数据实存"，由此形成了一种以数据为叙事主体的故事形态——数据故事。实际上，并非所有的数据都意味着一种故事化的数据实存，只有那些进入特定语境，并在符号学意义上具有指示性（indexicality）功能的数据形式，才具有"言说"故事的潜能。为庆祝改革开放40周年，《人民日报》推出了融合新闻《2018致1978：四十年，见字如面》。该作品站在2018年的时间节点上，以"书信"的形式向1978年讲述改革开放四十年来波澜壮阔的光辉岁月。该书信选择了一系列极具时代特色的数据形式——关键词，如"实""女排""WTO""神舟""速""奥运""博""大阅兵""脱贫""新时代"等，并以此为故事线索，串联起四十年来的历史往事。每一个关键词都对应着一个特定的历史瞬间，并诉说着一段难忘的历史故事——"实"的背后，是党的十一届三中全会召开，"解放思想，实事求是"的改革大幕由此揭开；"女排"的背后，是1981年至1986年中国女排五次蝉联世界冠军，以及四十年间中国运动员共获得3314个世界冠军；"速"的背后，是一系列值得铭记的历史瞬间，如2006年7月，青藏铁路全线建成通

---

① 刘涛.（2019）.理解数据新闻的观念：可视化实践批评与数据新闻的人文观念反思.新闻与写作，4，65-71.

车，2017 年，我国高速铁路营业里程达到 2.5 万千米，占世界高铁里程总量的三分之二……显然，这里的数据形式，已然超越了传统新闻中的数理范畴，而上升为一种意味深长的符号形式，并最终指向一个个鲜活的历史故事。不难发现，尽管数据新闻并未直接讲述故事，但数据主导了叙事中实存的核心内容，其更像是一种有待展开的指示符号，凝缩了事件，凝缩了所指——在数据的褶皱里，藏着一个个有待被挖掘、被讲述的故事。

四、故事的生成语言："形式的修辞"与故事的重新发现

话语之于故事的影响方式，主要体现为文体意义上的形式与修辞问题。必须承认，叙事存在一个基础性的修辞向度，无论是宏观上的"讲故事"，或是微观上的"如何讲"，在一定程度上都绕不开修辞的作用机制。实际上，巴尔在论及故事问题时，早已肯定了修辞在其中发挥的作用，认为叙事话语并非素材的简易排列，而是基于修辞语言的素材组织与编排。正如巴尔所说："除已在素材层次加以描述的行为者、事、地点和时间之间的必要的关系外，其他关系（符号的、讽喻的等等）也可能在一系列成分间存在。"①

在新闻叙事实践中，故事更多地作为一种修辞资源出场。相应地，"讲故事"则意味着一种较为普遍的修辞手段，其目的便是以故事为"媒"，抵达表象的"彼岸"，进入更大的主题世界。新闻叙事的常见思路便是以"讲故事"的方式"讲道理"，达到启人悟道的叙事目的。必须承认，当我们关注故事的"功能"维度时，实际上便是在修辞意义上讨论故事问题——故事如同一种被征用的修辞资源，服务于整体性的谋篇布局。例如，"华尔街日报文体"（"华体"）产生的叙事背景主要是将"故事"引入主题性新闻的"讲述"，从而以故事化的叙事方式，实现"硬新闻"在故事维度的"软着陆"。这里的故事发挥着修辞意义上的双重功能：一是"媒介"功能，即以故事为"桥梁"，铺设一条服务于主题建构的故事化认知"管道"；二是论证功能，即以微观故事和个体命运为观照视角，为新闻主题的形成，提供相

---

① 〔荷〕米克·巴尔. (1995). 叙事学导论. 谭君强译. 北京：中国社会科学出版社 (p.6).

应的"佐证"案例和故事"载体"。央视《东方时空》于1993年横空出世，打出"讲述老百姓自己的故事"这一宣传口号之际，其无疑在中国电视史上发起了一场"语态革命"——那些长期被宏大叙事支配的信息模式，逐渐让位于"讲故事"这一微观叙事模式，相应地，普通人逐渐走入大众视野，讲述自己的生命遭际。从这个意义上讲，新闻叙事的故事化表达，一方面将人物故事推向叙事表达的主体位置，赋予"真实"一种微观的生命视角，以此复活新闻叙事的人文主义立场；另一方面则将故事视为一种修辞手段，以突出新闻叙事中故事所发挥的论证功能，即通过故事化的方式实现新闻主题对人物命运的刻写与显现。故事之所以具有"承载"主题的功能，是因为其提供了一种来自微观视角的论证功能。例如，在改革开放40周年之际，第一财经于2018年推出的短视频系列报道《40年40人》，通过讲述40位财经人物的故事，串起改革开放40年来的风雨历程，从而以人物故事为微观切口，讲述了"中国奇迹"这一宏大主题。显然，故事既是新闻叙事的主体内容，又是主题表达的修辞手段，这使得故事维度的主题识别与发掘成为可能。必须承认，这里的故事已然超越了文本表意的内容维度，而上升为一种总体性的"修辞语言"，铺设了文本叙述的基本形态，亦设定了文本叙事的基本结构。例如，《40年40人》中的人物故事，不再是嵌入宏大叙事的微观资源，而是作用于总体性的文本形式，并发挥着谋篇布局的结构功能。

　　故事具有不同的"存在"形态，亦存在不同的"言说"方式，由此形成了不同的表现形式和接受体验。当文本携带着一定的叙事目的，开始思考故事的讲述方式，即"如何讲"的问题时，便已经进入了文本叙事的修辞维度。正如在蒙太奇规则所设定的"语言"世界中，不同的镜头组接方式传递了不同的意义逻辑，亦创设了不同的接收体验。叙事语言存在一个深刻的修辞认识向度，无论是故事形态层面的话语问题，抑或文体表达维度的话语问题，都涉及修辞意义上的语言艺术。[①] 这意味着文本叙述中的"现实"，

[①] 刘涛，刘倩欣. (2022). 新文本 新语言 新生态 "讲好中国故事"的数字叙事体系构建. 新闻与写作，10，54-64.

实际上是修辞建构的产物——无论是语义规则的策略性使用，或是语言符号的策略性编码，抑或文体美学的策略性书写，本质上都体现为一种面向"形式"的修辞，其目的是在形式修辞的基础上打开故事的世界。

必须承认，传统新闻受制于时间逻辑的根本性束缚，加之新闻职业理念和伦理规范的系统性限定，因此，新闻叙事主要强调以客观、公正、理性的方式讲述新闻故事，话语所能"发挥"作用的空间较为有限，这无疑束缚了形式的修辞想象力。例如，电影叙事中的蒙太奇，具有更为自由的组接可能，而电视新闻则依附时间叙事的主体框架，所谓的蒙太奇语言，也仅仅体现为按照时间逻辑对事件发展的过程和脉络加以呈现。尽管修辞的作用不容小觑，但其并未改写故事的"真容"，亦未动摇故事的"根基"。在新闻事实的"肉身"里，话语不仅受制于新闻伦理的"牵引"，而且受制于新闻事实的"摆布"，这使得新闻叙事的戏剧性大打折扣。不同的话语形式，形成的依旧是同一故事的不同"变身"——万变不离其宗，故事内容层面的人物、事件、过程等核心要素依然独立于话语而存在。

相反，融合新闻的数据化、图像化、情感化、游戏化、互动化等特征，从根本上释放了形式的想象力，并将形式的修辞问题推向了一个极为重要的叙事位置。相较于传统新闻叙事，融合新闻叙事拥有更为自由的叙事语言，并以形式的修辞为基础，弥合了经典叙事学中故事与话语之间的距离。按照经典叙事学的基本观点，"故事与话语的区分是以二元论为基础的"[①]。尽管也存在一元论的叙事观点，但基于方法论的考虑，经典叙事学主体上还是将故事与话语区别"对待"，认为故事具有相对的独立性，即故事与话语属于不同范畴的叙事命题，二者之间存在一定的区隔与界线。如果说经典叙事中的话语，依旧属于形式范畴，其更多地体现为故事的表征语言，即话语的功能是对已然存在的故事加以再现，而非对故事的直接创造，那么，融合新闻叙事则将故事本身带入话语维度，赋予了故事一种基础性的话语生成模式，即话语的功能不仅是对故事的再现，更是对故事的替代性生成。换言之，融合新闻叙事中的故事与话语，并非简单的内容之于形式的决定关系，亦非纯粹的形式之于内容的反映关系；相反，新闻故事拥有根本性的形式基础——

---

① 申丹，王亚丽．(2010)．西方叙事学：经典与后经典．北京：北京大学出版社（p.31）．

故事不再是独立于话语的意义实体，而是依赖话语的形式而存在，并随着话语的变化形成不同的故事。因此，融合新闻中的故事，转向了对话语的根本性依赖，并在话语维度重构了一个新的现实。概括而言，如果说传统新闻叙事中的故事独立于话语而存在，且话语的形式与语言同样依附故事的内在规定性，那么，融合新闻中的故事则不仅依赖话语，而且存在于话语之中——故事因话语而存在，并在话语维度被识别、被发现、被建构。

话语之所以具有激活、再造乃至创造故事的潜能，是因为融合新闻拓展了话语的修辞潜力。如果说传统新闻叙事中话语的"发挥"空间较为有限，融合新闻则以形式的修辞为基础，拓展了话语的语言体系，由此释放了故事的修辞想象力，这使得修辞维度的故事构建成为现实。正是在形式的修辞根基上，故事的大厦耸入云霄。因此，不同的话语形式，赋予了故事不同的生成语言，由此再造了不同的新闻故事。例如，数据新闻的可视化过程本质上意味着一种视觉修辞实践。① 可视化意味着将数据关系转化为一种图像关系，即以图像化的方式来"展示"数据背后的故事。然而，不同的可视化方式实际上意味着不同的修辞"方案"，相应地也就在话语维度形成了不同的事实"图景"。倘若一种图景揭示了一个不为人知的事实或真相，或者打开了一个未曾触及的情感认知空间，抑或复盘了一个已然逝去的新闻事件，那么，这一图景便具备了"讲故事"的潜能。为了呈现 2003 年至 2011 年间伊拉克战争的死亡人数情况，《南华早报》于 2011 年制作了数据新闻《伊拉克残忍的死亡数字》（"Iraq's Bloody Toll"）。在具体的视觉修辞策略上，该新闻一改常规的可视化语言形式，将传统的坐标进行翻转处理，以红色且倒置的柱状图表现美国联盟军和平民的死亡人数，以此制造了一种"流血"的符号意象。当用户进入该新闻界面时，大片的红色便映入眼帘，仿佛鲜血在汩汩流淌。显然，通过形式的修辞，该数据新闻重构了一种新的"现实"，由此激发了公众压抑已久的悲痛情绪。正是通过对视觉要素的修辞处理以及对视觉意象的巧妙挪用，数据新闻《伊拉克残忍的死亡数字》以数据为基础，直观而形象地揭示了战争的残酷性，从而在情感维度打开了一幅

---

① 刘涛. (2016). 西方数据新闻中的中国：一个视觉修辞分析框架. 新闻与传播研究, 2, 5-28+126.

反思战争合法性的可视化图景。可见，正是通过形式的修辞，话语不仅发现并照亮了那些躲在暗处的新闻故事，而且再造了一个全新的新闻故事。

概括而言，相较于传统的叙事方式，融合新闻借助可视化、互动化、智能化技术，可以赋予故事一种全新的生成语言和理解方式。这种发生在话语维度的"形式的修辞"，可以从时间和空间两个基础性的叙事向度加以概括。从时间维度来看，融合新闻不再一味地依赖时间维度的因果逻辑，而将时间序列视为一种整体性的结构图式，并沿着数据逻辑和互动逻辑重构故事的生成方式。具体而言，一方面，融合新闻能够在数据的演进、类比、冲突中发现故事，从而超越以因果关系为基础的经典叙事模式，并形成一种以数据为基础的论证性故事；另一方面，融合新闻的互动性特点将用户从创作者精心编织的线性时间序列中解脱出来，并赋予其操控时间、改变序列的潜能，由此形成了一种以互动为基础的参与性故事。从空间维度来看，融合新闻叙事超越了一般意义上的物理内涵和场景属性，将空间上升为一种叙事变量，在现实与虚拟、经验与想象、观看与体验、身体与精神之间打开了一个有待"填充"的故事世界。[①] 当空间上升为一种叙事变量时，新闻叙事的时间图式逐渐延伸到了空间图式，并形成了一种以空间性为生成规则的新闻故事形态。

五、故事结构及其"变奏"：互动故事的兴起

经典叙事学的理论基础是结构主义和形式主义，因此，结构问题被推向叙事研究的中心位置。甚至可以说，叙事学主体上是围绕结构问题衍生出来的一套知识话语。相应地，叙事中的故事，亦存在一个来自结构的认识向度，即故事具有一个可识别、可分析的结构。按照结构主义观点，结构意为"关于世界之表达层面的符号学形式"[②]。当结构上升为叙事学的核心命题时，故事的语言与形式，存在一个普遍而深刻的结构认识向度。甚至可以

[①] 刘涛，黄婷．（2023）．融合新闻的空间叙事形式及语言——基于数字叙事学的视角．新闻与写作，2，56-67.

[②] 〔法〕格雷马斯．（2011）．论意义：符号学论文集（上）．吴泓缈，冯学俊译．天津：百花文艺出版社（p.43）.

说，故事呈现出何种语言与形式，不过是结构的微妙注脚。正因如此，查特曼给出了一个简洁的论断：叙事是一种"有意义的结构"。① 按照结构主义的基本假设，结构本质上意味着一种意义图式。正因为结构的存在，文本拥有了一种可以进行结构化分析的语义模型。换言之，结构所发挥的功能，便是为故事的"展开"提供了一种框架性的脚本和图纸，亦为人物与事件在故事中的"相遇"提供了基本的游戏规则。从这个意义上讲，结构意味着一种意义生成的装置与程序，其不仅决定了故事的形式，而且决定了故事的语言。倘若失去了结构这一灵魂性的骨骼，血肉将无所依附，故事将难以寄托，文本也就失去了表征的形式。

由此可见，作为一种基础性的意义之"形式"，结构是故事形成的底层"语言"，亦是故事认知的心理"图式"。离开结构的装置功能和程序作用，故事便失去了根本性的组织逻辑，也失去了意义认知的加工方式。在传统新闻叙事中，线性逻辑铺设了结构的元语言，即要素之间的关系本质上依附一种序列的、因果的时间模型。基于这种序列结构和因果逻辑，经典叙事形成了一系列极具代表性的叙事结构，如事件发展结构、记者调查结构、"华体"写作结构、"章回"叙述结构、逆向推演结构、多重复式结构等。② 相应地，新闻故事的形成，必然依附相应的叙事结构。按照建构主义的观点，结构具有积极的认知意义，其不仅为故事的生成提供了一种模式化的组织语言，而且为故事的建模与加工提供了一种图式化的运算语言。比如，事件发展结构和逆向推演结构不仅意味着两种不同的故事叙述方式，而且创设了两种不同的故事加工模式及感知体验——前者主要体现为因果关系在时间维度的序列化展开，以形成一种"水"到"渠"成的感知体验；后者则更多地诉诸悬念和冲突，以打造一种由"果"及"因"的推演体验。

如何理解融合新闻叙事的结构及其深层的故事观念？这一问题的答案需要回到数字媒介的叙事可供性层面寻找。由于媒介属性深刻地嵌入叙事维度，因此数字叙事最终体现为一种以数字媒介的媒介性为基础的中介化故事

---

① 〔美〕西摩·查特曼. (2013). 故事与话语：小说和电影的叙事结构. 徐强译. 北京：中国人民大学出版社 (p.11).

② 刘涛. (2007). 电视调查性报道的七种叙述路径辨析. 电视研究, 4, 16-19.

（*mediatized stories*）。① 因此，唯有立足数字媒介的叙事可供性，才能真正把握融合新闻的故事结构。纵观数字媒介的诸多技术属性，"互动性是最能区分新旧媒介的属性"②。互动与叙事的"相遇"，引发了一个猝不及防的叙事后果——叙事学逐渐从原始的"舒适区"中走出来，开始面对接受者在叙事活动中的"输入"行为，并深入思考数字媒介语境下的"再出发"问题。

唯有深入思考互动性之于叙事性的作用方式，才能进一步揭示融合新闻叙事对于传统新闻叙事的"超越"方式及其打开的故事观念。实际上，互动性之于新闻叙事的影响，是深刻的，是变革性的，是颠覆性的——互动技术不仅以结构为"操作"对象，重构了新闻文本的形式、语言与结构，而且借助程序修辞（procedural rhetoric）重构了新闻表达的叙事规则，还通过对情景与环境的数字化配置，改写了新闻与用户的"相遇"方式。③

当互动超越了叙事语言维度，而上升到叙事规则维度时，叙事研究便开始转向一种新兴的数字叙事形式——互动叙事，与之相关的故事形态——互动故事随之诞生。互动叙事经历了一个漫长的探索和发展过程。早期互动电影的情节推进模式，便蕴含着互动叙事的最初构想。作为一种探索性的艺术实验，互动电影最早可追溯到1967年的影片《自动电影：一个男人与他的房子》。在展映之前，场馆内的每个座位上都安装了红、绿两色按钮。在影片放映过程中，当剧情推进到特定节点时，屏幕下方便会出现按钮提示，观众可以参与投票以决定后续的剧情走向，影片将根据票数结果进入相应的支线情节。在这一叙事形式中，互动理念主要体现为一种选择性，互动的结果便是受众被推向了游戏玩家的角色位置。这种将情节的决策权让渡给受众的叙事方式，实际上意味着一种以观众意志为基础，并随着观众意志变化而实现情节同步转移的另类"蒙太奇"。④ 由于观众的个体偏好能够直接影响甚

---

① Lundby, K. (2008). Mediatized stories: Mediation perspectives on digital storytelling. *New Media & Society*, *10* (3), 363-371.

② 〔美〕玛丽-劳尔·瑞安. (2014). 故事的变身. 张新军译. 南京：译林出版社 (p.95).

③ 同上.

④ Perron, B. (2003). From gamers to players and gameplayers: The example of interactive movies. In Mark J. P. Wolf & Bernard Perron (Eds.). *The video game theory reader* (1st ed.) (pp. 237-258). New York and London: Routledge.

至决定叙事结构,因此,互动性逐渐上升为一种叙事要素及结构方式,奠定了互动电影叙事的理论基础。数字媒介技术赋予了互动叙事一种全新的表达形式。数字叙事中的互动,不仅成为情节设计的创新理念,而且实现了不同媒介形式之间的融合。换言之,互动消解了媒介形态之间的边界,使得不同媒介在互动意义上呈现出一种前所未有的融合趋势。例如,随着全动态影像游戏(full motion video game)的崛起,"电影的游戏化"和"游戏的电影化"趋向融合。《底特律:变人》《夜班》《暴雨》《隐形守护者》《她的故事》《地堡》《超凡双生》等交互式电影游戏通过整合电影的视觉质感和游戏的互动优势,正式宣告电影与游戏的"媒介融合"已成事实。

如果说叙事是对文本意义的一种编排和组织,互动叙事则意味着意义组织是以互动为基础,并通过互动的方式完成的——互动既是人机会话的基本配置,也是故事形成的驱动力量,亦是用户参与的常见形式。根据用户对文本的干预程度和方式,常见的互动形式分为反应性互动、选择性互动与生产性互动[1],其对应的互动"操作"分别为界面响应、路径选择与角色扮演[2]。不同的互动形式铺设了不同的叙事规则,并限定了故事与话语之间不同的"结合"方式。在此过程中,结构亦呈现出不同的"变奏"方式,相应地也就形成了不同的互动故事。

首先,反应性互动主要体现为界面响应,即用户可以对设定好的内容进行感知与反馈,如点击、滑屏、缩放、输入信息等操作,以此推进叙事内容的呈现。反应性互动并不会影响新闻的叙事内容,但可以改变信息的呈现方式:一方面,用户可以借助一定的界面操作,改变内容的呈现方式。反应性互动在数据新闻中的应用较为普遍,如不同的选项对应的是不同的可视化方式,从而赋予数据不同的表征"形式",最终形成不同的数据故事。另一方面,互动行为的发生可以使得时间线呈现出不同的"变身",原本由生产者所支配的叙事进程被迫中断,用户则可以自主地控制故事的"展开"节奏,并获得多元化的故事体验。

---

[1] Ryan, M. L. (2001). *Narrative as virtual reality:Revisiting immersion and interactivity in literature and electronic media*. Baltimore, MD:The Johns Hopkins University Press, p. 205.

[2] 刘涛,杨烁燏. (2019). 融合新闻叙事:语言、结构与互动. 新闻与写作,9,67-73.

其次，选择性互动主要体现为路径选择，即互动叙事预设了不同的行动路径，由此生成不同的故事情节。这意味着新闻叙事实际上编织了一个巨大的故事之网，其中嵌入了诸多可以自由"组合"的事件，所有的事件最终按照"树"的方式进行拆解，亦根据"树"的结构进行组织。例如，"二叉树"中的每一个节点，都意味着一种选择性的条件设置，不同的选择往往"导向"不同的故事脉络，从而形成一种以"路径依赖"为基本特征的新闻故事。当前，融合新闻的选择性互动叙事，并不满足于文本界面维度的"路径依赖"，而延伸到现实空间的数字实践维度，形成了一种以路径选择为基础的场景叙事系统。例如，AR 新闻的现实"增强"方式之一便是增强位置叙事——其根据用户在现实空间中的位置信息，呈现出相应的 AR 景观，并引导用户在现实空间中进行游历和探寻，进而触发不同的事件节点，最终"拼接"出一个开放的故事。①

最后，生产性互动是一种参与过程更为深入、更为彻底的互动形式，其主要表现为一种游戏化的角色扮演叙事，相应地也就形成了一种以"自我"为第一视点的个性化故事。作为生产性互动的典型形式，新闻游戏可以将用户直接带入故事空间，使其以化身的方式进行游戏操作，遍历不同的可能，构建不同的关系，整合不同的行动，最终触发不同的故事结局。当游戏规则的设计遵循一定的事实基础或科学模型时，新闻游戏中的故事便发挥着现实认知的功能，即打开事实的不同"断面"及其可能存在的或然状态，进而抵达现实"褶皱"里的多元世界。在游戏过程中，用户的参与时间和故事时间始终呈现为"进行时"的状态，这意味着用户所经历并占有的故事，乃是一种实时"提取"的故事，而非经典叙事中基于阅读被"加工"或"建构"的故事。2010 年，在海地地震十个月之后，加拿大媒体基金、贝尔新闻媒体基金、加拿大教育电视台（TVO）为提高公众的灾后生存能力，联合推出了一款新闻游戏《海地大地震背后》（*Inside the Haiti Earthquake*）。在该新闻游戏中，时间不再是连贯的存在，而是断裂的、碎片化的——用户可以在时间的"游戏"中自由跳转，行走于不同的情节之间，一方面了解海

---

① 刘涛，高明哲．(2024)．现实何以"增强"：传统文化"双创"的 AR 景观生成及其场景叙事．现代出版，4，11—26．

地地震的相关背景和事实，另一方面在游戏中获取一定的灾难应急知识。该新闻游戏为用户提供了三种不同的角色选择，即救援者、幸存者和记者。每一种角色都会面临不同的困境，经历不同的情节，触发不同的结局，从而形成不同的新闻故事。

在互动性铺设的新闻叙事系统中，用户获得了更大的选择权和自由度，新闻故事本质上体现为一种参与性的互动故事——每一种参与方式和互动行为，都是对结构的一次"进犯"，这势必引发结构的"变奏"。当结构拥有了更为灵活的"伸展"可能时，传统新闻叙事所依赖的时间逻辑和因果链条便随着结构的"变奏"而发生了深刻的变化。这不仅改写了新闻故事的生成方式，而且重构了新闻故事的内涵与观念：一方面，每一次互动，必然意味着对时间连续性的一种暂停、隔断与重组。相应地，用户不仅是故事的倾听者，还是故事的讲述者。在从"倾听"到"讲述"的转变中，新闻故事逐渐超越了传统新闻中较为普遍的故事观念，即故事被视为一种手段、一种工具、一种修辞，其目的是以故事为认知"媒介"，通过讲故事的方式讲道理，如"华尔街日报文体"中的人物与故事，不过是为了实现"硬主题"的"软着陆"而已。相反，融合新闻中的故事除了具有言说"道理"、揭示"主题"的一般功能，还具有本体性的认识功能——由于用户进入故事，故事并非道理的绝对载体，而是社会现实的一部分，既是认识的主体，又是新闻的全部，因此具有积极的新闻价值。另一方面，叙事赖以存在的因果链条，亦不再局限于从条件到结果的发生过程，而体现为以互动为发生机制的从起点到终点的遍历过程。相应地，新闻故事的内涵便摆脱了因果逻辑的绝对束缚，而以参数和变量为设置条件，最终"输出"不同的故事。杭州文广集团于 2021 年推出的 H5 新闻《地下党恋人，迟到了 38 年的"遇见"》，借助沉浸式的互动剧情讲述了毛仲倩与张秀文两位中共地下党人相识、相知的动人故事。用户能够通过点按书信、破译密码等界面互动操作，深度"参与"两位中共党员的奋斗历程，并见证他们的每一次人生抉择。显然，每一种"输入"方式都是对叙事参数的一次个性化设置或调整，从而打开不同的情节脉络和推进路径，并在此基础上形成不同的新闻故事。

必须承认，互动性赋予了用户一定的参与空间，新闻故事由此呈现出一种"双向交流"的生成结构。但是，基于互动技术的新闻叙事仍然受到计算机程序修辞的影响和限定，不同的触发方式所抵达的故事世界依然存在一定的有限性，即用户的选择必然体现为一种"有限的自由"。尽管用户拥有一定的自主探索空间，但在程序修辞的深层作用下，依然徘徊于主动与被动的缝隙之中。

概括而言，经典叙事学给出了一个经典的理论模型——"叙事＝故事＋话语"。话语是故事的"载体"或"居所"，属于叙事形式层面的问题；故事则是话语投射的认知形象，属于叙事内容层面的问题。话语中一旦有了故事，便成为叙事。如果话语是一条河流，故事则是其中顺流而下的一叶小舟——正是在河流中，小舟的属性得以体现，其拥有了"船"的意义。显然，这里的河流与小舟的关系，更像是话语与故事的关系：在二者的相遇中，彼此的内涵和功能均得到了显现和拓展。从传统新闻到融合新闻的演进过程中，新闻故事的观念发生了一定的偏移，我们可以从故事内涵、故事阐释、故事本体、故事语言、故事结构这五个维度加以认识和理解。第一，在故事内涵维度，经典叙事学将故事的核心特质概括为情节性，认为情节遵循的是可能性模式，即故事层面的行动与变化，主体上以合理性为基础，其打开的是一个想象的世界，然而，新闻故事则依照现实本身的内在规定性，通过推演与求解的方式，构筑了一个真实的新闻世界。第二，在故事阐释维度，由于受到新闻事实的牵制以及新闻伦理的束缚，传统新闻的故事阐释主要停留在文本性维度，融合新闻则赋予了话语极大的想象力，使得故事阐释呈现出从文本性向开放性偏移的新趋势。第三，在故事本体维度，融合新闻中的故事之所以会发生"变身"，主要原因在于故事的两个基本构件——事件与实存，均呈现出全新的故事性内涵，如事件超越了时间性和因果性的限制，而呈现出一种推演的、论证的生成语言，实存也从人物故事延伸到数据故事。第四，在故事语言维度，如果说传统新闻叙事的修辞空间较为有限，融合新闻叙事则将"形式的修辞"推向一个极为自由的话语位置，由此颠覆了经典叙事学所预设的故事之独立性内涵——话语具有激活、再造乃至创造故事的潜能，故事最终坍塌在话语之中，成为话语的一部分。第五，在故事结构维度，融合新闻的互动性特征，动摇了经典叙事学所依赖的"结构"之本质，从而以程序修辞为基础，重构了新闻表达的叙事规则，并催生了一种全新的故事形态——互动故事。

第 二 章

语图结构与新闻叙事语言

语言和图像在人类文明史上的位置是不同的①，而且对应不同的认知过程与行为②。当两种元素按照特定的组合逻辑形成一个文本时，它们实际上构成了一种新的叙事结构——语图关系。对于融合新闻叙事而言，语图关系是一种基础性的叙事关系，亦是叙事语言研究首先需要回应的"结构"命题。在语图叙事体系中，语言和图像以何种方式"结合"，既是一个认知心理问题，也是一个命题论证问题。③ 作为一种多模态文本，融合新闻文本构成的基本模态元素是语言和图像。因此，厘清语言和图像的内在关系，尤其是二者"相遇"的组合结构及其构成语法，是认识融合新闻叙事语言的基本命题。基于此，本章主要聚焦于融合新闻的语图关系（图文关系），探讨语言和图像之间的"相遇"方式及叙事结构。考虑到融合新闻的重要呈现载体或应用界面是以手机终端为代表的"竖屏"媒介，因此本章关于融合新闻叙事语言的探讨，除了关注一般意义上的语图关系，还尝试引入物质分析的视角，将语图关系置于"竖屏"媒介这一较为普遍的界面形式中，考察具体应用"场景"中的语图关系及其表意结构。

---

① Gauker, C. (2011). *Words and images: An essay on the origin of ideas*. Oxford, UK: Oxford University Press, pp. 145–162.

② Dillard, J. P. & Peck, E. (2000). Affect and persuasion: Emotional responses to public service announcements. *Communication Research*, 27 (4), 461–495.

③ 刘涛. (2021). 视觉修辞学. 北京：北京大学出版社 (pp. 64–67).

一、理解语图关系的符号视角

语图关系回应的核心问题是：在一个文本结构中，语言和图像是如何组织编排并参与叙事的？依符号学讲，语言和图像意味着两种不同的符号形式，前者主体上是一种规约符，后者主体上是一种像似符，二者对应的符号学原理和机制是不同的。规约符是一种文化场景中的符号形式，其意义结构受制于某种约定俗成的社会性的语义规则。而像似符则包含了较少的社会规约性，人们主体上根据符号中的"实体"内容进行判断和加工。由于语言和图像属于不同的符号系统，因此当二者存在于同一文本系统时，如何把握语图文本的叙事语言？回答这一问题的前提是厘清语言和图像本身的叙事差异：一是语言和图像的认知机制差异，二是语言和图像的表征功能差异。

第一，就语言和图像的认知机制差异而言，作为两种基本的符号形式，语言和图像实际上属于不同的认知系统，其激活的大脑认知机制也是不同的。一般来说，语言符号激活的是系统性认知机制（systematic processing），图像符号激活的则是启发性认知机制（heuristic processing）。[1] 前者强调的是对文本意义的整体把握，尤其是对语言信息系统的构成、结构及其认知过程的分析和判断；后者强调的是对文本信息的快速提取，尤其是对图像信息系统的内容识别与情感认知。如果说系统性认知机制对应的是一种理性思维，启发性认知机制主体上回应的则是感性思维问题。正因如此，图像信息加工过程首先会诉诸启发性认知机制。大脑认知活动遵循的基本原理是"惰性原则"，即大脑首先倾向加工那些无须付出复杂运算的信息内容或信息形态。

那么，哪些信息形式符合大脑认知的"惰性原则"？这一问题可以从两个维度加以认识：一是符合大脑认知框架（frame）的信息形式。框架的功能就是为释义过程提供一种快速、便捷的认知结构，从而极大地节省大脑的运算时间，这使得"框架依赖"成为一种普遍的信息加工机制。认知语言

---

[1] Dillard, J. P. & Peck, E. (2000). Affect and persuasion: Emotional responses to public service announcements. *Communication Research*, 27 (4), 461–495, p.462.

学研究发现,"框架具有这样的特点:如果顽固的框架跟事实不相吻合,那么,人会抛弃事实,保留框架"①。因此,倘若文本编码过程激活或征用了既定的认知框架,受众就更倾向沿着框架所铺设的认知语境和阐释方向进行信息处理,这也是为什么"媒介框架"会成为一个极为重要的传播效果研究问题。二是以视觉化形式存在的信息形式。相对于语言文本,图像信息较为直观,其加工过程亦比较简单,无须付出过多的运算和努力。因此,对于图文信息,大脑优先加工其中的视觉部分——尽管图像意义的"锚定"很多时候取决于文字信息铺设的阐释语境。

第二,就语言和图像的表征功能差异而言,由于语言和图像分属不同的符号系统,因此二者在叙事表意层面各有优劣——作为规约符的语言,更擅长于表现逻辑、观点、结构、论证等叙事问题;而作为像似符的图像,则主要擅长在外观、形象、体验等维度上成就意义。玛丽-劳尔·瑞安（Marie-Laure Ryan）采用符号学方法,从叙事可供性的维度出发,详细揭示了语言和图像符号在叙事中的优势和劣势——语言对应的叙事模式为自主式或确定式叙事,而图像对应的叙事模式则为说明式或不确定式叙事。② 具体而言,语言的叙事优势主要是"表现时间性、变化、因果关系、思想、对话",开展命题的推理和论证,并对言说对象进行评价和判断,其叙事劣势则是难以表现空间关系,无法实现对美、外观、过程的直接展示;图像的叙事优势是"将观众沉浸到空间中,描绘故事世界地图,表征人物和环境的视觉外观。通过'有意味的时刻'技法暗示邻近的过去和未来,通过面部表情表征人物的情绪,表征美",而其叙事劣势主要是难以直接表现命题,也难以"表征时间的流动、思想、内心状态、对话,让因果关系明确,表征可能性、条件制约、反事实性",更无法呈现不在场的事物,以及对事物进行评价。③ 概括而言,语言是时间性的、论证性的、故事性的,可以帮助人们进行逻辑推演和思维建模,从而将叙事的对象延伸到语境之外,建构一个丰富的、多元的、复杂的叙事网络;而图像是空间性的、再现性的、情感性的,往往通

---

① 〔美〕乔治·莱考夫.(2013).别想那只大象.闾佳译.杭州:浙江人民出版社(p.58).
② 〔美〕玛丽-劳尔·瑞安.(2014).故事的变身.张新军译.南京:译林出版社(p.19).
③ 〔美〕玛丽-劳尔·瑞安.(2014).故事的变身.张新军译.南京:译林出版社(pp.18-19).

过与语言的"合作"与"协同",打开叙事的形象之维和情感向度。

由此可见,作为两种代表性的符号形式,语言和图像对应不同的认知机制,而且在叙事可供性上存在明显差异,这使得语图关系呈现出极为复杂的形式和结构。从形式上看,语言和图像是两个平行系统,有其相对独立的叙事可供性,然而,当它们聚合在一个文本空间中时,就必然开启了一种语图关系的博弈。从柏拉图主义以来,语言成为理念的寄居之所,长期凌驾于图像之上,而图像则是表象的、低级的、暂时的、不完美的,因此被语言牢牢地打入"冷宫",动弹不得。莫里斯·梅洛-庞蒂(Maurice Merleau-Ponty)、让-弗朗索瓦·利奥塔(Jean-Francois Lyotard)等后现代哲学家将感觉主义推向了哲学的认识论位置后,图像才逐渐从语言所设定的"牢笼"中挣脱出来,并作为一种不容忽视的符号形式进入叙事学体系。[①] 必须承认,在语图文本中,语言的支配地位常常使得语言和图像相安无事,图像并未对语言构成侵犯,然而二者之间的张力和冲突从未消失,这在超现实主义画家勒内·弗朗索瓦·吉兰·玛格丽特(René François Ghislain Magritte)的画作《形象的背叛》中有所体现:画面的主体是一支烟斗,下面附了一行字"这不是一支烟斗"。图像的直观性在否定性的语言"压迫"之下不再稳定,这使得语言与图像的和谐关系发生了动摇,由此激发出新的意义解释:这不是一支真实的烟斗,只是一幅画而已。

在融合新闻的叙事系统中,尽管语言和图像在叙事上的可供性是不同的,但必须承认,二者存在积极的互补性——对于语言难以实现的表征问题,图像可以给予积极的补充和延展,反之亦然。根据语言和图像在文本层面的"结合"方式,融合新闻叙事中的语图关系可以概括为两种典型的叙事方式:一是并置叙事,即语言和图像处于一种并置关系,在垂直维度上呈现出一种交替出现的叙事进路;二是嵌入叙事,即语言和图像嵌入彼此的叙事系统,呈现为一种图文一体的叙事景观。如果说并置叙事强调的是图像和文字之间的一种并列式的、模块化的连接关系,嵌入叙事则意味着图像和文字被整合进一个结构化的、一体化的融合装置之中,最终体现为一种嵌入关系。不同于并置叙事中图像与文字之间的模块结构,嵌入叙事往往遵循的是

[①] 刘涛.(2021).视觉修辞学.北京:北京大学出版社(pp.70-77).

一种数字化的整合叙事规则。接下来，本章分别聚焦并置叙事和嵌入叙事这两种代表性的叙事方式，进一步分析融合新闻叙事中的语图关系。

二、并置叙事：语图结构的编排语言

"并置"的英文表述为"juxtapose"，它源自法语词汇"juxtaposer"，意即为了实现对照目的而将表达元素进行并列安排或处理。与之相关的一种句法称为"意合"（parataxis），即"不用连接词将一些短语或短句并列"①。意象主义运动代表人物埃兹拉·庞德（Ezra Pound）提出了诗学意义上的意象并置概念，主要强调意象的并列与聚合往往能够建构更具深意的叙事情景，传递更大的叙事力量。在中国诗歌里，意象并置现象比比皆是，比如"鸡声茅店月，人迹板桥霜""念天地之悠悠，独怆然而涕下"等，都产生了一种蒙太奇式意象并置的丰富表意效果。龙迪勇则从空间叙事的角度将"并置"改造为"主题-并置叙事"概念，他通过对"topic"（主题）与"topos"（场所）之间词源关系的考察，认为"主题-并置叙事本质上是一种空间叙事"。②

语图叙事本质上是一种互文叙事。从互文性视角来看，语言和图像的结合一般存在两种互文结构，即统摄关系和对话关系。③ 其中，统摄关系是指语言主导下的语图协调一致，图像处于从属、补充、说明、修饰的地位。对话关系指的是语言和图像获得了相对独立或彼此分立的叙事地位，这使得语图结构的和谐关系被打破，即语言的主导地位遭遇挑战，图像的主体地位得以彰显，从而形成语图博弈的表意张力。在融合新闻叙事结构中，视觉已经深刻地嵌入文本表征的元语言系统，甚至成为新媒体文本叙事的"标配"元素——要么作为纯粹的修饰对象出场，要么作为重要的叙事符号参与叙事，因此，我们有理由在一个更为复杂的并置结构中考察语图关系。

---

① 张节末，袁靖. (2021). 诗学中的"并置"——从西方到东方的考察. 浙江大学学报（人文社会科学版），6, 36-48.
② 龙迪勇. (2010). 试论作为空间叙事的主题-并置叙事. 江西社会科学，7, 24-40.
③ 刘涛. (2018). 语图论：语图互文与视觉修辞分析. 新闻与传播评论，1, 28-41.

（一）语图统摄关系

在言说的层次上，图像仅仅是一种"皮相之见"①，其意义是多义而漂浮的，因此需要语言的停泊和中转作用，对图像的意义进行确定、解释和补充。② 即使在那些以图像为主的文本中，语言的支配地位也并没有降低，比如在图片新闻中，标题以及描述性的文字就不可或缺，如果去掉了标题以及背景描述，图片的意义将会漂浮无依。我们通常所说的图像造假，除了对图像本身在技术上的移花接木或者人为摆拍，还包括图像与文字不相吻合的情况。那些图像之外不可见的因果关系可以由语言加以表达，并通过语言的框架设计与逻辑引导，被置于一种复杂的政治背景当中，由此建立人物之间的对立关系。如果没有语言的表述，图像只能说明静态的表象，而其中的因果关系及事件背景都无从得知。正是因为语言的介入，私人层面的相互安慰，立刻就获得了一种对立性的政治意涵。因而，图像编排中的真假问题不仅涉及图像技术、图像制作，而且也涉及语言与图像的匹配问题。从表意的角度来看，语言对于图像的统摄作用，仍然鲜明地体现在语图关系问题的编辑之中。我们可以从以下三个维度把握语图结构的编排语言。

第一，图像发挥的是编辑功能，并不直接参与表意或叙事。今天，融合新闻叙事面临普遍的"视觉转向"，多媒融合成为一种普遍的编辑法则。当传统的语言文本被移植到新媒体端口时，一种常见的编辑思路就是插入大量的图像符号，以发挥图像"在场"的视觉修饰功能。不同于其他的并置结构，这里的图像并未直接参与情节的建构和推进，甚至完全独立于语言符号所设定的相对封闭的叙事体系。例如，微信公众号长文的题头大多使用图像加以装饰，正文也常常借助图像进行段落分隔，以满足"读图时代"的阅读节奏和体验要求，由此形成了一种独特的融合新闻叙事"景观"。

第二，语言文字主导整体叙事体系，而图像的功能主要是对文字加以说明、解释和拓展。这是一种和谐共生的语图关系，图像在语言的统摄下发挥

---

① 赵宪章. (2013). 语图叙事的在场与不在场. 中国社会科学, 8, 146-165+207-208.
② 〔法〕罗兰·巴尔特. (2005). "形象的修辞". 载罗兰·巴尔特, 让·鲍德里亚等. 形象的修辞：广告与当代社会理论（pp.36-52）. 吴琼等编译. 北京：中国人民大学出版社（p.42）.

补充性的作用。作为一种具象化的表意方式，图像直接展示自身的存在样态，与其表征对象存在结构、时间、空间以及因果的关联，因而具有证实的功能。[①] 在常规的图文新闻中，新闻图片的功能往往是对现场的捕捉和再现，而且主要是作为新闻叙事的"证据"材料出场，这给抽象的文字叙事插上了视觉想象的翅膀。澎湃的数据新闻《切尔诺贝利：不曾终结》立足事件发生 35 周年这一历史节点，用语言文字铺设了核心叙事框架以及逻辑系统，而其中的图像符号主要在视觉维度上进行补充和说明，比如借助视觉动画再现了 4 号反应堆新掩体的施工过程，从而以一种"图示"的方式拓展了语言符号的表达空间。

第三，在语言主导的叙事逻辑中，图像不仅发挥着积极的表征功能，而且打开了文本认知的情感维度，从而赋予文本表达一种情感冲击。相较于语言符号，图像符号具有先天的情感表达优势，这也是为什么新媒体语境下的"情感动员"（emotional mobilization）往往会诉诸图像符号，最终以"图像事件"（image event）实现。通常认为，文字是冷静的、理性的，新媒体文本的情感能量则更多来自图像符号的累积和冲击。因此，融合新闻叙事的常见思路就是通过文字铺设叙事逻辑，同时在适当的版面位置插入具有情感冲击力的图像符号，从而在情感维度强化文字叙事的认同逻辑。需要特别强调的是，图像符号蕴含的情感能量有时会超越事实和理性的"锚定"体系而呈现出一种蔓延和扩张趋势。当其积聚到一定程度且难以在既定的"问题域"中得以消化或平复时，往往会在社会的其他领域或层面进行"释放"，这便对新媒体编辑中图像符号的使用伦理提出了一定的要求和挑战。

（二）语图对话关系

尽管语图关系中的语言常常处于主导地位，但不得不承认，在特定的文本形式与风格中，图像叙事的主动性依然不容小觑，图像具有与文字平等对话的可能。图像表意是多维度的，如再现维度、表意维度、叙事维度、关系维度、情感维度、象征维度等等。随着这些维度的强化和凸显，图像的独立性逐步得以建立。当图像获得了独立的叙述地位时，它就有了摆脱语言束缚

[①]〔英〕彼得·伯克.（2008）.图像证史.杨豫译.北京：北京大学出版社（p.3）.

的倾向,重构与语言的对话性张力,由此挑战语言叙事体系的霸权和逻辑。在语图并置结构中,图像如何才能"挣脱"语言的压制和束缚,获得相对独立的地位,从而建立与语言之间的对话关系?这取决于语图关系中图像是否能够建立一个叙事体系,并形成一个自足的可能世界。概括而言,对于图像如何突破语言的霸权地位,我们可以从以下三个方面加以认识。

首先,在传统的语图统摄叙事中,图像的功能主体上是对语言的"佐证"或"证实",然而这种解释行为存在强度问题——如果图像符号(如监控视频)提供了事件认知的核心细节或真相,便会铺设一种相对独立的认知体系。尽管单一的图像很难建立一种叙事,但是诸多图像之间一旦发生关联或联结,如历史图像和现实图像"相遇"、不同主体所拥有的图像进入一个比较结构等,便可能在历时或共时意义上铺设一种强大的互文关系和表意空间,尤其是重构一种图像释义的语境元语言。如此一来,图像便形成了一个自足的可能世界,即意义的建构只需诉诸图像系统即可实现。相应地,图像叙事便成为一个现实的、合理的叙事学命题。在诸多新媒体图文报道中,新闻事件之所以会发生"反转",是因为所谓的"真相"不再是一个语言意义上的唯一构造物,而成为一个流动的、不确定的信息对象。语言和图像均拥有了建构、定义、争夺真相的能力——如果说语言主要是在"逻辑"意义上推演并形成真相,那么图像则转向视觉,转向情感,并在此基础上重构一种新的通往"事实"的"证明"方式或想象方式。例如,在2016年北京和颐酒店女子遇袭事件中,受害者便使用自己翻拍的酒店监控视频,让事件获得了一种独立于文字的讲述逻辑和论证方式,语图之间由此形成了一种紧张的对话关系。在此,图像完成了对语言表述的证伪,"真相"中心性也不再牢固,这就形成了一种后现代的论证景观。

其次,尽管说图文结构中的图像释义往往会被收编到语言符号的"逻辑"之中,然而,数字媒介场域中不同图像之间的能量是不对等的,有些图像受制于语言铺设的释义框架,而有些图像则作为一种凝缩图像(condensational image)出场,其自带解释系统,具有独立的意义建构能力。其中,凝缩图像就是一种携带社会规约信息的符号形式,尤其体现为凝缩符号

(condensational symbol)① 或新闻聚像（news icon）②，它们往往来自历史深处的某个"决定性瞬间"（decisive moment）③，如"图像事件"中那些被永久定格的标志性图像。凝缩图像在视觉维度上决定或限定了公众关于新闻事件的认知方式和想象方式，如希望工程标志"大眼睛女孩"的图片、叙利亚难民危机"溺水身亡的叙利亚男孩"的图片、第二次世界大战太平洋战场"美国国旗插上硫磺岛"的图片……相较于其他图像，凝缩图像自带元语言，它的出场往往携带着历史深处的特定的象征意义，这种意义是文化建构的产物，因此呈现出较弱的浮动性和流动性。换言之，当那些自带元语言的图像符号进入语图结构时，它便作为一种相对独立的意义生产体系，"溢出"语言文字所设定的解释框架。例如，2021年8月，阿富汗塔利班特种部队身穿迷彩服，拍摄了一组效仿"美国国旗插上硫磺岛"的宣传照，试图对美国撤军行为给予"终极羞辱"。诸多新媒体平台发布了相关报道，其语言叙事依然延续了"羞辱美国"的讲述逻辑。然而，"美国国旗插上硫磺岛"这一图像，并未作为一个依附性的"佐证"符号被统摄在语言叙事框架之内，而是以其稳定的、牢固的意义体系向语言叙事的合法性发起了正面回击。网络上随即出现了一种声音，认为"美国国旗插上硫磺岛"是世界反法西斯战争太平洋战场胜利的标志，其不仅属于美国，而且属于全人类，任何尝试挑战、否定、亵渎其意义的行为都是对正义的背离。此外，尽管图文编排结构中的图像主体上是中性的、美学性的、解释性的，但是当其携带着某种规约性的社会信息或文化内容时，便可能在语义层发挥较强的"语境重置"功能，从而铺设一种稳定的、独立的视觉框架。例如，在"5·12"汶川大地震全国哀悼日，所有的网站都变为黑白色，这无疑在色彩维度上建构了一个沉痛的悼念空间。

最后，要把握语图关系中的对话结构，还需要回到文本风格、修辞体系、视觉情感等更大的元语言维度审视，如此才能发现图像叙事之可能性、独立性及现实性。当图像与语言的关系不适配时，便会形成一种反讽的表达

---

① Graber, D. A. (1976). *Verbal behavior and politics*. Urbana, IL.: University of Illinois Press, p. 289.
② Bennett, W. L. & Lawrence, R. G. (1995). News icons and the mainstreaming of social change. *Journal of Communication*, 45 (3), 20-39, p. 22.
③ Moeller, S. (1989). *Shooting war*. New York: Basic Books, p. 15.

效果，其结果就是图像拥有了引领文本意义走向之可能。影视语言中的声画分离手法，意味着声音和图像分道而行，彼此独立自足。然而，创作者恰恰可以利用声音与图像之间的二元张力，传递更为饱满的视觉意义，尤其是产生隐喻、反讽、比兴等修辞效果。在新媒体编辑中，创作者也常常会利用图像与语言的不适配关系，建构一种反讽的表达风格。例如，当有关歌舞升平的图像被置于疫情防控的语境中时，其颠覆了主流抗疫叙事的"情节"与"风格"，这就产生了一定的反讽效果，一系列抗争性的戏谑性文本被源源不断地生产出来。另外，对话叙事的反讽效果还体现为图像在修辞维度上重构了一种阐释语境，从而对语言释义体系发起了挑战和否定。网络日常交流中的表情包就常常具有语境建构的功能，它能够引领文本的释义方向。比如在一本正经的语言后面，缀上一个"偷笑"或"捂脸"的表情，内容的严肃性就瞬间被图像消解。"流浪大师"沈巍虽然是一个流浪汉，但他却博古通今、谈吐不凡、出口成章。衣衫褴褛的图像形象与充满智慧的语言形象之间形成了强烈的对话性张力，从而在符号维度上形成了一定的反讽效果。在图像符号营造的反讽性的接受语境中，一切郑重其事的语言讨论及其逻辑都显得异常脆弱。

概括而言，语图关系不仅仅是一个编辑问题，还是一个表意问题。只有正确认识了语图互动的表意关系，才能处理好融合新闻叙事中的语图编辑问题。通常情况下，语言相较于图像而言，往往处于言说的优势位置，由此形成一种统摄性关系。然而，图像也具有自足的表意潜力：当其拥有足够的证据效力、情感能量和反讽张力时，便可以打破语言的霸权地位，从而形成一种对话性的并置叙事关系。

三、嵌入叙事：语图结构的图式语言

相对于并置叙事的"图文并排"效果，嵌入叙事本质上体现为一种"图文混排"效果，即图像和文字按照既定的整合方式进行融合，最终形成一种具有普遍认知基础的视觉信息装置。当前，基于数据驱动的信息形态日益普遍，如按照数据可视化（data visualization）①或数据可听化（data sonification）②方式生成的数据新闻景观。而在视觉语言主导的数据新闻表征体系中，地图作为一种常见的信息整合方式，铺设了图像与文字的整合语言及存在方式，其显著特点是拒绝个体故事维度的命运呈现，而将国家或区域以及彼此之间的类比关系推向新闻认知的中心位置。显然，在程序语言铺设的数字叙事系统中，图像与文字较为常见的"相遇"方式，就是共存于某种视觉化的信息整合装置之中。考虑到当前基于程序语言生成的语图文本，往往以视觉为信息整合的"底色"与"蓝图"，而且是按照某种模式化的、框架化的、结构化的图式语言完成图像与文字的整合，我们不妨将语图叙事中的信息整合装置称为视觉图式装置。

那么，融合新闻叙事系统中是否存在一些普遍共享的信息整合方式或者说视觉图式装置？回答这一问题需要回到"融合媒介"这一根本性的技术思维层面加以考察。纵观当前的融合新闻叙事体系，再媒介化（remediation）是一种普遍存在的"思维方式"，即新媒体往往会征用其他媒介的信息呈现方式，并对其进行吸纳、拓展和改造，由此形成"似曾相识"的新媒体信息呈现模式，如书籍的"翻页"效果、手账的"编排"效果、绘画的"卷轴"效果、试卷的"答题"效果、游戏的"闯关"效果、地图的"测绘"效果、道路的"穿越"效果、电影的"长镜头"效果等等。③这里的书籍、手账、绘画、试卷、游戏、地图、道路、电影都是经典的（泛）媒介形式，而再媒介化过程强调的是遵循数字叙事学的"隐喻式进路"，在新媒体中应用"翻页""编排""卷轴""答题""闯关""测绘""穿越""长镜头"等视觉呈现方式，并将其创造性地转换为一种跨媒介的视觉图式装置。瑞安将再媒介化视为一种媒介分析工具，认为其可以帮助我们认识数字

---

① 刘涛. (2019). 理解数据新闻的观念：可视化实践批评与数据新闻的人文观念反思. 新闻与写作，4，65-71.
② 刘涛，朱思敏. (2020). 融合新闻的声音"景观"及其叙事语言. 新闻与写作，12，76-82.
③ 刘涛，蔡雨耘. (2021). 形态·语法·意象：融合新闻的"再媒介化"叙事语言. 新闻与写作，4，74-80.

叙事学的跨媒介内涵及符号表征方式。① 例如,"窗口"概念并非计算机的原创语言,而是对日常生活中的相关观念的隐喻式挪用和呈现②,由此构成了计算机操作系统的交互"界面"。显然,从旧媒介到新媒介,往往存在一条略显模糊但依然可以辨识的踪迹,这里刻写着一种"语言"的跨媒介流动能力。

  基于此,本章从再媒介的理论视角切入,把握融合新闻叙事的"版面"语言及其语图结构。融合新闻的再媒介化叙事主要体现在媒介形态、媒介语法、媒介意象三个维度,三者分别意味着对其他媒介形式的直接挪用,对其他媒介叙事语言的借鉴和吸纳,以及对其他媒介表征意象的征用与整合。③如果从再媒介化的理论视角考察融合新闻叙事的语图结构,媒介形态、媒介语法、媒介意象三大认识维度意味着嵌入叙事的三种不同的视觉图式装置。正是基于相应的图式装置及其设定的内部规则和生成语法,语言和图像被整合进一个框架性的结构之中,并拥有了相对稳定的意义系统。必须承认,再媒介化所关注的意义命题,超越了纯粹意义上的表征命题,并和既定的界面形式及其物质逻辑联系在一起。因此,本章主要立足当前融合新闻叙事中以手机界面为代表的"竖屏"媒介,重点探讨竖屏叙事体系中的语图关系。考虑到竖屏叙事主体上体现为垂直空间的滚动叙事(scrollytelling),本章聚焦于"滚屏"这一独特的呈现结构和观看方式,分别选择媒介形态维度的"信息长图"、媒介语法维度的"一镜到底"、媒介意象维度的"时间轴图"三种较为常见的视觉图式装置,深入探讨嵌入叙事的图式语言及其语图关系。简言之,"信息长图""一镜到底"和"时间轴图"作为三种常见的信息整合结构,沿着不同的叙事逻辑拓展了融合新闻的叙事深度,相应地也就形成了不同的语图关系。

---

  ① 〔美〕玛丽-劳尔·瑞安. (2019). 跨媒介叙事. 张新军,林文娟等译. 成都:四川大学出版社(p. 27).
  ② 〔美〕玛丽-劳尔·瑞安. (2002). "电脑时代的叙事学:计算机、隐喻和叙事". 载戴卫·赫尔曼主编. 新叙事学(pp. 61-88). 马海良译. 北京:北京大学出版社(p. 63).
  ③ 刘涛,蔡雨耘. (2021). 形态·语法·意象:融合新闻的"再媒介化"叙事语言. 新闻与写作,4,74-80.

(一) 媒介形态与"信息长图"图式结构

就新媒体环境下的文本消费而言,用户注意力是分散的。如何能够让用户耐心读完枯燥乏味且篇幅过长的文字信息?"信息长图"正是按照竖屏叙事逻辑对这一问题的回应。"信息长图"指的是沿着屏幕垂直方向展开,画幅超越屏幕、内容连贯一体的长图片,其创设的浏览体验类似于长幅画卷的展开。随着用户指尖在垂直路径的滑动,图片内容不断滑进屏幕,进入用户的视线。借助可视化图像的引导和指尖滑动的互动,文本便拥有了抓住用户注意力的可能性。

在"信息长图"的信息整合装置中,图像和文字形成相辅相成的协作关系。图像的虚指性决定了其具有诱发愉悦的能力,即相较于语言符号的"可悦"的优势。[①] 因此,对于复杂信息的传达来说,长图成为一种必要的叙事形态:一方面,从用户体验的角度出发,长图通过将文字叙事内容形象化、生动化和趣味化,优化了叙事效果;另一方面,从内容生产的角度出发,长图通过充分利用竖屏垂直方向上可延展的叙事空间,扩大了叙事容量。2020年2月,新冠疫情袭来,新华社推出信息长图《最萌手绘长图告诉你,免疫细胞和病毒战斗全过程!》,详细讲解了免疫系统抵御病毒入侵的三道防线,以及新冠病毒突破三道防线的原理与过程,同时传达了新冠病毒防治的知识与信心。其中,图像充分利用竖屏垂直方向上可延展的叙事空间,以可视化的方式让科学知识变得通俗易懂,使之适应于新媒体环境的传播特点。

与此同时,文字信息被嵌入图像,以"锚定"图像的释义,传达叙事的内容。图像指涉的虚指性和浮动性决定了其自身难以胜任对背景信息的精准传达。因此,当叙事逻辑不够明晰,或者图像的指涉能力不足时,文字就显得尤为重要。比如,在新华社推出的信息长图《最萌手绘长图告诉你,免疫细胞和病毒战斗全过程!》中,文字发挥着三大作用:第一,配合过渡区域的视觉元素,串联起图像中的各个场景,形成顺畅的叙事逻辑;第二,解释图像叙事元素所指涉的对象及其行为,如标注病毒、人体细胞等人体构

---

① 赵宪章. (2012). 语图传播的可名与可悦——文学与图像关系新论. 文艺研究, 11, 24–34.

成；第三，传达图像难以呈现的叙事内容，如结尾的情感抒发"我们坚信，病毒终将会被战胜""战役的英雄们会平安凯旋"等。可以看到，在"信息长图"这种视觉图式装置中，图像和文字形成紧密的合作关系，相互补充，相互解释，二者按照"信息长图"的图式语言结合在一起，由此形成了一种基于"信息长图"的再媒介化叙事机制。

（二）媒介语法与"一镜到底"图式结构

"一镜到底"的原意是指反蒙太奇叙事的电影连续拍摄手法，强调拍摄场景的完整性和连续性。目前，这一视觉叙事手法被广泛挪用至新媒体的竖屏叙事，形成一种极具代表性的融合叙事结构，其特点在于将语图元素整合进一个连续的叙事时空中。区别于传统的宽屏叙事，融合新闻的竖屏叙事在信息表征形式上以视觉图像为主，语言文字往往作为图像叙事的"注解"出现。[①]"一镜到底"实际上意味着一种图式结构，强调的是图像与文字按照"长镜头"的叙事语言和推进逻辑被整合在一起。为了增强竖屏叙事的代入感和参与感，"一镜到底"叙事更加强调图像内容的叙事表达，而语言元素大多服务于图像叙事。

当"镜头"在不同的场景之间平稳过渡、无缝转场时，"一镜到底"叙事意味着一种典型的空间叙事结构[②]，即将不同场景整合在一个长镜头式的视觉图式之中。遵循这一思路，创作者往往会将文字深度嵌入图像，使其成为视觉场景的组成部分。2021年，正值中国共产党成立100周年，《人民日报》联合快手推出H5新闻《复兴大道100号》。经过精心策划，该作品将上百件建党以来的重大历史事件绘制成一幅动态长卷，各个重大事件场景之间没有明显的切换、转场痕迹，也没有说明性文字对叙事内容进行阐述。阅读此类作品就如同观看一段没有旁白的"长镜头"视频，用户只能从画面中自行寻找"破解"叙事内容的线索：一是画面内容，如人物的穿着、标志性建筑物等；二是画面中潜藏的只言片语，如墙面、海报、横幅上的标语等。此时，文字完全依附于图像，其自身难以构成完整的叙事脉络。

---

① 刘涛. (2020). "竖屏"叙事与融合新闻文化. 教育传媒研究, 2, 15-18.
② 刘涛, 刘倩欣. (2020). "一镜到底"：融合新闻的叙事结构创新. 新闻与写作, 2, 74-80.

不可否认，图像中的文字过少容易导致意义模糊不清的问题，难以传达准确的信息。因此，创作者们会充分利用新媒体的超链接功能，把文字"藏"于叙事支线，在保证叙事主线的连贯性和流畅性基础上，通过互动元素将用户引导至叙事支线，从而向用户传达明确的信息内容。H5 新闻《复兴大道 100 号》中融合了声效、动画、人脸融合等多种互动形式，用户点击"放大镜""走进历史"等按钮，说明性文字及"打卡""生成纪念照"等互动环节便会出现。这样的设计能够让用户的注意力集中于对画面细节的观察，打造沉浸式的浏览体验。简言之，在"一镜到底"的视觉图式装置中，语图之间是深度融合的一体关系，文字作为图像叙事的组成部分，成为图像叙事得以生成的线索之一。

（三）媒介意象与"时间轴图"图式结构

"时间轴"是融合新闻叙事体系中一种重要的再媒介化叙事资源。作为一种认知意象，时间轴将事物依照时间逻辑在垂直向度上进行限定和串联，形成系统化、结构化、可视化的叙事体系。基于这一认知意象，竖屏叙事形成了另一种视觉图式装置——"时间轴图"。其中，文字信息被置于图像的座驾之上，并在交互结构中按照时间顺序垂直延展。

具体来说，"时间轴图"中的时间铺设了融合新闻叙事的基础结构和情节脉络。图像与文字都依附于"时间线"这一图式结构所勾勒的叙事框架。因此，时间逻辑是一种根本性的逻辑语言，它决定了语言和图像的出场方式及其深层的"召唤"结构，即语言和图像的"相遇"，总是发生在既定的时间刻度上。相应地，时间结构决定了语言和图像的嵌入方式。正是在时间维度上，语言和图像的结合拥有了叙事的可能。经典叙事学离不开时间向度，难以想象时间缺席的叙事，也难以想象跳出时间逻辑的空间形式。因此，时间可以赋予事物一种叙事意义上的线索、结构和秩序。纵观今天的新媒体文本形态，时间轴往往以图像的方式出场和表征，这意味着用户需要依照图像的线性时间结构理解文字信息。在"时间轴图"中，图像大多"退居幕后"，承担着建构叙事逻辑的任务。如此一来，用户通过简洁明了的图像形式及语言，便可以迅速把握语言文字中复杂的逻辑关系。在新冠疫情肆虐的背景下，《南方都市报》于 2020 年 3 月上线了数据新闻《记疫》。该作品以时间线为叙事脉络,将新冠疫情发生以来政府与行业的重要动态信息、境内与境外的疫情发展情况整合到一条长长的时间轴之上。可见,"时间轴图"的设计一方面厘清了文字内容的叙事线索,有助于用户快速掌握新冠疫情的历史;另一方面也限定了用户的信息浏览次序,铺设了用户阅读新闻的认知逻辑。概而言之,在"时间轴图"这一视觉图式装置中,语图之间形成了文字居于"台前"传达意义、图像安于"幕后"铺垫逻辑的协作关系。

概括而言,语图关系(图文关系)是融合新闻叙事的基础命题。作为两种代表性的符号形式,语言和图像在叙事可供性上存在明显差异,由此形成了不同的语图关系。融合新闻叙事的语图关系可以分为并置叙事和嵌入叙事,前者又可以进一步细分为语图统摄叙事和语图对话叙事,后者主要表现为以"信息长图""一镜到底"和"时间轴图"为代表的视觉图式结构及语图整合叙事。

第 三 章

数字修辞与新闻叙事机制

叙事学是一门讲故事的学问。叙事意为"通过语言或其他媒介来再现发生在特定时间和空间里的事件"[①]。有别于其他的叙事实践,新闻叙事是为回应一定的新闻价值,即叙事的意义落点主要是事实呈现、真相挖掘、信息传播等。事实与真相往往躲在暗处,而实现其从不可见状态到可见状态的转化,除了要诉诸一定的调查手段和方法,还要在文本的呈现方式上进行突破和创新,这便涉及新闻叙事维度的意义组织及修辞策略问题。如果说传统新闻的修辞问题主要体现为语义维度的信息组织问题,融合新闻则具有更为复杂的修辞考量:一是新闻本体维度的事实呈现方式问题,二是文本美学维度的情景修辞方式问题,三是符号编码维度的信息转译方式问题。以信息转译问题为例,由于融合新闻的基本构成要素是数据,而数字媒介时代的信息表征呈现出普遍的"图像转向",因此,数据可视化(data visualization)便成为一种常见的信息转译理念与路径。从数据逻辑到视觉逻辑的转换,必然涉及符号编码维度的图像框架(visual framing)生成及其深层的视觉修辞(visual rhetoric)问题——数据并非完全客观的"实在",经由可视化处理之后,其往往以图像的方式出场,而诉诸不同的视觉框架,便会激活不同的认知模式,相应地也就建构了不同的社会现实。[②]

[①] 申丹,王丽亚.(2023).西方叙事学:经典与后经典(第二版).北京:北京大学出版社(p.2).
[②] 刘涛.(2016).西方数据新闻中的中国:一个视觉修辞分析框架.新闻与传播研究,2,5-28+126.

西方传统修辞学所关注的核心命题是劝服（persuasion），因而修辞学也被称为劝服的艺术，即借助一定的修辞策略，实现影响受众的劝服目的。而叙事学所关心的核心命题是"故事的文本实现"。① 叙事行为中的意义实现，离不开文本语义维度的编码策略，如故事的讲述方式、结构的组织方式、符号的表征方式等，这必然涉及语义表征层面的修辞问题。按照叙事学的一般理解，叙事主要包含故事与话语——"故事即被描述的叙事中的是什么（what），而话语是其中的如何（how）。"② 在经典叙事学中，修辞更多地发生在"话语"而非"故事"维度。具体而言，由于"故事"本质上回应的是叙事的内容问题，主要取决于事件、议题本身的内在规定性，也受制于时间、因果等属性提供的推演方式，因此，修辞所能介入的空间比较有限。相反，"话语"主要指向叙事的形式问题，而形式的基础构件是叙事语言和叙事结构——无论是叙事语言维度的符号表征与编码问题，还是叙事结构维度的情节组织与设计问题，都必然包含一定的修辞策略。

然而，对于数字叙事而言，修辞则同时作用于"故事"和"话语"两个维度。如果说经典叙事中的故事和话语回应的是不同维度的叙事问题，数字叙事则极大地释放了话语的想象力，即赋予文本形式更为自由的呈现方式及感知模式。这使得话语维度的形式选择与设计，已经深刻地嵌入内容的维度，甚至构成了内容本身。例如，作为一种典型的数字叙事形式，融合新闻叙事往往会吸纳、挪用传统媒介的形态、语法与语言。这一再媒介化叙事方式，旨在对传统媒介形态进行整合，并使其作为数字内容的一部分，参与文本意义的整体建构，或者服务于更大的故事系统生成。③ 由于数字叙事中故事与话语之间的边界愈发模糊，"故事中的话语"与"话语中的故事"总体上沿着同一个逻辑方向展开，且都存在一个显著的修辞认知维度。正因如此，以修辞为认识视角，探讨数字叙事中的修辞原理和机制，是一个亟待回应的叙事学命题。基于此，本章主要聚焦于融合新闻这一具体的数字文本形

---

① 〔美〕玛丽-劳尔·瑞安. (2014). 故事的变身. 张新军译. 南京：译林出版社 (p.7).

② 〔美〕西摩·查特曼. (2013). 故事与话语：小说和电影的叙事结构. 徐强译. 北京：中国人民大学出版社 (pp.5-6).

③ 刘涛，蔡雨耘. (2021). 形态·语法·意象：融合新闻的"再媒介化"叙事语言. 新闻与写作，4, 74-80.

式,在对传统修辞学在数字媒介时代的"境况"进行批判性审视与发展的基础上,重点探讨融合新闻叙事的修辞原理和机制。

一、数字修辞的兴起:当修辞学遇到数字叙事

叙事学与修辞学具有内在的关联结构和通约逻辑。叙事学家韦恩·克莱森·布斯(Wayne Clayson Booth)较早开始探索叙事研究的修辞视角——利用一定的修辞技巧和策略,达到影响读者并引导其认同的目的。[①] 修辞视角的引入,有助于将修辞思维带入叙事学,以拓展叙事学中"故事"与"话语"生成的"修辞方案"。实际上,当叙事携带着特定的功能和目的,或者指向某一话语实践时,修辞便深刻地嵌入叙事,并服务于某种具有偏向性的意义生产实践。修辞在叙事学中的作用机制,主要沿着两个发生维度展开:一是叙事语篇维度的符号修辞问题,二是叙事功能维度的话语修辞问题。叙事学所关注的意义实践——无论是语篇维度的符号表征,还是实践维度的话语建构,都存在一个普遍的修辞向度,即基于一定的修辞策略,文本表征呈现出一种特殊的语义特征和结构方式,并深刻地作用于受众的心理认同,从而形成一种合法的意义系统。倘若离开修辞的在场与作用,话语深处的合法性便难以获得普遍的认同基础。

修辞学与叙事学的最初"相遇",主要发生在经典叙事学领域,其面对的文本形式主要是传统文本。而在以数字文本为对象的数字叙事学这里,修辞学却显得力不从心,二者的真正对话实际上经历了漫长的等待。进入数字媒介时代,文本形式发生了巨大变化,即从封闭的、单一的、线性的传统文本延伸到开放的、交互的、多模态的数字文本。必须承认,传统修辞学未能触及较为复杂的数字文本,亦未能关注到媒介或物质的问题,而仅仅在讨论语言传播维度的修辞问题,如基于古希腊修辞学的"修辞五艺"——"发明"(invention)、"谋篇"(arrangement)、"文体"(style)、"记忆"(memory)和"发表"(delivery),以达到既定的劝服目的。为了回应数字文本的修辞问题,数字修辞(digital rhetoric)作为一个合法的修辞学领域应运而生。

---

① Booth, W. C. (1983). *The rhetoric of fiction*. Chicago, IL.: University of Chicago Press, pp. 169-205.

"数字修辞"这一术语最早出现在理查德·A. 兰姆(Richard A. Lanham)于 1989 年发表的一场名为《数字修辞学:理论、实践和特性》("Digital Rhetoric: Theory, Practice, and Property")的演讲中。该演讲内容最早被收录于迈伦·C. 杜曼(Myron C. Tuman)于 1992 年主编的文集《线上文学:计算机阅读与写作的前景(及困境)》[*Literacy Online: The Promise (and Peril) of Reading and Writing with Computers*]。① 1993 年,在讨论数字世界的技术与艺术问题时,兰姆将这篇文章正式收录在自己主编的《电子世界:民主、技术与艺术》(*The Electronic Word: Democracy, Technology, and the Arts*)一书中。② 在兰姆看来,作为数字技术的产物,数字文本的生产离不开文本生成的基础设施——计算机。由于计算机遵循的是二进制机器语言,人类与计算机的"沟通",则必然涉及不同语言"方式"之间的转换与理解问题。正因为计算机具有执行人类意志的语言功能,兰姆将计算机置于修辞框架中进行认识,称其为一种特殊的"修辞装置"(rhetorical device)。③ 有别于传统文本的书写方式,建立在计算机基础上的数字文本本质上是人机互动的产物。因此,计算机这一修辞装置必然会介入文本生成过程,并且影响文本的表征形式与语言。相应地,以计算机为中介的文本生产与传播实践,便与修辞建立了联系。④ 数字文本同样涉及文本表征维度的语言艺术和话语策略问题,而这恰恰是西方修辞学极为热衷的经典论题。因此,数字修辞诞生于计算机中介的传播场景,回应的是数字文本的修辞问题。概括而言,无论是本体维度的编码策略问题,还是生产维度的技术语言问题,抑或媒介维度的程序装置问题,都存在一个修辞认识的理论向度。当数字文本获得了一个来自修辞学的认知向度时,传统修辞学便不得不进行拓展和创新,

---

① Lanham, R. A. (1992). Digital rhetoric: Theory, practice, and property. In Myron C. Tuman (Ed.). *Literacy online: The promise (and peril) of reading and writing with computers*. Pittsburgh, PA.: University of Pittsburgh Press, pp. 221-243.

② Lanham, R. A. (1993). *The electronic word: Democracy, technology, and the arts*. Chicago, IL.: University of Chicago Press, pp. 29-52.

③ Lanham, R. A. (1993). *The electronic word: Democracy, technology, and the arts*. Chicago, IL.: University of Chicago Press, pp. 29-52.

④ Eyman, D. (2015). *Digital rhetoric: Theory, method, practice*. Ann Arbor, MI.: University of Michigan Press, p. 24.

以回应数字文本涉及的语言艺术、表征策略等修辞问题,由此便产生了数字时代的修辞形式——数字修辞,而与其相关的系统性学问便是数字修辞学。例如,在传统修辞学的"修辞五艺"中,"发明""谋篇"和"文体"在数字文本中呈现出新的表征与语言问题,而"记忆"和"发表"已经很难适用于数字文本。因此,面对开放的、交互的、多模态的数字文本,传统修辞学的知识变革势在必行,而数字修辞学诞生的直接问题语境便是来自数字媒介的时代挑战。

数字媒介所携带的与生俱来的自我表达(self-expression)、参与(participation)和创造性合作(creative collaboration)特征,推动着传统的说服修辞转向数字修辞。[1] 由于数字修辞出场的直接语境是数字媒介,因此数字修辞也被视为关于科学与技术的修辞学。[2] 道格拉斯·艾曼(Douglas Eyman)在《数字修辞学:理论、方法与实践》(*Digital Rhetoric: Theory, Method, Practice*)一书中深入探讨了数字修辞的基本内涵、核心议题与相关理论。在综合其他学者相关论述的基础上,艾曼对数字修辞给出如下定义:"'数字修辞'这一术语可以被简单地界定为修辞理论(作为分析方法的修辞理论或作为生产策略的修辞理论)在数字文本或表演中的运用。"[3] 数字修辞学的早期研究,主要聚焦于计算机这一特殊的技术系统,重点关注计算机生成文本的修辞策略问题。随着互联网、媒介融合的发展,数字修辞的研究对象从早期的超文本(hypertext)、网络超文本(networked hypertext)拓展到融合了视频、音频、动画、互动的超媒体作品(hypermedia composition)。[4] 尽管学界充分意识到数字修辞的重要性与合法性,但对其是否意味着一种全新的修辞形式,依然存在诸多争议。在艾曼看来,"数字修辞"依旧是一个相对宽泛的概念,主要指涉的是一种修辞范畴,而非某一具体的修

---

[1] Zappen, J. P. (2005). Digital rhetoric: Toward an integrated theory. *Technical Communication Quarterly*, 14 (3), 319-325.

[2] Zappen, J. P. (2005). Digital rhetoric: Toward an integrated theory. *Technical Communication Quarterly*, 14 (3), 319-325.

[3] Eyman, D. (2015). *Digital rhetoric: Theory, method, practice*. Ann Arbor, MI.: University of Michigan Press, p. 40.

[4] Eyman, D. (2015). *Digital rhetoric: Theory, method, practice*. Ann Arbor, MI.: University of Michigan Press, p. 26.

辞形式。如果将数字修辞学理解为一种文本生产艺术，那么几乎所有的数字文本都可以被视作数字修辞实践的产物。[1] 针对数字修辞的内涵较为宽泛与模糊的问题，詹姆斯·扎彭（James Zappen）认为，数字修辞研究应该建立一套整合性理论（integrated theory），具体包括四部分的内容：一是数字文本生产与分析的修辞策略（rhetorical strategy），二是新媒介的特征、可供性和局限性的分析，三是数字认同（digital identity）的形成，四是社会共同体（social community）构建的潜力。[2] 芭芭拉·沃尼克（Barbara Warnick）将目光聚焦于互联网媒介的传播实践，提出了数字修辞的媒介分析路径，具体包括接受（reception）维度的用户经验、信源（source）维度的去作者化信息（authorless message）、信息维度的页面易变性和信息碎片化、时间（time）维度的信息易逝性、空间（space）维度的用户漫游[3]，并进一步在可信性（credibility）、交互性（interactivity）和互文性（intertextuality）三大认识维度勾勒了数字修辞的知识内涵。

实际上，计算机对于人类意志的执行方式，往往需要借助操作系统（operation system）的程序控制，从而实现用户语言和机器语言之间的转换。换言之，计算机文本并非人类意识的直接产物，而是人类以指令的方式在计算机世界的投射之物。因此，计算机语言已经深度嵌入文本生成的结构，不仅赋予了文本某种偏向性的表征优势，而且在可供性维度上形成了一种全新的接受与认知关系，这便涉及数字修辞的诸多具体形式——程序修辞（procedural rhetoric）[4]、技术修辞（techno-rhetoric）[5]、计算修辞（computational

---

[1] Eyman, D. (2015). *Digital rhetoric: Theory, method, practice*. Ann Arbor, MI.: University of Michigan Press, pp. 8–9.

[2] Zappen, J. P. (2005). *Digital rhetoric: Toward an integrated theory*. Technical Communication Quarterly, 14 (3), 319–325.

[3] Warnick, B. (2007). *Rhetoric online: Persuasion and politics on the World Wide Web* (Vol. 12). New York: Peter Lang, pp. 25–44.

[4] Bogost, I. (2010). *Persuasive games: The expressive power of videogames*. Cambridge, MA.: MIT Press, pp. 28–29.

[5] Day, M. (2009). The administrator as technorhetorician: Sustainable technological ecologies in writing. Assessment, 2 (1), 21–35.

rhetoric)① 等。这些数字修辞观念实则将修辞的面向下沉到媒介、技术、物质等维度，旨在探讨机器的语言、表征的规则和技术的使用。正是在数字修辞的视域，媒介与技术被带入了修辞的领域，并成为数字叙事及其意义实践中不容忽视的考量因素。例如，作为数字修辞的典型形式，程序修辞强调通过程序化的规则设计，达到既定的修辞目的。倘若忽视程序在意义实践中的作用，我们便难以理解文本表征深处的底层游戏规则。② 因此，数字修辞视角下的文本叙事，便不仅关注文本表征层面的意义策略，也涉及媒介语言与表征语言在界面装置中的互嵌与对话问题。

倘若以数字修辞为认识视角，融合新闻叙事便拥有了一个全新的理解维度。融合新闻的参与性、互动性、开放性、融合性等特征，突破了经典叙事学的基础结构，建立了一个开放、共享、多维、多态的复合叙事体系。具体而言，融合新闻的互动设计不仅重构了文本信息的呈现形式和内部结构，而且以互动为基础创设了一种基于"可能世界"的现实认知观念，由此将现实认知的权力最大限度地交给了用户。按照艾曼的观点，数字叙事中用户的参与过程、用户与文本的互动方式，以及互动对意义生产的影响等问题，都属于数字修辞研究的核心命题。③ 因此，当互动作为一种语义组织的模式、方案和策略时，融合新闻叙事本质上体现为一场数字修辞实践。与此同时，数字媒介所携带的整合性（integration）、互动性（interactivity）、超媒体性（hypermedia）、沉浸性（immersion）和叙事性（narrativity）特征④，也为数字修辞开辟了新的问题域。经典叙事学主要关注文本维度的结构、规律、手法、功能问题⑤，而数字修辞无疑赋予了这些经典命题以新的理论视角和认识内涵。因此，基于数字修辞的融合新闻叙事研究，一方面有助于理解叙事

---

① Grasso, F. (2002). Towards computational rhetoric. *Informal Logic*, 22 (3), 195-229.
② 刘涛, 曹锐. (2021). 程序修辞: 游戏研究的修辞学范式. 新闻界, 1, 35-50.
③ Eyman, D. (2015). *Digital rhetoric: Theory, method, practice*. Ann Arbor, MI.: University of Michigan Press, pp. 32-33.
④ Packer, R. & Jordan, K. (2001). Overture. In Randall Packer & Ken Jordan (Eds.). *Multimedia: From wagner to virtual reality* (pp. xv-xxxviii). New York: W. W. Norton.
⑤ 申丹, 王丽亚. (2023). 西方叙事学: 经典与后经典 (第二版). 北京: 北京大学出版社 (p. 195).

学的传统命题在数字叙事语境下的新内涵和新机制,另一方面有助于超越文本的修辞维度,延伸到更广泛的修辞实践维度,从而打开叙事研究的多重考察向度。

基于此,本章从数字修辞的视角出发,重点探讨融合新闻叙事的原理与语言。那么,修辞视角的引入,究竟打开了叙事研究的何种问题域?本章在对叙事研究可能触及的意义修辞命题进行分析的基础上:一方面立足传播修辞学的基本命题,如修辞动机问题、修辞情景问题、修辞美学问题、修辞传播问题、修辞语法问题和修辞批评问题①;另一方面立足经典的"修辞五艺"在数字媒介时代的新兴命题,如修辞发明问题、修辞叙事问题、修辞美学问题、修辞效果问题和修辞传播问题②。最终,本章从四个修辞维度切入,以期系统地把握融合新闻叙事的数字修辞原理和机制。一是融合新闻叙事的修辞本质命题。相对于传统修辞学的劝服模式,数字修辞在界面装置和互动技术的共同作用下,俨然已经超越了经典叙事的劝服模式。因此,只有重返修辞之本质,才能揭示数字修辞有别于传统修辞的观念与内涵。二是融合新闻叙事的修辞语法命题。由于互动技术的嵌入,融合新闻叙事赋予了用户一定的参与空间,进而改写了新闻叙事的意义结构。由于结构发生了变化,意义生成的传统模式亦随之发生变化,由此呼唤一种全新的修辞语法。三是融合新闻叙事的修辞情景命题。数字媒介技术重构了融合新闻的文本语言,也重构了文本语义生成的感知模式,还重构了文本发生的外部情景,而这便涉及修辞学研究的修辞情景命题。四是融合新闻叙事的修辞效果命题。新修辞学将认同命题推向了修辞研究的核心位置。融合新闻如何回应叙事认同命题?修辞认同无疑提供了一种有效的认识理念和路径。基于此,本章以数字修辞学为观察视角,立足融合新闻这一数字文本形态,从修辞本质、修辞语法、修辞情景和修辞效果这四个维度来探讨新闻叙事的数字修辞原理及语言。

---

① 刘涛.(2022).传播修辞学的问题域及其研究范式.南京社会科学,1,91-105.
② 刘涛.(2021).视觉修辞学.北京:北京大学出版社(pp.352-362).

二、修辞本质：从语言劝服到界面引导

新闻本质上是一种信息流动实践，其目的在于对事实进行呈现与挖掘，并在此基础上形成现实的感知图景。实际上，信息之所以能够流动，是因为记者与受众之间存在"认知差"，这便决定了新闻信息的流动方向是从"已知"（记者）到"未知"（受众）。在传统的新闻观念中，记者牢牢地掌控着事实的信息形态及解释方式，而受众往往被视为有待教育和劝服的对象。因此，信息传播主体上沿着"劝服"与"传导"的模式展开。

由于传统新闻本质上依旧是一种"固态文本"或"单声部文本"，所谓的新闻叙事，不过是一种"声音"的单向流动，而修辞的功能便是最大限度地优化文本的语言和结构，激活或再造受众的认知模式，从而实现新闻事实在修辞意义上的建构与传播。因此，传统新闻的文本特征决定了新闻叙事的修辞方式，其主要延续的是传统修辞学中的劝服观念。具体而言，传统新闻叙事的修辞方式——无论是创设一定的叙述情景，还是征用一定的故事资源，抑或诉诸一定的认知模式，更多地体现为对某种修辞手段的策略性使用[①]，如通过话题发明、谋篇布局、框架生产等修辞手段，限定公众对新闻文本的理解方式，促使其接受新闻所传达的观念。例如，平面新闻所遵从的"倒金字塔"结构，本质上就是一种修辞意义上的"谋篇"手段，即按照重要性递减的顺序来编排新闻内容，试图以"先声夺人"的方式引起受众的关注。再如，传统新闻叙事中普遍采用的"华尔街日报文体"，通常采用"以点带面"的叙事方式，即开篇引入特定的微观场景或人物故事，再过渡到故事背后的新闻背景和主题，进而对宏大议题进行深入分析，结尾再回到微观的故事与命运维度，以打造一种闭环式的叙事结构。这里的"微观场景"或"人物故事"，本质上都是作为修辞资源出场的，即通过对人物故事和微观命运的策略性征用与呈现，达到"在故事中阐述道理"的叙事目的，其中主要采用的修辞手段便是情感修辞。

数字文本的数据化、互动性、多模态等属性，决定了数字修辞的基本思

---

① 刘涛. (2007). 电视调查性报道的七种叙述路径辨析. 电视研究, 4, 16-19.

路：基于数字媒介的技术可供性，创设一种开放的、参与的、协同的感知环境和接受语境，进而引导用户完成文本意义的自主建构。早在 Web 1.0 时代，新闻网站便开始以超链接（hyperlink）技术联通不同的新闻报道，组合生成超文本这一典型的新闻形式。用户可以在多个新闻报道之间自由切换或跳转，以获取更丰富的新闻信息。有别于传统文本的意义"传导"模式，数字文本能够借助超链接的修辞引力（rhetorical gravity）来引导用户获取信息并理解文本。① 超链接不仅能够作为信息"入口"，将用户带向不同的页面，引导其接收对应的新闻内容，还可以通过改变超文本内部的链接结构，引导用户依照特定的方向与思路理解文本内容，从而隐晦地传达某种意义内涵。经由超链接技术的嵌入与整合，网络世界中的数字文本被"编织"进一个庞大的互文网络，在计算程序的作用下彼此连接，遥相呼应，具有了动态组合的无限可能。

  作为数字文本生成的基础语言，超链接本质上意味着一种修辞性的"语言"形式，它为文本的形式勾勒了"边界"，也为用户的介入提供了"端口"，更为意义的展开建立了"路径"。正因为超链接的存在，文本不再是一个固定的意义对象，而是一个动态的、开放的、生成性的数字装置。因此，建立在超链接基础上的数字修辞实践，并非发生在纯粹的劝服维度，亦非对作者意识的简单"推送"，而是充分利用数字技术的优势，最大限度地挖掘文本的开放性内涵，进而"引导"用户参与文本生成和意义建构的一种修辞方式——即便是存在不可避免的"劝服"目的，其依然是通过"引导"的方式实现的。实际上，超链接不仅提供了一种指示性的文本生成方式，而且提供了一种遍历式的文本阅读模式，还提供了一种关联性的意义认知模式。正是在超链接的作用下，文本具有了"扩容"的无限可能。同样，基于超链接创设的连接关系和路径结构，文本的意义不再是作者意识的预先配置或简单投射，而是在超链接的"延伸"路径和"展开"网络中不断地被建构、被生成。如同一种技术隐喻，超链接符合人类思维的联想结构。正

---

① Khalifa, M. & Shen, K. N. (2010). Applying semantic networks to hypertext design: Effects on knowledge structure acquisition and problem solving. *Journal of the American Society for Information Science and Technology*, 61 (8), 1673-1685.

如列夫·马诺维奇（Lev Manovich）所指出的，超链接是对人类的"联想"这一最基本的心理过程进行外在化与客体化的产物。① 从这个意义上讲，数字媒介的超链接语言本质上创设了一种引导性的接受语境——超链接的方向和落点，限定了思维的方向，亦限定了文本的边界、组织结构及存在形式。

必须承认，数字修辞的引导方式发生在界面（interface）这一数字装置之上，最终形成的是一种特殊的意义建构模式——引导式生成。作为信息呈现的尺度和介质，界面是修辞与技术的相遇之处。② 数字媒介的程序系统通过对界面的配置与设置，实现程序语言向用户语言的转换，由此形成了数字叙事的意义引导模式。从这个意义上讲，数字修辞的语义引导方式本质上体现为界面引导——数字媒介的引导功能之所以能够实现，是因为程序语言与表征语言在界面这一装置结构中"相遇"，并赋予了意义的引导式生成以可能性。

那么，这种引导式的意义建构模式是如何实现的？回应这一问题，不能不提到数字修辞在界面维度上存在并发生作用的用户参与形式。界面不仅提供了一个外在的输入端口，而且内置了一套复杂的计算系统，这使得用户可以更为自由地参与叙事进程，甚至生成个性化的叙事文本。当前，用户的界面互动存在多种操作形式，除了传统意义上的键盘输入、鼠标点击等，数字媒介还提供了更为丰富的界面输入方式，如手势交互、语音交互、触觉交互等。当叙事在用户参与的过程中不断推进和展开时，基于界面的意义引导便成为可能。

不同于传统新闻的修辞实践，融合新闻因互动技术的嵌入，形成了一种以界面引导为中心的新修辞模式。互动技术在叙事进程中"撕开"了一个缺口，用户只有完成特定的指令，才能填补这一缺口，进而推动新闻叙事的"前行"。当融合新闻越来越普遍地转向界面化的存在形式时，现实亦不再是传统意义上的"推送"之物，而是用户经由一定的界面操作而自主发现、探索、形成的世界。相应地，数字修辞的作用机制，便是借助一定的程序控

---

① 〔俄〕列夫·马诺维奇. (2020). 新媒体的语言. 车琳译. 贵州：贵州人民出版社（p. 59）.
② Eyman, D. (2015). *Digital rhetoric: Theory, method, practice*. Ann Arbor, MI: University of Michigan Press, p. 55.

制、形式创新与互动设计，赋予现实感知一种引导式的建构模式与认知过程。根据叙事进程的推进方式以及用户行为的参与深度的不同，融合新闻形成了形式多样的互动方式，包括界面响应、路径选择、角色扮演等。① 正是基于程序化的控制与设计结构，用户被悄然引向某种预设的意义管道，由此形成了一幅基于程序中介的现实图景。

当故事沿着一种程序性的框架和路径"展开"时，界面引导的直接形式与发生装置便形成了一种新兴的技术形式或空间概念——"可导航空间"（navigable space）。界面赋予了文本以空间化的呈现结构和想象方式，而基于界面的点击、滑屏、缩放等操作，实际上打开了一个可导航空间，即空间按照某种导航逻辑被分割、被穿越、被重组，使得主体在空间中的"穿行"和"遍历"成为可能。作为一种被建构的空间组织逻辑，可导航空间如同一个微妙的隐喻，有效地诠释了数字修辞的引导之本质。按照马诺维奇的观点："由于可导航空间既可以呈现物理空间，也可以呈现抽象的信息空间，因此，它理所当然地成为人机交互界面中的一个重要范式。"② 基于一定的程序修辞策略，可导航空间体现的是一种引导式的、运动性的、探索性的、沉浸式的空间形式和实践，并在此基础上创设了一种全新的空间建模语言和空间体验方式。③ 有别于传统的空间叙事方式，可导航空间通过对空间的建模与处理，能够让主体以主观视角进入空间，从而赋予空间一种运动的结构和语法——当主体在空间中遍历、穿行与漫游时，"沿途"的信息便被不断定格与呈现，由此形成一种组织化的、结构化的、图式化的意义序列。显然，可导航空间通过创设一种引导式的信息"展开"模式，铺设了叙事要素组织与排列的结构图式，从而形成了一种空间维度上的意义生成路径。例如，新华网于2023年推出的融合新闻《卫星+穿越机：独特视角瞰"中国桥梁博物馆"》，借助"穿越机"这一飞行器，带领用户从天空向下俯瞰、飞行，穿梭于群山、峡谷、桥梁之间，生动而形象地描绘了被誉为"中国桥梁博物馆"的贵州桥梁景观。用户正是在"运动"与"飞越"中，形成了

---

① 刘涛等.（2021）.融合新闻学.北京：高等教育出版社（pp.109-113）.
② ［俄］列夫·马诺维奇.（2020）.新媒体的语言.车琳译.贵州：贵州人民出版社（p.253）.
③ 刘涛，黄婷.（2023）.融合新闻的空间叙事形式及语言——基于数字叙事学的视角.新闻与写作，2，56-67.

对贵州桥梁的认知地图。当前，在数据新闻的修辞实践中，"可导航空间成为数据可视化和数据工作的普遍方式"①，其特点便是新闻故事的呈现与展开，更多地依托一种空间化的导航模型或引导图式，由此形成了基于空间叙事的界面引导模式。一方面，数据在可视化维度的表征语言，按照可导航的空间语言加以组织和编排，由此形成了一种建立在空间图式上的数据故事；另一方面，数据故事的生成与讲述，更多地依赖用户的空间探索行为，进而形成了一种建立在空间引导基础上的情节推动模式。

事实上，理想的互动叙事设计能够引导用户与文本生产者共筑意义世界，即用户能够通过一系列操作获得连贯的叙事，并同时感觉到自己在行使自由意志。②然而，尽管融合新闻赋予了用户相对自由的探索空间，但这种自由依然是有限的。按照程序修辞的观点，意义生成的引导逻辑之所以成为可能，是因为程序修辞设定了互动的规则和条件，由此创设了一个开放的可能世界：用户的注意力主要集中于引导其行动的相关提示，从而可在互动的过程中无意识地认同互动规则本身所"推荐"的叙事意义。③因此，与其说融合新闻旨在劝服人们，倒不如说其以交互性为基础，引导人们按照特定的方向完成新闻的意义获取，进而促使人们在不知不觉间内化信息内容以及相应的意义观念。2017年，为庆祝中国人民解放军建军90周年，《人民日报》推出的H5新闻《快看呐！这是我的军装照》，基于人脸识别、融合成像等技术，可以为用户生成个性化的军装照。该新闻具有歌颂、赞扬人民解放军的修辞功能，而这一修辞功能的实现有赖于用户与界面的交互操作。用户在界面的引导下"穿上"军装时，便可被"带入"庆祝建军节这一特殊的修辞情景，一种荣誉感和自豪感便油然而生。由此可见，在融合新闻的数字修辞结构中，文本意义并非新闻生产者强加于用户，而是用户在一种引导性的互动模型中自然建构的"产物"。换言之，唯有用户参与其中，新闻所携带的信息内涵和价值使命才能真正落到实处。

---

① 〔俄〕列夫·马诺维奇.(2020).新媒体的语言.车琳译.贵州：贵州人民出版社(p.253).
② 〔美〕玛丽-劳尔·瑞安.(2014).故事的变身.张新军译.南京：译林出版社(p.95).
③ 刘涛,曹锐.(2022).程序修辞的概念缘起、学术身份与运作机制.新闻与写作,4,46-56.

相较于互联网文本的超链接生成逻辑而言,当前算法主导下的新闻生产则创设了一种前所未有的意义引导模式——算法引导。算法通过匹配用户偏好与文本属性,实现个性化、精准化推送,故而用户的一举一动都会被纳入算法的计算。在某种程度上,算法根据用户特征与行为进行信息推送,也可以被视为一种特殊的互动形式。这种交互机制使得用户不断地被吸引,甚至主动投入更多时间使用特定的媒介,观看特定的内容。[1] 在隐性的算法引导下,用户会不自觉地进入算法设定的文本序列,并按照算法铺设的逻辑框架解读文本意义。当前,以 ChatGPT 为代表的生成式人工智能已经全面嵌入新闻生产实践,算法引导呈现出人机协作的全新模式与趋势,这使得数字修辞的引导机制呈现出新的特点和趋势,即建立在"协谋"基础上的数字叙事成为现实。

进一步讲,融合新闻的界面引导开创了一种全新的意义机制,它改变了传统新闻叙事中较为普遍的劝说模式,并提供了一个相对开放的交流环境,使得用户可以在自主选择的基础上参与叙事,这使得当前备受关注的一种修辞理念——"邀请修辞"(invitational rhetoric)成为可能。有别于传统修辞的劝服模式,邀请修辞要求修辞者不再试图通过说服来控制他人的态度、观念和行为,而是基于平等(equality)、自在价值(immanent value)和自我决定(self-determination)的原则,建立一种邀请式的交流模式。[2] 在经典叙事中,单向的、线性的、相对封闭的文本生产方式,决定了文本内部的修辞方式更多地服务于"传者中心"的功能和目的,难以真正体现"邀请"的修辞理念。相反,融合新闻则在互动性的基础上,不仅打造了一种开放的、参与的、引导性的文本形式,而且借助一定的数字媒介技术,重构了文本生成的外部情景以及文本与用户的"相遇"方式,这无疑在技术逻辑上为"邀请"的实现创设了可能。

---

[1] Reeves, J. (2013). Temptation and its discontents: Digital rhetoric, flow, and the possible. *Rhetoric Review*, 32 (3), 314-330.

[2] Foss, S. K. & Griffin, C. L. (1995). Beyond persuasion: A proposal for an invitational rhetoric. *Communications Monographs*, 62 (1), 2-18.

三、修辞语法：基于互动的叙事规则构建

数字媒介的核心特征之一便是互动性。① 互动性从根本上改写了传统文本的构成法则——文本不再是一个封闭的、固定的叙事形式，亦不再拥有相对稳定的意义结构，而是在互动的作用下呈现出一种反结构的叙事面向。按照经典叙事学的基本假设，意义存在于结构之中，结构是意义的"居所"，叙事学所关注的意义命题主体上沿着结构问题展开，而叙事中互动的入场，则改写了文本结构的稳定状态和形式边界，使得结构呈现出一种变化的、浮动的、不稳定的存在"形式"，由此对经典叙事学所依赖的结构发起了挑战。当互动问题进入叙事学的关注视野，并深刻地影响着文本构成的结构法则时，互动叙事（interactive storytelling）作为一个新兴的数字叙事命题出场了，甚至被称为叙事学领域的"文艺复兴"。②

互动规则在文本中的嵌入，不仅改写了文本的构成结构与规则，为用户提供了一个自主选择、参与、探索的叙事空间，而且最大限度地激活了文本的开放性内涵，为用户打开了一个意义协商空间。不同的互动实践与方法，形成了不同的语义规则，亦形成了不同的意义生成方式，如意义的"展开"路径、叙事的"推进"逻辑、用户的"感知"过程等。由于互动本身触及的是叙事规则问题，不同的互动"方案"意味着不同的叙事策略，因此，互动可以在修辞维度上加以认识——互动的语言，即是修辞的语言。换言之，诉诸何种互动理念，铺设何种互动逻辑，采用何种互动语言，都深刻地影响着文本的语义系统，并体现为一种普遍的修辞语法命题。相应地，为了达到一定的劝服效果或认同目的，数字修辞的常见思路便是以互动为方法和路径，一方面立足互动本身的规则与逻辑，诉诸一定的互动理念和方式，重构叙事意义生成的游戏规则，另一方面立足具体的文本实践，通过策略性的互动方案设计，构筑基于互动的意义生成系统。

---

① van Dijk, J. (2006). *The network society: Social aspects of new media*. London: Sage, p. 6.

② Wand, E. (2002). Interactive storytelling: The renaissance of narration (pp. 163–178). In Martin Rieser & Andrea Zapp (Eds.). *New screen media: Cinema/art/narrative*. London: British Film Institute.

如果说传统新闻具有相对封闭的呈现形式和意义边界，融合新闻则在互动性基础上颠覆了经典叙事所依赖的结构，并重构了一种全新的叙事规则，由此导致了新闻叙事的语法变革。所谓新闻的叙事语法，意为新闻在事实呈现层面所遵循的文本构成法则，尤其是新闻文本的意义编码规则和机制。必须承认，互动性之于叙事学的语法变革，动摇了经典叙事赖以存在的语言规则系统，由此呼唤一种全新的叙事语言。在融合新闻叙事中，互动本身成为修辞语言的一部分，那么，如何理解建立在互动基础上的修辞语法？考虑到互动对于叙事语言的影响，主要发生在叙事规则、叙事结构、叙事路径三个维度，因此，本章重点从这三个认识维度切入，以期揭示互动叙事的数字修辞原理。一是叙事规则层面的程序设定机制。互动存在并发生作用的技术基础是程序逻辑。正是基于程序修辞维度的语义规则设计，融合新闻拥有了一种有别于经典叙事的游戏规则。二是叙事结构层面的时空操控机制。时间与空间是叙事的两个基本要素，而互动技术的嵌入同时影响着时间维度的方向与过程[1]，以及空间维度的结构与路径[2]。三是叙事路径层面的情节决策机制。有别于传统新闻的故事建构理念，融合新闻赋予了用户一定的选择和决策权力，用户可以自主地决定故事走向，改写故事结构，从而建构并抵达不同的故事世界。

（一）程序设定与语义规则重塑

　　融合新闻的互动叙事规则在文本表征和故事内容两个方面，都赋予了用户一定的参与自由。当用户可以自主地重组意义形成的时空逻辑，并重组故事与情节的呈现形式和过程时，互动叙事无疑在用户和新闻生产者之间打开了一个意义协商空间。值得注意的是，互动叙事规则本质上仍然服务于新闻的社会功能，需符合公共利益（public interest）的价值取向，因此用户的参与自由并不是无限度的，意义协商的空间也不是随意设定的。事实上，互动

---

[1] 刘涛，薛雅心．（2023）．"序列"结构及其超越：融合新闻的时间叙事形式及语言．新闻记者，12，3-21．

[2] 刘涛，黄婷．（2023）．融合新闻的空间叙事形式及语言——基于数字叙事学的视角．新闻与写作，2，56-67．

技术的使用须依托一系列程序规则，而程序设计和规则设定的主导权仍旧掌握在新闻生产者手中，用户只能依照程序规则的指引方式和计算模型进行互动。因此，那些可供用户编排或决策的新闻产品，悄无声息地向用户"推荐"着某种叙事意义，并试图让用户在轻松而刺激的互动体验中放下戒备，从而不知不觉地认同程序设定的意义系统。[1]

互动叙事存在一个基础性的程序运算系统。尽管意义结构或路径会随着用户操作而发生变化，但意义框架是由系统设定的，并在程序修辞的作用下悄无声息地发生作用。换言之，互动规则以何种方式发生作用，受制于数字媒介形式及其物质逻辑，尤其体现为新闻生产者提前设置并嵌入程序的运算模型。因此，程序的设计理念和方式决定了作者意指的"展开"逻辑和"展示"结构。融合新闻恰恰是作者意指与程序语言深度对话的产物。布斯在研究文学修辞时指出，作者可以在作品中对自己进行有限的"隐藏"，但是"绝对无法选择取消自己"。[2] 换言之，任何作品都不可避免地携带着作者的主观意志，作者可以通过一定的写作手段，使得读者对作品保持相同的态度，并精准地控制读者卷入或背离作品的程度。[3] 传统新闻的意义系统牢牢地掌控在新闻生产者手中，但是，在融合新闻叙事中，作者意志的体现和传达，除了需要策划、故事维度的直接介入，还需要迎合程序本身的特点与机制，即作者意志必须通过计算机的程序规则和语言才能得以实现，由此形成了一种技术中介的意义系统。这与数字文本运行的程序性（procedurality）不无关系。

所谓程序性，是指计算机"定义、执行一系列规则的能力"[4]。在数字叙事系统中，互动既是程序性的语法基础，亦是程序性的实现方式。正是基于程序性的装置结构和计算模型，融合新闻呈现出与传统新闻截然不同的生成逻辑和修辞机制。如果说传统新闻的作者意志一般借助作品直接加以"投

---

[1] 刘涛，曹锐．(2022)．程序修辞的概念缘起、学术身份与运作机制．新闻与写作，4，46-56．

[2] Booth, W. C. (1983). *The rhetoric of fiction*. Chicago, IL.: University of Chicago Press, p. 20.

[3] Booth, W. C. (1983). *The rhetoric of fiction*. Chicago, IL.: University of Chicago Press, p. 20.

[4] Murray, J. H. (2017). *Hamlet on the Holodeck*, updated edition: The Future of Narrative in Cyberspace. Cambridge, MA.: MIT Press, p. 73.

射"和"传送",融合新闻的"意图之网"则被隐藏在程序规则之中,并通过用户界面进行"传导",由此形成了一种难以察觉的现实表征方式。而互动规则的形成与嵌入既是程序运行的装置与语法,又是程序发生作用的手段和策略。以互动程度较高的游戏为例,修辞者可以通过对游戏机制的功能限定、对游戏动力的叙事限定,以及对游戏美学的形态限定,构建一种程序性的认知框架,从而让用户在自主探索故事世界的过程中,无意识地领会特定的叙事意义。①

事实上,程序意味着一个运算模型,倘若其中的"计算方式"遵循的是某一科学模型,或者具有一定的现实依据,那么,建立在这一程序规则之上的文本实践,便可携带一定的严肃主题,并具有抵达真实、理解世界的叙事潜能。因此,我们不能将程序修辞简单地视为作者意图的程序性显现,而要深入程序内部的运算装置及其计算模型,通过对程序模型本身的认知与判断,决定程序修辞深层的规则、语言及价值判断。从这个意义上讲,如果一种运算模型或操作系统有助于打开某一公共议题的运行机制,并且能够体现出深刻的公共性内涵,那其便可以作为一种程序装置,应用于融合新闻叙事领域。财新网于2016年制作的新闻游戏《像市长一样思考》将城市发展与生态平衡之间的矛盾置于游戏叙事之中。在该游戏中,用户作为模拟市长可以自主决定工厂改造升级、限制汽车数量等问题,这些操作将影响城市的空气质量、税收和公民幸福感,这些指标正是玩家终极得分的依据。无论是决策的对象或内容,还是游戏积分的规则,本质上都是由程序规则设定的,亦是通过程序规则实现的。这些规则构成了严肃主题呈现的意义框架,它为玩家认识环境污染、经济发展、贫困治理等城市发展问题设置了一定的运算模型,而玩家按照模型的条件和要求进行操作,便能够在游戏进程中深刻地理解城市发展、生态保护、民生改善之间的内在关系。可见,基于程序修辞深层的运算模型,融合新闻拓展了互动的想象力,可将现实中复杂的议题以一种有趣、易懂的方式进行传达,从而实现严肃议题的游戏化传播。

---

① 刘涛,曹锐.(2022).程序修辞的概念缘起、学术身份与运作机制.新闻与写作,4,46-56.

(二) 时空操控与文本结构重组

由于传统新闻文本具有固定性、单向性的特征，因此受众无法参与文本的组织或编排，需要按照新闻生产者所设定的文本结构来理解内容。不同于此，融合新闻引入了时空操控的互动叙事方式，这使得用户可以自主安排叙事的时间结构和空间结构，即根据用户自身的偏好，选择或调整故事展开的时间顺序与空间坐标。这一互动叙事方式可赋予用户重组文本结构的能力，从而动摇了原本稳定的意义系统。当互动性改写了新闻叙事的两大基础逻辑——时间逻辑和空间逻辑时，融合新闻呈现出一种全新的意义组织方式。

在时间维度，用户可以自主地选择故事在时间维度的"展开"方式，并从容地处理"沿途"的页面悬停时长，由此决定叙事"前行"的时间结构，如内容呈现的顺序、方向和时间，并在此基础上形成一种独特的时间意识。其一，从时间顺序上看，融合新闻往往将信息内容以模块化的方式并置在同一页面结构中，并提供各个模块的链接入口或导航端口，以便用户自由地浏览相应的内容。如此一来，用户便可以根据自己的兴趣和需求，灵活调整浏览的顺序——而不同的浏览顺序和方式，实际上可勾勒不同的信息图景。当不同的信息模块之间存在一定的时间逻辑时，用户便可以在自由选择中建立特定的时间概念或时间意识。2023年杭州亚运会期间，央视新闻推出的融媒体产品《亚运山水间》，设置了富春江、西湖、良渚、钱塘江四个"探险"版块，用户点击不同的版块，即可触发漂流、迷宫、龙舟、射箭四个不同场景的游戏，从而体验特定场景的游戏内容。不同的选择顺序形成的是不同的内容呈现顺序和结构，这便从根本上改写了传统新闻的内容呈现顺序，由此摆脱了意义生成所高度依赖的时间逻辑。例如，在该作品中，"良渚"版块主要讲述新石器时代晚期的历史文化，"西湖"版块注重呈现当下的自然美景——不同的选择顺序决定了不同的感知模式，亦在时间维度上形成了不同的杭州印象。其二，从界面功能上看，融合新闻允许用户长时沉浸、随时切换、及时退出某个场景，并允许用户悬停时在空间场景中任意移动、放缩，比如拖动地图查看某个点位，放大画面查看某处细节等。当用户悬停或滞留在某个虚拟空间时，可以通过调整角度、拉抻画面等操作，全面浏览并深度挖掘界面空间中的信息。在《亚运山水间》中，用户进入"富春江"的船只，可以在虚拟场景中自由地游览、观赏每一处景观细节。可见，用户通过对悬停时间的处理与支配，改变了叙事进程中的情节展开时长，而探索时间越久意味着用户越有可能突破经典叙事中的时间限制，进入深度阅览状态，进而捕捉到画面中更多的细节，获得更为丰富的新闻信息。可见，互动技术的嵌入改写了意义组织的结构，亦拓展了信息呈现的广度和深度——特定的空间"褶皱"里，储藏着时间推演的各种可能。正因如此，信息超越了时间逻辑的束缚，在修辞维度上拥有了更丰富、更多元、更自由的存在形式。

在空间维度，用户通过一定的导航选项或条件选项，可以自由地决定新闻内容的可见性，从而以互动为基础，形成不同的导航空间形态，或形成不同的虚拟空间图景，以此重组融合新闻的意义结构。为了提供友好的用户界面和丰富的信息内容，融合新闻通常会将复杂而详细的内容"折叠"起来，并借助一定的互动操作，释放相应的信息空间。在具体的界面设计上，用户通过点击、筛选等互动操作，便可以触发相应的程序反应，从而获取页面上显示的相应内容。正因为互动技术的嵌入，页面空间拥有了更为丰富的层次和内涵。换言之，某些内容能否显现并进入意义结构，完全取决于用户的个性偏好与自主选择。用户一旦选择并打开被"折叠"的内容，便能进入文本意义的"腹地"，获得更丰富、更深入的信息空间。例如，哈佛大学肯尼迪学院贝尔弗中心于2022年负责创建了一个融媒体项目——基于街道壁画地图的交互式时间轴《黑人的命也是命》（"Black Lives Matter"）（见图3-1）。该作品的创作背景是，2020年非裔美国人乔治·弗洛伊德（George Floyd）被白人警察开枪射杀后，美国各地陆续出现了反种族主义艺术品。进入该作品界面后，用户可以根据艺术品类型、艺术家身份、创作时间、涉及的社会议题等类目对内容进行筛选，还可以点击地图上的作品名称，查看作品的具体信息。这种自主选择的行为不仅影响了文本的"输出"内容，而且改变了文本的呈现方式，亦影响了用户的解读方式，如用户对于种族议题的观点和态度等。

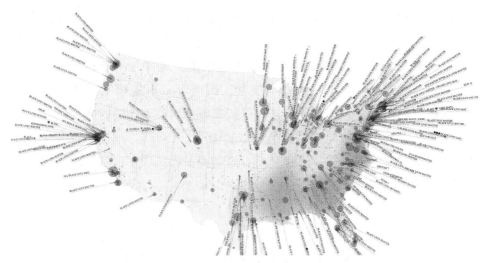

图 3-1　交互式地图时间轴《黑人的命也是命》（截图）

概括而言，由于互动规则的嵌入，融合新闻的时空叙事超越了经典叙事的时空逻辑，从而在互动性基础上拥有了更为自由和灵活的时间操控方式和空间组织结构。当用户可以自由地支配时间的"展开"方式、控制空间的"展示"内容时，互动便从根本上重组了文本的意义结构。从本质上看，互动规则对于时空逻辑的影响与重构，主要体现为以个性化的文本组织方式，满足不同用户的偏好和需求，以此确保用户既能够快速把握新闻的基本内容，又可以便捷地获取更为详细的相关信息。

（三）情节决策与意义路径重设

互动叙事规则的另一种表现是情节决策。融合新闻作品通常允许用户在故事发展的关键节点选择情节，依据个人偏好解锁不同的故事线。情节的改变意味着时间、地点、事件等要素的重组，这无疑会引发故事结构的变化，进而改变文本的意义生成路径。按照新修辞学的观念，修辞者在开展修辞行为时，若能使用对方的语言讲话，并采用与之相似的手势、语序、态度和观点，就有可能实现修辞认同的目的。[①] 类似地，情节决策正是通过赋予用户选择故事走向的主动权，使其参与文本内容的生产过程，生成符合其自身态

---

① Burke, K. (1969). *A rhetoric of motives*. Oakland, CA：University of California Press, p. 55.

度和思维的故事文本,从而提高用户对新闻文本的接受与认同程度。

传统新闻叙事主要通过基于事实的逻辑推演,抽丝剥茧式地揭开意义的"面纱",而融合新闻则能够通过设置情节决策的叙事规则,让用户代入一定的角色进行选择和思考。具体而言,用户在故事节点的选择,直接决定了文本中的呈现要素和信息内容,而多次决策则会叠加并组合出不同的情节故事,形成不同的故事路径,从而实现故事意义的自主建构。

如此一来,融合新闻叙事的意义系统往往在用户的决策过程中不断形成。用户的每一步决策都可能将文本导向不同的意义生成路径,进而改变新闻事件的呈现方式和意义图景。一方面,以互动为基础的融合新闻将用户安置于故事世界之中,使其在情节决策时更具代入感,从而真切地体味并理解故事内涵。2014年,法国新闻网Rue89推出的新闻游戏《重建海地》(*Rebuilding Haiti*),允许用户以国家领导人的视角,就土地改革、饮用水供应、教育和医疗等诸多问题进行决策,帮助地震后的海地重建家园。用户的历次选择都会触发特定情节,而不同的抉择最终会组合成不同的故事,形成特定的文本形式。基于这种参与式的互动方式,用户能够直观地体会到自己所做出的决策与事件变化及其导向的故事结局之间的紧密关联,进一步领悟文本的深刻意义——体验过新闻游戏《重建海地》的用户,更会在步步谨慎的选择中认识到其决策对海地民众及地区发展的影响,从而深切体会重建海地的复杂与艰辛。另一方面,当情节沿着一种决策模式形成时,用户实际上扮演着"戏剧化的叙事者"的角色,即化身为故事世界中的人物[①],他们需要先消化关键信息,理解内在意义,再给予程序反馈,如此才能实现主体意志与故事发展的同向而行。用户成为融合新闻中的"戏剧化的叙事者"后,其决策过程便不仅体现为一种情节探索行为,而且伴随着对个体(化身)所处"现实"情景及其携带信息的全面理解与分析,这使得基于互动规则的现实认知成为可能。例如,荷兰广播公司BNNVARA于2019年推出了一款新闻游戏《我是摩苏尔人》(*I Am Mosul*)。在该游戏中,玩家会化身为伊拉克摩苏尔的难民,在城市爆发战争的情况下,他们只有8秒钟选择随身携带的物品,并需要在逃亡途中不断做出选择,如"是否拾起钱包""是否上

---

① Booth, W. C. (1983). *The rhetoric of fiction*. Chicago, IL.: University of Chicago Press, pp. 67-88.

车""是否返乡"等，而稍有不慎就会丢掉"性命"。为了在该游戏世界中"活命"，用户需要在体验过程中积极获取事实信息（presented fact）和情感信息（feeling），并基于这些信息做出正确决策从而成功逃生。正因如此，用户需要详尽阅读、分析文本给出的信息内容。由于这些信息"渗透"在故事文本中，用户会不自觉地在故事的引导下进行沉浸式体验，并在深度体验中不断掌握事实真相，接受该新闻所传递的事实与观念，从而在程序步步为营的引导下，感知故事所映射的现实情景，并进一步反思故事深层的社会议题。

由此可见，新闻生产者通过有限地让渡"写故事"的权力，赋予了用户改变故事情节的叙事能力。这种建立在情节决策基础上的互动方式，使得用户拥有了更大的解码自由度和自我卷入度。[1] 由于故事和情节的生成拥有一个普遍的互动生成基础，因此融合新闻便具备了叙事性新闻（narrative journalism）的功能和目的——帮助用户更好地理解社会的复杂性，并增强其社会归属感。[2] 在融合新闻的叙事实践中，互动已然成为一种新的修辞语法，为用户提供着一种理解或反思新闻事件的选择、参与和决策方案，因而扮演着推动情节发展的"催化剂"角色。

四、修辞情景：虚实互嵌与情景的"语言"

修辞情景是修辞学的核心命题之一，新修辞学对其给予了充分的讨论和思考。按照劳埃德·比彻尔（Lloyd Bitzer）的观点，修辞情景是由人、事件、物体和关系组成的复合体，具体呈现为实际或潜在的紧急情况，而话语的引入可以限制人类的决定或行动，从而改变甚至消除这种紧急状态。[3] 随后，肯尼斯·伯克（Kenneth Burke）将修辞情景拓展至人类共有的生存环

---

[1] Klimmt, C., Hefner, D. & Vorderer, P. (2009). The video game experience as "true" identification: A theory of enjoyable alterations of players' self-perception. *Communication Theory*, 19 (4), 351-373.

[2] van Krieken, K. & Sanders, J. (2021). What is narrative journalism? A systematic review and an empirical agenda. *Journalism*, 22 (6), 1393-1412.

[3] Bitzer, L. F. (1968). The rhetorical situation. *Philosophy & Rhetoric*, 1 (1) 1-14.

境，认为人类在使用语言来引发某种态度或行动时，已然步入了修辞情景。① 简言之，修辞情景是指促使修辞发生的某种状况，这种情形需要修辞行为介入，以对情景加以修复。② 可以说，修辞情景孕育了特定的修辞动机，也提供了修辞行为发生的条件，还决定了修辞实践的具体内容。从修辞学上讲，情景并非仅仅指修辞发生的语境（context）或背景，它还作为一种元语言，赋予了文本一定的阐释方式和理解框架。因此，情景深刻地影响着语义的阐释规则以及话语的建构逻辑。基于此，我们有必要从修辞情景的视角切入，进一步认识融合新闻叙事的数字修辞机制。

传统新闻叙事的修辞情景构造，主要依赖语言维度的谋篇布局，如借助一定的修辞发明手段以创设某一议题情景，征用一定的修辞资源以形成某种故事语境，等等。融合新闻叙事则充分利用数字技术的"情景赋能"优势，可模拟、还原或重构一定的修辞情景，从而在情景维度重构文本的阐释规则。在媒介技术的赋能下，新闻生产者可以灵活设计新闻故事、互动环节与体验环境，充分调动用户的感官，使新闻发生的内部场景和外部语境变得"可见""可感""可触"，这便极大地拓展了情景的形式、语言及功能。

那么，为实现既定的修辞功能，融合新闻催生了何种情景形式，再造了何种情景语言？按照比彻尔·帕特里夏（Bizzell Patricia）和布鲁斯·赫兹伯格（Bruce Herzberg）的观点，意义存在于语境之中，而说服的常见方式便是将可论之物置于一定的语境中，使其能够在特定语境中自然呈现。③ 以AR、VR为代表的数字媒介技术除了能够在虚拟环境中模拟现实，还可以通过虚拟和现实的融合，打造出虚实互嵌的混合空间（hybrid spaces）。④ 当新闻在虚实结合的情景中再现时，"现实"便拥有了一种全新的感知模式和结

---

① Burke, K. (2015). The rhetorical situation. In Lee Thayer (Eds.) Communication: Ethical and moral issues (pp. 263-275). Oxford, UK: Routledge Press.
② 刘涛. (2021). 视觉修辞学. 北京：北京大学出版社 (p. 373).
③ Bizzell, P. & Herzberg, B. (2000). The rhetorical tradition: Readings from classical times to the present (2nd ed.). Boston, MA.: Bedford/St. Martin's, p. 14.
④ De Souza e Silva, A. (2017). Pokémon Go as an HRG: Mobility, sociability, and surveillance in hybrid spaces. Mobile Media & Communication, 5 (1), 20-23.

构。具体而言，本章主要从三个维度来讨论融合新闻的情景修辞方式：其一，融合新闻可诉诸一定的视听手段呈现真实议题，进而重构社会维度的议题情景；其二，融合新闻可利用数字技术还原真实现场，从而模拟新闻发生的现实场景；其三，融合新闻可通过整合虚拟与现实空间，一并呈现事件发生的外部语境与事实本身，帮助人们在具象的情景之中理解复杂的事件或抽象的主题。因此，虚实维度的情景再现可被视为一种典型的数字修辞策略，通过激活虚拟空间，连通现实空间，为用户提供了一条进入特定修辞情景的意义"管道"，使其在体验中发现事实真相并寻觅意义与价值。

首先，基于可视化（visualization）、可听化（sonification）的数据处理方式，融合新闻可将存在于现实中的数据关系以一种直观的方式加以"展示"，从而通过对议题可见性（visibility）的生产，在社会维度构造一定的议题情景。基于统计数据、文献资料等内容，融合新闻能够以图像、音频、动画等形式展现新闻信息，将现实世界中复杂抽象的矛盾与危机变得"可见"或"可听"，从而为用户创造一个直观可感的议题情景。除了常见的数据可视化手段，数据可听化（data sonification）可以声音为"媒"，通过对声音"景观"的生成，构建一种以声音关系模拟数据关系的现实认识模式。[①] 原本躲在暗处的事实以一种可视化或可听化的方式显现，用户能够直观地看到或听到问题与冲突，由此便推动了公共议题的可见性生产。2020年，非营利性杂志《高乡新闻》（*High Country News*）发布了一则数据新闻《抢地大学》（"Land-Grab Universities"）。该新闻借助卫星地图、数据图表、文献史料等可视化手段，揭示了美国以暴力手段征用原住民土地的真相（见图3-2）。在卫星地图上，线条连接着美国大学和分配给它的原住民土地。这些密集的连线凸显了大学与原住部落间的利益冲突，从而将"美国侵害原住民利益"的故事情景构造出来。用户点击地图，便可自动进入故事情景，从而在自主"探索"中发现被掩盖的事实真相。

---

① 刘涛，朱思敏. (2020). 融合新闻的声音"景观"及其叙事语言. 新闻与写作, 12, 76—82.

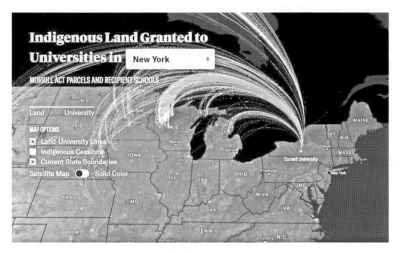

图 3-2　数据新闻《抢地大学》（截图）

其次，动画、虚拟影像、VR 等技术通过还原新闻事件的发生场景，可重现新闻"现场"。比如，动画新闻可以利用 3D 复原、模拟动画等技术再现新闻现场，弥补未能被摄像机捕捉和记录的现场信息，帮助用户清晰地把握新闻真相。2020 年，中国浙江温岭的高速公路上发生槽罐车爆炸事故，造成重大人员伤亡。由于当时现场监控视频的视角受限，群众手机拍摄的视频画质模糊，因此公众难以见到完整的事故经过，新闻真相处于"缺失"状态。澎湃新闻利用 3D 模拟动画技术制作了一则动画视频。该视频清晰直观地还原了爆炸事故发生的地点、过程及影响，让事件发生的完整过程呈现在公众眼前，以虚拟画面弥补了现实场景的"缺席"。类似地，虚拟影像和 VR 技术也具有相似的功能，其优势在于能够打造一个具身性的场景空间。用户在这一空间中能够捕捉到环境中的微动作、微景观或微表情，获得更逼真的临场感，仿佛回到新闻发生的"第一现场"，亲眼见证新闻事件发生的全过程。如此一来，用户便拥有了无限贴近现场的可能性，可以"亲自"挖掘事实真相，从而更完整地掌握事件发生的起因、过程及其影响。例如，《纽约时报》于 2022 年推出了沉浸式新闻《观看谷爱凌的获奖动作》（"See the Jumps, Twists and Grabs That Brought Eileen Gu Three Olympic Medals"）。该作品利用虚拟定格、模拟动画等技术深度还原了谷爱凌在北京冬奥会赛场上的运动场景。用户可在交互体验中进入自由式滑雪的运动现场，滑动手指便能看到运动员跳跃、旋转和抓板等标志性的分解动作，并查看其每一帧动作细节，完整地获取信息要素，从而抵达遥远的"现场"。

最后，基于 AR 技术构造的混合情景，融合新闻具有在现实场景中讲述数字故事的叙事潜能，从而可为公众理解新闻内容提供一个具象的外部情境。无论是将虚拟要素叠加在现实场景中，还是将现实元素嵌入虚拟背景，AR 技术都可改变人与文本相遇的修辞情景，从而打开修辞情景创设的想象力。通过将新闻内容置于特定的外部情境中，AR 新闻能够引导用户建立起宏观且复杂的新闻主题与微观而具体的日常生活之间的联系，从而帮助用户理解现实事件的发生背景、情形或状态。2021 年，在新冠疫情持续暴发的背景下，《纽约时报》推出了一款名为《何时戴口罩》（"When to Wear a Mask"）的 AR 互动作品。该作品利用面部跟踪技术，可为用户在自拍模式下的真实面容切换室内、餐厅等虚拟背景，并演示各场景是否需要佩戴口罩。在这一互动体验中，用户能准确捕捉到何时何地须佩戴口罩等有效信息，同时也会深刻意识到疫情的严峻性以及佩戴口罩的必要性。2022 年，在通货膨胀的背景下，《纽约时报》又推出了 AR 作品《通货膨胀收缩射线》（"Inflation Shrink Ray"）。该作品允许用户将手机摄像头对准现实的消费品，通过其"缩水"情况来查看货币贬值对购买力的影响。例如，用户将摄像头对准一辆汽车，则会看到屏幕内出现了缩小的"迷你汽车"，此时通货膨胀的抽象背景便巧妙转化为直观的"收缩"动作，用户可以直观地看到通货膨胀背景下各类消费品的"缩水"状况。因此，基于通货膨胀这一严肃议题，该作品利用 AR 技术将故事搬到了现实空间，实现了积极的信息传递与社会警示功能。如此一来，AR 新闻重构了新闻呈现的现实情景，其叙事语言主要体现为创设虚实融合的混合空间，在现实场景中直观地演示并讲述新闻故事，以达到事实呈现的社会功能。

概括而言，数字媒介技术能够整合虚拟与现实，复现或还原相应的修辞情景，包括社会维度的议题情景、新闻发生的现实场景以及事件发生的外部语境。借此，新闻生产者可以向用户更全面地展示新闻事件的发生条件、关键线索和构成要素，促使其理解新闻事件发生的状态和过程，并在修辞情景中实现对新闻议题的感知与理解。

五、修辞效果：情感认同与感官的"交响"

"诉诸情感"的劝说模式最早可追溯到亚里士多德的修辞学，强调的是"怎样使判断者处于某种心情"。[①] 在新修辞学中，伯克将认同问题推向了修辞学的核心位置，认为修辞者和受众之间"同一"的部分，构成了认同发生的条件。正是在"同"的基础上，受众态度之"变"成为可能。[②] 伯克提出的三种核心修辞手段之一便是同情认同或情感认同，即通过调动受众的情感，促使其对特定事物产生认同。事实上，修辞学的血脉中始终流淌着情感的血液，它从未拒绝以情感力量达到某种修辞效果，并始终肯定情感在劝服、沟通过程中的积极功能。与此同时，社交媒体的兴起也放大了情感在传播实践，尤其是在公众舆论之中的重要影响。为了吸引用户的注意力，情感甚至成为新媒体文本的基础语言。当下，媒介技术变革催生了一系列沉浸式的新闻形态，这些新闻因其沉浸感、互动感和真实感而拥有不可小觑的情感能量，能够影响新闻受众的情感认同和共情能力。[③] 由此可见，融合新闻的数字修辞策略研究，不能忽视情感维度的意义建构问题。鉴于此，本章将从文本故事维度和体验场景维度，深入剖析情感意义生成的数字修辞策略，并进一步思考现实表征的情感叙事语言。

在文本故事维度，融合新闻实践愈发重视挖掘新闻主题中的情感要素，强调故事情节的情感化设计与表达。传统新闻强调客观中立的报道原则，对情感采取了较为慎重的态度；而进入新媒体时代，新闻业的"情感转向"已然成为事实[④]，情感成为新闻叙事的基础要素[⑤]，情感叙事亦成为融合新

[①] 〔古希腊〕亚里斯多德. (2006). 修辞学. 罗念生译. 上海：上海人民出版社 (p.75).

[②] Burke, K. (1969). A rhetoric of motives. Oakland, CA.: University of California Press, pp.55-56.

[③] Sundar, S. S., Kang, J. & Oprean, D. (2017). Being there in the midst of the story: How immersive journalism affects our perceptions and cognitions. *Cyberpsychology, Behavior, and Social Networking*, 20 (11), 672-682.

[④] Orgeret, K. S. (2020). Discussing emotions in digital journalism. *Digital Journalism*, 8 (2), 292-297.

[⑤] Wahl-Jorgensen, K. (2020). An emotional turn in journalism studies? *Digital Journalism*, 8 (2), 175-194.

闻的基本叙事形式①。因此，为了最大限度地适应数字媒介时代的情感语言和情感逻辑，融合新闻不仅重视挖掘新闻故事中的情感能量，也能够通过技术"赋情"的方式，放大或凸显新闻主题中的情感因素，从而激发公众的情绪反应，达到情感认同的叙事效果。按照詹姆斯·费伦（James Phelan）的观点，倘若"叙事的读者"在阅读时能够直接步入作品的艺术世界，并对其中所发生的一切深信不疑，那么这种认同的来源则主要是情感的感化。②换言之，用户一旦深入故事语境，便能在共情体验中全面地了解新闻事实，理解个中的复杂关系。概括而言，融合新闻的情感叙事及其知识生产，主要沿着数据、互动、场景三个认识维度展开，并形成了一种建立在技术"座架"基础上的新形式、新语言和新实践。③

具体而言，融合新闻在文本故事维度的情感修辞方式主要可以分为两种。其一，融合新闻能够以人物故事为切入口，利用一定的数字技术，对人物或事物进行故事化、情节化处理，引发社会传播维度的共情效应，从而在情感维度推动新闻意义的建构与传递。2022年"双十一"期间，《人民日报》推出了融合新闻《今天，邀你一起成为"绿色合伙人"！》，其中一则视频向全社会发起了循环使用快递箱的倡议。该视频运用动画技术对快递箱进行拟人化的处理，并将其设置为故事的叙述者。通过虚构情感充沛的自白和形象生动的表情，这则视频展示了快递箱遭遇不同对待时的"心情"，以此激发了用户的同情心，从而推动公众关注快递箱背后的环保问题。

其二，融合新闻能够利用一定的数字交互技术，创设一种情感化的叙事空间，同时赋予用户一定的故事选择和情节决策权力，强化用户的角色代入感，从而引导用户对角色产生共情。其中，交互设计能够让用户随着一次次选择逐渐"沦陷"在故事中，对故事化身的遭遇或经历产生同理心，进而

---

① 刘涛，薛雅心.（2024）. 技术何以"赋情"：融合新闻的情感叙事语言及修辞实践. 新闻与写作，1, 14-25.

② 〔美〕詹姆斯·费伦.（2002）. 作为修辞的叙事：技巧、读者、伦理、意识形态. 陈永国译. 北京：北京大学出版社（pp.117-123）.

③ 刘涛，薛雅心.（2024）. 技术何以"赋情"：融合新闻的情感叙事语言及修辞实践. 新闻与写作，1, 14-25.

引发用户对特定群体的共情，即产生情感沉浸（emotional immersion）。① 在故事体验中，情感的生发又会促使用户更深入地了解这些群体的境遇，即情感会牵引着人们进一步关注事件的具体信息、发生过程以及事实真相，进而推动公众思考相应的社会议题，甚至因其对故事中化身的情感认同而改变自己的内在心理与现实行为。② 2011年，创意公司McKinney以贫困人口的真实生活为蓝本，开发了一款名为《花费》（Spent）的互动游戏。在该游戏中，用户化身为失业且流离失所的贫困群体。为了维持生计与养育子女，他们面临是否购买保险、带病上班等决策问题，而任何一个环节的"不慎"选择都可能使其生活迅速陷入危机。用户看着画面上方的余额逐渐"清零"，便会更加切身感受贫困人群面临窘境时的忧虑、焦躁与不安，产生强烈的同情之感，而正是这种情感可以敦促人们反思贫困人口生存的深刻议题。同时，虚拟世界的情感还会随着用户自我卷入度的增强，牵动其在现实生活中的态度和行为③，这也是为什么许多用户在游戏结束时往往会为贫困者进行线上捐款。

在体验场景维度，融合新闻叙事的常见情感修辞策略体现为，利用遥感技术、触控技术、交互技术等手段，拓展新闻表征与互动的感官维度，充分调动用户的视觉、听觉、触觉等，促使其在多感官刺激下产生一种复合型的情感反应。按照乔治·莱考夫（George Lakoff）和马克·约翰逊（Mark Johnson）的观点，大脑认知的形成有赖理性、知觉和感觉运动系统的结合。④ 感官系统是身体接触外部环境的中介，其产生的感官体验能够牵动人们的情绪⑤，而情绪则会影响人们的理性认知过程。在融合新闻中，感官维

---

① Ryan, M. L. (2001). *Narrative as Virtual Reality: Immersion and interactivity in literature and electronic media*. Baltimore, MD.: The Johns Hopkins University Press, pp. 115-119.

② Wang, X., Butt, A. H., Zhang, Q., Shafique, M. N., Ahmad, H. & Nawaz, Z. (2020). Gaming avatar can influence sustainable healthy lifestyle: Be like an avatar. *Sustainability*, 12 (5), 1998-2020.

③ 衡书鹏, 赵换方, 范翠英, 周宗奎. (2020). 视频游戏虚拟化身对自我概念的影响. 心理科学进展, 5, 810-823.

④ 〔美〕乔治·莱考夫, 马克·约翰逊. (2018). 肉身哲学：亲身心智及其向西方思想的挑战. 李葆嘉等译. 北京：世界图书出版公司 (p. 19).

⑤ Chen, H. T. & Lin, Y. T. (2018). A study of the relationships among sensory experience, emotion, and buying behavior in coffeehouse chains. *Service Business*, 12 (3), 551-573.

度的刺激可以"邀请"用户进入新闻发生的"环境",使其在与环境的"接触"和"对话"中生发特定的情感,从而引导用户按照特定的认识路径接受新闻文本的内在意义。例如,2019 年,央视开设了 VR 频道,其中的"VR 暖故事"系列旨在呈现全国"脱贫致富"的故事。为了引导用户按照虚拟提示标识走访各脱贫村,该系列新闻作品中的文旅区、蔬菜大棚、工作站等区域都支持 360 度全景环绕查看,用户还能聆听相关场景的解说、采访或同期声。在该 VR 新闻所构设的体验场景中,人们能够"目睹"村民的富足生活,"倾听"村民的真实心声,从而在具身性的感官刺激下,加深对脱贫致富这一重要议题的理解。

一般而言,一个成功的修辞行为往往需要调动受众的多重心智功能,包括想象、记忆、情感等,如此才能取得更有效的修辞效果。① 事实上,融合新闻可通过调动用户的感觉系统,在"知觉"体验层面打开一个情感认知空间,从而促使用户以情感认同为基础,完成对社会现实的共情和理解。正如加里·赫巴("Gary Heba")所指出的,"文字(words)、图像(images)、声音(sounds)、纹理(textures)、气味(smells)、味道(tastes),以及 SGML 和 HTML 的数据标记代码"都能够产生有意义的信息,可用作"多感官传播"(multisensory communication)的叙事要素。② 通过综合调用这些感官要素,融合新闻能够为用户创造特定的体验场景,并充分激发文本的情感潜能,促使用户更深入地理解新闻发生的条件、原因或过程。

概括而言,修辞学和叙事学具有内在的关联结构和通约逻辑。有别于经典叙事所擅长的语言修辞模式,数字叙事客观上呼唤"数字修辞"这一全新的修辞理念。所谓数字修辞,意为面向数字文本的一种修辞观念、形式与实践。融合新闻叙事的数字修辞原理,可以从修辞本质、修辞语法、修辞情景和修辞效果这四个维度加以综合分析。在修辞本质方面,融合新闻超越了传统的修辞劝服模式,越来越多地转向界面引导,由此形成了一种独特的意义生成方式——引导式生成,即在用户的参与中实现某种"共享"的意义

---

① Campbell, G. (1988). The philosophy of rhetoric. Carbondale, IL.: Southern Illinois University Press, pp. 71-72.

② Heba, G. (1997). Hyper Rhetoric: Multimedia, literacy, and the future of composition. *Computers and Composition*, 14 (1), 19-44.

生产。在修辞语法方面,融合新闻通过语义规则维度的程序设定、文本结构维度的时空操控、意义路径维度的情节决策,重构了一种基于互动的叙事语法。在修辞情景方面,融合新闻的情景修辞主要体现为对故事情景的创设、对新闻现场的模拟,以及对混合情景的再造,从而在情景维度重构了文本语义感知的元语言系统。在修辞效果方面,融合新闻沿着文本故事和体验场景两个维度,拓展了新闻叙事的情感向度,构建了一种基于情感认同的现实认知模式。

实际上,融合新闻叙事的数字修辞研究,还需超越文本修辞的维度,延伸到修辞实践(rhetorical practice)的维度,以此拓展融合新闻叙事的实践向度。如果说传统新闻的叙事意义更多地停留在信息传递和事实呈现层面,融合新闻则作为全媒体时代的一种新兴的信息形态和数字实践,承载着更为丰富的社会功能,如价值引导、社会治理等。① 因此,如何聚焦于具体的现实议题,在数字修辞维度打开融合新闻叙事的实践面向与功能结构,则是后续研究亟待突破的数字修辞命题。唯有将数字修辞的关注视野从文本维度延伸到实践维度,才能系统地构建融合新闻叙事的数字修辞体系。

---

① 刘涛等. (2021). 融合新闻学. 北京:高等教育出版社(p.17).

第 四 章

再媒介化与新闻叙事图式

媒介融合的时代语境铺设了融合新闻"出场"的底层规则。从微观的文本要素融合到宏观的媒介架构体系融合,不同媒介元素或形态之间的接触、嵌入、互动与整合,必然引申出媒介表达语言层面的"再媒介化"(remediation)问题。当多种媒介相遇时,如何理解其相互关系,尤其是彼此之间的勾连结构?马歇尔·麦克卢汉(Marshall McLuhan)认为,一种媒介可以将其他媒介"再媒介化",即用另一种媒介作为自身的内容,例如,印刷将文字作为内容,电报又将印刷作为内容。[1] 如果说麦克卢汉所关注的再媒介化主要聚焦于媒介内容维度的中介问题,杰伊·大卫·波尔特(Jay David Bolter)和理查德·格鲁辛(Richard Grusin)则拓展了再媒介化研究的理论视角。他们在《再媒介化:理解新媒介》(*Remediation: Understanding New Media*)一书中指出,任何媒介总是以或明或暗的方式与其他媒介发生关系,脱离其他媒介形式的媒介是不存在的,因此,再媒介化指的是一种媒介挪用其他媒介的技术、形式、社会意义等方面的过程,其目的不仅仅在于重制或复原其他媒介,更为重要的是在其他媒介的基础上探索并发现一种新的媒介样式或形态。[2] 克劳斯·布鲁恩·延森(Klaus Bruhn Jensen)则将"再媒介

---

[1] 〔加〕马歇尔·麦克卢汉. (2000). 理解媒介——论人的延伸. 何道宽译. 北京:商务印书馆(p.34).

[2] Bolter, J. D. & Grusin, R. (2000). *Remediation: Understanding new media*. Cambridge, MA.: MIT Press, pp.56-65.

化"的概念进一步提炼,认为再媒介化过程实际上已经超越了简单的媒介形式或内容层面的对话问题,而涉及更大维度的媒介域之间的对话问题,即不同媒介域之间的渗透与接合命题,尤其体现为一种媒介所携带的"话语方式"在另一种媒介中的嵌入与显现。正如延森所说:"新媒介从旧媒介中获得部分的形式与内容,有时也继承了后者中一种具体的理论特性和意识形态特征。"①

总体而言,再媒介化可以简单概括为三个层面的意涵:一是媒介形式层面的再媒介化,即一种媒介包含另一种媒介的样式或形态;二是媒介表征层面的再媒介化,即一种媒介借鉴或利用其他媒介的技术特性、表达结构、符号语言,以拓展自身的表征系统;三是媒介意识层面的再媒介化,即一种媒介汲取其他媒介携带的社会意义与意识形态内涵,并以此重构一种全新的媒介意义系统。

在技术驱动的数字媒体时代,媒介创新的基本思路之一便是进行再媒介化实践,即从其他媒介那里寻求智慧或资源,并将其整合到自身的媒介语言系统中,从而创造一种全新的媒介体验。相对于传统媒介而言,数字媒介首先在技术层面释放了再媒介化实践的可能性与想象力,由此缔造了一种充满无限可能的再媒介化符号景观。依托于"0/1代码"铺设的数字指令系统与操作语言,新媒体技术可以轻松地实现不同媒介间的信息交流与协作,其与生俱来的"向下兼容"特征,也决定了用户可以轻易地从新媒介终端读取传统媒介的内容。概括而言,传统媒介所蕴含的表现形式、美学风格、媒介属性、表达结构等,都可以成为新兴媒介形态创新的重要智慧来源。因此,探讨传统媒介在新媒介中的再媒介化问题,不仅是把握数字媒介时代媒介形态演变的一个理论视点,也是理解新媒介技术规则及其叙事图式的一个认知向度。

当承载着不同物质可供性及叙事表现力的其他媒介要素"入驻"融合新闻的叙事体系时,新媒介的再媒介化实践一方面在新闻本体维度吸纳了传统媒介的事实呈现与表达优势,另一方面在媒介语言维度丰富了新闻叙事的

---

① 〔丹麦〕克劳斯·布鲁恩·延森.(2012).媒介融合:网络传播、大众传播和人际传播的三重维度.刘君译.上海:复旦大学出版社(p.92).

表现结构、符号系统与时空逻辑。简言之，融合新闻的再媒介化叙事不仅意味着对新闻形态的创新，还意味着对事实认知方式的拓展。如今，以手机为代表的移动设备成为主导性的信息媒介。作为融合新闻的主要载体，智能手机一方面具有融合文字、声音、图形、图像、视频、动画等多种媒介元素的信息整合能力，另一方面作为一种基础性的"信息装置"，成为电视、广播、图书、绘画、音乐等其他媒介的"再生系统"，即智能手机媒介化了其他的媒介形式，因而呈现出前所未有的再媒介化功能。基于此，本章重点关注融合新闻的再媒介化叙事语言问题，主要立足媒介的物质特性、形态特征、文化特征，探索以智能手机为代表的新兴媒介如何在融合新闻叙事中吸纳、挪用并呈现旧媒介的符号体系及其媒介逻辑。

一、再媒介化：一个叙事图式问题

数字叙事学与数字媒介变革相伴而生。叙事学自诞生之初便带有跨学科和跨媒介的属性：一方面，叙事学不断向其他学科（如法学、医学、建筑学等）拓展边界，尤其是积极拥抱语料库、多模态分析、认知科学等理论与方法，丰富了自身的关注视野和研究视角；另一方面，叙事学也将图像、声音、舞蹈等非语言媒介的叙事问题纳入自身的研究范围，由此拓展了叙事学的理论外延与应用场景。[①] 就融合新闻叙事的内涵而言，无论是出场的时代语境，或是依托的呈现平台，抑或采用的技术形式，都依赖数字媒介技术的发展与创新。如果说经典叙事学的研究对象主要聚焦于语言文本，数字叙事学关注的则是数字技术体系中的叙事学命题，其研究对象包含融合了语言、声音、图像、视频等多媒体要素的数字文本形态。从这个意义上讲，融合新闻本质上是数字媒介时代的产物，唯有将其置于数字叙事学的理论脉络中加以考察，才能真正把握新闻叙事的数字语言。

由于数字媒介的"进化"过程往往伴随着对传统媒介的借鉴、升级、吸纳与融合，因此再媒介化原本就是数字叙事内涵的一部分，始终流淌在数

[①] 张新军.（2017）.数字时代的叙事学——玛丽-劳尔·瑞安叙事理论研究.成都：四川大学出版社（pp.5-7）.

字文本的血液里，不仅意味着一种理解数字叙事的认识工具和方法，也意味着一种理解媒介融合的理论话语和视角。玛丽-劳尔·瑞安（Marie-Laure Ryan）认为，"'再媒介化'概念是媒介分析的一个强大工具"①。她从计算机使用语言的角度理解再媒介化，认为计算机的叙事语言体系善于将日常生活中的观念作为隐喻，印刻在使用者的头脑中，由此提出了"虚拟""递归""窗口"和"变形"这四个被计算机语言所挪用的隐喻工具。② 如果说瑞安在计算机语言中发现了"认识观念维度的再媒介化"，布伦达·劳雷尔（Brenda Laurel）则揭示了"话语实践维度的再媒介化"，即计算机程序的设计语言巧妙地模拟了传统的戏剧话语及其实践。按照劳雷尔的观点，计算机创设了一个与现实世界有所不同，却又紧密联系的表征性空间，它可以激发人们的想象力和共鸣感，这一点与戏剧的作用有异曲同工之妙。③ 由此可见，数字媒介叙事通常借助再媒介化方式丰富自身的内容表达，不仅从日常生活的经验体系中寻找隐喻资源，也向已有的媒介形式或艺术形式（如戏剧等）寻求表达智慧。因此，再媒介化成为数字叙事学突破经典叙事学的理论框架，并实现叙事图式创新的一种极为重要的实践方案。

实际上，再媒介化本质上指向的是叙事图式问题。当一种媒介的属性、语言、话语方式被"打包"并整合到另一种媒介里时，这一过程主体上体现为叙事图式的迁移与挪用——在新媒介的"躯体"里，流淌着旧媒介的语言。同样，正是借助再媒介化的叙事方式，新媒介与旧媒介之间拥有了一种通约语言，即旧媒介所携带的叙事规则和特征，不仅"进驻"到新媒介的语言内部，而且拥有了一种全新的呈现形式和意义结构。其实，作为融合新闻叙事的核心内容，叙事图式创新必然涉及再媒介化问题。当文字、声音、图形、图像、动画等媒介元素按照不同的结构方式整合在一起时，便形成了不同的融媒体产品。④ 不同的媒介形式具有不同的形态特征和美学体

---

① 〔美〕玛丽-劳尔·瑞安. (2019). 跨媒介叙事. 张新军，林文娟等译. 成都：四川大学出版社（p. 27）.

② 〔美〕玛丽-劳尔·瑞安. (2002). "电脑时代的叙事学：计算机、隐喻和叙事". 载戴卫·赫尔曼主编. 新叙事学（pp. 61-88）. 马海良译. 北京：北京大学出版社（p. 63）.

③ Laurel, B. (2013). Computers as theatre (2nd Edition). NJ.: Addison-Wesley, pp. 36-39.

④ 刘涛. (2021). 融合新闻学. 北京：高等教育出版社（p. 11）.

系，也在长期的传播实践中形成了不同的叙事风格和表达偏向，这便注定了融合新闻叙事必须回应和处理其他媒介形式在新兴媒介形式中的呈现、嵌入和表意问题。相应地，如何创新融合新闻叙事的图式语言？一种常见的再媒介化方案就是整合其他媒介的表现形式、叙事语言、表征属性，推动新旧媒介之间的叙事融合与互动，以此拓展融合新闻叙事的理念和方向。单一媒介所能承载的故事内容及风格特点较为有限，而融合新闻则能够借助智能化的、非线性的、多媒体化的数字编码技术吸纳其他媒介在某些方面的叙事优势。

那么，在融合新闻的再媒介化实践中，其他媒介的特征、要素、风格如何进入融合新闻的叙事语言？考虑到融合新闻有别于其他文体形态的独特性，本章重点关注媒介形态、媒介语法、媒介意象这三个维度的再媒介化实践，并在此基础上探讨融合新闻的再媒介化叙事原理与机制。第一，媒介形态维度的再媒介化意为融合新闻通过对其他媒介形式的直接挪用，拓展新闻叙事的呈现方式；第二，媒介语法维度的再媒介化意为融合新闻策略性地借鉴与吸纳其他媒介的叙事语言，以拓展新闻叙事的表征结构；第三，媒介意象维度的再媒介化意为融合新闻征用与整合其他媒介的文化规约属性，尤其是文化隐喻维度上的媒介意象系统，从而拓展新闻叙事的表意层次和象征体系。基于此，本章将从媒介形态、媒介语法、媒介意象这三个方面切入，探讨融合新闻的再媒介化叙事语言。

二、媒介形态维度的再媒介化叙事

当两种媒介相遇时，常见的再媒介化方式便是一种媒介对另一种媒介的形式与内容进行挪用，相应地也就形成了两种基本的再媒介化叙事方式，即媒介形式的再媒介化与媒介内容的再媒介化。前者意为一种媒介借鉴了另一种媒介的表现形式，后者意为一种媒介直接包含了另一种媒介的表达内容。一方面，任何一种媒介形式都意味着一种相对独特的信息组织方式，并且在媒介形式维度提供了一种独特的叙事语言，如报纸的版面编排语言、电视的时间叙事语言、摄影的空间叙事语言、绘画的美学叙事语言等。另一方面，媒介内容层面的再媒介化本质上意味着一种跨媒介实践。由于媒介的特征决定了内容的呈现方式,因此媒介内容维度的再媒介化并非简单的信息迁移与移植,而是意味着信息的重组和变异。在流动于不同的媒介端口时,同样的信息内容以何种方式呈现,本质上取决于媒介的叙事规则和方案,如基于故事和论证的报刊叙事系统、基于声学与情感的声音叙事系统、基于再现与想象的视觉叙事系统等。相较于传统媒介而言,融合新闻拥有更大的融合能力,如多媒融合与渠道融合,这使得融合新闻往往作为一种"元媒介"将其他媒介的叙事体系"收入囊中",因而拥有更为强大的再媒介化叙事能力。

媒介形态维度的再媒介化叙事,意味着融合新闻借鉴和挪用其他媒介形态的表征形式,即信息架构方式和内容组织方式,从而创新内容呈现的思路与方法。融合新闻的主要优势体现为强大的媒介整合能力,即将其他媒介轻易地嵌入新闻叙事的表征结构,使其作为新闻内容的一部分"出场"。其他媒介形态(如书籍、绘画、手账、试卷)进入融合新闻的叙事体系,不仅预设了相应的信息呈现方式,而且创设了相应的用户体验,这也成为融合新闻再媒介化的主要表现形式。换言之,书籍的"翻页"效果、手账的"编排"效果、绘画的"卷轴"效果、试卷的"答题"效果等之所以频频出现在 H5 新闻的表征体系中,是因为书籍、手账、绘画等媒介形式创设了一种极具亲和力与代入感的用户体验。实际上,媒介形态维度的再媒介化实践,本质上是模拟了其他媒介的信息呈现形式——基于书籍"翻页"的呈现形式及内容过渡方式,实际上模拟了书籍媒介的阅读体验;基于手账"编排"的呈现形式及图文组合方式,实际上模拟了日记媒介的写作体验;基于绘画"卷轴"的呈现形式及信息展示方式,实际上模拟了画卷媒介的观赏体验……用户在阅读该类融合新闻时,往往会忘记手机屏幕的存在,而沉浸于具体媒介(书籍、手账、绘画等)的使用场景之中。

事实上,其他媒介形态在融合新闻中的嵌入与出场,不仅重构了信息本身的呈现样式,而且重构了信息接受的发生场景和互动方式。当其他媒介形态进入融合新闻的叙事体系时,其携带的媒介情景及社会意义也一同被"打包"并悄无声息地嵌入融合新闻,从而重构了一种全新的接受情景。例如,《人民日报》在新冠疫情期间推出的 H5 作品《2020 新冠肺炎防治全国统一考试（全国卷）》挪用了试卷这一信息呈现形式，意在强调新冠疫情更像是一场严峻的"大考"。该 H5 作品能够直接使用用户的微信头像和微信名，并自动生成包含考生编号、考场、座号等信息的准考证。用户答完题后，该 H5 作品还会根据答题情况生成相应的成绩单。不难发现，对一种媒介形式的挪用，同样伴随着对其社会意义的挪用，这无疑打开了再媒介化叙事的社会向度。

融合新闻的再媒介化叙事，往往会根据新闻议题的特征及传播目的的需要，直接选择并嵌入相应的媒介形式，以创设一种特殊的时空场景和认知体验。面对不同的新闻议题，不同的媒介形式具有不同的表达优势，如摄影新闻长于记录现场瞬间，短视频新闻长于展现事件发生的现实场景和发生过程，广播新闻长于创设一种伴随性的信息接受方式，动画新闻长于模拟未被摄影机记录的新闻故事，新闻游戏长于借助程序修辞的情节设定来打造一种参与性的信息认知方式……例如，华龙网于 2019 年推出的融合新闻《2019 对话 1949：时代变了　初心未变》采用分屏技术，借助历史人物动画展现过去时空，用人物视频录像展现当代时空。该作品利用"平行时空"的思维进行内容构思，并采用短视频和动画这两种表征形态进行再媒介化处理，让两种媒介形态所代表的时空场景产生激烈的碰撞，从而使相隔 70 年的人物实现了"对话"。由此可见，当多种媒介形式进入融合新闻的表征结构时，融合新闻通过再媒介实践重构了一种全新的时空展示逻辑和信息表达结构，从而拓展了新闻作品的叙事空间。

三、媒介语法维度的再媒介化叙事

再媒介化的另一个重要方面是挪用其他媒介的技术特性及其叙事语法。伊兰娜·格尔森（Ilana Gershon）曾提出"媒介意识形态"（media ideologies）的概念，意在说明人们用以交流的技术系统普遍存在元语言（metalanguage）意义上的底层逻辑，即技术与生俱来的属性与结构不仅限定了人们的媒介使用方式，还决定了参与者的构成属性和特征，以及媒介使用过程中的交流模式和传播方式。① 对于融合新闻来说，媒介所承载的技术特性主要体现在对媒介叙事语法的影响上。融合新闻面临叙事结构、叙事关系、叙事规则等诸多数字叙事学问题，而不同媒介独特的叙事语法可以为融合新闻的叙事方式提供智慧。换句话说，不同的媒介携带着不同的技术逻辑，能够拓展不同的叙事语言向度，回应叙事体系中不同的融合命题。例如，电影长于故事要素的组接，解决了叙事结构的生成问题；地图善于空间关系的展现，解决了叙事关系的表征问题；游戏专于交互体验的设计，解决了叙事规则的创新问题。由此可见，融合新闻的再媒介化叙事语言创新必然涉及对其他媒介叙事语法的借鉴与整合。本章主要立足电影、地图、游戏这三种极具代表性的媒介形态，分别聚焦于叙事结构、叙事关系、叙事规则这三大重要叙事语言命题，探讨媒介语法维度的再媒介化叙事理念和实践。

（一）电影语法与叙事结构生成

在融合新闻的叙事体系中，一个不可回避的问题是叙事要素的组织方式和结构铺陈。相较于传统的新闻语言，融合新闻可以利用数字技术重新布局新闻要素之间的结构关系，从而打造一个连续的、流畅的、充满趣味的叙事体系。电影语言中的"一镜到底"便是一种常见的信息呈现方式和要素结构方式，它可以按照一定的规则将融合新闻中的元素有机地组织起来，形成连贯的新闻叙事，这为融合新闻的叙事语法创新提供了灵感。纵观当前融合新闻的叙事语言，诞生于电影领域的"一镜到底"拍摄手法频频出现于融合新闻的叙事系统，极大地拓展了融合新闻叙事的语法体系，其主要呈现出两种表现方式：一是基于单一时空的直接呈现，二是基于多维时空的融合建构。

"一镜到底"在融合新闻中的呈现方式主体上依托"竖屏叙事"这一逻辑框架，即以手指滑动的交互方式推动叙事进程。常见的"一镜到底"叙事手法体现为在垂直维度或水平维度模拟现实空间的布局关系，以建构一种时空连续的呈现形式。《南方都市报》于 2019 年推出的融合新闻《希望这

---

① Gershon, I. (2010). Media ideologies: An introduction. *Journal of Linguistic Anthropology*, 20 (2), 283-293.

栋丑陋的楼里，没有你我》将高空抛物的场景画面聚合在一种垂直的"楼栋结构"里进行呈现。该作品通过在同一时空集中展现冲突性情节，生动地诠释了高空抛物的危害。此外，"一镜到底"叙事中的多维时空强调故事场景的多样性和丰富性，即融合新闻通过再媒介化的方式，将多个时空中的场景进行有效联结，从而实现叙事的完整性。例如，网易新闻推出的 H5 作品《英雄》便展现了英雄救援、洪水来袭、人类遭难等多个时空场景，融合了英雄解救人类的虚构场景和地球生态环境的现实画面。该作品通过镜头的移动与变化，利用一定的视错觉原理，实现不同场景之间的无缝过渡，从而建构了一个连续的、流畅的叙事时空。

（二）地图语法与叙事关系表征

人们之所以要"叙事"，是因为想把发生在具体空间里的事件保留下来，以对抗遗忘。[①] 相应地，空间是叙事的一个维度，空间关系是一种叙事关系。传统新闻在讲述空间关系时往往用文字或简单的图表进行呈现，叙事效果依赖受众的理解力与想象力。融合新闻则主体上呈现的是一个视觉结构，这在客观上要求在可视化维度上拓展新闻的表现力。[②] 从空间叙事和关系叙事的角度看，地图成为融合新闻在描述比较关系时经常挪用的视觉资源。一方面，基于地图的呈现方式能够将不同国家和地区的信息整合到一起，并直观地展现同一主题下不同地理位置的信息差异，为融合新闻的可视化实践提供媒介载体；另一方面，地图中的要素往往都被设置了一定的触发机制，因此，当用户点击具体区域时，便可以获取该地区的相关信息，打开多层次的叙事结构。如此一来，用户既可以从整体上获知不同地区的比较关系，又可以通过交互点击了解该地区的详细信息，即从整体和局部两个维度把握新闻内容。

值得注意的是，当融合新闻采用地图进行空间关系的呈现与信息内容的比较时，其不仅标识了数据本身，也在空间意义上再造了视觉语境与数据关

---

① 龙迪勇. (2006). 叙事学研究的空间转向. 江西社会科学, 10, 61–72.
② 刘涛, 杨烁熵. (2019). 融合新闻叙事：语言、结构与互动. 新闻与写作, 9, 67–73.

系，酝酿着隐秘的视觉修辞实践。① 地图的语法体系在强化比较关系的同时，也往往遮蔽或弱化了其他信息或信息关系。例如，由美国约翰斯·霍普金斯大学创办的全球疫情实时地图便在实践上说明了这一"数据陷阱"。在该地图上，黑色代表海洋，深灰色勾勒出大陆的板块，红色的圆点代表患病的人数。红色圆点越大，表明该地区的疫情越严重。该作品借用地图的媒介语法，在空间维度上为人们提供了一种宏观比较的可能。但如制作者董恩盛所言，他会根据全球疫情状况的变化不断调节点大小及其代表的患者数量：地图上的一个点可能原本只代表 10 个患者，后来同样大小的点可能会代表 100 个患者或者 1000 个患者。② 因此，红色圆点在数据表征上的意义被弱化，存留下来的仅仅是数据比较的功能。我们无法直接从该疫情地图的视觉呈现中看到全球各地区的患者数量，从而判断疫情的严重程度，而只能从各圆点大小的比较中对地区间疫情状况差异进行直观把握。由此可见，融合新闻采用地图的媒介语法进行再媒介化叙事，可以从本质上重构现实的数据关系。

（三）游戏语法与叙事规则创新

相较于以新闻生产者为叙事主体的传统新闻，融合新闻的一个重要转变是新闻观念的变化，即对新闻读者的定位从"受众"转向了"用户"。融合新闻将"用户参与"作为新闻生产的主要过程，其中"互动响应"成为新闻表达的主要特征。③ 由此，融合新闻把新闻叙事的主动权交给用户，重写了新闻叙事的规则。如果说单纯的互动响应设计仅仅是赋予用户叙事节奏的控制权，而未能将其嵌入深层次的叙事结构，基于"角色扮演"的游戏语法则可以使用户在与游戏文本的互动中实现从新闻旁观者到亲历者的角色转换，深入地体验新闻情境。④ 因此，融合新闻可以通过"角色扮演"这种交

---

① 刘涛. (2016). 西方数据新闻中的中国：一个视觉修辞分析框架. 新闻与传播研究, 2, 5-28+126.
② 李麓. (2021). 全球疫情实时地图里的世界. 澎湃新闻, 2 月 25 日, https://www.thepaper.cn/newsDetail_forward_11441428. 2023 年 9 月 23 日访问.
③ 刘涛. (2019). 融合新闻策划：从形态创新到渠道对话. 教育传媒研究, 5, 20-24.
④ 潘亚楠. (2016). 新闻游戏：概念、动因与特征. 新闻记者, 9, 22-28.

互程度最高的叙事方式，激发用户的能动性。当用户被卷入新闻故事的叙事结构，沉浸于角色扮演的游戏体验时，他们便成为新闻叙事的主体。例如，珠海报业传媒集团于 2017 年推出的 H5 新闻《我为港珠澳大桥完成了"深海穿针"》要求用户分别扮演"振驳 28"驳船和"振华 30"起重船，完成接头任务。在此过程中，起重船会遭遇巨大风浪，同时，捆绑着接头的缆绳变得摇晃不定。用户需要预判风浪的走向，精准对位，才能顺利地通过游戏。实际上，"深海穿针"任务的困难程度堪比"太空对接"。在接头前，专家们就最终方案进行了数百次的会议协商；在接头当天，工作人员还需要通过锚缆定位、运动姿态控制、潜水员检测等方式确保接头的安全性。单纯的图文讲述或许并不能让用户认识到接头的艰难，然而，该作品通过让用户扮演驳船和起重船的方式，设计实际操作的互动情节，最大限度地还原了接头工作的难度。显然，当融合新闻遇到游戏时，这一再媒介化实践拓展了融合新闻叙事的观念和方法。

四、媒介意象维度的再媒介化叙事

相较于其他两种再媒介化的方式，挪用其他媒介所携带的规约属性和社会意义的再媒介化方式，则蕴含了更为深刻的文化意涵。一般而言，当一种媒介表达方式获得普遍的社会认可，并沉淀为一种相对稳定的符号形象时，它便在叙事层面上升为一种媒介意象。一方面，一种媒介意象往往作为媒介本身的转喻符号，帮助用户建立关于某种媒介形态的联想机制，如"远距离控制""打开/关闭窗口"和"上下滑动屏幕"可以分别视为电视、计算机和智能手机的转喻符号；另一方面，一种媒介意象又往往作为媒介意义的隐喻符号，意味着一种具有普遍认知基础的文化形式，其功能便是建构文化意义上的象征话语。融合新闻通过对其他媒介意象的征用与建构，在其他媒介所携带的文化规约属性和社会意义层面建构自身话语的合法性。换言之，媒介意象作为一种具有普遍认知经验的文化形式，可以在象征维度上抵达新闻故事的核心内涵，因此成为融合新闻叙事体系中极为重要的再媒介化叙事资源。具体来说，意象由"意"和"象"两部分组成：前者指代的是由情感或意义构成的内容部分，后者指代的是从物象中提取的形式部分。① 媒介意象则意在强调"象"所指代的形式部分是从媒介中提取出来的，其既可以指文化认知意义上的意象形式，即认知意象，也可以指文化符码意义上的意象形式，即符码意象。相应地，激活或征用其他媒介的认知意象或符码意象，成为融合新闻再媒介化叙事语言创新的重要路径。

融合新闻叙事创设了一个可供用户参与的故事情境或接受情境，让用户通过"体验"而非"倾听"的方式把握新闻故事。而征用其他媒介的认知意象以创设一种全新的认知体验，便是融合新闻叙事常见的再媒介化方式。认知意象往往源自日常生活经验领域，具有广泛的理解语言和认同基础，其不仅可以降低信息接受的门槛，更为重要的是能够丰富新闻阅读的体验。例如，《人民日报》于 2020 年推出的融合新闻《九张图，一起点亮武汉》充分利用日常生活中"点亮"这一典型的认知意象，并在此基础上搭建融合新闻的叙事语言。该作品呈现了黄鹤公园、楚河汉街、江汉关大楼等八个场景的黑白影像。当用户点击图片的任意位置，画面便从压抑的幽暗色调变为璀璨的灯火辉煌。该融合新闻通过让用户体验从"黑暗"到"光明"的画面转变，表现了解封后重新焕发生机、光彩四溢的武汉形象。显然，"点亮"的认知意象满足了人们对于解封后一切温暖如初的想象寄托，构筑了崭新生活的美好愿景。

如果说认知意象旨在于概念维度上传递一种认知方式，那么符码意象则强调通过对某种普遍共享的符号体系的激活与征用，重构既定的叙事语境和认知场景。符码意象是一种具有普遍的社会认知基础，并携带了一定认同话语的符码形式。因此，当符码意象进入融合新闻的叙事体系时，往往能够激活一种普遍的记忆场景，召唤一种共通的情感话语。例如，《长江日报》于 2019 年推出的 H5 新闻《72 个红手印，究竟为了留住谁?》便用"红手印"的符码意象串联起了整个新闻叙事。提起"红手印""联名信"，人们自然而然会想到凤阳县小岗村十八户村民在分田到户的"契约"上按手印，实行农业"大包干"的故事。因此，联名信上的红手印表现出村民想要挽留干部的强烈愿望。在该 H5 新闻的最后，用户可以选择为两位干部"点赞"，

---

① 刘涛. (2018). 意象论：意中之象与视觉修辞分析. 新闻大学, 4, 1-9+149.

而"点赞"的方式便是将大拇指放在屏幕中显示的"手印"上。这一意味深长的互动方式显然是挪用了历史深处的文化意象。此外,特殊的声音符码一般包含了显著的时空信息,可以激发人们的感知和记忆。融合新闻可以通过对不同声音符码的组合拼接,完成时空的过渡和切换,调动用户的情绪反应。①

  概括而言,数字媒介叙事往往会吸纳、挪用、整合传统媒介的表征形式、叙事语言、技术逻辑、文化意涵等,这一过程本质上意味着一种再媒介化实践。融合新闻是媒介融合时代的代表性新闻形态,其再媒介化叙事主要体现在媒介形态、媒介语法、媒介意象三个维度。媒介形态代表一种要素整合结构,创新了融合新闻叙事的信息呈现形式;媒介语法意为一种信息编码结构,拓展了融合新闻的叙事结构、叙事关系和叙事规则;媒介意象指向一种文化认知结构,铺设了融合新闻的认同基础和文化意涵。必须承认,在具体的再媒介化实践中,媒介形态、媒介语法、媒介意象这三个叙事维度并非完全独立,而是具有内在的对话结构和协同基础。

---

① 刘涛,朱思敏. (2020). 融合新闻的声音"景观"及其叙事语言. 新闻与写作, 12, 76–82.

第 五 章

数字人文与新闻叙事批评

新闻意味着一种对现实世界的呈现形式。谁来呈现，为何呈现，如何呈现，这些问题直接决定了新闻对于现实世界的抵达方式。在新闻社会学那里，新闻不仅报道现实，而且建构现实，甚至创造现实。① 盖伊·塔奇曼（Gaye Tuchman）给出"新闻是建构的现实"的著名论断，意在建构一种新的新闻认识论——"新闻永远在定义与再定义、建构和再建构社会现象。"② 通过一整套令人信服的伦理规范和操作语言，新闻最终提供的是一种关于现实的描述框架，其功能就是赋予现实以意义，并在此基础上帮助人们理解现实。然而，新闻究竟提供的是一种什么框架，新闻为什么能完成对现实的表征与建构，新闻呈现或建构现实的价值原点是什么，这些问题主体上涉及我们对新闻本质的追问，亦即新闻的观念问题。理解新闻的观念，不能离开新闻表征的符号系统及其外部语境。

当前，以数据新闻为代表的融合新闻作为一种新兴的新闻样式快速蔓延，日益成长为新媒体平台上极具生命力的一种信息"新宠"。以数据化为基础的数据主义日益兴起，给新闻观念带来系统性影响和挑战，甚至引发了新闻业的结构性变革和功能性变革。③ 必须承认，数据主义对人文主义的"进犯"已成事实，而这首先体现在叙事维度，也就是对人文故事的系统性

---

① 〔美〕迈克尔·舒德森.（2010）.新闻社会学.徐桂权译.北京：华夏出版社（p.3）.
② 〔美〕盖伊·塔奇曼.（2010）.做新闻.徐桂权译.北京：华夏出版社（p.175）.
③ 陈昌凤.（2021）.数据主义之于新闻传播：影响、解构与利用.新闻界，11，4-13+31.

压制。从传统新闻到数据新闻,新闻的观念——新闻建构现实的认识框架和价值原点是否发生了变化,发生了何种变化,以及原因何在?有鉴于此,本章聚焦于数据新闻这一典型的融合新闻形态,立足"数字叙事的人文向度"这一根本命题,重点关注信息形式变化深层的数字人文(digital humanities)问题,以探寻人文话语在数据新闻中的存在境况及其叙事可能。

一、从现实世界到数据世界

现实世界最终会以什么样的方式进入信息世界,一方面取决于符号表征问题上的新闻专业理念与伦理,另一方面取决于传者和受者之间的认知距离。赵毅衡提出的"认知差"概念,有助于我们更加清晰地理解现实世界表征的发生装置及其深层的动力结构。简言之,信息实践的动力基础是一个符号学问题——正因为不同意识主体之间出现了认知距离,信息的流动才成为可能。[①] 新闻为什么会呈现出一种流动状态,根本上是由传者和受者之间的"认知差"决定的。因此,从这个意义上讲,所谓新闻的意义,恰恰在于不同主体对现实世界的"把握方式"出现了"认知差",而"认知差"构成了信息流动的动力来源。现实世界以什么样的方式进入人们的认知视域,客观上取决于"认知差"的表现形态。换言之,"认知差"的类型决定了新闻的表现方式,新闻的价值与意义取决于传者和受者之间的期待视域。"认知差"是一个认知距离问题,不同的"认知差"决定了现实世界的呈现形态,相应地也就构成了不同的新闻样式。所谓新闻的价值,即新闻符号的"信息量",本质上体现为新闻在消除不同意识主体"认知差"上的能力和作用。倘若一种信息形式超出了他人的认知视域,并且能够最大限度地弥合不同认知主体之间的认知差距,那么这种关于现实世界的把握方式便是有效且积极的,因而具有一定的新闻价值。

由于"认知差"存在不同的表现形式,新闻世界实际上存在四种不同的"现实",亦即现实世界的四种再现方式:一是作为"盲区"的现实世界,强调那些处于公众认知空白区域或未知区域的社会场景或问题;二是作

[①] 赵毅衡. (2017). 认知差:意义活动的基本动力. 文学评论, 1, 62-67.

为"误区"的现实世界，强调那些有待纠偏、重写、启蒙的社会议题或认知领域；三是作为"热区"的现实世界，强调那些引发公众普遍关注的公共议题或媒介事件；四是作为"雷区"的现实世界，强调那些可能触及社会伦理危机或意识形态风险的敏感议题。四种新闻世界中的"现实"实际上意味着四种不同的新闻观念——对于现实世界的呈现方式，新闻本质上体现为对"盲区""误区""热区""雷区"的不同抵达方式。

具体来说，第一，"盲区"揭示的是新闻价值的新鲜性和重要性，那些关于未知世界的突发事件、事实真相、重大发布都是因处于认知"盲区"而获得了新闻价值。由于传者占有了受者未曾想象或始料未及的信息，因此信息流动的"压力差"无疑是巨大的，结果就是加速了信息的流动速度。2010年，王克勤的调查性报道《山西疫苗乱象调查》直击公众的认知"盲区"，将那些不为人知的疫苗乱象推向公共视野，其中拷问疫苗安全的"冷链保存"完全刷新了公众的知识系统。再如，"快手"短视频中的乡村世界，呈现的是都市日常生活之外的"残酷物语"，所谓的奇观与猎奇，本质上是对模糊空间的一种视觉生产。① 第二，"误区"回应的是新闻价值的启蒙性与公共性。因为认知偏见、道德偏见或集体无意识问题，人们对特定议题的认识活动总是伴随着种种误区，而媒体的功能则是对特定知识形式进行生产，从而为人们的价值认知与行为决策提供帮助。2005年，央视《新闻调查》节目中《女子监区调查》的重要意义就在于揭示"受虐妇女综合征"这一知识话语，从而提供了一种回应家庭暴力治理的知识方案。如果进一步审视那些推动司法进步的公共事件——孙志刚事件、"躲猫猫"事件、佘祥林事件、唐慧事件、江西宜黄自焚事件，它们之所以能够深刻地影响现行的司法体系，根本上是因为"通过话语的方式"对人们的认识"误区"进行了纠偏。第三，"热区"回应的是新闻价值的显著性与接近性。面对那些社会关注的公共事件，媒体的普遍"在场"直接推动了媒介事件（media event）的生成。诸多媒体打出"时代记录者""历史影像志"口号，意在突出"大事面前永远在场"的职业姿态。社会事件演化为公共事件，是诸多媒体持续关注和反复报道的结果。如果说"盲区"和"误区"是媒体主动

---

① 刘涛. (2018). 短视频、乡村空间生产与艰难的阶层流动. 教育传媒研究, 6, 13-16.

介入和干预的对象，"热区"则往往是媒体在公共事件面前被动卷入或主动参与的结果。进入新媒体时代，"热区"的生成方式呈现出围观化的特点和趋势。不同于大众媒体时代的"少数人看多数人"，新媒体时代的主要特征就是"多数人看多数人"，我们进入了一个相互观看的"共视社会"。2010年，《新周刊》年终盘点的主题语"围观改变中国"，也是在强调媒介"热区"形成的围观机制。第四，"雷区"反映的是具有争议性的问题域，要么驻扎在伦理道德领域，要么受制于政治意识限定，它总是以一种极为微妙而模糊的方式显现于公共议程中。"雷区"虽然在专业操作上比较棘手和敏感，但并非媒体话语的"飞地"——要么借助特定的修辞智慧合法地呈现，要么以内参的方式进入决策议程。随着专业伦理与话语智慧的升级，许多原本处在"雷区"的议题逐渐进入公共视野。

如果说新闻是对现实世界的一种再现形式，那其不同于文艺作品再现的独特之处，则体现为新闻职业理念指导下的信息实践——马克思主义新闻观对新闻再现的方式、机制、伦理给出了相应的规约和界定。因此，从新闻社会学的视角来看，新闻对现实世界的建构，本质上取决于我们拥护了什么样的"新闻的观念"。

与传统新闻的再现原理不同，数据新闻对现实世界的建构，主体上是在数据维度上展开的，也是通过数据化的方式实现的。所谓数据化，强调新闻表达对数据的极大依赖，数据完成了对现实世界的抽象和提炼，并且在新闻叙事中发挥着主体性的现实建构功能。数据化是如何发生的，又如何成就了一种新的新闻形式？我们可以从三个层面来理解数据化过程：第一，数据化的发生基础是数据元素，强调新闻表达的主体内容是数据，数据构成了新闻内容的核心信息。第二，数据化的认知逻辑是数据关系，强调在数据结构和关系中发现"现实"，从而将现实图景描绘为一幅数据图景。第三，数据化的生成语言是数据故事，强调在数据维度上讲述一个新闻故事。美国政府究竟是否对公众进行了秘密监控？美国新闻聚合平台 BuzzFeed News 于 2016 年发布了数据新闻《天空中的间谍》（"Spies in the Skies"）。BuzzFeed 团队通过分析航班追踪网站 Flightradar24 于 2015 年 8 月至 12 月收集的飞机位置数据，对盘旋于多个城市上空的约 200 架联邦飞机进行了详细的数据跟踪与分析。调查结果显示，这些飞机多属于美国联邦调查局（FBI）与国土安全部

(DHS),且均配备高清摄像机,可动态捕捉特定地区的个人信息。在数据新闻《天空中的间谍》中,FBI 与 DHS 的飞机飞行轨迹分别以橙色与蓝色标记,用户可通过下方的时间轴获取飞机的位置信息(见图 5-1)。该作品动态展示了 2015 年 8 月至 12 月近四个月间的飞行路径,其中橙色圆圈与蓝色圆圈在四个月内几乎保持稳定的飞行轨迹,有力地反驳了政府对于"飞机只是在执行特殊任务"的解释,以此揭示政府对特定地区的长期监控。调查数据还显示,2015 年 12 月加州圣贝纳迪诺发生大规模枪击案件后,该地区上空的飞行轨迹线条明显变粗,显示出犯罪事件发生后政府对该地区的重点监控。结合数据分析结果,BuzzFeed 给出的结论是,美国政府正在对公众实施秘密监控,这一行为已经危及公众的知情权和隐私权。通过可视化的数据呈现,数据关系的背后潜藏着一个更大的新闻世界。在数据中发现世界,成为一个逼真的新闻命题。

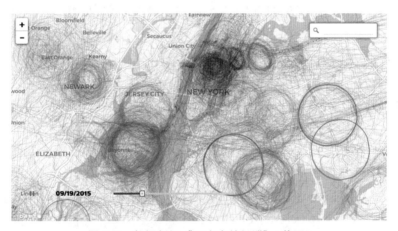

图 5-1　数据新闻《天空中的间谍》(截图)

显然,与传统新闻的再现机制不同,数据新闻的实践后果就是实现了从现实世界到数据世界的逻辑转换。实际上,数据新闻的生产以及数据世界的形成,已经超越了传统新闻中数据的"在场"方式,更多的是借助了大数据的思维与工具所形成的数据关系。现实世界的运行逻辑留下了一系列数据形式——它们散落在现实世界的各个角落,或者附着于经验材料的"踪迹"之上,抑或潜藏于其他信息结构之中。这些数据表面上没有头绪,但当它们以特定的方式聚合在一起时,便闪烁着信息与知识的光芒,照亮了现实世界的规律、逻辑和关系。大数据方法的基本思路就是打捞起这些数据形式，对其进行数据化分析和处理，通过挖掘其中的数据关系发现"现实"，从而在数据维度上重构公众关于现实的理解图景。为什么数据结构能够揭示现实结构，或者说数据关系能够反映现实关系？这涉及大数据中的"数据结构"及其思维方式。现实世界的数据化结果即是创设了一种简单的变量思维，也就是将现实结构量化为变量结构。虽然大数据捕捉的是事物之间的相关关系，但相关关系存在一个深刻的因果基础，这使得相关关系具有积极的科学基础。① 因此，大数据中的数据关系不仅符合大脑认知的图式基础，而且具有抵达现实世界的再现基础，即数据关系里储存着一个更大的现实世界。数据照亮了现实，数据新闻本质上意味着对现实世界的一种数据化把握方式。

二、可视化实践与缺席的人文故事

当数据成为数据新闻中当仁不让的符号主角时，数据便不仅意味着一种主导性的新闻元素，同时也铺设了一种不同于传统新闻的认知逻辑。数据是数据新闻的起点，它深刻诠释了数据新闻的主体和生命。不同于其他的表达元素，数据携带着科学主义的先天合法性，又暗合了实证主义逻辑传统，因而当仁不让地成为数据新闻中最有生命力的符号形式。从信息到数据，数据新闻完成了对新闻观念的重新界定。按照数学家克劳德·香农（Claude Shannon）的经典解释，信息的功能是消除人们认知的不确定性。传统的新闻专业主义强调在伦理与方法上最大限度地获取原始的、真实的信息，以便为个体的行为决策（decision-making process）提供帮助。20 世纪 60 年代以来，随着科学主义对社会思维的全面渗透与隐性接管，在克服对现实世界认知不确定性这一努力中，精确新闻学（Precision Journalism）作为一种备受关注的报道形式随之诞生。精确新闻是美国学者菲利普·梅耶（Philip Meyer）提出的一种新闻报道形式，强调以问题为逻辑起点，通过实证数据来说话，以此提高新闻报道的精确性。1973 年，梅耶出版的《精确新闻学》

---

① 王天思. (2016). 大数据中的因果关系及其哲学内涵. 中国社会科学, 5, 22-42+204-205.

一书，成为相关研究领域的经典之作。在精确新闻学那里，数据更多地意味着一种叙述逻辑，其实证主义传统增强了新闻的可信度和穿透力。数据新闻继承了精确新闻学对数据的特别推崇，并在视觉传达的话语框架中重新结构数据，最终呈现的是一幅有关数据关系的视觉图景。

传统的新闻叙事总是浸透着浓厚的人文主义观念，强调在人的维度上编织新闻故事，进而在个体的生命故事与微观命运中发现并抵达宏大的社会主题。简言之，人文理念是新闻表达的基本指导理念，人文故事是新闻内容的基本叙事策略，人文关怀是新闻话语的基本价值取向。作为一种社会思潮，人文主义起源于文艺复兴以降的人本思想，主张以人为本，一切从人的生命与权利出发，从而将人推向了认识活动的价值中心。人文观念也是中国推崇的一种思想遗产，《易经》强调的"观乎人文，以化成天下"，董仲舒所说的"天地之精所以生物者，莫贵于人"，都在突出人为万物之灵，占据价值判断的中心位置。人文主义思潮深刻地影响了当代文化的认知方式和叙事系统，人不仅是表达的中心，也是认识的中心，一切叙事的最终落点是回应人的问题。

人文主义观念深刻地影响了新闻话语的表达及叙事系统，其直接结果便是对人文故事的不懈追求与呈现。20世纪60年代以来，为了增强新闻的可读性和人文性，美国《华尔街日报》积极探索非事件类新闻的叙事策略，逐渐形成了以"故事化叙事"为特征的"华尔街日报文体"。随后，"华尔街日报文体"逐渐成为全球新闻叙事的主导理念，特别是成为非事件性新闻报道的基本叙事观念，强调新闻的故事化叙事，也就是通过人文故事来架构新闻，尤其是在微观的人物故事及其命运结构中触及宏大的社会矛盾与问题。概括而言，在传统新闻的观念体系中，新闻的主体是人，新闻的主旨是服务于人，新闻叙事更多地围绕个体的存在、生命、故事等问题展开。马克思主义新闻观的基本立场是"人民中心论"，也将人推向了新闻叙事的逻辑主体。① 比尔·科瓦齐（Bill Kovach）和汤姆·罗森斯蒂尔（Tom Rosenstiel）提出了著名的"新闻的十大原则"，其中第二大原则就是为公众服务，"这是

---

① 陈力丹. (2018). 坚持党性，尊重规律，以人民为中心——习近平新闻舆论观的两个要点和一个落脚点. 新闻记者，7，8-10.

公民信任新闻组织的基础，也是新闻公司和员工所拥有的特殊资产"①。如果说第二大原则强调的是新闻的公共性问题，第七大原则便给出了公共性表达的具体叙事策略，那就是要强调新闻叙事的功能和作用，即在人文维度上编织新闻故事，"让重大事件变得有趣并且与受众息息相关"②。威廉·E. 布隆代尔（William E. Blundell）在影响深远的《〈华尔街日报〉是如何讲故事的》中指出，《华尔街日报》之所以会生产出令人惊叹的新闻，根本上是因为记者掌握了一整套讲故事的策略，而故事的中心恰恰是人。

在人文主义观念主导的传统新闻叙事中，数据的选择与呈现主体上也是沿着"故事化叙事"的认知逻辑展开的——数据的背后，站立着一个鲜活的生命，一个饱含命运感的个体，一段携带人文内涵的故事。如何处理和使用数据，对于传统新闻而言从来都是一个极为棘手且暧昧的命题。一方面，新闻世界里不能没有数据，数据是新闻话语中极为重要的理性内容，特别是在新闻叙事中扮演着从微观命运抵达社会问题的认知桥梁角色。从个体故事到社会问题，不仅需要"共性"的发现，还需要"数量"的积累，而数据则具有从微观到宏观的穿透能力，其"出场"能够帮助人们打开微观故事的"社会向度"。另一方面，尽管数据发挥着极为重要的社会认知功能，但也影响故事推进的连续性和可读性，甚至被称为故事的"毒药"。正如布隆代尔所说："数字，尤其是大数字，以及连续的段落中密密麻麻排在一起的长串数字。这是杀死读者兴趣的剧毒氢化物。"③ 为了让数据"说话"，传统新闻叙事的基本思路就是对数据进行必要的加工和处理，使其"多一些形象，少一些抽象"。换言之，传统新闻中数据的"出场"，往往是一种具象化的隐喻。布隆代尔给出了传统新闻中数据的"处理方式"——"用比例代替庞大的数据""用最简单的方法把意思表达清楚""提供一个参照对象，

---

① 〔美〕比尔·科瓦齐，汤姆·罗森斯蒂尔. (2011). 新闻的十大基本原则. 刘海龙，连晓东译. 北京：北京大学出版社（p. 47）.

② 〔美〕比尔·科瓦齐，汤姆·罗森斯蒂尔. (2011). 新闻的十大基本原则. 刘海龙，连晓东译. 北京：北京大学出版社（pp. 167-186）.

③ 〔美〕威廉·布隆代尔. (2006).《华尔街日报》是如何讲故事的. 徐扬译. 北京：华夏出版社（p. 26）.

让数字更形象"。① 可见，传统新闻同样强调数据修辞问题，也就是借助一定的修辞技巧来突出"用数据说话"的能力。

一般来说，传统新闻的数据修辞策略主体上沿着三个维度展开。第一，对数据进行形象化表述，强化新闻故事中数据本身的可读性。第二，突出数据的叙事功能，将微观故事推向一个更普遍的认知视野，突出故事深层的社会内涵。第三，竭力拓展数据背后的人文内涵，使得视觉脱离冰冷的事实语境，进而拥有一个牢固的"人文向度"，它的功能和目的就是建立人物命运深层的理性框架和认同体系。央视《新闻调查》于2003年播出的节目《死亡名单》聚焦山西尧都的一起矿难事故，矿主有意瞒报死亡人数，对外公布死亡人数为8人，记者跨越3省追踪调查，最终提供了一份22人的"死亡名单"。显然，每一个数字，都意味着一段被掩盖的故事。数据的"褶皱"里不仅仅藏有真相，更携带着浓厚的人文内涵，那是对生命最高贵的职业敬畏。

用数据说话，乃是所有新闻形式普遍共享的话语观念，只不过数据新闻对其推崇程度更纯粹、更彻底，其结果就是导致了人文话语的衰落——数据背离了人的维度，也剥离了故事语境，只见森林，不见树木。纵观当前《纽约时报》《卫报》等全球知名媒介机构的数据新闻作品，我们固然可以从数据关系中发现社会问题，但数据新闻主体上讲述的是一个较为宏观的社会现象，数据的功能更多的是对总体状况或规律的描述，人文故事主体上是缺席的——尽管灾难中的死亡数据、全球碳排放数据、中国房地产变化数据、世界空气污染数据、美国各州同性恋权利数据等闪烁着巨大的新闻价值，但这些数据中却没有故事的向度，也缺少命运的底色，所以很难带给公众深刻的情感认同。

数据中没有了人，也缺少了故事的语境，所谓的人文关怀便失去了存在的根基，其结果就是影响公众的认知体验和认同方式。在传统的新闻写作观念中，新闻的终极落点是对个体生命及其深层社会议题的审视与观照，数据的"在场"往往服务于某种与人相关的社会议题。相应地，数据与人之间

---

① 〔美〕威廉·布隆代尔. (2006).《华尔街日报》是如何讲故事的. 徐扬译. 北京：华夏出版社（pp. 161–162）.

存在一定的阐释关系，并且统摄在个体生命的遭遇、沉浮与变迁中——数据并不是孤立的表征对象，而是携带着深刻的人文内涵与叙事功能。然而，在数据新闻那里，数据一跃成为一个主导性的甚至是唯一的新闻元素，它驱走了人物，模糊了背景，放逐了故事，拒绝了人文，只留下了一幅视觉意义上的"数据云图"。数据从幕后走入前台，所有的数据只是作为表象存在，它拒绝了一切可能的质感、文化与社会状态，成为纯粹的自我指涉对象。① 可以说，数据的意义发生了微妙的偏移，一切关于人的情感、命运与体验的部分都消失了，数据成了新闻的主体，它剥离了传统新闻写作极度依赖的个体生命，最终陷入了冰冷的数据堆积景观。

实际上，数据新闻中人文向度的缺席，离不开可视化（visualization）这一根本性的数据结构方式。数据如何聚合到一起，又如何成为一种叙事？这不能不提到数据新闻生产的核心编码机制——可视化。西蒙·罗杰斯（Simon Rogers）在《数据新闻大趋势：释放可视化报道的力量》中指出，数据新闻本质上是一种"图绘"的新闻，这也是为什么他将数据新闻界定为一个"将电子表格、图形与数据分析相结合的全新领域"②。经过可视化实践，数据新闻最终以图像的方式"出场"。换言之，如果说报刊新闻主体上是语言文本，数据新闻则是视觉文本，它在图像维度上编织数据，最终讲述的是一个个数据化的视觉故事。传统新闻叙事中数据与数据的关系，统摄在文本叙事的总体逻辑之下——数据之间的关系表现为一种逻辑"链条"，它们并非简单的对比与排列，而遵循因果、论证、归纳、演绎等一般意义上的逻辑结构。如果说传统新闻中的数据关系体现为"链条"结构，数据新闻呈现的则是一种"拼图"结构。所谓数据"拼图"，意为将数据之间的关系简化为一种类比和比较结构——数据根本上是沿着某种"图式"聚合在一起的，最终形成的是一种图式化的视觉叙事。

当前，地图是数据新闻中一种最为常见的数据结构方式，数据的"拼图"方式不过是地图"语言"的直观再现。地图本身的视觉属性决定了数

---

① 刘涛.（2016）.西方数据新闻中的中国：一个视觉修辞分析框架.新闻与传播研究，2，5-28+126.

② 〔英〕西蒙·罗杰斯.（2015）.数据新闻大趋势：释放可视化报道的力量.岳跃译.北京：中国人民大学出版社（p.22）.

据的呈现"语言",即地图中的数据只有比较关系,而无法触及逻辑语言中相对复杂的推理、因果、论证关系。显然,数据新闻割裂了传统新闻观念中数据之间的逻辑与关系,其中的数据被置于一个扁平化的参照体系——数据之间只有大小之别、差异之分,传统新闻写作中特别推崇的人文话语在数据新闻的数据狂欢中全面退缩,甚至消失。因此,数据新闻是对传统新闻表达的简化,也是对现实问题的简化,更多地意味着一种关于新闻的另类表达。① 概括来说,数据新闻改写了传统的新闻叙事观念,这里没有了人物、故事、伦理、背景与文化,只留下了正在滑向视觉盛宴的数据游戏——当前的大数据与可视化技术更加速了这一趋势。

三、嵌入与并置:数据新闻的人文向度

相对于传统新闻较为推崇的人文叙事理念,数据新闻经由数据化和可视化实践,重构了一种新的新闻观念。如何拓展数据新闻的人文向度,打开数据"褶皱"中的人文故事,是亟待反思的一个新闻叙事命题。诚然,我们呼吁数据新闻在现实表征上的人文立场和观念,并非强调当前数据新闻的"路线错误",亦非强调"人文路线"是数据新闻的唯一选择,而是表明数据新闻还存在另一种值得拓展的可能——发挥数据新闻与生俱来的数据优势,实现宏观主题与微观故事结合,整体描述与局部事件结合,社会问题与个体命运结合,进而创设一种符合人文主义话语要求的接受方式和认同体验。可见,重构数据新闻的"人文向度",客观上需要重构数据新闻的叙事系统,推进一种替代性的"数据故事",将人文故事积极整合到数据新闻的视觉叙事中。必须承认,当前的数据新闻普遍缺少人文向度,尽管也出现了一些尝试和探索,但效果总体上不甚理想。

有"森林",亦有"树木",这是重构数据新闻人文向度的基本思路和方向。将人文故事整合到数据新闻的视觉体系中,可以从两个叙事维度进行

---

① 刘涛. (2016). 西方数据新闻中的中国:一个视觉修辞分析框架. 新闻与传播研究, 2, 5-28+126.

突破：一是嵌入叙事，二是并置叙事。嵌入叙事强调充分利用数据新闻的交互设计特点及其在数据整合上的嵌入能力，将微观故事嵌入数据新闻的叙事系统，从而实现宏观主体和微观故事的有效融合。并置叙事强调整合数据新闻和传统新闻两种新闻叙事方式，将其并置在一个新闻文本中，分别发挥图像叙事和文字叙事的优势，以此实现感性认知与理性认知的积极对话。纵观当前数据新闻的叙事体系，人文向度的衰落是一个结构性短板，相关的尝试总体上也是沿着嵌入叙事和并置叙事两个维度展开的，接下来我们结合相关案例，对这两种叙事理念及操作方法加以分析。

第一，嵌入叙事的本质是利用数据新闻的数据整合优势，将相关的人文故事嵌入可视化过程。不同于传统新闻的线性叙事逻辑，数据新闻的可视化技术创设了一个开放的叙事系统，特别是其交互设计特征极大地拓展了新闻叙事的数据整合能力。数据新闻的层级结构、复式路径、游戏叙事、按钮节点，都有助于我们将人文故事嵌入数据新闻的交互叙事系统，用户可以根据需要触动相应的按钮、热点或链接获得相应的故事。由设计公司 Hyperakt 与布鲁克林的设计师埃凯内·伊热马（Ekene Ijeoma）联合开发的数据新闻《全球难民数据计划》（"The Refugee Project"）整合了多方数据，以可视化交互图表呈现了 1976 年至 2017 年近四十年间的全球难民流动情况（见图 5-2）。该动态交互图表并非只呈现四十年的数据变化，而内置了许多按钮、热点和链接，嵌入了相应年份和国家所发生的极具影响力的难民事件。用户点击世界地图中国家或地区的标识热区，便可获得更为具体的事件描述信息，包括事件相关的图文故事。具体来说，随着时间轴的前行，交互图表左上角的滚动数字准确地呈现了相应的难民数据，下方则列出了各个国家特定年份所发生的具体难民事件，从而将微观故事嵌入"全球难民生存境况"这一宏大叙事语境，有效实现了整体状况与局部细节的结合。这一可视化数据新闻项目既有"森林"，又见"树木"，不仅展现了全球难民的流动情况，也因人文故事的嵌入而极大地拉近了公众与难民之间的心理认同距离。

图 5-2　数据新闻《全球难民数据计划》(截图)

第二，并置叙事的本质是重构一种新叙事文本，即一种整合了数据新闻与传统新闻的新的互文叙事方式。所谓并置，强调图表叙事和文字叙事在一个文本中的并置关系，二者各取所长，一方面发挥数据新闻在视觉维度上的主题呈现优势，实现对社会议题的理性建构，另一方面发挥语言文字在人文维度上的故事叙事优势，实现"硬新闻"的"软着陆"。并置叙事是当前数据新闻中比较常见的一种叙事方式，在表现方式上类似于数据新闻与新闻特写的杂糅形态，其代表作品包括《移民档案》《2016 洪水暴至》《五环以外》《青岛中石化管道爆炸事故》等。财新网制作的融合新闻《五环以外》以北京五环以外这一地理空间为叙事主题，综合运用深度报道与数据可视化等报道形式，勾勒出居于此地的流动人口的生存百态。《五环以外》除了以直观生动的形式呈现五环之外的生活空间，附于结尾处的深度报道还为人们讲述了发生在"五环以外"社会空间中的生命故事和点滴细节。无论是因《我是范雨素》而走红的皮村，还是充斥着洗衣机聒噪声的东半壁店村，都为数据搭建的宏大叙事增添了些许充满温度的人的气息。社会议题与人文故事的互文叙事在一个并置的叙事结构中，极大地拓展了数据新闻在人文维度上的想象力。

总之，当数据照亮"现实"时，数据新闻意味着对现实世界的一种数据提炼和视觉表征。不同于传统新闻叙事极为推崇的人文理念，数据新闻的可视化实践重构了一种拼图式的、图式化的数据"云图"，数据背离了人的维度，也剥离了故事语境。从传统新闻到数据新闻，新闻的观念发生了变化，即新闻建构现实的认识框架和价值原点发生了变化，其主要的表现便是人文观念的衰退。重构数据新闻的人文向度，打开数据"褶皱"中的人文故事，成为当前数据新闻实践亟待反思的一个新闻观念命题。有"森林"，亦有"树木"，这是重构数据新闻人文向度的基本思路和方向。如何将人文故事整合到数据新闻的视觉叙事体系中，实现宏观主题与微观故事的积极对接？我们可以沿着两个叙事维度进行突破：一是嵌入叙事，二是并置叙事。

第 六 章
符号秩序与新闻叙事伦理

新闻伦理是新闻表达、生产和传播实践应当遵循的价值取向、专业规范和行为准则。当前，学界关于新闻报道失范的批评，主体上围绕伦理问题展开。新闻伦理不仅规定了新闻报道的价值与是非问题，也划定了新闻操作的规范与底线问题。纵观新闻业的发展史，新闻伦理本质上回应的是新闻价值、职业规范和个体权利问题。当我们讨论伦理失范问题时，实际上锚定的是三个内在关联的操作尺度：一是新闻内容是否有违基本的新闻价值，如客观性、真实性、公正性原则；二是新闻报道是否触犯基本的职业准则，如专业规范、社会责任、程序正义原则；三是新闻实践是否违反基本的个体权利，如人文关怀、隐私保护、最小伤害原则。因此，一种操作方式是否属于伦理失范问题，可以依据上述三个基础性的伦理尺度加以判定。

相对于传统新闻而言，融合新闻既是一种新兴的新闻形态，也是一种新兴的话语实践，亦是一种新兴的新闻观念。① 从传统新闻到新媒体时代的融合新闻，新闻的理念与实践发生了深刻的变化：一是新闻本体层面的观念变化，二是新闻表征层面的形态变化，三是新闻生产层面的实践变化。这三大变化必然引发不同维度的伦理问题，这意味着我们需要在数字媒介语境下重新审视新闻伦理的问题域。与此同时，随着后真相时代的到来，新闻媒体所坚守的客观性理念面临"朴素实证主义"的认识论危机，客观性愈发难以

---

① 刘涛等.（2021）.融合新闻学.北京：高等教育出版社（pp.10–17）.

抵达，相应地，客观性新闻的理念与实践呈现出解释转向、情感转向、价值转向和参与转向。① 这些"转向"——解释的空间、情感的边界、价值的取向以及参与的程度，无不深刻地影响着融合新闻生产的观念和语言，使得原本建立在客观性基础上的新闻伦理得到了极大的拓展和延伸。

事实上，新闻伦理是一个较为宽泛的命题，涉及新闻活动的诸多领域。本章主要关注叙事维度的新闻伦理问题，重点从符号学的视角出发，探讨融合新闻叙事伦理的问题域及其深层的符号秩序命题。之所以选择从符号学视角开展新闻叙事研究，是因为叙事层面的伦理问题，本质上都可以归结为某种意义悖论，而意义悖论的形成，往往离不开叙事层面的符号操控，如符号使用背离了某种规约和原则，符号生产违背了某种规范和秩序，符号释义脱离了某种语境和条件，符号修辞超越了某种限度和边界，等等。不难发现，由于意义存在一个根本性的符号生成向度，加之伦理问题又为符号本身提供了一个通往意义秩序的认识框架，因此可以从意义失范的符号维度来把握融合新闻叙事的伦理问题。正因如此，本章以"符号秩序"这一概念工具为分析框架，尝试重构融合新闻叙事伦理的理论内涵。

一、理解叙事伦理：符号秩序及其"述真"问题

任何伦理问题最终都体现为意义问题，因此，叙事伦理存在一个普遍而深刻的符号向度。倘若文本符号所携带的意义指向某种谎言，制造了某种偏见和冲突，或者意义的生产方式不符合既定的规范和条件，那便会出现所谓的意义伦理困境。何为意义之本质？符号学提供了一套完整的理论框架，以回应意义的存在形式和生成方式。意义必然是符号的意义，符号学就是关于意义的学问，因此，"有符号才能进行意义活动"②。德国哲学家恩斯特·卡西尔（Ernst Cassire）在《人论：人类文化哲学导引》中重新定义了人的本质：人是符号的动物。③ 按照卡西尔的观点，信号和符号属于两个不同的论

---

① 王建峰. (2021). 客观性新闻的现实困境及理念转向. 国外社会科学, 4, 106-115+160.
② 赵毅衡. (2011). 符号学原理与推演. 南京：南京大学出版社 (p. 2).
③ 〔德〕恩斯特·卡西尔. (2013). 人论：人类文化哲学导引. 甘阳译. 上海：上海译文出版社 (p. 34).

域。如果说信号依然具有某种物理的或实体的内涵,符号则脱离了物的维度,只具有功能性的价值。尽管动物发展出了一套基于实践的智慧,但人与动物的根本区别在于,人还发展出了一套全新的意义形式,即"符号化的想象力和智慧"①。实际上,人类生存所依赖的意义系统,不仅建立在符号基础之上,而且依赖符号阐释的规则与逻辑。正是在寻找符号、生产符号、破译符号的过程中,人类获得了存在的意义基础,亦拥有了基于符号的文化系统和交往体系。

(一) 符号的秩序

叙事学和符号学具有先天的亲缘关系,二者都是法国结构主义思潮的产物,而叙事学形成的重要理论脉络之一,便是由现代语言学之父弗迪南·德·索绪尔(Ferdinand de Saussure)所创立的结构主义符号学。相应地,叙事所"建造"的文本,必然伴随着对符号的选择、操控和编排,而所谓的叙事之"文本",亦是一个更大的符号形式。例如,在数据新闻的数据可视化(data visualization)实践中,可视化意味着将数据形式转换为图像形式,这一过程本质上体现为一种符号转译实践,即从一种符号形式转换为另一种符号形式。倘若可视化之后的图像关系难以真实地还原、反映原始的数据关系,便出现了符号转换及其规则设定层面的叙事伦理问题。例如,以《纽约时报》《卫报》为代表的西方数据新闻在涉华议题报道上,通过对特定视觉框架(visual framing)的征用和再造,制造了一种具有偏向性的阐释框架,即建立在可视化基础上的数据"图景",已然背离了真实的数据结构和关系,由此产生了"数据伦理"这一新兴的叙事伦理命题。② 除此之外,有别于传统新闻相对单纯的语言叙事或图像叙事法则,融合新闻的"多媒融合"特征,将不同符号模态的组合法则与编排规则推向一个极为重要的叙事伦理认知位置。

不难发现,符号乃是携带意义的载体与形式,而任何形式的叙事行为及

---

① 〔德〕恩斯特·卡西尔. (2013). 人论: 人类文化哲学导引. 甘阳译. 上海: 上海译文出版社 (p.41).
② 刘涛. (2016). 西方数据新闻中的中国: 一个视觉修辞分析框架. 新闻与传播研究, 2, 5-28+126.

其意义生产，必然伴随着对符号的选择、操控和编排。因此，作为叙事活动中极为重要的表意形式，符号问题涉及微观层面的叙事要素及其语义结构，亦指向宏观层面的文本形态及其阐释系统。当符号同时在"语义"和"文本"两个维度发生作用时，叙事研究便不能将符号问题简单地视为一个符号修辞命题，而是要在意指实践维度，理解符号本身所携带的意义逻辑之于叙事的内在规定性及其深层影响。显然，文本承载何种意义，根本上取决于叙事维度上的符号组织结构，如叙事行为中的符号选择、符号语法、符号表征、符号修辞、符号实践等符号活动。从这个意义上讲，符号的意指方式限定了叙事的结构形式，符号的意义规则限定了叙事的语言法则，符号的生成逻辑限定了叙事的表意系统，符号的意义边界限定了叙事的阐释空间。

实际上，符号不但关乎意指问题的表征形式，还涉及特定语境下意义形成的社会规约体系，而后者则指向符号秩序命题。具体而言，符号意义的生成与阐释，并非自由"发挥"的产物，而是受制于一定的生成法则和阐释规则。必须承认，建立在符号基础上的意义系统是否具有合法性与正当性，取决于符号得以存在并发生作用的社会元语言（meta-language）系统。如同一种关于阐释的操作系统或游戏规则，元语言设定了符号的出场方式，也决定了符号的阐释规则，还限定了符号的叙事可能。例如，文本的体裁便意味着一种元语言，不仅铺设了符号的形式以及文本的形态，而且通过对符号系统的设定与配置，铺设了叙事的风格与阐释的逻辑，即文本的体裁决定了符号的秩序及其语言规则。新闻叙事有别于文学叙事的内在规定性，主要体现为体裁本身所设定的文体属性及其符号系统。当前，数字技术广泛应用于融合新闻的叙事实践，并催生出一系列新兴的融合新闻形态，如动画新闻、H5新闻、VR新闻、AR新闻等。尽管不同的新闻形态对应不同的符号系统，但无论使用何种技术形式，都需要在新闻与生俱来的规约体系中进行叙事，如动画新闻中的情景再现手法，必须在新闻文体所能承受的秩序框架中展开，即拒绝一切可能的想象方式，以事实和调查为依据进行情景再现。

因此，作为一种符号形式，文本必然存在一定的表意秩序，即符号的意指行为往往存在一定的条件、规则和边界，也必然发生在一定的秩序结构之中，由此便引申出符号秩序的论题。符号的秩序既是意义的秩序，亦是叙事的秩序，相应地，叙事伦理本质上体现为一个符号秩序问题。符号秩序从根本上限定了伦理的语言、逻辑和法则。所谓符号秩序，意为特定文化规约条件下符号之合法性确立的规则和条件。尽管符号的意义生成基础是意指，但意指并非绝对自由的，而是在不同的元语言系统中，受制于某种外部秩序和结构的隐性规约和限定。按照符号学者翁贝托·埃科（Umberto Eco）的观点，符号学所关注的意义问题还指向"文化世界的程式"①，即所谓的符号意义，不过是文化秩序的"投射"之"物"。正如埃科所说："符码因为已被社会接受，所以建构了一个'文化'世界，在本体论意义上它既不是实在的也不是可能的。它的存在与文化秩序有关，这种文化秩序是社会借以思考、言说的方式，说话时，要通过其他思想来揭示这个思想的'意义'。"②实际上，卡西尔在论证人的本质时，亦指出了符号与文化的通约逻辑：凡物都有一个名称——符号的功能并不局限于特殊的状况，而是一个普遍适用的原理，这个原理包含了人类思想的全部领域。由此可见，叙事活动不仅存在一个根本性的符号表意基础，而且存在一个系统性的符号阐释规则，即叙事意义的形成实则发生在一定的符号秩序之中。正因如此，本章以"符号秩序"作为概念工具，一窥融合新闻叙事伦理的内涵。

（二）符号何以"述真"？

如何在符号秩序维度上理解叙事伦理？这一问题实际上可以从符号学的"述真"（veridiction）问题加以认识。意义的"真值""真实性"等问题是符号学关注的一个重要论题，本质上指向符号的"述真"问题。一种符号能否"述真"以及何以"述真"，无疑打开了一个迈向叙事伦理的符号认知视角。符号"述真"主要关注的是符号之意指实践能否承载或传递某种可信的、真实的意义。而真实性作为新闻的生命，亦是新闻叙事需要重点考虑的"述真"命题，其要求符号的意义能够回应"信息""事实""真相"命题，并为公众的认知、行为与决策提供一定的支持和帮助。符号经由解释才能携带意义，因此符号"述真"必然与信息发送者的主体意图密切相关。赵毅

---

① 〔意〕翁贝托·埃科.（2023）. 符号学理论. 唐小林，黄晓冬译. 上海：上海译文出版社（p.75）.
② 同上.

衡在讨论符号"述真"问题时指出:"诚信或非诚信的传达、扭曲、接受,才是符号学要讨论'述真'问题。也就是说,符号学无法处理'有一说一',只能处理'知一说一'以及接下来的'信其一'。"① 就不同的文本体裁而言,"述真"的符号机制也不尽相同。文学叙事本身就发生在虚构的时空之中,其关注的"述真"命题并非人物、事件、情节本身的真实性,而是虚构故事所映射的主题、价值、情感或道理是否符合某种现实逻辑或能否引发某种心理认同,并引导人们进行有意义的追问与反思。如果说文学叙事的符号"述真"指向的是情感的、主题的真实,新闻叙事所关注的意义之"述真",不仅强调承载意义的符号来源、符号表征、符号语言均服务于事实呈现与真相挖掘这一根本初衷,也强调符号获取的手段与方法应符合一个时代的法律法规和道德规约。

阿尔吉达斯·朱利安·格雷马斯(Algirdas Julien Greimas)和约瑟夫·库尔泰斯(Joseph Courtés)较早关注符号学的"述真"问题,并提出了影响深远的"述真矩阵"。② 他们以"是"(being)和"似"(seeming)为矩阵的两个基本要素,同时结合二者的否定项——"非是"(not-being)和"非似"(not-seeming),构造了一个符号学意义上的矩阵模型——"是"与"似"的结合意味着"真实"(truth),如纪录片所呈现的现实世界;"是"与"非似"的结合意味着"秘密"(secret),如莫斯密码所传递的信息世界;"非是"与"似"的结合意味着"幻象"(illusion),如梦境所代表的意识流世界;"非是"与"非似"的结合意味着"虚假"(false),如"皇帝新衣""指鹿为马"等讽刺类寓言故事所揭示的符号世界。有别于其他的叙事文本,新闻叙事意义的"述真"问题,不仅包含信息、事实、真相层面的意义之"是",而且包含符号选择、表征、语言层面的符号之"似",前者更多地强调新闻价值层面的叙事伦理,即符号的叙事意义符合基本的新闻价值,如客观性、真实性、公正性等原则,后者则指向新闻体裁所限定的符号形式要求,如表征的规范性、符号的正当性、意义的合法性等原则。

---

① 赵毅衡. (2011). 符号学原理与推演. 南京: 南京大学出版社 (p. 260).
② Greimas, A. J., & Courtés, J. (1982). *Semiotics and language: An analytical dictionary* (Vol. 10). Trans. Larry Crist, Daniel Patte, et al. Bloomington, IN.: Indiana University Press, p. 312.

显然，根据格雷马斯和库尔泰斯的"述真"矩阵，融合新闻的叙事伦理体现为符号意义之"是"与符号形式之"似"的结合，即新闻价值与表达规范的统一。这里的"是"与"似"的统一，本质上体现为"诚信意图"与"可信文本"的结合。① 我们可以从符号的内涵、行为、实践、后果四个方面来认识融合新闻叙事的"述真"问题：一是符号内容是否真实？二是符号行为是否在一定的规约框架中发生？三是符号实践是否符合特定时期的价值原则？四是符号后果是否侵犯了个体权利或影响了公共利益？有别于其他的文本形式，新闻文本在意义本质上回应的是新闻价值命题，因此，融合新闻的叙事伦理研究，不仅要关注文本携带了何种意义，更要关注意义生产维度的符号秩序问题，即符号参与叙事的规范、道德、程序等伦理命题，而后者恰恰是叙事伦理亟待追问的符号"述真"命题。

基于此，本章主要聚焦于融合新闻这一新兴的新闻形态，重点探讨新媒体时代融合新闻叙事的伦理问题及其深层的符号秩序，重点思考的学术问题有二：一是传统的伦理命题在融合新闻时代是否呈现为新的表现形式？二是融合新闻叙事是否提出了传统新闻未曾触及的新的伦理问题？

（三）融合新闻叙事伦理的问题域

20世纪90年代以来，媒体的市场化改革深刻地影响了新闻业的理念与实践，广告、收入、利润等成为新闻媒体的"紧箍咒"。追求经济效益的压力从管理层延伸至记者身上，使得新闻记者在具体的新闻实践中不得不面临经济效益与社会效益之间的矛盾。为求得生存与发展的空间，部分媒体产生了有偿新闻、虚假新闻、新闻敲诈等片面追求经济效益的行为，严重削弱了媒体的公信力，引发公众对新闻职业道德建设的关注与讨论。受此推动，中华全国新闻工作者协会于1991年发布并多次修订《中国新闻工作者职业道德准则》，以加强新闻工作者的伦理规范。具体而言，新闻伦理的核心准则主要包括真实准确、客观中立、保护隐私、尊重人格尊严等。从根本上讲，只要"新闻实践的本质及目标的内在规定性没有改变"，这些核

---

① 赵毅衡. (2011). 符号学原理与推演. 南京：南京大学出版社（p.264）.

心准则就仍然适用。① 然而，媒介环境发生了深刻变化，新闻实践的发展改变了新闻伦理准则实现的外部环境，这客观上要求我们对具体实践中的伦理准则进行细化与完善。

新闻伦理的内涵体系与规范构成，本质上是制度逻辑、职业逻辑、本体逻辑共同作用的结果。实际上，新闻伦理所要求的规范和准则并不是一成不变的，而是随着宏观新闻制度演变、新闻事业发展、新闻形态变迁而呈现出不断变化和完善的趋势。除了受到宏观的制度设计和新闻事业维度的影响，新闻伦理的内涵还受制于新闻本体层面的表达形态。一方面，从传统的报刊新闻到电子媒介新闻，再到当前方兴未艾的新媒体新闻，不同的新闻形态提出了不同的新闻伦理问题。例如，融合新闻的"多媒融合"特点，将视觉伦理上升为一个显著的伦理问题，即不同媒介元素的整合机制和原理往往存在一定的伦理规约，而视觉伦理是传统新闻未曾正面触及的伦理议题。另一方面，同一新闻伦理议题在不同的新闻形态那里，往往呈现出不同的表现形式。例如，就个体隐私保护而言，如果说传统新闻涉及的伦理问题主要是对未经授权的个人肖像、行为、私密信息的发布，新媒体时代的融合新闻伦理则将目光转向了遍布在社交网络中的各种形态的数据形式，相应的伦理失范问题也主要表现为对个体数据的非法采集、暴力使用或二次开发。

当下，媒介融合时代的融合新闻实践，深刻地影响着传统新闻业的生态格局与观念话语，也对传统的新闻伦理准则提出了新问题与新挑战。融合新闻实践带来的变化主要体现在新闻呈现方式和新闻生产模式两个层面。一方面，融合新闻呈现方式以多媒融合为特点，强调以数字化图像的形式展现新闻事实，这在视觉维度上对新闻客观性、真实性、中立性等伦理准则提出了新挑战；另一方面，融合新闻生产模式以渠道融合为基础，强调借助新兴技术优化新闻生产流程，以实现新闻内容的跨平台、智能化传播，而这一过程中又涌现出许多新的伦理挑战，如算法"黑箱"所带来的隐私泄露、社会歧视等伦理问题。由此，融合新闻在呈现方式和生产模式两个层面引发了新的伦理困境。

---

① 李凌. (2019). 智能时代媒介伦理原则的嬗变与不变. 新闻与写作, 4, 4-7.

第一，从新闻的呈现方式看，融合新闻指向融合多种媒介元素进行叙事的新闻形态。新的媒体平台与不断推陈出新的技术，催生出 H5、VR、游戏等多种信息整合方式，让融合新闻的事实呈现方式拥有了更多的可能性。例如，数据新闻可以通过数据内容及其关系的可视化呈现揭示事实信息，动画新闻、VR 新闻、新闻游戏可以超越对现实的"机械复制"，通过数字图像技术对新闻现场进行还原。相应地，这些新的呈现方式也在挑战传统的新闻伦理准则。在数据新闻中，数据及其关系的视觉化呈现看似科学、客观，但实际上却受到生产者对数据关系理解的影响，因而可能包含生产者自身的偏见，未必能够完全还原变量间的关系并反映真实的社会状况。[①] 融合新闻的数字化场景再现一般依赖"建模"的语言和美学，而生产者的主观意识往往会悄无声息地进入符号表征的深层结构。如果说传统新闻的真实性争议主要体现在所选择的新闻场景能否全面地反映现实，融合新闻关注的则是再现的新闻场景在多大程度上符合现实本身的事实逻辑。随着社交媒体的兴起，融合新闻日益成为新闻的主流形式，对传统的新闻价值带来了巨大挑战。[②] 这意味着，建立在新闻价值基础上的叙事伦理问题，亟须批判性地审视和发展。为了适应社会化传播的特点，部分融合新闻产品会对新闻事实进行一定的艺术化处理，以凸显新闻的故事性、趣味性、情感性。[③] 那么，这种艺术化处理是否会影响新闻的客观性与真实性？

第二，从新闻的生产模式看，融合新闻实践指向打破传播渠道壁垒的全媒体采编制作流程。该生产流程以"一次采集、动态整合、多个渠道、多次发布"为核心理念，采用大数据、人工智能等技术支撑新闻策划制作、新闻精准分发和新闻传播效果评估等功能的实现，大大提升了新闻生产的效率。[④] 以人工智能技术为代表的新兴技术的使用，不仅内嵌了一种技术中介

[①] 刘涛. (2018). 论数据话语权：数据新闻与国家话语建构的视觉修辞途径. 对外传播, 3, 57-60.
[②] Harcup, T., & O'neill, D. (2017). What is news? News values revisited (again). *Journalism Studies*, 18 (12), 1470-1488.
[③] 刘涛, 薛雅心. (2024). 技术何以"赋情"：融合新闻的情感叙事语言及修辞实践. 新闻与写作, 1, 14-25.
[④] 刘涛等. (2021). 融合新闻学. 北京：高等教育出版社 (pp.29-36).

的价值观①，而且悄然制造了一个技术驱动的"模糊现实"（messy reality）②，由此引发了一系列新兴的新闻伦理问题。具体而言，个人信息数据是描绘用户画像、实现新闻精准推送的核心基础，同时也是数据新闻潜在的采集、分析对象。尽管新闻媒体采集到的个人数据一般只用于"后台"分析，不会直接展露个人隐私，但这并不意味着对个人数据的采集是正当的。精准推送新闻的行为或将导致用户过分沉溺于自己感兴趣的信息中，而忽略了重要的公共信息，用户由此可能陷入"信息回音室"。同时，算法本身也包含了设计者的主观价值判断，可能存在操控、偏见等不公正的情况。当前，人工智能技术在新闻领域的广泛应用，极大地提升了新闻机构对平台的依赖性，致使新闻生产的自主性遭遇困境③，这无疑在新闻伦理上引发了新闻内容的公共性危机。除此之外，人工智能技术催生的机器人写作，因其创作来源可能涉及他人的原创作品和虚假消息，故其中存在侵害他人著作权和新闻失实的可能性。与之相伴随的问题是，当机器人新闻出现伦理失范问题时，谁应该承担起伦理责任？是机器人本身，或是机器人的设计者，抑或机器人的使用者？

如何确立融合新闻叙事伦理的问题域？随着媒体融合向纵深发展，新闻生产的新技术、新机制、新模式衍生出许多新的伦理问题，从而将叙事伦理推向一个新的学术视野。如果说传统新闻叙事更多地停留在文本编码层面，融合新闻则在"媒体融合"与"全媒体"维度上拓展了叙事的内涵和外延——叙事不仅涉及文本内部的编码语言问题，也涉及数字媒介的程序装置与叙事可供性，还涉及文本形成的全媒体逻辑及生产系统。显然，前文论及的呈现方式和生产模式问题都属于叙事的范畴，这意味着融合新闻的叙事伦理问题需要在广义叙事学的范畴中考察，如此才能系统地厘清融合新闻叙事

---

① van de Poel, I. (2020). Embedding values in artificial intelligence (AI) systems. *Minds and Machines*, 30 (3), 385–409.

② Helberger, N., van Drunen, M., Moeller, J., Vrijenhoek, S., & Eskens, S. (2022). Towards a normative perspective on journalistic AI: Embracing the messy reality of normative ideals. *Digital Journalism*, 10 (10), 1605–1626.

③ Simon, F. M. (2022). Uneasy bedfellows: AI in the news, platform companies and the issue of journalistic autonomy. *Digital Journalism*, 10 (10), 1832–1854.

伦理的问题域。

具体而言，融合新闻叙事涉及的呈现方式和生产模式，可以进一步细化为本体内涵、叙事要素、文本形式和技术实践，相应地，研究融合新闻的叙事伦理可以沿着新闻本体、新闻要素、新闻语言、新闻生产四个维度切入，如此才能揭示意义生成维度的符号机制及其对应的叙事伦理。基于此，本章立足新闻伦理的元命题——坚持新闻价值维度的事实逻辑、恪守专业理念维度的职业规范、保护法律法规维度的个体权利，聚焦融合新闻有别于传统新闻的核心特征——数据化、图像化、智能化，同时以新闻叙事的符号逻辑及其秩序为考察重点，从而勾勒融合新闻叙事伦理的核心问题域。第一，就新闻本体而言，融合新闻的多元形态及消费取向，引发了新闻内涵和边界的拓展，由此便涉及融合新闻叙事的信息伦理问题；第二，就新闻要素而言，融合新闻将数据推向了新闻表达与认知的重要地位，新闻叙事的关键是处理数据表达的意义网络，那么，数据的来源、收集和处理是否符合现实世界的事实逻辑以及是否尊重个体隐私等权利，本质上涉及融合新闻叙事的数据伦理问题；第三，就新闻语言而言，融合新闻主体上表现为一个可视化表征或数字化再现的融媒体产品，其中，视觉逻辑主导了多媒融合的语言系统，由此便涉及融合新闻叙事的视觉伦理问题；第四，就新闻生产而言，人工智能时代的大数据、算法、机器人写作、生成式人工智能（GenAI）等新兴技术的兴起，正在挑战并重构新闻生产的流程与结构，关于技术本身的诸多争议日益显露，由此便涉及融合新闻叙事的技术伦理问题。概括而言，有别于传统新闻的叙事伦理，融合新闻叙事伦理的问题域主要包括四个方面，分别是新闻本体维度的信息伦理、新闻要素维度的数据伦理、新闻语言维度的视觉伦理、新闻生产维度的技术伦理，分别对应的伦理问题是信息属性问题、数据叙事问题、图像再现问题、数字人文问题，与之有关的符号秩序问题则分别是符号形态问题、符号转译问题、符号语言问题、符号价值问题（见表6-1）。本章接下来将聚焦这四大叙事伦理问题，勾勒融合新闻叙事的伦理框架及其知识内涵。

表 6-1　融合新闻叙事伦理的核心问题

	新闻本体维度	新闻要素维度	新闻语言维度	新闻生产维度
核心内涵	新闻的边界何在	隐私是否安全	表征是否合理	技术何以向善
伦理问题	信息属性问题	数据叙事问题	图像再现问题	数字人文问题
叙事伦理	信息伦理	数据伦理	视觉伦理	技术伦理
叙事问题	叙事内容问题	叙事要素问题	叙事语言问题	叙事批评问题
符号秩序	符号形态问题	符号转译问题	符号语言问题	符号价值问题

二、信息伦理：新闻的形态与边界

新闻本质上是一种信息形态，其价值在于为公众提供生存与发展所必需的事实信息。然而，并非所有信息都可以归为新闻，只有那些具备真实性、时效性、重要性等条件的信息形态才可以称为新闻。缺失了这些条件，新闻就面临信息层面的伦理失范问题。在传统媒体的新闻实践中，较为常见的信息伦理问题主要指向虚假新闻和失实新闻，即信息内容与事实不相符的情况。进入新媒体时代，新闻真实性问题衍生出一系列新的形式和现象。比如，人工智能技术生成的假信息、假视频更加逼真，新闻记者更容易受到这类虚假内容的误导而生产出虚假新闻和失实新闻。

融合新闻生产催生了更为复杂的信息伦理问题。近年来，围绕各类社会议题，媒介机构推出了许多泛新闻产品。一方面，这些产品以新闻的名义出现，信息内容却往往经过艺术化处理和加工，冲击着传统的新闻定义，由此造成新闻边界模糊化的问题。另一方面，这些产品的娱乐、消费功能更加显著，消解了新闻的严肃性和专业性，因而导致信息价值弱化、价值导向偏离等伦理问题。基于上述问题，本章将从新闻真实、新闻边界和新闻价值三个角度切入，深入分析融合新闻产品的信息伦理问题。

（一）技术应用引发的新闻真实问题

真实性是新闻最为基础的属性。脱离了真实，新闻价值的实现也就无从谈起。本质上讲，新闻真实指的是新闻信息要符合其所反映的客观事实，事实是新闻之所以成为新闻的根本条件。事实可以分为真相与假象，无论新闻报道符合的是哪种事实，新闻记者都必须对所见所闻如实报道。但是记录假象的新闻报道对人们来说并无意义，甚至可能造成误导，所以从更深层次上看，新闻真实追求的理应是真相真实。① 归根结底，新闻的起点在于准确地认识并再现事实，追求真相则是在此基础上的更高要求。在融合新闻实践中，大数据、人工智能等技术的应用一方面赋予了记者透过现象深入挖掘真相的能力，但另一方面也对新闻真实的实现提出了前所未有的难题。

在融合新闻生产方面，算法愈发深刻地介入新闻生产流程，将新闻生产流程推向"黑箱化"，致使事实核查（fact check）变得更加困难，虚假新闻出现的概率也随之增加。其一，算法采集的数据体量大，真假难分，新闻记者难对数据来源进行——回溯。其二，算法"黑箱"使得记者难以追寻事实从挖掘到呈现的完整链条，核查工作往往无从入手。其三，算法能够习得人类写作的语言模式，令虚假信息看起来更可靠，这容易误导记者和用户的认知判断。2019 年初，美国 OpenAI 公司推出了一个自然语言人工智能系统，该系统可以根据用户所输入的内容自动生成一篇所谓的新闻报道，为避免算法遭到滥用，该机构仅仅公开了算法模型的简化版本。② 为打击这些人工智能生成的假新闻，美国艾伦人工智能研究所（Allen Institute for AI）开发了一个名为"Grover"的 AI 模型。该模型同时也是一个假新闻的生成器，因此对类似的人工智能所生成的假新闻较为熟悉，能够有效识别出人工智能生成的虚假信息。③ 据测试，Grover 识别出机器人新闻的准确率高达 92%。尽管如此，Grover 并未实现检测新闻内容真伪的功能，机器人所写的假新闻仍然可能因其与人类相似的写作风格而骗得用户的信任，对社会舆论环境造成危害。除了传播者对新闻事实的真实再现，新闻真实的实现离不开接收者对真实的理解与相信，倘若接收者不相信新闻的真实性，新闻就无法作为可

---

① 杨保军．(2006)．新闻真实论．北京：中国人民大学出版社（pp. 5-12）．

② Knight, W. (2019). *An AI that writes convincing prose risks mass-producing fake news*. Retrieved February 14th, 2019, https://www.technologyreview.com/2019/02/14/137426/an-ai-tool-auto-generates-fake-news-bogus-tweets-and-plenty-of-gibberish/. 2022 年 9 月 15 日访问．

③ AI2 Allen Institute for AI. GROVER-a state-of-the-art defense against neural fake news. Retrieved January 24th, 2022, https://grover.allenai.org/. 2022 年 9 月 15 日访问．

靠、有用的信息发挥作用。① 而在人工智能越来越擅长模仿新闻记者写作风格的情况下，用户较难根据信息本身的特点分辨出信息的真伪，因此，用户对新闻报道的信任程度可能会有所下降。

在融合新闻呈现方面，音频、视频等信息呈现方式原本因中介环节少、信息失真率低而相对容易实现新闻真实，但当下 AI 技术的快速发展却使得这些呈现方式的造假成为可能，并呈现出泛滥的趋势。2019 年，一段 Facebook 首席执行官马克·扎克伯格（Mark Zuckerberg）讲话的视频在社交媒体平台上流传开来。在视频中，扎克伯格说道："想象一下：一个人，完全掌控着数十亿人失窃的数据，他们所有的秘密、生活与未来。"事实上，扎克伯格本人并未说过这样一番话，该段视频是使用"深度伪造"（deepfake）技术合成的，但却异常逼真。② 不断流传的各类伪造视频表明，从声音、口型到人脸、表情，"深度伪造"技术都可以进行伪造与替换，更重要的是伪造技术的门槛在降低，任何人都可能制作出令人信服的假视频。③ 这是对新闻真实性原则的巨大挑战：一方面，新闻记者容易受到这些逼真的虚假信息的误导，将没有事实根据的中介化假象作为报道内容；另一方面，虚假信息的泛滥还会消解公众对新闻的信任。这一问题的解决，不仅需要新闻业加强核查能力的培训，也需要法律、政府等多方共同参与，为技术的应用划定红线。④

---

① 杨保军.（2006）.新闻真实论.北京：中国人民大学出版社（pp. 154–161）.

② Merz, R. & O'Sullivan, D.（2019）. *A deepfake video of Mark Zuckerberg presents a new challenge for Facebook*. Retrieved June 12th, 2019, https：//edition.cnn.com/2019/06/11/tech/zuckerberg-deepfake/index.html. 2020 年 2 月 15 日访问.

③ CNN（2019）. *When seeing is no longer believing*. Retrieved January 1st, 2019, https：//edition.cnn.com/interactive/2019/01/business/pentagons-race-against-deepfakes/. 2020 年 2 月 15 日访问.

④ 2019 年 11 月 18 日，互联网信息办公室（国家网信办）、文化和旅游部、国家广播电视总局发布《网络音视频信息服务管理规定》，首次规定个体、平台或机构不得随意发布 AI 造假音视频。该规定指出，不得利用人工智能、深度学习、虚拟现实等新技术新应用制作、发布、传播虚假新闻信息，对于非真实性 AI 音视频信息，应该以显著方式予以标注。2023 年 7 月 10 日，国家网信办等七部门联合公布《生成式人工智能服务管理暂行办法》，对基于算法、模型、规则生成文本、图片、声音、视频、代码等内容给出了严格的规范和引导。

(二) 新闻形态引发的新闻边界问题

新闻边界确立的关键在于明确"新闻是什么",这便涉及新闻的本体内涵。对此,学界给出了事实论和信息论两种观点,前者认为新闻本体是客观存在的事实,后者则指出新闻本体是表征事实的信息。从本质上看,两种观点殊途同归,最终指向的都是事实。① 因此,符合事实与否是判断产品是否属于新闻的根本标准。那么,何为事实?在新闻学中,事实是一种社会存在——"社会"意味着只有为人们所经验或认识的客观存在才具有新闻的意义,即事实依存于人类实践活动;"存在"则强调事实不属于社会意识范畴,即新闻事实外在于人而存在。② 与此同时,新闻事实的呈现,离不开人与媒介的中介作用,所以传播者的主观意识和媒介技术的修饰手段必然参与事实的建构。正因为存在人的能动性和技术的可能性,新闻本体才得以呈现为各种各样的形态,受众也才得以从不同的视角和立场窥见事实真相。但这并不意味着传播者可以随意扭曲新闻事实。简言之,新闻与其他信息的重要区别就在于对新闻事实的尊重,所以传播者必须在新闻事实的客观尺度内进行创作,否则就要承担一定的伦理风险。③ 总而言之,文本唯有同时满足两个条件才能被认定为新闻:第一,文本的本体是事实;第二,文本对事实的描述在合理尺度内。因此,只要不与这两个条件相悖,以任何形态出现的信息都可以被认定为新闻。

以上述标准考察泛新闻产品,新闻边界模糊化的问题便随之出现。在部分所谓的融合新闻产品中,社会议题、社会事件往往作为背景被一带而过,并未成为叙述的重心。相反,有趣的娱乐设计和体验一跃成为叙事的核心内容。在娱乐内容"喧宾夺主"的情况下,产品的本体是什么?如果从产品制作的出发点来看,将事实信息视作产品主体仍然可以理解。那么,这些泛新闻产品对事实的呈现是否处于合理尺度之内?例如,2015 年,为纪念中国人民抗日战争暨世界反法西斯战争胜利 70 周年,网易新闻推出了 H5 新闻

---

① 杨保军. (2009). 关于新闻本体的几个基本问题. 新闻学论集,22,110-127.
② 芮必峰. (1997). 新闻本体论纲. 新闻与传播研究,4,52-65.
③ 杨保军. (2009). 关于新闻本体的几个基本问题. 新闻学论集,22,110-127.

游戏《大逃亡》。出于戏剧化的需求，制作机构在真实的史料之外添加了许多虚构情节，包括"刺杀希特勒"的游戏支线。虚构情节和真实情节的结合势必会影响用户对历史的知识建构与认知判断。如此设计模糊了新闻信息与其他类型信息的边界与尺度。融合新闻的新兴形态一旦偏离新闻的信息价值和标准，便会引发新闻边界模糊化的问题。无论如何，事实真相仍然是新闻的核心价值所在。唯有确保新闻叙事的目的在于帮助用户把握社会的真实情况，融合新闻才能体现出应有的新闻价值。

（三）价值取向引发的新闻价值问题

新闻根植于人的社会性活动，因此，新闻价值必然指向新闻对于人与社会的意义。从本质上看，新闻价值取决于新闻信息对受众的实际效应，因而新闻价值的实现既受制于新闻信息——客体本身所拥有的客观属性，又受制于新闻信息对于受众——主体而言的主观意义。客体属性的多样性与主体的多元性决定了新闻价值存在多重内涵。其中，因为新闻传播的目的在于传达信息，所以信息价值是最为核心的新闻价值。所谓信息价值，指的是新闻文本具有以准确传达新闻事实来消除受众认知不确定性并满足其社会生活与生产需要的价值。诸如娱乐价值、教育价值、审美价值等其他新闻价值都依附信息价值而存在，"如果忽视了新闻的信息价值，其他价值看上去可能实现了，但却可能偏离了新闻的价值方向"[1]。但是这并不意味着，新闻文本的最大价值就是信息价值。新闻价值客体的多种属性决定了文本具有多重潜在的新闻价值，至于何种价值能够实现、何种价值发挥的作用最大，主要取决于主体的需求、素质及其所处的环境等因素。[2]

以上所谈及的新闻价值主要讨论的是新闻文本对于受众的效用，指向的是社会效益维度的新闻价值，其中的核心在于信息价值。而对于市场化的新闻媒体来说，新闻价值还有一个重要的维度——经济效益，即新闻产品能为新闻媒体创造多少收入。当前，面对互联网上的海量信息，用户的注意力注定是一种稀缺的资源。新闻媒体只有获得足够的注意力才有可能提升经济效

---

[1] 杨保军.（2020）.论新闻的价值根源、构成序列和实现条件.新闻记者，3, 8-9.
[2] 杨保军.（2002）.试论新闻价值构成的多项性和层次性.国际新闻界，4, 46-51.

益。新媒体时代的用户注意力集中体现为流量，其往往作为衡量新闻经济价值的重要指标而深刻地影响新闻的价值取向。当前的融合新闻叙事之所以愈发强调形式的创新以及用户的参与，一个重要的原因便是流量逻辑的深层驱动。与此同时，部分新闻媒体为追求经济效益的最大化，只侧重新闻的流量价值，凸显新闻的娱乐性和趣味性，而削弱了新闻的信息价值。此种做法固然有利于提升流量，创造经济效益，但缺失了信息价值，新闻便不再是新闻。因此，面对新的传播格局，新闻工作者一方面应该坚守新闻的信息价值，确保新闻能够传达事实信息，另一方面要充分把握新媒体用户的心理需求，以创新新闻形态和叙事语言提升新闻的流量价值，提高新闻产品在新媒体环境中的竞争力。简言之，平衡信息价值和流量价值的关键在于，从信息中挖掘创新融合形态和叙事语言的可能性，以及在顺应流量逻辑的基础上充分提升信息的社会效益。①

其实，片面追求流量价值的媒体发展逻辑还容易导致信息的价值取向产生偏差。一些内容平台为博得用户关注，罔顾信息对社会价值的导向作用，任由涉及低俗不良内容、不安全行为等违反社会公德的信息大肆传播，对社会舆论生态造成了不良影响。2017年12月，今日头条、凤凰新闻手机客户端的负责人被北京市互联网信息办公室约谈，正是因为该客户端打着"算法推荐"的名号，持续传播色情低俗信息、违规提供互联网新闻信息服务，扰乱了网络传播秩序。2017年11月8日，极限高空运动挑战者吴永宁（微博名吴咏宁）在长沙的一次高空挑战中失手坠亡。此前，他曾在十个月内发布了301段高空挑战视频，凭借惊险刺激的视频内容，吴咏宁收获了上百万关注者。② 对于吴永宁所拍摄的涉及危险动作的视频，视频平台并未加以规制，反而借助算法推波助澜。③在融合新闻实践中，新闻服务平台亦是全媒体生态系统的重要构成主体，其内容管理机制与新闻价值实现密切相关。

---

① 刘涛. (2020). 融合新闻选题: "信息逻辑"与"流量逻辑"的对接. 教育传媒研究, 1, 20-24.
② 王佳慧, 周小琪. (2017). 极限高空运动挑战者吴咏宁之死. 新京报, 12月11日, http://www.bjnews.com.cn/inside/2017/12/11/468053.html. 2017年12月11日访问.
③ 王巍. (2019). 吴永宁坠亡案终审: 花椒直播判赔3万. 新京报, 11月24日, http://www.bjnews.com.cn/feature/2019/11/24/653518.html. 2019年11月24日访问.

三、数据伦理：数据的转译尺度及语言

大数据时代已然来临。对于新闻行业而言，大数据技术的应用主要体现在两个方面：第一，数据作为融合新闻生产的基础性要素，为实现人工智能新闻生产、网络热点分析、新闻精准推送等更高效的生产、发布方式提供了底层资源；第二，数据成为融合新闻叙事的核心构成要素，为制作更明晰直观的数据新闻提供了内容来源。可以说，大数据正在成为融合新闻生产的核心资源之一，是新闻媒体重要的生产要素与竞争基础。基于新闻真实性、客观性等要求，新闻行业对数据的要求颇高，若未能对数据采集、处理和分析等环节加以严格规范，可能会引发相关的数据伦理争议。本章将分别从数据收集、分析和报道三个环节考察新闻生产中的数据伦理问题，具体包括数据的可靠性问题、数据关系的真实性问题和数据深层的隐私侵犯问题。

（一）数据的可靠性问题

融合新闻生产愈发依赖大数据，数据成为记者发现新闻事实的重要中介。然而，新闻记者难对数据获取、处理、分析过程进行逐一核查，只能依靠数据来源的可靠性与权威性对数据的真实性与可信度进行判断，因此数据来源很大程度上影响着新闻记者对新闻事实的判断与呈现。当数据来源可靠性较低时，新闻便面临失实的风险。2014年3月，美国《纽约邮报》发布Twitter简讯称，此前失踪的NBA球员坤顿·罗斯（Quinton Ross）的尸体已被找到。不久，谷歌开发的"维基百科实时监测机器人"检测到，多名用户在不同语言版本的维基百科中修改了该球员的条目，并通过Twitter发布了关于确认罗斯死亡的简讯。可是，《纽约邮报》很快对源头新闻进行了更正，声明该尸体并非NBA球员罗斯本人，而是一位同名同姓的死者。局限于算法设计，谷歌算法并未重新启动信息抓取和发布程序对此前发布的简讯进行更正，导致错误消息大范围流传。[①] 此外，对于故意伪造、虚构的数据，再权威可靠的数据来源都未必能够有效甄别并进行剔除。例如，近年来

---

① 邓建国. (2016). 机器人新闻：原理、风险和影响. 新闻记者, 9, 10-17.

备受争议的网络"水军"可以在短时间内通过增加点击量、转发量等数据，提升某个事件或人物的讨论热度。换言之，数据本身就存在失实的可能性。因此，数据驱动的融合新闻不可避免地面临失实的伦理风险。

（二）数据关系的真实性问题

随着大数据技术在融合新闻生产中的渗透，新闻线索的发现、新闻内容的叙事等生产环节越来越离不开对数据关系的挖掘与分析。大数据技术提供的数据关系以相关关系而非因果关系为主，不少学者甚至声称要以简单的相关关系取代因果关系。大数据中的相关关系是因果关系派生的一种关系结构[①]，然而，人们却难以从相关关系中直观地推导出一种因果逻辑。新闻的认知与解读很大程度上是基于因果关系的，脱离了因果关系，不确定性便难以被消除，新闻也就无法满足公众的信息需求。由此，大数据在新闻报道中的应用便催生了认知逻辑上的矛盾，造成了数据关系能否反映现实关系的问题。

统计学中存在伪相关的现象，即两个在统计学上显示较高相关性的变量在实际中并不具有相关关系。显然，伪相关所导致的错误统计推断会影响人们对于事实的发现与判断，而在大数据时代，数据的大体量、高维度不仅增加了伪相关发生的概率，而且使得伪相关的识别与核实变得困难。FiveThirtyEight是美国一个基于数据统计分析，提供政治、体育、科学、文化信息的资讯网站。2014年，该网站发布了一篇数据新闻报道《工会越少，国家的竞争力越强吗？》（"Do Fewer Unions Make Countries More Competitive?"）。在该报道中，记者安德鲁·弗劳尔斯（Andrew Flowers）对29个国家的工会密度与全球竞争力指数进行简单的线性回归分析后发现，两者存在统计学上显著的正相关关系，由此得出工会密度越高，国家竞争力越强的结论（见图6-1）。然而，该数据新闻的数据分析和事实核查都显得过于简单，不但未排除两个变量伪相关的可能，而且将相关关系直接等同于因果关系，缺少对两者因果联系的详细解释，受众不仅不能从中获得有用的知识，反而极有可能形成错误的认识。因此，新闻记者必须谨慎对待数据之间的相关关系，警惕其对新闻事实判断的误导。

[①] 王天思. (2016). 大数据中的因果关系及其哲学内涵. 中国社会科学, 5, 22-42+204-205.

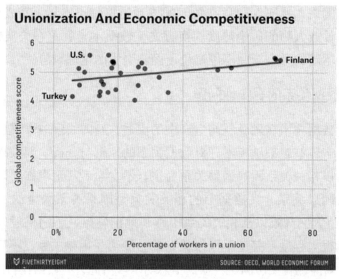

图 6-1　数据新闻《工会越少，国家的竞争力越强吗？》（截图）

（三）数据深层的隐私侵犯问题

　　融合新闻叙事所收集和分析的数据包括企业、政府部门等组织的统计数据，各类传感器生成的测量数据以及用户在互联网上的行为数据等。用户的个人信息、网络行为、社交活动等数据是实现精准推送、新闻挖掘的基础，更是数据新闻报道的关键。在实际的融合新闻生产中，个人数据收集面临颇为复杂的伦理问题。一方面，网络平台在提供服务时一般要求用户同意其获取、保留、使用自身数据，否则就不允许网络用户使用其服务。因此，不管是否充分了解运营者获取个人数据的行为及其后果，用户往往都要被迫同意。另一方面，网络用户一旦点击了同意，就无法撤回，也无法要求删除相关数据，除非网络运营者的行为违反法律法规或相关协议。在这种情况下，融合新闻生产的数据基础便可能包含用户不愿意透露、留存的信息，容易造成对用户隐私的侵犯。2018 年 5 月，欧盟出台《通用数据保护条例》（General Data Protection Regulation，GDPR），旨在进一步规范数据的采集与使用行为以保护数据主体，明确规定：除特殊情况以外，个人数据的处理必须建立在数据主体同意的基础之上，而且数据主体拥有要求删除个人数据的权利，即"被遗忘权"。这为我国探索从法律法规层面保护个人数据提供了有益借鉴。

即便已经获得对个人数据进行采集和处理的许可，新闻媒体在对数据进行报道和展示时也必须注意保护数据主体的个人隐私。2012 年 12 月，美国康涅狄格州纽敦市桑迪胡克小学发生枪击事件，造成 20 名儿童和 6 名成人死亡。此事发生不到两周，美国《新闻日报》（The Journal News）在网站上发布了融合新闻《隔壁的枪支持有者：关于社区中的武器你所不知道的事》（"The Gun Owner Next Door: What You Don't Know About the Weapons in Your Neighborhood"），其中包含标注枪支许可证持有者所在地的数字地图。其中，Rockland 和 Westchester 这两个地区的枪支许可证持有者的姓名和住址都被详细地标注出来，引发了极大的争议。严格来说，枪支许可证持有者的信息在当地属于可公开的记录，经过申请便可获取。但是，持枪者认为，媒体对这些数据进行报道不仅侵犯了他们的隐私，也可能造成排斥持枪者和盗窃枪支等潜在问题。[①]

为了避免类似的争议出现，数据脱敏是当下数据新闻叙事的一个重要环节。所谓数据脱敏，指的是对颗粒度较细，即信息内容较详细的数据，进行粗化处理，从而避免数据主体的隐私被泄露。例如，为剖析相亲角中的婚恋观念，澎湃新闻于 2018 年推出了数据新闻《我们去了相亲角 6 次，收集了这 874 份征婚启事》（见图 6-2）。该制作团队统计并分析了 874 份征婚启事中相亲者的自身条件及其对期待对象的要求等数据内容，并以可视化方式进行展现，反映了当下相亲市场的基本概况以及其中折射出来的婚恋观念。由于这些分析数据涉及相亲者的年龄、身高、学历、工作、房产等诸多详细的个人信息，读者容易依据这些信息追溯到具体的对象个体，造成个人隐私的泄露。因此，该制作团队采取去掉信息细节等方法对数据进行了脱敏处理，并在报道中多次强调"所有个人隐私数据均经过脱敏处理"。如此一来，在充分保护个人隐私的前提下，该则新闻通过展示部分文本内容，增强了新闻的真实性与接近性，很好地把握了公众的知情权与隐私权之间的界限。

---

① Maxwell, R. (2013). The gun owner next door: What you don't know about the weapons in your neighborhood. *The Journal News*. Retrieved January 25th, 2018, https://www.gislounge.com/the-journal-newss-gun-map. 2019 年 5 月 3 日访问。

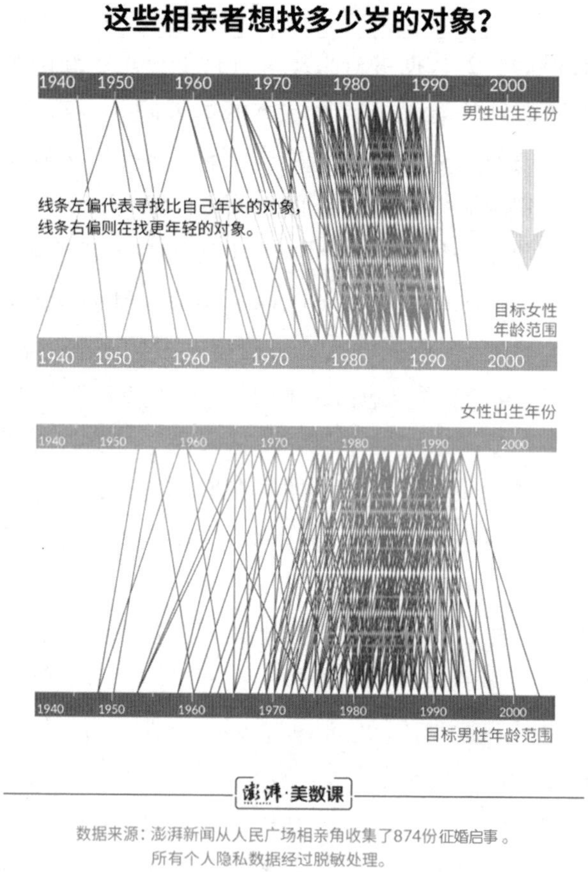
这些相亲者想找多少岁的对象？
1940 1950 1960 1970 1980 1990 2000
男性出生年份
线条左偏代表寻找比自己年长的对象，
线条右偏则在找更年轻的对象。
目标女性
年龄范围
1940 1950 1960 1970 1980 1990 2000
女性出生年份
1940 1950 1960 1970 1980 1990 2000
1940 1950 1960 1970 1980 1990 2000
目标男性年龄范围
澎湃·美数课
数据来源：澎湃新闻从人民广场相亲角收集了874份征婚启事。
所有个人隐私数据经过脱敏处理。

图 6–2　数据新闻《我们去了相亲角 6 次，收集了这 874 份征婚启事》(截图)

四、视觉伦理："中介化事实"的视觉生成

进入视觉文化时代，图像逐渐成为人们所倚重的理解和解释世界的方式，新闻业也不例外。随着媒体融合的推进，图像在新闻叙事中的功能和意义日益凸显，视觉逻辑逐渐主导了融合新闻的表征系统，由此也引发了融合新闻生产的视觉伦理问题。一般而言，事实信息的视觉呈现，需要遵循直观、简洁、感性的视觉认知逻辑。不同于语言文字的认知特点，大脑认知的"惰性原则"决定了视觉信息并没有留给受众过多的思考空间，所以，事实

进入受众思维系统的"模样",很大程度上就决定了受众解读事实的认知框架和立场。正因为视觉认知的特殊性,遵守新闻伦理准则就显得尤为重要。然而,由于生产者所处环境和传播语境具有一定的复杂性和矛盾性,因此新闻的视觉呈现不可避免地承受着一定的伦理失范风险。进入新媒体时代,视觉化呈现、可视化表征和数字化再现成为视觉伦理集中讨论的问题。第一,短视频新闻契合了移动互联网时代用户快速获取信息的需求,然而,"深度造假"技术的出现可能会导致视频内容失实风险增大。第二,数据新闻为全方位、深层次地挖掘和展现新闻事实提供了可能性,但也让制作者面临将数据关系转换为视觉符号的新难题,使其不得不考虑可视化语言所带来的认知偏差问题。第三,随着动画、VR 等数字图像技术不断发展,以及以 Sora、Midjourney、Dall-E、Stable Diffusion 等为代表的 AI 生成图像技术进一步成熟,其所创造的图像越来越逼真,能够最大限度还原无法抵达的真实场景,受众越来越容易将虚拟场景直接等同于真实场景,从而沉溺于感官刺激和情绪化体验之中。本章将基于这三个方面,展开对视觉化呈现伦理、可视化表征伦理和数字化再现伦理的讨论。

(一)视觉化呈现伦理

在传统媒体时代,照片、视频是记录新闻场景的主要方式,其所面临的伦理风险主要体现为摆拍和技术处理、选择特定拍摄角度所造成的新闻失实以及过于追求视觉冲击力而缺失人文关怀等。比如,《大庆晚报》记者刘为强于 2006 年发表的摄影作品《青藏铁路为野生动物开辟生命通道》因"捕捉"到了火车经过五北大桥时,一群羚羊从桥下经过的难得场景,不仅被国内多家媒体转载,还赢得了"影响 2006"CCTV 图片新闻年度评选的铜奖。但实际上,该照片为 PS 合成图片,这一事实于 2008 年被网友曝光,该作品的获奖资格因此被取消,创作者刘为强被解聘。进入新媒体时代,照片、视频这类纪实性视觉对象仍然是非常重要的新闻呈现方式,短视频新闻更成为主流的融合新闻形态,但其所面临的视觉呈现伦理问题表现出了新的特点——更多与技术相勾连。

如今,不仅照片可以经过 PS 加工处理,录像视频也可以"深度伪造",从而扭曲、虚构事实。通过人工智能等算法技术的处理,视频中的人物可以

"换脸"，还可以"说出"未曾说过的话，而经此处理的视频逼真度颇高，可以达到乱真的程度。早在2017年底，"深度伪造"的视频就已经开始在社交媒体上广泛传播，起初视频内容以娱乐为主，后来波及商界、政界等领域的知名人士，甚至影响到国家安全。2019年5月，一则关于美国众议院议长南希·佩洛西（Nancy Pelosi）的视频在社交媒体上不胫而走，短时间内观看次数上升至数百万次。画面中，佩洛西讲话含糊不清，显露疲态。福克斯商业频道的一档节目还基于此对佩洛西的身体状况进行了推测。可是，经专家分析，该视频被刻意篡改过，播放速度被放慢到正常的75%左右。[①]"深度伪造"视频泛滥，颠覆了人们的认知习惯，意味着视频不再是对事实的直接反映。对于新闻视频来说，这一改变严重威胁着新闻真实性的实现。其一，对于无法抵达的新闻现场，新闻记者再无法仅凭借视频录像进行核实或报道，这对新闻记者的信息核查能力提出了更高的要求。其二，在造假技术越来越易用的情况下，新闻记者同样可能为了利益篡改视频内容，违背新闻伦理的真实性原则。

对于短视频新闻来说，剪辑也会影响新闻的事实呈现。有别于以往的电视新闻，短视频新闻迎合了移动互联网发展的趋势，强调内容简明扼要，因此，事实真相的呈现更加依赖剪辑与解说，而经过有意剪辑的视频内容是不完整的，未必能准确地反映事实真相。这一问题在短视频新闻这里表现得更为突出。由于短视频新闻容量有限，录像视频片段大多需要经过选择、压缩与重新组合，而视频编辑方式则依赖记者对事实的理解与解读，因此记者的主观意识会随剪辑进入新闻叙事，一旦剪辑不当，便会产生信息失真的问题。

（二）可视化表征伦理

可视化主要是指调用视觉符号展现数据内容及其关系的过程与实践。基于数据可视化的新闻事实包含两个层面——客观世界中的"原型事实"和

[①] O'Sullivan, D. (2019). Doctored videos shared to make Pelosi sound drunk viewed millions of times on social media. *CNN*, May 24th. Retrieved May 24th, 2019, https：//edition.cnn.com/2019/05/23/politics/doctored-video-pelosi/index.html. 2019年10月2日访问。

以数据形式出现的"中介化事实"。这意味着数据可视化新闻的真实性标准也存在两个层次：第一，"中介化事实"要符合"原型事实"；第二，视觉呈现要符合"中介化事实"。[①] 前者所引发的伦理问题在前文已论及，此处主要对后者进行讨论。大数据关系复杂、维度丰富，其数据处理过程和分析结果专业而晦涩，因此新闻工作者需要在充分理解数据及其关系的基础上，将数学语言转化为通俗易懂的视觉符号。在可视化的符号转译过程中，往往存在数据所承载的新闻事实被扭曲的可能性。

数据可视化依赖新闻生产者对数据关系的视觉想象，而这种想象又受限于生产者自身的知识储备和想象能力。数学、统计学等学科积累了相对成熟的数据可视化图像类型及相应的绘图软件，能够帮助生产者节省进行视觉设计的时间，并最大限度地确保数据呈现的客观真实性。然而，大数据时代下的数据关系愈加复杂，这些设定好的图像类型难以覆盖所有的数据关系，而且专业化的图像也难以适应新媒体的趣味化、情感化传播要求，因此，数据可视化新闻的设计有时仍然离不开生产者的主观想象，生产者的偏见便不可避免地体现在新闻报道之中。另外，在可视化创作的过程中，技术人员更多考虑的是视觉呈现效果美观与否的问题，而甚少反思新闻是否真实、客观。[②] 概括来说，当生产者对数据关系的理解存在错误或偏差时，其所选择的数据呈现方式便会偏离数据这一"中介化事实"，进而造成新闻失实。例如，在英国《卫报》2015年推出的数据新闻《中国拖累了世界经济》（"How China's Economic Slowdown Could Weigh on the Rest of the World"）中，反映其他国家贸易出口额的气泡图如气球般飘浮在页面上方，而表示中国贸易进口额的气泡图则被置于页面下方，形成一幅"中国拖着其他国家下坠"的数据可视化图景，暗示中国贸易进口额的下降是其他国家贸易出口额下降的直接原因。从现实情况来说，影响各个国家贸易额变化的因素较多，这些数据之间并没有必然的因果关系，但《卫报》却通过对"拖累"这一视觉意象的符号再造，在图像意义上构造了一种因果关系——中国贸易进口额下降是

[①] 杨保军, 孙新. (2019). 论大数据新闻真实性的个性特征. 当代传播, 5, 10-13.
[②] 常江. (2017). 蒙太奇、可视化与虚拟现实：新闻生产的视觉逻辑变迁. 新闻大学, 1, 55-61+148.

其他国家贸易出口额下降的"元凶"。① 实际上，数据新闻的可视化过程本质上即是一种视觉修辞实践，而修辞伦理问题亦体现为新闻叙事的伦理问题。生产者可以通过充分调用颜色、形状、尺寸、位置等视觉符号语言，再造数据关系，为数据新闻确立一个通往现实认知的视觉框架，铺设一条明确的解读路径，让读者可以沿着其所设计好的方向"识别事实"。

（三）数字化再现伦理

新闻场景的视觉呈现能直观地向公众还原新闻事件的发生过程，有助于公众准确把握新闻事件的实际情况。但对于一些突发的新闻事件来说，关键瞬间稍纵即逝，新闻记者未必能够及时捕捉。为弥补画面不足和满足故事化叙事的需求，传统的电视新闻有时会采用重演、补拍的方式再现新闻场景。这些场景再现方式违背了新闻的真实性原则，因而往往不受认可。到了新媒体时代，融合新闻产品可充分利用动画、VR、AR等新技术再现新闻场景，并在模拟的基础之上增添一定的趣味或互动元素，以增强整个新闻产品的娱乐性和体验感。这一改变迎合了新媒体环境下用户的消费心理与娱乐需求，但数字化再现的技术方案问题也引发了新的再现伦理问题。

新闻场景的数字化再现主要针对的是真实场景摄像记录缺失的情况，所以新闻场景还原的依据一般是人的记忆。记忆不一定完整，甚至存在丢失、出错的可能，据此还原的场景往往包含一定的想象成分。这些想象成分与真实成分交融在一起，致使用户难以做出区分，只能将所见之物直接等同于真实场景，新闻失实风险由此增加。强调沉浸式体验的融合新闻形态则可能为虚假新闻提供更深的藏匿空间，其中最具代表性的就是VR新闻。沉浸式体验意味着逼真的还原和强烈的在场感，用户可以"亲身"体验新闻场景，全方位深入地了解新闻事件的经过。不过，这些体验都局限在生产者所设计的新闻场景和角色之中，换言之，用户认知的内容乃至触发的感受都是由生产者决定的。另外，直接的感官体验还可能导致用户陷入视觉冲击所带来的共情体验，失去对新闻事实的理性思考，最终为媒体所操纵而不自知。

---

① 刘涛.（2016）.西方数据新闻中的中国：一个视觉修辞分析框架.新闻与传播研究，2，5-28+126.

为了迎合新媒体时代的社会化传播需要，融合新闻再现的新闻场景有时会经过一定的艺术化处理，以强化新闻的故事性和情绪感染力。比如，在采用动画或漫画形式再现新闻场景时，生产者会对颜色、风格等元素进行精心设计，甚至将不在同一时空的新闻场景进行拼贴。其所追求的效果不只是对真实的"临摹"，还有对新闻的情感价值、娱乐价值、趣味价值的突出。在合理尺度内，这样的艺术化处理能够进一步升华新闻主题，增强融合新闻的传播力。然而，艺术化处理手法一旦被滥用或错用，便容易影响受众对新闻事实的认知。

五、技术伦理：算法的"黑箱"及其价值反思

新兴技术的引进固然为新闻业带来了生产方式的变革与优化，但也带来了一系列风险意义上的不确定性。技术超越纯然的工具性，而具有了影响新闻传播逻辑、重塑新闻价值观念的社会性内涵。随着全球技术革命速度的不断加快，技术伦理日益成为人们所关注的热点之一。以往关于技术伦理的讨论主要聚焦于媒介技术革新对新闻价值标准的冲击，而当下新闻业所谈论的技术伦理逐渐将关注点转移到融合新闻生产与分发流程中所引入的前沿技术，及其对传统新闻价值标准与伦理准则的挑战。其中，人工智能技术作为目前极具潜力的技术形式，已经广泛应用于新闻生产流程，并重构了一种全新的新闻生态系统（news ecosystem）。[①] 如何探索一种负责任的人工智能技术体系，以维护新闻价值的基本规范和要求，成为学界普遍关注的一个技术理论命题。[②] 当前，人工智能技术在新闻业的应用以新闻算法推荐、机器人新闻写作、人工智能生成内容（artificial intelligence generated content，AIGC）为主，已经引发新闻内容生产与分发机制的重大变革，并深刻地作用于意义生产的叙事系统。算法的深度介入对现有的伦理准则提出了新挑战：其一，

[①] Ahmad, N., Haque, S., & Ibahrine, M. (2023). The news ecosystem in the age of AI: Evidence from the UAE. *Journal of Broadcasting & Electronic Media*, 67 (7), 1-30.

[②] Trattner, C., Jannach, D., Motta, E., Costera Meijer, I., Diakopoulos, N., Elahi, M., & Moe, H. (2022). Responsible media technology and AI: Challenges and research directions. *AI and Ethics*, 2 (4), 585-594.

新闻推荐面临"信息回音室"、算法权力滥用等争议;其二,算法设计中存在歧视、不公平等问题;其三,生成式 AI(Generative Artificial Intelligence)技术中隐藏着著作权侵害、新闻失实等风险。

(一)新闻推荐的伦理问题

新闻推荐是融合新闻分发的重要一环,实现了新闻分发从"广撒网"到精准化、个性化的转变。对于用户而言,人们无须从海量信息中苦苦寻找自己想要的信息,由此大大节省了信息消费的时间;对于媒体来说,新闻的精准送达能够实现信息价值的最大化,从而优化新闻的传播效果,增强用户黏性。然而,看似双赢的新闻推荐中却隐藏着一定的伦理风险。

新闻推荐引发的伦理问题,首先体现为用户的信息选择会受到新闻推荐算法的干预。算法驱动下的新闻推荐会过度依赖用户的自我偏好,由此带来记者和用户所关注的新闻议题存在明显差异。[1] 新闻推荐的前提是绘制用户画像,即通过采集用户的个人信息、浏览历史、地理位置等数据,计算出用户的阅读需求,为用户贴上相应的标签,再依据标签向用户推荐相关新闻。换言之,算法为用户"量身定制"了一个过滤器,互联网上的海量信息必须通过这一过滤装置才能抵达用户,而用户所能获取的信息也局限于算法过滤、筛选的内容。然而,遗憾的是,用户无从获知算法本身的生成逻辑与过滤规则,更无法纠正,因而完全处于被动接受的状态。这意味着,因为算法对新闻分发的介入,用户信息选择的空间窄化,选择的自主性受到限制。

当算法主导了用户的接受方式时,用户可能被迫困于"信息回音室"之中,由此带来的伦理后果是:新闻的公共性内涵必将面临巨大挑战。基于用户画像,算法往往只向用户推送其感兴趣的信息或与其意见相一致的内容,这实际上是为用户划定了一个圈子,限制了其信息接触范围。在个体层面,这可能导致用户的视野更加狭小,成为信息时代的"井底之蛙",只看见自己想看见的世界;在群体层面上,这可能诱发群体极化现象,使得群体成员的观点愈发极端,群体间的交流愈发困难;在社会层面,这不利于社会

---

[1] Wendelin, M., Engelmann, I., & Neubarth, J. (2017). User rankings and journalistic news selection: Comparing news values and topics. *Journalism Studies*, 18 (2), 135-153.

舆论的健康发展，甚至会减弱社会黏性，加剧社会分化。①

必须承认，新闻推荐可能会向用户推送失实信息。新媒体时代，为了满足用户多元化的信息需求，新闻内容分发平台提供的往往不只有专业媒体生产的新闻内容。比如，今日头条下设"头条号"作为内容分发平台，个人与组织均可注册头条号，并进行个性化的内容生产与发布。到目前为止，新闻推荐算法还难以对信息内容进行有效的事实核查，审核与纠正仍然需要依靠人工进行。相较于海量的信息内容，人工编辑的力量有限，难免出现"漏网之鱼"。2016年，Facebook"趋势话题"版块推送了一篇报道，热度颇高。该报道声称当时的福克斯新闻主播梅根·凯利（Megyn Kelly）因支持希拉里·克林顿（Hillary Clinton）竞选美国总统而被解雇。该版块的编辑并未注意到此乃虚假消息，反而对这篇文章做了突出的标记，导致错误的信息广泛传播。② 可见，由于缺少事实核查的有效算法机制，新闻推荐中存在推送失实新闻、虚假新闻的可能性。

（二）算法设计的伦理问题

算法模型的生成更多地依赖机器学习，人为干预空间相对较小，因此，算法往往被误解为一种价值中立的技术。事实上，横在输入数据与输出结果之间的"黑箱"只是将算法的价值偏向隐藏了起来。无论是训练算法的数据，还是机器学习的目标设定，其中都包含了人的价值判断，基于这些因素而生成的算法也就必然吸纳了人的主观意识。相关研究发现，人工智能驱动的自动新闻生产，往往携带着一定的价值偏向③，这意味着融合新闻叙事不能忽视算法设计本身的技术伦理问题。

从根本上讲，算法意味着一种基于信息不对称而形成的权力。相对于普

---

① 陈昌凤，张心蔚. (2017). 信息个人化、信息偏向与技术性纠偏——新技术时代我们如何获取信息. 新闻与写作, 8, 42-45.

② Gunaratna, S. (2016). Facebook apologizes for promoting false story on Megyn Kelly in# Trending. *CBS News*. August 29th. Retrieved August 29th, 2016, from https://www.cbsnews.com/news/facebooks-trending-fail-news-section-reportedly-highlights-fake-news-on-megyn-kelly/. 2019年10月2日访问.

③ Gutierrez Lopez, M., Porlezza, C., Cooper, G., Makri, S., MacFarlane, A., & Missaoui, S. (2023). A question of design: Strategies for embedding AI-driven tools into journalistic work routines. *Digital Journalism*, 11 (3), 484-503.

通用户而言，算法技术使用者对数据的内容及使用情况更为了解，因此掌握了新闻推送决策的主动权。[1] 当缺乏对这种权力的监督时，算法技术使用者便可能会为了利益对信息和舆论进行操控。比如，2016 年，负责 Facebook "趋势话题"版块的前员工揭露该版块编辑会人为更改算法结果，不仅会压制保守派和 Twitter 的相关信息，也会在话题中加入话题框架。[2] 除了人为更改算法结果，算法使用者还可能从算法设计入手，通过调整变量的权重参数，提升特定新闻内容的推送概率，诱导用户的信息消费行为。在这种情况下，算法"黑箱"阻断了用户对内容生成与推送规则的理解，用户也就更难察觉内容背后的权力操纵。

算法结果即便未遭人为篡改，也必然承载着设计者的任务目标、评价标准等主观判断，因此，人的某种无意识或偏见也会悄无声息地"传导"至算法的计算模型之中。实际上，这一问题的产生与机器学习原理密切相关。机器学习主要指的是机器通过分析大量数据而自动生成算法模型的过程。在学习过程中，机器主要在数据集构建、数据标注以及目标制定与特征提取三个环节吸纳人的偏见[3]，因此算法偏见可以大致分为数据偏见和规则偏见两种。一方面，数据偏见指的是算法从数据集中习得的偏见，具体包含两种情况：一是数据集不具有代表性或者隐含了偏见，二是图像、视频等数据经由人工标注而转化为机器可识别的结构化数据，标注者的主观价值判断随之进入数据集。比如，亚马逊内部招聘系统训练所用的数据集是过往的招聘决策，而过去亚马逊更倾向聘用男性，这就构成了数据偏差，导致算法习得了数据中的性别偏见，更容易忽略女性求职者。另一方面，规则偏见指的是算法从设计者制定的规则中获得的偏见，即设计者的偏见在决定任务目标、选取数据标签等环节融入了算法。比如亚马逊内部招聘系统的设计，当该系统

---

[1] 杨保军，杜辉. (2019). 智能新闻：伦理风险·伦理主体·伦理原则. 西北师大学报（社会科学版），1, 27-36.

[2] 方师师. (2016). 算法机制背后的新闻价值观——围绕"Facebook 偏见门"事件的研究. 新闻记者，9, 39-50.

[3] S 君.ai. (2019). 算法偏见：看不见的"裁决者"|有机社会·Post. 12 月 19 日，https：//mp.weixin.qq.com/s/4mFaDBzxxDSi_ y76WQKwYw．2019 年 12 月 19 日访问．

设计者设置性别、学历作为算法考虑的属性时，便构成了规则偏见。① 总而言之，算法并非全然客观中立，只是其中的偏见不易为人所发觉。正因如此，技术的透明性愈发成为融合新闻叙事的重要伦理规范，而公开新闻生产算法系统则是保障透明性的措施之一。②

（三）AIGC 的伦理问题

机器人新闻写作意为借助人工智能技术将大数据内容组织成新闻稿件的自动化过程。除了设定条件和参数，机器人写作的过程基本上无须人为干预，这也成为新闻叙事新的潜在伦理风险。机器人新闻生产的基础是大数据，而采集的数据可能会包含他人的原创作品，如研究数据、图像作品、文章报道等。由此而生成的新闻稿件中可能会出现他人作品的内容，在未经当事人许可的情况下，便会构成对他人著作权的侵害。③ 目前，机器人新闻生产的模式仍以"人工模板+自动化数据填充"为主。④ 只要保证人工模板的原创性，机器人新闻就可以避免侵害他人的著作权。

但是，机器人新闻的发展显然不会止步于此，无监督式的机器学习逐渐应用于新闻实践，这意味着机器人新闻的生产未来将不会有固定的输入-输出模板，而完全依靠算法从数据中抓取并合成信息。⑤ 由于算法智能性的提升离不开模仿学习，因此在无人工模板的情况下，机器人新闻侵害他人著作权的风险也就更大。除了可能抄袭人的作品，机器人新闻还可能抄袭其他机器人生产的内容。

尽管现阶段的机器人主要生成的是事实消息类稿件，不受著作权保护，

---

① Hao, K. (2019). This is how AI bias really happens—And why it's so hard to fix. *MIT Technology Review*, February 4th. Retrieved February 4th, 2019, from https://www.technologyreview.com/2019/02/04/137602/this-is-how-ai-bias-really-happensand-why-its-so-hard-to-fix/. 2020 年 2 月 5 日访问。

② Diakopoulos, N. & Koliska, M. (2017). Algorithmic transparency in the news media. *Digital Journalism*, 5（7），809-828.

③ 杨保军，杜辉. (2019). 智能新闻：伦理风险·伦理主体·伦理原则. 西北师大学报（社会科学版），1, 27-36.

④ 许向东，郭萌萌. (2017). 智媒时代的新闻生产：自动化新闻的实践与思考. 国际新闻界，5, 29-41.

⑤ 仇筠茜，陈昌凤. (2018). 黑箱：人工智能技术与新闻生产格局嬗变. 新闻界，1, 28-34.

但随着技术的发展，AIGC 可能更富独创性和思想性。在这种情况下，AIGC 是否属于作品，以及是否受著作权保护？这依然是一个存在较大争议的伦理与法规问题。一种观点认为，机器人的主体形式并不明确，其不具有独立思考的能力，亦不具有法律意义上的权利主体资格，因此 AIGC 不受著作权保护；另一种观点认为，AIGC 并非对信息的简单抓取和机械重组，而体现出一定的创造力和智慧含量，因此 AIGC 属于"作品"范畴，理应具有知识产权属性，而版权所有者应该归属 AI 程序的开发者、使用者及其所属机构。目前，第二种观点越来越受到人们的认可，即承认 AIGC 的"作品"属性及其研发机构的权利主体地位。

类似地，对于机器人能否成为伦理责任主体的问题，还没有明确答案。不可否认，机器人新闻的生产不完全受人的控制，其所造成的新闻失实、著作权侵害等伦理后果亦非人们所能预料。当下，人工智能尚处于"弱人工智能"阶段，机器人只是为人所设计、创造和使用的工具，不具有主观意志和自主意识，无法作为主体承担相关的伦理责任后果。就目前的发展情况而言，机器人新闻的伦理责任主体仍然应该是人。①

在相关的法律层面，AIGC 的著作权归属问题则依然界定模糊，有待学界持续论证和探索。2019 年 5 月，北京互联网法院公开宣判全国首例 AIGC 著作权案"北京菲林律师事务所诉北京百度网讯科技有限公司侵权案"，成为有关 AIGC 著作权讨论的一个里程碑式事件。2018 年 9 月 9 日，北京菲林律师事务所利用法律统计数据分析软件生成了一份报告《影视娱乐行业司法大数据分析报告——电影卷·北京篇》并发布在其微信公众号上。次日，北京百度网讯科技有限公司未经北京菲林律师事务所授权许可，将这份报告删除首尾段落后发布在自己的"百家号"平台上。随后，北京菲林律师事务所一纸诉讼将百度网讯科技有限公司告到北京互联网法院，声称涉案文章由图片和文字两部分内容构成，属于法人作品，同时指出百度网讯科技有限公司删减文章并另行发布的行为，侵害了自己的信息网络传播权、署名权、保护作品完整权。百度网讯科技有限公司则辩称，涉案文章中的数据搜集、图

---

① 杨保军, 杜辉. (2019). 智能新闻：伦理风险·伦理主体·伦理原则. 西北师大学报（社会科学版）, 1, 27-36.

表绘制等工作均由软件自动生成,而非北京菲林律师事务所通过自己的智力劳动创造完成,因此涉案文章不属于著作权保护范围。北京互联网法院最终判决指出:"计算机软件智能生成的涉案文章内容不构成作品,但同时指出其相关内容亦不能自由使用,百度网讯公司未经许可使用涉案文章内容构成侵权,判令其向菲林律所赔偿经济损失及合理费用共计 1560 元。"[①] 由于机器人新闻生产涉及的人员颇为复杂,因此相较于个人而言,组织机构更应该承担起伦理主体的责任。[②] 如果机器人新闻抄袭了其他主体或其他机器人新闻,相应的责任主体则应该由 AI 的开发者、使用者或其所属机构承担。

近年来,基于神经网络的机器学习成为人工智能的主要实现路径。随着人工智能在自然语言处理和图像识别领域的广泛应用,人工智能也进入新闻生产与分发的各个环节,形成了人类智能与人工智能相互协作的新闻生产与分发模式。在人工智能介入的新闻业相关领域中,最具颠覆性意义的是信息加工方面的 AIGC 生产,其打破了传统的新闻业务流程,形成了独特的新闻生产模式以及与之相关的叙事体系。2022 年 11 月,美国 OpenAI 机构发布了聊天机器人 ChatGPT,该机器人可以深度学习人类的语言,能够像人类一样与用户进行自如的对话互动,还可以自主完成语言翻译、视频脚本设计、代码编写、论文撰写等内容创作任务。尽管 ChatGPT 并非专门的新闻生产工具,而是基于问答的聊天机器人程序,但是在使用者的引导下,可以生成具有新闻作品特征的文字内容。2023 年 4 月 5 日,《人物》杂志微信公众号发布了一篇完全由 ChatGPT 主导写作的稿件《ChatGPT 会让人变懒吗?》。[③] 这篇文章的事实素材来自三位采访对象,记者完成了前期的采访工作,而后将共计 3 万字的访谈记录切分成多个 1000 字左右的片段,逐一输入 ChatGPT,由其整理成 6000 字左右的材料。随后,记者按照 ChatGPT 所生成的写作框

---

① 徐伟伦. (2019). 全国首例人工智能生成内容著作权案宣判 软件自动生成的文字内容不构成作品. 法制日报, 5 月 7 日, 转载自 http://www.ncac.gov.cn/chinacopyright/contents/4509/398970.html. 2019 年 5 月 7 日访问.

② Dörr, K. N. & Hollnbuchner, K. (2017). Ethical challenges of algorithmic journalism. *Digital Journalism*, 5 (4), 404–419.

③ 人物. (2023). 这是我们第一篇完全由 ChatGPT 写作的稿件. 4 月 25 日, https://mp.weixin.qq.com/s/z4oCpAfYQJo2qeuZ7a8O0A. 2023 年 4 月 25 日访问.

架，将三段访谈材料拆分重组后再次输入 ChatGPT，由 ChatGPT 完成了最后的文字生成、润色等"写稿"工作。

必须承认，当前的生成式人工智能（GenAI）在情感认知、道德伦理、创新实践等诸多方面尚未接近人类智能，加之基于机器学习的数据集亦难以保证充分的开放性、多元性与科学性，这导致建立在 GenAI 基础上的新闻叙事，不可避免地存在价值观方面的伦理问题。由于数据集具有诸多缺陷，因此 AIGC 存在系统性偏见、价值观对抗、"观点霸权"、刻板印象、虚假信息等方面的问题。[①] 截至目前，GenAI 还无法应对复杂的伦理困境，也无法自主做出道德决策。在智能新闻的叙事体系中，人工智能并不擅长挖掘与说明新闻事件的细节与原因，也不善于使用情感化的表达方式，其生成的新闻报道通常更侧重客观地描述事实，缺乏深度和人情味。这是因为，受制于技术水平的限制，GenAI 的高阶思维能力尚不成熟，难以完成描述细节、阐释原因、提供观点、理解情感等任务。人工智能的成长模式与人类不同，其主要通过找寻数据间的关系和规律，学习与模仿人类智能，因而缺失了人类在社会化过程中所习得的伦理价值观念。将伦理价值观念植入人工智能却并非易事。显然，在无人类介入的情况下，倘若数据在公正性、多样性、价值导向等方面存在问题，人工智能驱动的融合新闻叙事便可能生成包含偏见、歧视、低俗、隐私侵犯等伦理问题的新闻内容。

概括而言，意义的"居所"是文本，而文本生产的核心环节是叙事，因此，叙事乃是意义形成的方式与过程。由于意义生成存在一个基础上的符号认知向度，因此融合新闻的叙事伦理本质上涉及符号学意义上的符号秩序问题。作为媒体融合语境下新闻话语系统中的核心概念，"融合"一方面赋予了新闻业极强的生命力和想象力，另一方面又引发了一系列典型的伦理问题。有别于传统新闻的叙事伦理，融合新闻叙事伦理的核心问题域主要体现在四个方面，分别是新闻本体维度的信息伦理、新闻要素维度的数据伦理、新闻语言维度的视觉伦理和新闻生产维度的技术伦理。具体而言，在融合新闻的叙事伦理体系中，信息伦理的核心内涵是"新闻的边界何在"，其对应叙事内容问题，所回应的符号秩序命题是符号形态问题；数据伦理的核心内

---

① 陈昌凤, 张梦. (2023). 由数据决定？AIGC 的价值观和伦理问题. 新闻与写作, 4, 15–23.

涵是"隐私是否安全",其对应叙事要素问题,所回应的符号秩序命题是符号转译问题;视觉伦理的核心内涵是"表征是否合理",其对应叙事语言问题,所回应的符号秩序命题是符号语言问题;技术伦理的核心内涵是"技术何以向善",其对应叙事批评问题,所回应的符号秩序命题是符号价值问题。随着融合新闻生态中新技术、新机制、新模式的出现和应用,未来势必会涌现出其他新的叙事伦理问题。只有时刻警惕伦理维度的新闻价值、职业规范、公共利益、个体权利、价值导向问题,并恪守新闻叙事深层意义生产与阐释的符号秩序,如叙事本体维度的符号逻辑,叙事形式维度的符号边界,叙事语言维度的符号转译法则,叙事表征维度的符号规约体系等,才能真正实现融合新闻叙事伦理深层的符号"述真"目的。

中 编

形式与语言

第 七 章

时间叙事:"序列"结构及其超越

时间是衡量一切运动的标准。任何事件的变化与发展,小到个体发展印迹,大到宇宙运行轨迹,究其根源都是一种时间性的活动。作为一种基础性的认知坐标,时间限定了事物存在的状态,也铺设了事物发展的通路。古往今来,对时间的追问,一直伴随着人类文明的进程。奥里留·奥古斯丁(Aurelius Augustinus)曾云:"时间究竟是什么?没有人问我,我倒清楚,有人问我,我想说明,便茫然不解了。"[①] 牛顿时代,因实证科学迅速发展,时间被认为是自在的实体,是绝对且客观的存在;而在伊曼努尔·康德(Immanuel Kant)那里,时间被视为一个图式命题,其中既包含了范畴的先验形式,又包含了现象的感觉因素,因而作为一种连接范畴和现象的"中介",实现了知性和感性的结合。[②]

时间如同穿梭的光影,投射在不同学科那里,总会照亮一些常常被忽视或遗忘的"暗面"。在叙事学这里,时间作为衡量事物存在与发展的基本尺度,早早地便寄居在意义实践的"躯体"里。甚至可以说,因为有了时间的维度与刻度,事物的变化与发展才拥有了一定的度量方式和标识方案,而所谓的故事与情节,不过是时间累积的产物。在经典叙事理论中,故事形成的基础是对情节的有序排列,而时间则提供了一种重要的情节组织逻辑,即

[①] 〔古罗马〕奥古斯丁. (1963). 忏悔录. 周士良译. 北京:商务印书馆 (p. 242).
[②] 〔美〕加勒特·汤姆森. (2015). 康德. 赵成文等译. 北京:中华书局 (p. 22).

故事本质上是在序列结构中形成的。正如英国小说家爱德华·摩根·福斯特（Edward Morgan Forster）所指出的，故事是按照时间顺序排列的事件，情节则是指这些事件之间的因果联系。① 大卫·波德维尔（David Bordwel）和克里斯汀·汤普森（Kristin Thompson）将叙事视为发生在特定时间、地点且具有因果关系的一连串事件，并给出了叙事的形成过程："一个叙事均由一个状况开始，然后根据叙事因果关系的模式引起一系列的变化；最后，产生一个新的状况，给该叙事一个结局。"② 显然，时间如同一种基础性的逻辑力量，赋予要素一定的组织结构，也赋予意义一种框架图式。正因如此，建立在线性逻辑之上的传统媒介实际上是一种时间性媒介，其特点便是依托时间逻辑来讲述故事。概括而言，经典叙事本质上意味着一种时间叙事，离开时间的向度，要素、意义、结构便失去了基础性的结构力量。相应地，时间叙事意为按照一定的时间顺序或因果逻辑呈现故事发展的叙事形式。

从经典叙事到数字叙事，叙事的内涵与特征究竟发生了什么变化？这一问题需要综合多种理论视角加以研究，而一种可能的研究进路便是回到原点，即重返叙事学的基础命题——时间，从时间叙事里寻找答案。如果说数字叙事是对经典叙事的一种超越，那么，这种"超越"首先需要在时间问题上有所"作为"，如突破原有的线性逻辑，或者改写传统的因果关系，抑或贡献新的时间命题，否则，数字叙事的合法性便大打折扣。按照经典叙事学的观点，时间既是一种叙事元素，亦是一种逻辑结构，其之于情节推进和故事形成可谓意义重大。随着数字技术的发展，传统的时间叙事命题在数字媒介这里又会呈现出何种形式与变化？这一问题无疑已成为数字叙事研究亟待突破的理论命题。

基于此，本章立足数字叙事学的理论视角，聚焦于融合新闻这一数字媒介文本，从新闻叙事的问题域出发，重点思考融合新闻的时间叙事形式及语言，即将时间作为一种认识方法，探究时间视角的引入所打开或拓展的叙事学问题以及深层的知识生产问题，尤其是考察原有的时间叙事命题在融合新闻领域呈现的新问题、新特征与新机制。

---

① 〔英〕爱德华·摩根·福斯特. (2009). 小说面面观. 冯涛译. 北京：人民文学出版社（p.74）.
② 〔美〕大卫·波德维尔, 克里斯汀·汤普森. (2015). 电影艺术：形式与风格. 曾伟祯译. 北京：北京联合出版公司（p.90）.

一、数字叙事学视野下的时间及时间叙事

之所以关注数字媒介的时间叙事，主要是因为：时间是经典叙事学的构成基础，离开时间的认知向度，叙事所依赖的故事、结构、形式都将无从谈起，这是由经典叙事与生俱来的序列逻辑决定的。因此，在数字叙事的语境之下重返时间这一古老命题，一方面有助于揭示时间叙事这一基础的叙事形式在数字媒介环境下的新形式、新语言、新机制，从而在理论层面推进时间叙事本身的知识生产；另一方面有助于更好地认识数字叙事有别于经典叙事的独特内涵，从而在时间维度上拓展数字叙事学的知识谱系。简言之，关注时间叙事的意义，不仅在于时间叙事研究本身的认识论意义，还在于时间之于数字叙事研究的方法论意义。

只有回到经典叙事学，从时间叙事的基本原理出发，才能真正建立数字媒介的时间叙事之问题意识。故事（story）与话语（discourse）始终被视为经典叙事学的两大核心命题：前者关注叙事的内容或素材，后者则关注内容和素材的表现方式。① 目前，关于时间叙事的研究也多从故事与话语的关系入手，分析时间要素在两个层面的作用原理，以揭示故事时间与话语时间的差异。② 故事时间是指故事发生时未被加工的原始时间状态，也被称为所指时间；话语时间即叙述时间，是指故事被叙述者加工后呈现出来的时间状态，也被称为能指时间。叙事时间的双重性使得叙事作品中的各种"时间畸变"成为可能。法国叙事学理论家热拉尔·热奈特（Gérard Genette）将二者的关系分为三种类型——时序（order）、时距（duration）、频率（frequency）。③ 由于数字媒介携带着与生俱来的超链接、互动性、多模态等特征，数字叙事突破了经典叙事中的时间限制，扩展了时间的多维边界和呈现方式，因此探讨数字媒介的时间叙事特征及机制，可以从经典叙事学的基本时

---

① 〔美〕西摩·查特曼.（2013）.故事与话语：小说和电影的叙事结构.徐强译.北京：中国人民大学出版社（pp.5-6）.

② 申丹，王亚丽.（2010）.西方叙事学：经典与后经典.北京：北京大学出版社（p.112）.

③ 〔法〕热拉尔·热奈特.（1990）.叙事话语 新叙事话语.王文融译.北京：中国社会科学出版社（pp.13-106）.

间命题——时序、时距、频率三个维度寻求突破，以此把握时间命题在数字叙事学领域的"超越"方式。

时序反映的是叙事作品中讲述故事的时间顺序问题。由于叙述时间是对故事时间的选择、裁剪或编辑，因此，"叙事文本中的叙述时间（话语时间或文本时间）的顺序永远不可能与被叙述时间（故事时间）的顺序完全平行，其中必然存在'前'与'后'之间的错置关系"①。在经典叙事中，叙述时间和故事时间往往呈现不协调的状态，即"时间倒错"现象。倒错的时间序列又可以分为闪回（flashback）与闪进（flashforward），二者在某种程度上也是倒叙（analepsis）和预叙（prolepsis）的实例。② 而在数字叙事中，故事时间与叙述时间拥有了平行"展开"之可能，如移动直播的诞生便实现了对故事时间和叙述时间的同步呈现，也打破了"错置"的时间状态。简言之，如果说经典叙事中的时序问题是难以避免的，数字叙事则解决了时序问题的困扰，即故事时间和叙述时间之间具有了多元结合的可能与潜力。

时距对应的是故事时长与叙述时长之间的对照关系问题，一般分为概要、停顿、省略和场景。③ 概要意为叙述时长短于故事时长，强调用概述性话语描述故事内容，如在电影叙事中，导演通常利用蒙太奇序列表现人物的回忆性内容；停顿是指在故事时间停止的前提下，叙述时间无限延长或延伸，以达到特定的叙事目的，如电影《黑客帝国》中的"子弹时间"、湖南卫视节目《舞蹈风暴》中的"风暴时刻"便是对时间的停顿处理；省略则是将一部分的故事时间进行裁剪，在叙事中省去此期间的故事内容，电影中的叙事蒙太奇一般采用省略手法；场景即叙述时间基本等同于故事时间，这种场景化的叙事通常出现在无剪辑的人物对话或纪实性的长镜头之中。必须承认，经典叙事之所以存在时距问题，是因为现实时空和表现时空之间存在

---

① 谭君强. (2008). 叙事学导论：从经典叙事学到后经典叙事学. 北京：高等教育出版社（p. 122）.

② 〔美〕西摩·查特曼. (2013). 故事与话语：小说和电影的叙事结构. 徐强译. 北京：中国人民大学出版社（p. 49）.

③ 〔法〕热拉尔·热奈特. (1990). 叙事话语 新叙事话语. 王文融译. 北京：中国社会科学出版社（pp. 53-72）.

人为"操纵"的情况，而这又恰恰是故事形成的叙事基础。然而，数字叙事中的时距问题似乎变得更加复杂，往往难以按照传统的观念进行区分，尤其是在"虚实结合""虚实一体"的数字景观中，时距问题似乎已经不再重要。例如，VR 新闻使场景化叙事成为常态，打破了文本与用户之间的"第四堵墙"，可以 360 度的全景视角制造出"远程在场"（telepresence）①的感知体验，使得用户自由地穿梭于新闻"现场"，由此拓展了时距的外延。再如，H5 新闻具有交互性特征，允许用户自由地控制故事的进行方式和路径，这无疑颠覆了建立在故事时长与叙述时长比较基础上的时距之原初内涵。

频率揭示的是故事重复能力与叙述重复能力的关系问题。② 在叙事体系中，频率问题的一个重要面向是叙事节奏，如同一场景、事件和行动被重复叙述。根据故事时间与叙事时间之间的频率关系，叙事可以分为单一叙事、概括叙事和多重叙事。在传统叙事中，叙事频率几乎完全由叙事者掌控：叙事者通过一定的悬念、冲突设置，主宰着内容与事件的重复方式，用户只能按照叙事者设定的情节序列理解故事及故事时间。一定程度上，作为内容产业系统中的一个重要指标，频率深刻地影响着文本的形态、类型，以及用户的接受体验。当前，传统媒介叙事的突出特点之一便是叙事节奏的加快，其强调以更加明快的叙事频率抢占用户注意力。然而，以互动性为基础的数字媒介文本，则因为互动装置的嵌入，将叙事节奏的控制权交给了用户。用户可以选择显示哪些元素或者采用何种路径读取文件，从而生成一个独一无二的作品。③ 实际上，互动的意义远不止如此，其不仅影响内容的叙述频率，而且赋予用户一定的阐释自由，这无疑改写了意义的生成结构，也拓展了文本阐释的开放性。

不难发现，叙事学中经典的时间命题——时序、时距、频率，在数字叙事学这里都已经超越了原初的时间性内涵，并呈现出新的时间想象方式。由于时间这一底层叙事"座架"发生了变化，其动摇的已经不仅仅是故事的

---

① 〔俄〕列夫·马诺维奇. (2020). 新媒体的语言. 车琳译. 贵阳：贵州人民出版社（pp. 165-167）.
② 〔法〕热拉尔·热奈特. (1990). 叙事话语 新叙事话语. 王文融译. 北京：中国社会科学出版社（p. 13）.
③ 〔俄〕列夫·马诺维奇. (2020). 新媒体的语言. 车琳译. 贵阳：贵州人民出版社（p. 54）.

呈现结构与方式,更是时间维度上的叙事之内涵与观念,因此只有将经典叙事和数字叙事置于比照的视野中,厘清叙事形成的时间运作机制,才能真正把握时间叙事在数字媒介这里的独特内涵,以及对传统时间叙事的"超越"方式。

本章关于时间叙事的讨论,实际上是将时间作为一种视角,考察叙事在时间维度上的内涵与观念。如何把握时间视角所打开的叙事问题?本章重返经典叙事学的基础命题,并以此为考察对象,探讨时间在其中的作用方式及运行机制。实际上,时间维度上的叙事命题主要体现在叙事结构、表征方式、认知模式三个维度。必须承认,叙事结构的形成、表征方式的确立以及认知模式的构建,都存在一个基础性的时间之维。首先,从叙事结构来看,结构问题是叙事学的中心命题。故事必须拥有严格的结构才能被人们感知和接受。[1] 无论是报刊媒介的页码顺序,或是影视媒介的蒙太奇语言,本质上都是在以时间为基础的线性结构中展开的。正是在时间维度上,结构拥有了一定的"关系""框架"或"模型",进而成为意义的"居所"。其次,从表征方式来看,根据故事与话语的时态关系,叙事可以分为回顾叙事、同步叙事和预示叙事,这三类叙事对应的是不同的时态、体态和情态系统。[2] 而"回顾""同步""预示"实际上是立足"当下"的三种时间区分结构。最后,从认知模式来看,个体如何加工信息、建构意义,取决于一定的认知图式,而时间图式则是一种较为普遍的图式类型。由于传统媒介本质上意味着一种时间性媒介,因此叙事意义形成的基础图式必然指向时间的"语言"。

由此可见,探讨传统媒介的时间叙事可以从叙事结构、表征方式、认知模式三个维度切入,其核心命题是时间在其中的显现方式及作用机制。相应地,数字媒介的时间叙事研究,可以立足叙事学的经典命题——叙事结构、表征方式和认知模式,分别探讨其在数字叙事领域的挑战与内涵,从而提供一种理解数字叙事内涵与观念的"时间方案"。由于数字媒介的应用场景较为多元,其对应的数字叙事是一个相对宽泛的命题,因此本章立足具体的叙

---

[1] Crawford, C. (2012). *Chris Crawford on interactive storytelling* (2nd ed.). San Francisco, CA: New Riders Press, p. 16.

[2] 〔美〕乌里·玛戈琳. (2002). "过去之事,现在之事,将来之事:时态,体式,情态和文学叙事的性质". 载戴卫·赫尔曼主编. 新叙事学. 马海良译. 北京:北京大学出版社 (pp. 89-113).

事学领域——新闻叙事学，关注融合新闻这一具体的数字文本形式，从叙事结构、表征方式、认知模式三个基本的时间叙事维度切入，核心探讨融合新闻的时间叙事形式及语言。

二、时间与结构：时间线的另一副面孔

结构是故事的"框架"和"骨骼"，合理的叙事结构能够将多个事件加以组织。文学批评家 J. 希利斯·米勒（J. Hillis Miller）曾提出"叙事线条"的概念，认为小说中的一系列事件具有时间性，因此，写作本质上体现为一种线性的、空间性的呈现方式。① 这种基于"线条"隐喻的时间观念，深刻影响了叙事的结构和模式——传统的叙事结构是线性的，故事在时间的维度上有序开展，因此时间线（timeline）便成为叙事内容整合的基本图式。从叙事修辞的角度来看，时间线意为按照一定的顺序记录事情发展的轨迹与过程，其激活并拯救了事物属性的连续性和总体性，因而传递了一种新的认知观念。② 在传统叙事中，创作者通常利用文字表达或镜头切换来表现故事情节的发展，而读者对文本的感知和解码，也首先预设故事中存在一条串起叙事元素并组织故事情节的叙述之"线"，并在此基础上形成叙事之结构。由于传统媒介中的内容展开方式遵循顺序结构和序列关系，因此叙述之"线"本质上建立在历时性叙事之上，叙事结构也就相应地存在一个基础性的感知基模——线性图式。

有别于经典叙事对时间线的高度依赖，数字叙事则因为超链接技术和可视化技术的深度嵌入，创设了一种全新的时间线形态，即叙事结构的形成不再局限于历时性的时间图式，而存在多种可能的"生成之线"。具体而言，一方面，经由可视化的修辞实践，融合新闻的时间线以一种具象的、视觉的方式显现出来，叙事结构也就表现为一种能够通过可视化语言加以感知和把握的图像结构；另一方面，基于超链接的组织结构，融合新闻将"共时性"

---

① 〔美〕J. 希利斯·米勒. (2002). 解读叙事. 申丹译. 北京：北京大学出版社（p. 43）.
② 刘涛. (2016). 西方数据新闻中的中国：一个视觉修辞分析框架. 新闻与传播研究，2，5-28+126.

带入时间线，这使得叙事不再局限于单一的线性逻辑，而呈现为复杂的嵌套结构，由此建构了一种全新的时间结构。

（一）可视化的时间线

在以数据新闻为代表的融合新闻实践中，数据既是新闻内容的信息基础，亦是新闻表征的语言基础。前者关注现实呈现的数据价值命题，后者则指向数据呈现的修辞实践命题。数据表征的常见方式是可视化（visualization），即将数据及数据关系转化为一种可以诉诸图形或图像（如图表、地图等）把握的视觉实践。可视化的本质是通过图像关系揭示数据关系，将抽象的内容以直观、简洁的方式进行呈现，从而在视觉维度上理解现实，把握现实。

在众多的数据表征方案中，时间线成为一种较为普遍的数据可视化方式，其特点便是以时间为轴，将所有的信息内容依照时间发展顺序依次呈现。经典叙事中的时间线更多地意味着一种抽象的结构图式，并非"在场"的存在物，而是受众依据时序逻辑进行"结构"提炼的思维模式。相反，融合新闻则以界面为框架，以交互为驱动，对时间线进行可视化展示，使得原本隐匿在文本中的时间结构之"脉络""过程""轨迹""变化"等信息拥有了图像化的显现方式。在传统新闻中，时间线意味着一种单一方向的时间轴线，赋予故事的生成结构和想象方式非常有限。然而，融合新闻则在诸多可视化技术的支持下，呈现出不同的时间线类型及时间想象方式，相应地也就形成了不同的时间叙事结构。一般而言，时间线设计的基本思路是：首先在时间向度上预设一条行进的路线，以表示事物前行的方向或发展的轨迹，然后沿着时间线所设定的行动路径，在空间布局上排布、设置、植入相应元素，如文本、图像、标签等，最后根据故事讲述的需要设定相应的节点标签和层级关系，从而在视觉维度上勾勒事物发展的复杂结构和关系。

纵观当前融合新闻的时间线形式，除了常规的箭头模式和坐标模式，还出现了一系列新兴的可视化方案——交互时间线、关系时间线、甘特时间线、棋盘时间线、三维螺旋时间线、复杂时间线等。当时间线拥有了某种可视化的形式时，其意义便超越纯粹的时间指向与路径维度，而作用于用户的认知框架，即在形式维度上限定甚至决定了新闻故事的生成方式及新闻主题的理解模式。正是基于时间线的形式创新，融合新闻的信息整合方式拥有了不同的时间图式。美国国家一战博物馆与纪念馆于 2020 年推出的 H5 新闻《一战：交互时间线》（"Interactive WWI Timeline"）以交互时间线的可视化形式，详细梳理了从一战导火索——1914 年 6 月 28 日弗朗茨·斐迪南（Franz Ferdinand）被刺杀事件，到奥斯曼帝国的终章—— 1920 年 8 月 10 日奥斯曼帝国东线战争结束期间的"战争风云"（见图 7-1）。该作品采用交互式时间线的信息整合模式，将与一战有关的关键战争和主要参战国家的政治事件依次安置在相应的时间节点上，如用户点击相应的标签，便会显示该事件的相关图文介绍。显然，不同于普通时间线的呈现方式，交互时间线的意义在于用户可以随时控制故事的展示方式以及情节的推进节奏。这意味着时间线超越了单一方向的"前行"逻辑，而拥有了更为多元、更为自由的"运动"方式。

图 7-1 数据新闻《一战：交互时间线》（截图）

新闻叙事之所以有别于其他叙事类型，是因为其话语落点在于对新闻价值的回应，即发挥事实挖掘、信息传播、环境监测、社会调节等功能。当时间线拥有了某种可视化的"形式"时，便不仅意味着一种事件演进方向与路径，也意味着一种新闻论证方式，即沿着时间线所创设的时空脉络和认知结构，形成独特的事实推演方式。实际上，时间线的可视化表征创设了故事发展的时序方向，亦创设了叙事要素整合的空间关系，即在时间线的行进路线中，设置叙事符号的出场方式及其支线结构，最终形成一种全新的意义"拼图"。在融合新闻的时间叙事系统中，时间线一旦超越纯粹的形式维度，指向既定的现实矛盾或社会问题，其意义便不仅仅是为新闻叙事提供一种时序框架，更为重要的是在时间的展开过程中，以可视化的方式呈现鲜为人知的新闻线索、细节和事实,从而提供一种关于新闻认知的论证方式和推演逻辑。为调查死于玛丽亚飓风的死者信息及原因,以反驳波多黎各政府最初关于仅 64 人在飓风中死亡的报告,美联社、波多黎各调查性新闻机构(CPI)和新闻网站 Quartz 于 2019 年联合制作了数据新闻《谁死于玛利亚飓风》("Hurricane Maria's Dead")(见图 7-2)。该作品开篇以时间为序,采用方格图的可视化方式呈现死亡人数:每一个方格代表一位死者,随着时间的流逝,方格数量不断变化,从而清晰地揭示了飓风中死者的死亡时间及背景信息。而方格的增加及累积,既代表一个个生命的逝去,也代表故事情节的演进,最终的方格"拼图"完整地揭示了玛丽亚飓风所带来的巨大创伤。最终,该新闻促使当地政府公开承认了委托研究机构的调查结论,将直接或间接死亡的人数修正为 2975 人。不难发现,源于这一特殊的可视化设计理念,时间线不仅揭示了事件发展的结果,而且呈现了时间流动的方式和过程,即事件发展的过程同样被可视化表征了,这无疑在视觉维度上提供了一种全新的新闻论证方式。概括而言,在可视化的时空结构中,时间线不仅提供了新闻叙事的前行方向和路径,也创设了一种可视化的新闻论证语言。

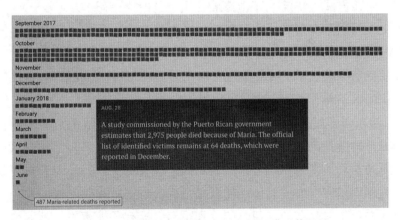

图 7-2　数据新闻《谁死于玛利亚飓风》(截图)

(二)嵌套式的时间线

弗迪南·德·索绪尔(Ferdinand de Saussure)将语言学的符号属性概括为历时性与共时性——前者主要关注语言在历史长河中的演变与发展,后者则关注同一时期语言系统中各要素之间的关系，尤其是并置关系和比较关系。叙事学中的历时性与共时性则体现为故事叙述的时空状态。在经典叙事学中，为使作品叙述达到连贯、完整的效果，作者一般会搭建一条不间断的"时间链条"，串起故事从始到终的发展，并在这一过程中强调时间的连贯性与逻辑的因果性。即使有作者尝试采用并置与交叉的叙述方式挣脱时间线的束缚，这种努力也依旧停留在叙事的结构与形式探索层面，并未撼动时间逻辑之于叙事意义生成的主导地位。例如，在西班牙作家马里奥·巴尔加斯·略萨（Mario Vargas Llosa）创作的《绿房子》中，作者将多个人物故事打散，使得多条故事线交叉叙述，由此形成了多种视角观照下的诸多故事模块。尽管这一叙事模式创设了一种新的意义感知结构，也释放了读者的想象空间，但不同模块之间的意义填充仍需要在时间刻度上加以整合，即按照时间的演进结构，赋予模块一定的序列和逻辑，使之拥有某种因果关系。同时，在电影的叙事语言中，创作者也通常会为了情节发展的流畅性，对镜头进行有意剪辑，以省略不必要的镜头单元。这种蒙太奇手法的运用，表面上处理的是空间意义上的场景转换问题，但必须承认，场景与场景的连接语言及其意义组织方式，仍受制于电影胶片滚动的时序逻辑。

列夫·马诺维奇（Lev Manovich）将数字媒介的语言法则概括为五大特征，即"数值化呈现""模块化""自动化""多变性"和"跨码性"。[①] 其中，模块化意味着数字文本的形成，本质上是一系列信息单元、符号对象、数据模块的数字化组织。这些信息模块按照一定的连接关系或框架结构被"组装"起来，形成某种有章可循的意义系统。而时间线的意义，便在于从序列和因果的逻辑出发，提供一种模块整合的脉络、关系与结构，从而实现模块之间的连接与接合。倘若没有时间线的统摄与关联，各个模块便如同散落一地的碎片，难以形成整体性的意义结构。也正是在时间线的作用下，模块与模块之间原本存在的缝隙、碎片和距离，拥有了被填充、被缝合、被贯通的可能。

必须承认，现实沿着多维度延展，故事亦具有多维度的发生结构，多个事件并行交织，构成了所谓的复杂现实。因此，故事必然沿着多维度的时间

---

① 〔俄〕列夫·马诺维奇. (2020). 新媒体的语言. 车琳译. 贵阳：贵州人民出版社 (pp. 27–47).

向度展开，在同一瞬间，存在不同的空间切面，也存在多个事件同步发展的共时状态。对于文本叙事而言，单向度的话语时间与多维度的故事时间同向而行，但却并非完全对称的、平行的关系。具体而言，话语时间的容量是有限而稳定的，故事时间则存在多条线索、多种记述、多维观察的并行状态或复合形式，其本质上意味着吉尔·路易·勒内·德勒兹（Gilles Louis Réné Deleuze）所说的褶子式的世界，这里蕴含着无穷的"生成"方式和"折叠"结构。正因如此，话语时间的"长度"往往难以满足故事时间在展开过程中所释放的时间体量。例如，电影中同一时空的同一动作，可以采用多机位、多视角的分镜头记录方式，亦可以采用不同形式的蒙太奇组接方式，这意味着对于相对固定的故事与现实而言，话语时间具有自由的、灵活的、无穷的组合方式。类似于符号学"双轴"结构中的聚合关系，文本形式一旦形成，就必然是对诸多可能存在的话语时间选项的一种选择。实际上，镜头分切及剪辑组合本质上是对现实的一种处理方式，以确保话语时间能够在一个有限的、可控的文本长度内完成故事的叙述。因此，话语时间必然体现为对故事时间的适度"压缩"或"拉伸"。

为了以有限的话语时间承载无穷的故事时间，经典叙事中的常见处理方式便是根据情节和主题的需要，对故事时间进行各种形式的裁剪和编辑。这一过程一般以牺牲故事呈现的多样性、多维性之可能为代价，如对其他故事断面的省略，对支线进程的压缩，对全景内容的简化，等等。即便电影《正午》中话语时间与故事时间基本一致，或电影《1917》中全片一镜到底，依然牺牲了故事呈现的多维视角和多元细节，最终呈现给受众的时间线，乃是一种"刻意为之"的时序结构。因此，经典叙事中的时间线，囿于时长本身的限制，往往须对现场环境、发展过程、情节线索、支线行为进行必要的选择与裁剪，最终通过交叉、平行、并置等蒙太奇语言，将其安置到创作者精心编织的时间线之上，以形成连贯的意义序列。

由于超链接、数据库、可视化等技术的嵌入，数字叙事极大地提升了文本内容的负荷空间，从而可以相对自由地处理故事时间的呈现方式，如还原被省略的叙事环节，恢复被压缩的时空过程，复活被裁剪的支线情节，放大被遗忘的现场细节，复盘被忽视的多元信息，等等。从这个意义上讲，数字叙事的时间处理思路主要体现为一种面向话语时间的扩容工程，即以可视化的时间线为组织图式，拓展故事时间的多重向度和多种可能，使得深陷于故事时间"褶子"中的片段、时空、情节、线索获得新生，进而重写文本的形式与结构。

若要在有限的话语时间中容纳多元而丰富的故事内容，一种常见的时间叙事方式便是嵌套，即利用数字媒介技术与生俱来的程序装置，在时间线上嵌入更多元的故事线索或情节。尽管嵌套亦是经典叙事的常见手法，但数字叙事借助交互技术、超链接技术、可视化技术等，可以创设一种崭新的嵌套结构及接受体验——用户可以自由地穿梭于不同的情节线，实现在主线时空和支线时空之间的无缝过渡与自由切换。总之，数字叙事在故事时间的处理上，主要以互动技术为基础，以可视化为呈现方式，诉诸嵌套这一常见的叙事结构，形成了一种有别于经典叙事的新兴的时间线形式——嵌套式的时间线。

由于新闻的本体使命是对事实的探寻与还原，因此嵌套式的时间线有助于复盘多元的时空信息，从而呈现更完整的现实世界。概括而言，融合新闻的时间叙事之嵌套结构，主体上沿着三个维度展开：一是在时间线上设置相应的链接、标签或热点，嵌入相应的支线故事，从而实现主线时空和支线时空的自由跳转。这是时间叙事中最为普遍的一种嵌套结构，其特点是在有限的时空布局中，嵌入更多元、更丰富的故事时间，进而在时间线上实现多重时空的重组，以实现在"时间中的时间"中呈现"故事中的故事"的叙事目的。二是借助分屏技术（如画中画、双视窗），将多条时间线并置在一个叙事界面之上，从而呈现一个平行的、多维的故事世界。分屏技术创设了一种全新的嵌套结构，最大限度地拓展了时间叙事的空间维度，使得多重空间在同一界面的重组成为可能。《纽约时报》于2015年推出的融合新闻《竞争者们》（"The Contenders"）以选民的视角展现了唐纳德·特朗普（Donald Trump）、希拉里·黛安·罗德姆·克林顿（Hillary Diane Rodham Clinton）、泰德·克鲁兹（Ted Cruz）和伯尼·桑德斯（Bernie Sanders）四位美国总统候选人的竞选活动。该视频采用数字分屏技术，对四位候选人发布政治演说的场景进行并置处理，同时将同一时空发生的所有事情都呈现在用户眼前。这里，每位竞选者都拥有属于自己的时间线，同时，彼此的时间线相互交织，形成了一种典型的共时性叙事。三是基于VR技术，在情节推进的时间线上赋予受众360度的全景感知空间,以最大限度地还原话语时间中"丢失"的"现实"。由于叙述时间与故事时间接近重合,因此融合新闻实现了多重时空的共时性叙事。例如,VR新闻在时间主导的叙事进程中,复活了观测视点的周边空间,即在话语时间的时序内部,将原本单一视点观照下的有限区域延伸到一个连续的、全息的、整体的空间区域。相应地,用户所感知的内容除了时间维度的故事进程,亦有空间维度的全景世界。《竞争者们》采用360度全景拍摄的手法,使用户置身其中,仿佛穿越至选举现场,既可以看到台上候选人演说的画面,也可以看到台下每一个观众的动作与表情。当前,VR技术被广泛应用于现场报道,用户可以跟随摄像机的行进轨迹,全景式感知以视点为轴心、以身体为界面的无限空间,由此摄影机身后的世界被带入故事,形成了一种新型的时空连续统(space-time continuum)。在重大事件报道中,VR镜头除了可以记录关键人物的运动画面,还能以镜头视点为轴,呈现一个全景式的观看视角。不难发现,融合新闻的时间线逐渐超越单向度的表征形式,而转向了一种立体的、多维的、复合的、拓扑的嵌套结构。

三、时间与表征:过去与未来的边界拓展

作为对现实世界的一种表征方式,新闻是人们认知社会的重要形式。由于现实必然沿着一定的时间方向延伸,因此过去、当下和未来不仅是描述现实图景的基本"段落",也是想象现实发展的基本"尺度"。

尽管过去、当下、未来在时间维度上提供了一种简易的社会认知结构,但对于新闻学而言,三者所关注的事实内涵是一致的,彼此之间的关联与演进中存在一条基于事实的推演链条。一方面,过去并非当下的前奏,现实中存在的问题及其解决之道,经常需要回到历史深处寻找答案。例如,央视《新闻调查》节目的深度报道《揭秘东突恐怖势力》《军国的背影》《羊泉村的记忆》等都是立足当下的一种回溯,最终打开的是一段段尘封多年的历史往事,那里储藏着读懂当下的事实密码。另一方面,未来也并非当下的远眺,而是基于事实推演结构和发展链条的时间演进。有些潜伏的、被遮蔽的、难以察觉的事实,总会在累积到一定阶段后转变为某种直接的风险。

诸如转基因、气候变化、土壤安全等问题之所以能够成为公共议题，并非因为其带给当下的直接创伤，而是因为其可能引发的未来风险。由此可见，在新闻学视域下，过去、当下与未来之间的勾连逻辑是事实，对话基础亦是事实。即便是面向过去或未来的报道，也往往存在一个来自当下的观照视野，即其回应的新闻价值不仅是"过去发生了什么"或"未来会发生什么"，也是其对于当下的启示与意义何在。因此，不同于其他学科的观照方式，新闻学在事实维度上赋予了过去、当下与未来一种内在的一致性和连续性，这无疑拓宽了新闻报道的认知视野，亦打通了事实认知的链条和边界。

相应地，新闻报道如何抵达并呈现过去、当下与未来，成为时间叙事的应有之义。然而，传统新闻囿于时效性的原则，常常侧重对当下议题的捕捉与关注。换言之，传统新闻的时间叙事更多地停留在当下，强调的是一种"现在时"的过程记录，这意味着事件在被报道时仍处于进行与发展的过程中。诚然，传统新闻报道也关注过去和未来，并形成了相应的新闻形式，如历史新闻和预测新闻，但不得不承认，由于现实中充斥着最丰富的话题，也留下了最直接的现场，因此在对"当下"的处理上，传统新闻可谓是得心应手，游刃有余。然而，面对过去和未来，传统新闻总显得力不从心，无论是对社会本身的认知，还是对事实真相的调查，抑或对信息内容的呈现，都面临诸多困境。

当前，新闻报道越来越多地转向"故事"，故事化叙述成为一种相对普遍的文本结构方式。相较于当下较为丰富且容易呈现的故事资源，过去的故事资源往往难以挖掘和讲述，未来的故事资源更是极度匮乏且难以呈现。这在电视新闻那里表现得尤为突出。受制于图像化的呈现方式，电视媒介对故事和现场提出了更为严苛的要求和标准，由此限制了对过去和未来的显现方式及展示空间，如历史报道通常面临叙述主体的合法性问题、"真实再现"的伦理尺度问题等，预测报道中的未来图景则往往因缺少实证基础而饱受质疑。不难发现，传统新闻报道的"主场"是当下的现实，过去与未来更多地作为对当下的回望或远眺而被动"入场"，其目的亦是服务于现实叙事的主体逻辑。

相反，融合新闻在数字技术的支撑下，以数据为基础，打开了多元的叙事时态，贯通了过去、当下与未来的时序边界，尤其是丰富了对过去的呈现方式以及对未来的理解方式,从而将过去与未来推向了一个相对独立且成熟的叙事空间。伴随着数据主义的兴起,现实进入一个可计算、可量化的计算模型①,融合新闻越来越多地在数据维度上发现、呈现与建构世界。数据深处的计算思维将现实化约为一个整体的、连续的、系统的数据结构和模型,其结果便是颠覆了时序意义上的时间边界,使得过去、当下、未来整体成为一个计算对象,三者彼此关联,遥相呼应,拥有了数据意义上的对话基础。因此,相对于传统新闻而言,融合新闻不仅拥有复现过去与预测未来的可能,而且展现出传统新闻难以想象的叙事潜能——对过去的事实挖掘以及对未来的科学预测。正因如此,本章沿着"复现过去"与"预测未来"两个认识维度,提出回顾叙事与预示叙事这两种时间叙事方式,以揭示融合新闻所拓展的时间叙事之边界与空间。

(一) 回顾叙事:重返新闻发生的历史场景

回顾叙事是指对已然发生的事件进行回溯与叙述。传统新闻的回顾叙事是静态的、平面的,往往以全知视角对过去的事件进行爬梳。囿于技术限制或伦理规定,传统新闻对于过去的资料捕捉与故事讲述也时常处于缺失的状态,这无疑加大了新闻呈现过去时态的难度及偏差。融合新闻则借助一定的数字媒介技术和计算图形技术,能够最大限度地还原与再现历史场景,拓展过去的时间边界。具体而言,动画新闻可以借用动画语言重现过去未被摄像机记录的重要场景,从而弥补人们未能看到某些历史场面的遗憾;VR新闻能够模拟特定时空的自然及社会场景,将用户带入具身性的体验空间;AR新闻能够实现不同时空在现实世界的相遇,从而重组并再造一个崭新的"现实"……2015年,由《纽约时报》制作的 VR 新闻《慈悲为怀》("Waves of Grace")利用虚拟现实技术,让人们以第一人称视角,"前往"埃博拉病毒肆虐期间的利比亚村庄,"行走"于灾难"现场",触摸居民们的苦难日常。当用户进入故事场景,看到诸如墓地上人们穿着防护衣埋葬逝者等触目惊心的画面时,便能够深切地感受到病毒肆虐下生命的脆弱与无常。同时,该作品采用真实的视频和音频素材,嵌入了幸存者讲述自己患病时的所见所闻,

---

① 陈昌凤. (2021). 数据主义之于新闻传播:影响、解构与利用. 新闻界, 11, 4-13+31.

以强化用户的代入感，激活用户的同理心。尽管埃博拉病毒已远离我们的日常生活，但这种沉浸式的视听冲击仍能将我们快速"传送"到历史现场，以重新抵达并感受"过去"。

不仅如此，新媒体技术还极大地拓展了数字情景（digital situation）的创设潜能，即通过对"现场感"的数字化生产，将用户"邀请"到既定的时空中，这使基于情景的对话成为可能。① 传统新闻的观看结构决定了受众对于过去的感知停留在旁观维度，而融合新闻则创设了一种全新的历史感知方式——用户进入历史时空，并参与历史过程。在纪念红军长征胜利80周年之际，共青团中央创作了角色扮演类新闻游戏《重走长征路》。该游戏内设了50种结局供用户体验，用户可扮演其中一名红军战士，以第一人称视角亲身经历红军长征的过程。在行军中遭遇各种困境时，用户可根据自己的意愿选择前进的方向或路径——或许会成功到达终点，或许会在路途中壮烈牺牲。这种遍历式的叙事结构不仅重构了过去的场景、故事与细节，也重构了一种关于过去的理解方式——用户在抉择、离别、希望等具身情境中所收获的历史记忆和知识，往往具有更大的认同建构能力。

（二）预示叙事：拓展新闻事实的未来时态

预示叙事是关于讲述未来可能发生之事的叙述方式。在文学叙事中，故事的虚构性特征决定了未来的图景：只要关于未来的描述符合情节发展与演进逻辑，叙事便是合情合理的。为了达到特定的情节叙事目的，如反思时代的荒诞性，烘托人物的宿命感，文学作品形成了一系列程式化的叙事手法。在《红楼梦》第五回中，在贾宝玉翻开金陵十二钗判词之际，小说便提前暗示了作品中主要女性角色的结局和命运。就新闻报道而言，这种预示叙事更多地体现为关于环境、经济、安全等议题的预测性报道。传统的预测性报道一般建立在专家及权威部门的意见之上，但囿于认知能力、情感偏向、利益关系等因素，预测结果难免存在一定的主观性、偶然性或片面性。② 进入

---

① 刘涛. (2023). 基于情景的对话：邀请修辞与跨文化沟通的修辞实践. 跨文化传播研究, 8, 81–102.

② 陈雪奇, 王人立. (2014). 大数据重构预测性新闻的向度. 新闻界, 21, 74–80.

大数据时代,以数据新闻为代表的融合新闻则将数据推向了一个极为重要的论证位置,通过采集和挖掘多维度、多层次的数据形式,可开展多个事件之间的相关性分析,如以数据为基础对事件发展方向进行模拟和推演,从而发现事物运行的规律。

当前,以不确定性(uncertainty)为特征的风险文化呈现出一种生成式的蔓延趋势。[1] 如何在大数据基础上科学地预测未来境况,发挥新闻媒体的社会预警功能,成为一个亟待探索的时间叙事命题。就数据新闻而言,数据构成了事实的表征基础,也定义了事实的推演方法。有别于传统新闻在小数据或有限数据基础上建构事实,数据新闻转向对大数据的高度依赖,即对现实进行数据化处理,以数据模型来推演、表征和想象现实世界,从而在大数据维度上重构现实的图景以及关于现实的理解方式。数据化意味着一种"把现象转变为可制表分析的量化形式的过程"[2]。大数据的意义在于从海量数据中发现某种相关关系,并据此推演现实及未来发展的可能。例如,通过对过去与现在的气候数据进行深度挖掘与关联分析,融合新闻能够及时捕捉环境议题的变化规律,从而对未来的环境危机进行科学预测。[3] 基于数据化的方法与过程,大数据实现了两个极具优势的功能:一是对模式与规律的发现,二是对未来趋势的预测。[4] 维克托·迈尔-舍恩伯格(Viktor Mayer-Schönberger)和肯尼思·库克耶(Kenneth Cukier)断言:"建立在相关关系分析法基础上的预测是大数据的核心。"[5]

由于大数据具有预测未来之"天性",因此数据新闻在预测报道上具有传统新闻难以比拟的优势。概括而言,以大数据驱动的数据新闻报道,通过对数据基础上的相关关系的识别与发现,极大地提升了预测未来的科学性与精准性,使得通往未来的"现实"认知具有了坚实的数据基础和事实依据。

---

[1] 刘涛.(2020).从生产逻辑到生成范式:后新冠疫情时代的风险文化及其批评转向.新闻界,6,28-38.

[2] 〔英〕维克托·迈尔-舍恩伯格,肯尼思·库克耶.(2013).大数据时代.盛杨燕等译.杭州:浙江人民出版社(p.104).

[3] 刘涛,庞宇瑶.(2023).环境议题建构的数字叙事机制.新闻与写作,7,75-85.

[4] 刘涛.(2014).大数据思维与电影内容生产的数据化启示.当代电影,6,9-14.

[5] 〔英〕维克托·迈尔-舍恩伯格,肯尼思·库克耶.(2013).大数据时代.盛杨燕等译.杭州:浙江人民出版社(p.75).

英国 Kiln 新闻团队于 2015 年发布的影响深远的数据新闻《二氧化碳的过去、现在和未来》("The Past, Present and Future of CO_2")通过时间线的结构形式，向公众呈现了 1860 年以来世界各国二氧化碳排放量的变化过程，并借助计算科学方法对未来全球二氧化碳排放量及可能出现的生态危机进行了预测。这种建立在数据基础上的预测报道一方面提升了新闻本身的公信力，另一方面有效激活了公众的危机意识。

实际上，除了借助数据基础上的相关关系来推演现实，融合新闻对未来趋势的预测，还体现为数据基础上的"现实模拟"，即通过数据模型来模拟现实存在与发展的诸多可能，从而为未来的公共决策体系建设提供一种科学的研判机制。在公共决策体系中，不同的决策方案往往会触发不同的反应机制，并带来不同的后果，而科学决策的前提便是将未来视为现实的一部分，通过数据模型来计算、推演、评估不同方案的发生条件及潜在的演化后果，从而寻找最优的公共决策方案。当前，融合新闻叙事越来越多地转向数据科学：首先将现实模拟为一个数据模型，然后通过调整不同的条件、变量和参数，模拟现实发展的不同结果，最后经由多元考量与综合评估，形成相应的知识话语和决策方案。《华盛顿邮报》于 2020 年 3 月推出了交互式新闻《新冠病毒为何指数增长以及如何"压平曲线"》("Why Outbreaks Like Coronavirus Spread Exponentially, and How to 'Flatten the Curve'")。该新闻在一定的文献基础和数据基础上进行建模，以可视化的方式模拟并演示不同社交距离（social distance）对病毒传播的影响状况，具体包括无隔离、适度隔离、强制隔离等不同的隔离模式可能带来的疫情扩散结果。这种基于数据分析的预测性报道无疑重构了一种关于未来的认知方式和呈现方式。

概括而言，"量化"现实与"计算"现实成为可能，融合新闻的优势之一便是提供了一种理解复杂系统的运算语言。当运算的边界延伸到未来时，融合新闻无疑拓展了事实呈现的"未来时态"——未来与当下一样，进入一个复杂的计算系统，成为可计算、可模拟、可推演的"现实"的一部分。正因如此，融合新闻打开了未来的时间边界，重构了新闻的未来时态，不仅赋予人们一种把握未来的新方式，而且在数据维度上重新定义了新闻真实性与客观性的内涵，使得预测性报道这一报道形式焕发出前所未有的生命力和想象力。

四、时间与认知：意义生成的时间图式再造

由于大脑的计算能力有限，因此人们需要对庞杂的信息（刺激）进行选择性的筛选与加工，这便涉及一个重要的心理学概念——"认知图式"。大脑处理信息的底层逻辑是诉诸图式，即借助一套"假设心理结构"完成信息的组织与加工。① 图式犹如一张过滤网络，为信息处理提供依据和规则，从而决定人们以何种方式识别、认知外界信息。图式最早由康德提出，后被认知心理学和认知语言学研究者上升为"认知问题"加以考察。作为一套有组织、有结构的认知模型，图式帮助人们组织和记忆信息，并从已获得的事实中形成论断。② 本质上讲，图式意味着一种心理认知结构，其功能是对人们觉察到的事物进行范畴定位、类型归类、形式捕捉，以及对事物的本质特征和属性进行思维加工。③

作为叙事学的基础认知逻辑，时间提供了一种基础性的认知图式，即认识活动主体上沿着时间维度展开，并受到时间逻辑的限定。所谓时间图式，意为建立在时间基础上的感知模式。在经典叙事中，时间图式的认知基础是时序逻辑。由于时间难以被直接识别和捕捉，因此受众主要从两个方面建立时间的概念和意识：一是媒介本身的线性传播机制，如报刊内容的顺序阅读方式、广播电视的线性播放方式等；二是情节内容的发展变化，如事件的发展过程、人物的命运变化、时代的变迁轨迹等。正是基于这两种框架性的认知依据，时间隐隐出场，并悄然发挥作用，成为要素组织与意义形成的底层结构图式。

如果说传统新闻叙事中的时间图式是匿名的、抽象的、不在场的，融合新闻则将时间图式推向一个可见的、具象的、显性的认识维度，其结果便是重构了意义的组织模式。当时间从不可见的状态转向可见的状态时，时间发生作用的图式语言也随之发生变化。具体而言，在传统新闻叙事中，时间只

---

① 刘涛. (2021). 视觉修辞学. 北京：北京大学出版社 (p. 205).

② Fiske, S. T. & Linville, P. W. (1980). What does the schema concept buy us? *Personality and Social Psychology Bulletin*, 6 (4), 543-557.

③ 刘涛. (2021). 视觉修辞学. 北京：北京大学出版社 (p. 204).

能在线性逻辑上发挥作用，且时间意识的形成与新闻内容的认知是同步进行的，时间的"终点"也往往停留在当下，其对未来的论证与言说能力非常有限。融合新闻则重构了一种全新的时间图式，即一种嵌套的、网络的、拓扑的、面向未来的时间图式——在图像化的表征系统中，时间并非被识别、被捕捉的产物，而是作为一种显现的结构，外挂于文本之上，凸显于形式之中，发挥着引导性的思维图式功能。

当时间从文本深处显现于文本表征之上时，关于时间的不同的表征方式便形成了不同的时间图式。由于融合新闻的叙事目的是对事实与真相的另类挖掘及呈现，因而时间图式研究需要回应的基本问题是：融合新闻如何在时间维度上构造了既定的理解事实、抵达真相的认知模式？必须承认，基于时间的认知模式建构，根本上取决于时间逻辑与形式逻辑之间的接合方式，即时间概念或时间意识的确立依赖一定的可视化形式。概括而言，融合新闻的时间图式再造，主体上体现为以可视化为方法的时间概念或时间意识的形成，即时间图式的形成方式依赖可视化实践所释放的形式逻辑和想象语言。在可视化的视觉修辞（visual rhetoric）体系中，融合新闻主体上沿着三个维度建立时间的概念与意义：一是基于数据的变化与比较，形成一种历时性的时间演变意识；二是基于空间的运动与遍历，形成一种过程性的时间流动意识；三是基于符号的模拟与挪用，形成一种意象性的时间记忆意识。正是立足数据、空间、符号三大叙事向度，融合新闻形成了三种不同的时间图式语言，即数据化的时间图式、空间化的时间图式和符号化的时间图式。

（一）数据化的时间图式

必须承认，在故事驱动的传统新闻叙事中，人们难以在故事中有意识地离析出时间，也难以直观地感知到时间的存在——时间如同一只"无形的手"，在无迹可寻之处助推情节向前发展。当数据被推向融合新闻表达的核心位置时，时间往往寄居在数据之中，并拥有了数据化的存在形式。具体而言，以时间轴为基础的数据结构形成了数据化的时间图式——基于数据的变化与流动，人们建立了历时性的时间感知概念；基于数据的类比与比较，人们在时间维度上重新发现了现实。2008年5月19日，谷歌官方博客"谷歌黑板报"的编辑人员按照惯例在整理和分析搜索引擎的流量数据时，捕捉到了一条意味深长的数据曲线——在汶川地震发生后第七天的 14 时 28 分，谷歌的流量几乎为零，而此时正值全国人民为汶川地震遇难者默哀（见图 7-3）。在这一刻，没有人为的强制和监督，所有国人都放下了手中的鼠标和键盘，向逝者表达哀思。当时间的刻度深深地烙印在数据之上时，数据便拥有了时间的灵魂，不再是冰冷的数据曲线，而是在与时间的深情回望中，诉说着不尽的数据故事——国人内心深处难以言表的团结与温情，在数据化的时间图式中被完整地保存下来，并拥有了一种别样的呈现形式和感知结构。显然，当时间图式在数据结构中悄然生成时，数据不仅赋予了时间一定的存在形式，而且以时间为轴再造了一个可见的事实"景观"。

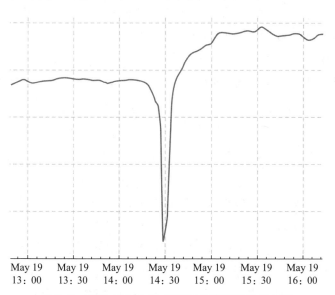

图 7-3　2008 年 5 月 19 日谷歌搜索引擎流量曲线

实际上，数据化的时间图式不仅有助于发现某个时间节点的真相，也有助于发现时间流动过程中的真相。当数据沿着一定的时间脉络展开与延伸时，人们可以感知到日常生活中难以察觉的变化与过程，从而在时间的流动结构中重新发现数据的意义以及潜藏在数据流动深处的事实真相。《卫报》于 2014 年制作的数据新闻《英联邦战争死难者：第一次世界大战可视化》（"Commonwealth War Dead：First World War Visualised"），记录了 1914 年 8 月 4 日到 1918 年 11 月 11 日英联邦每天的死亡人数及累计的死亡人数。用户点击相应的日期,便可清晰地了解当天的死亡人数及其具体信息。在时间图式的设计语言上,该新闻以深红色柱状图代表累计死亡人数,随着时间的推移,深红色柱状图越来越高,最后几乎铺满了整个屏幕。这一令人窒息的视觉冲击,无疑在时间图式上打开了一个情感认知向度,使得用户可以直观而清晰地感受到战争对生命的摧残。美国东北大学等机构于2018年推出的数据新闻《1790—2016美国移民年轮》("Simulated Dendrochronology of U. S. Immigration 1790-2016")将美国比作一棵古树,借助"年轮"这一视觉隐喻符号详细呈现了美国从1979年至2016年的移民变化情况,并深度分析了移民对美国的影响。就时间图式语言而言,年轮以十年跨度为基本单元,随着年轮数量的增加,移民人口在空间维度上不断攀升。其中,美国移民人口来源分为六大区域,具体包括加拿大、欧洲、拉丁美洲、非洲、亚洲和中东。不难发现,作为一种被精心选择的可视化符号形式,"年轮"既是一种再媒介化的符号载体,亦是一种通往时间认知的符号意象。这意味着建立在"年轮"基础上的时间图式,一方面赋予了新闻一种历时性的认知方向,另一方面也在隐喻意义上传递了"演进""累积""发展"等时间概念。正是通过对"年轮"这一符号意象的挪用,该作品清晰地呈现了美国"一路走来"的人口结构。

在数字叙事实践中,数据化的时间图式通常建立在大数据基础之上,而大数据关注的是某种总体性的数据构成与社会境况,个体故事往往难以得到有效呈现。[①] 目前,智能媒介的时间叙事逐渐延伸到了个体维度,其典型代表便是各大软件于每年年底推出的"个人年度报告"——系统追踪用户一年间的个体画像数据、媒介使用数据、行为轨迹数据、网络社交信息等,以H5动画的形式呈现,形成一种极具个性色彩的叙事文本。例如,网易云音乐App的个人年度报告会展现用户一年内所听歌曲的数量、时长、风格等信息,并以时间为轴呈现个体的年度"足迹",勾勒个体的音乐形象。这种建立在数据基础上的数字画像,串起了曾经的时光记忆,也赋予了个体一种全新的精准地认识自我的时间图式。当个体能够在数据意义上认识自我、把握

---

① 刘涛. (2019). 理解数据新闻的观念:可视化实践批评与数据新闻的人文观念反思. 新闻与写作, 4, 65-71.

自我时，这种以数据为基础的个体叙事一方面挑战着传统媒介的记忆叙事模式，另一方面在时间维度上重构着一种自我与世界的数据化想象方式。

（二）空间化的时间图式

人类理解事物的基础框架是时间与空间，前者赋予人们对于变化和发展的感知，后者则赋予人们对于位置和场景的感知。正是在时空结构中，认识活动拥有了基本的定位结构和存在方式，并在此基础上具备了纵深延伸之可能。在传统叙事中，尽管二者存在一定的关联结构，但总体上依然作为独立的叙事元素出场，各司其职——时间叙事是一种主导性的叙事结构，空间叙事则更多地转向叙事空间（narrative space）研究。而在数字叙事中，时间与空间的协同叙事愈发显著：空间为时间创设了一种新的组织方式，拓展了时间图式的空间向度；与此同时，时间也在空间化的模型结构中，拥有了更丰富、更多元的现实表征能力。换言之，作为一种重要的认知维度，空间不仅可以作为背景和场景存在，也成为时间整合、时间调适的重要组织方式和引擎力量。

其实，早在现代小说领域便已出现利用空间表现时间，利用空间安排小说结构，甚至利用空间推动整个叙事进程的表现手法。[1] 融合新闻则将空间叙事推向了一个全新的认知维度，如对新的空间装置进行重构和再造，使其成为信息整合的结构图式。[2] 一条街道、一段旅程、一条河流等空间化的符号形态，都在空间维度上创设了一种再媒介化的空间叙事图式[3]，而时间便隐藏在空间图式之中——通过编排空间中的要素序列、设置空间中的行动路线、遍历空间中的可能位置等，融合新闻建立了一种基于位移、行动、进程等空间实践的时间意识，从而形成了空间化的时间图式。当数据从一个位置抵达另一个位置时，时间完成了对距离的"占有"和"填充"，并且作为显性的条件变量进入用户的认知领域，最终上升为一个需要被捕捉和把握的意

---

[1] 龙迪勇.（2015）.空间叙事学.北京：生活·读书·新知三联书店（p.40）.

[2] 刘涛，黄婷.（2023）.融合新闻的空间叙事形式及语言——基于数字叙事学的视角.新闻与写作，2，56-67.

[3] 刘涛，蔡雨耘.（2021）.形态·语法·意象：融合新闻的"再媒介化"叙事语言.新闻与写作，4，74-80.

识对象。

正是在空间化的行动结构中，融合新闻以"过程""进程""遍历"等概念为认知基础，构建了时间意义上的"演变""脉络""发展"之时间意识。简言之，当时间在空间图景中延展时，时间的变化、演进、流动之属性不仅被识别和发现了，而且上升为现实感知和事实认知的一种基础图式。如果说传统新闻叙事中的空间化过程主体上是在地点、位置、环境维度发生作用，融合新闻则以数字界面为基础，赋予了空间呈现相对自由的"展开"和"折叠"方式，相应地，时间也拥有了更为丰富的空间化呈现结构，由此形成了不同的时间图式。例如，作为融合新闻叙事的常见形式，"一镜到底"本质上体现为一种空间化的时间图式，意为通过对叙事时空的设计与调度，在一个镜头空间内模拟、缝合或呈现完整的叙事脉络。① 这种叙事结构打破了以往以蒙太奇为主的镜头组接方式，能够实现不同空间之间的无缝过渡与转场，最终呈现的是一种时空连续叙事。在空间的调度与转场中，由于空间往往携带着一定的时间属性，如曾经的、历史的、怀旧的、未来的时间想象方式，因此空间的变化也必然伴随着时间的推移，如从历史到未来的穿越、从春夏到秋冬的演变、从记忆到现实的转换等等。"一镜到底"则借助一定的数字动画技术，利用大脑感知的视错觉原理，在一个连续的时间结构中完成了新闻内容的布局与编排，也实现了新闻场景的串联与转换。这种基于数字技术的时空连续叙事，在时间维度上重构了一种新的空间关系，亦在空间维度上释放了一种新的时间结构——原本难以直接关联的空间，在一个连续的时间结构中建立连接，由此形成了一种耐人寻味的空间化的时间图式。例如，2021 年，新华社为庆祝建党百年发布的 H5 新闻《送你一张船票》，以长卷动画的形式展现了建党百年以来的 32 个大事件。整部作品以"河流"这一再媒介化的空间符号为时间轴线，用户乘坐红船徜徉于历史长河，沿途经过百年来的重大历史场景和事件，在时间维度上感受建党百年的筚路蓝缕与辉煌历程。

与其他时间图式不同，空间化的时间图式实际上存在较为普遍的实践面向，即在空间实践（spatial practice）维度上编织一种过程性的"时间之

---

① 刘涛，刘倩欣. (2020). "一镜到底"：融合新闻的叙事结构创新. 新闻与写作，2，74-80.

旅",以形成时间的概念与意识。在数字媒介技术环境下,这种空间实践不仅体现为数字世界的化身实践,还体现为现实世界的具身实践。当新闻实践诉诸空间化的时间图式时,融合新闻的时间叙事便超越传统的文本表征维度,而转向了主体的实践维度,即将主体置于既定的空间情境中,赋予主体实践一种空间化的结构图式,如沿着时光隧道的穿行、跟随历史长河的行走、依托文化地图的遍历等等。正是在"隧道""长河""地图"等媒介化的空间结构中,主体借助"穿行""行走""遍历"等具身实践,建立了一种空间化的时间意识。2021年6月,人民日报社新媒体中心在北京市三里屯打造了"复兴大道100号"创意体验馆,在展馆内进行历史场景的打造与还原,让人们在空间"旅途"中感受建党百年来的时间流逝和社会变迁。

(三) 符号化的时间图式

符号的意义并非完全由其固有属性决定,而是经由片面化处理之后才进入人类的感知系统,这一过程对应的符号逻辑即为符号化——人们往往选择事物的一部分属性而放弃另一部分属性,以此赋予事物某种片面化的内涵,从而将其纳入自身的表意系统。因此,未经符号化的事物,难以承载意义;但凡承载意义的符号,必然是片面化处理的产物。简言之,符号深层的指涉结构并非建立在全部属性之上,而依赖部分属性的特征及其想象结构,也受制于部分属性的限定。因此,任何一种符号形式都必然携带着某种偏向性的意义。伴随着符号在传播场域中的流通,部分意义逐渐沉淀下来,成为一种具有隐喻内涵的象征符号。

当一种事物回应象征意义上的时间命题,或者携带着某种时间的意味时,其符号化过程中便存在一个深刻的时间之维,即事物是在时间维度上被赋予意义的,因此我们可以称之为时间符号。有别于其他的符号形式,时间符号所传递的言外之意,存在一个普遍而深刻的时间认知基础。法国历史学家皮埃尔·诺拉(Pierre Nora)在《记忆之场——法国国民意识的文化社会史》中提出了一个核心概念——"记忆之场",指的是记忆往往沉淀在具象的空间、行为、形象和器物中。换言之,记忆实际上内嵌于具体事物,如过往的文物、雕塑、绘画等,人们往往借助这些事物唤起曾经的记忆。当这些符号携带着某种普遍共享的象征意义时,时间便"寄居"在符号之中,并显现于符号的表意系统，相应地，时间图式拥有了一种符号化的生成机制。因此，符号化的时间图式本质上强调的是符号的时间性特征与内涵，即时间嵌入符号的象征结构，并随着符号的出场而同步出场。

就时间图式的符号生成机制而言，时间符号主要包含三种类型：一是承载着集体记忆的符号形式。诞生于特定历史场景中的符号，一旦激活人们关于过去、历史、时代的感知与记忆，便形成了一种时间意义上的指涉关系和阐释结构。二是统摄在时间范畴的符号意象。倘若符号的象征意义回应的是一个时间命题，其便创设了一种通往时间感知的象征结构，如数字"1314"之于永恒爱情的象征意义、梅花之于冬天的象征意义、粽子之于端午节的象征意义等等。三是浓缩了特定事件的典型符号。经由新闻媒介的集体报道与反复强化，公共事件中的某些"决定性瞬间"被永远定格，成为人们想象和理解事件的一种新闻聚像（news icon）①或凝缩符号（condensational symbol）②，如希望工程的"大眼睛"图像、汶川地震中的"敬礼娃娃"图像、叙利亚难民危机中的"沙滩男孩"图像等。作为一个精神分析学概念，"凝缩"的"语言"基础是隐喻。③ 建立在凝缩基础上的符号形式往往以事件为基础，唤起人们的时间意识。凝缩符号往往具有强大的流动和增值能力，它们携带着与生俱来的元语言，穿梭于历史与现实之间，通过对互文语境的创设，将公众带入特定的事件、场景与记忆。④

当时间符号进入融合新闻的叙事结构时，便创设了一种符号化的时间图式，即人们通过对时间符号的识别与感知，建立相应的时间意识。在经典叙事中，由于故事主要沿着语言文字维度展开，因此时间符号的出场方式较为单一，激活的时间线索也极为有限，致使符号化的时间图式更多地停留在简单的符号象征维度。数字叙事则立足时间符号的融合叙事与跨媒介叙事潜力，将时间叙事的符号学想象力推向了一个全新的认知空间。

---

① Bennett, W. L. & Lawrence, R. G. (1995). News icons and the mainstreaming of social change. *Journal of Communication*, 45 (3), 20-39.

② Graber, D. A. (1976). *Verbal behavior and politics*. Chicago, IL.: University of Illinois Press, p. 289.

③ 刘涛. (2018). 隐喻与转喻的互动模型：从语言到图像. 新闻界, 12, 33-46.

④ 刘涛, 朱思敏. (2021). 图像事件中的凝缩符号及其意义流变——基于"敬礼娃娃"符号实践的个案考察. 新闻与写作, 12, 71-80.

具体而言，融合新闻的"多媒融合"特点与机制可将多模态的时间符号带入故事，这不仅丰富了时间意象的生成层次和深度，也以多感官体验为基础，拓展了对时间意识感知的多元可能。2021 年，《人民日报》为庆祝建党百年而创作的 H5 作品《复兴大道 100 号》，选择不同历史时期承载集体记忆的视觉符号作为核心叙事要素，绘制出了一幅波澜壮阔的百年历史长卷——除了选择重要历史节点的事件与场景，如 1921 年南湖红船启航的画面、1949 年毛泽东主席在天安门城楼宣布中华人民共和国成立的画面、1957 年武汉长江大桥落成通车的画面、1978 年党的十一届三中全会召开的画面、2008 年北京举办奥运会的画面、2012 年党的十八大召开的画面，还选择了百年历史上极具代表性的符号形式，如刘胡兰、雷锋、王进喜等人物符号以及"半条棉被""八女投江"等故事符号。正是通过对这些记忆符号的征用和编排，以及对历史场景与细节的视觉复盘，H5 作品《复兴大道 100 号》建构了一种独特的时间记忆模式。

除了在视觉维度上拓展时间叙事的符号模式，融合新闻还立足符号化的时间图式，拓展了时间叙事的声音向度。如果说图像符号的第一属性是像似性，声音符号的则体现为指示性。因此，声音具有先天的索引与指引功能，即一种对源头、踪迹、路径的追溯和探寻属性。一般而言，图像是空间性的符号，声音是时间性的符号，这不仅是由其符号属性决定的，也因为声音的感知、情感与意义需要诉诸更丰富的外部信息，尤其是心理认知维度的记忆资源。当我们听到一首歌时，总会本能地复盘歌曲本身的伴随文本（co-text）信息，如名称、歌手、年代等，并在自我的经验系统中探寻歌曲的记忆坐标与时空位置。因此，相对于图像符号而言，声音符号携带着更为显著的时间信息，通过诉诸记忆来实现叙事意义上的时空过渡或切换。[①] 在现代性背景下，声音也逐渐成为一种社会记忆资源：一段声音可以激活一定的记忆场景，也可以因时空位置的变化而释放出不同的情感内涵。所谓的此情此景，即是强调时间与情感之间的内在关联，而声音符号无疑将"此情此景"推向了一个全新的演绎维度。中国科技网于 2021 年发布的融媒体作品《放大音量！听百年最硬核声音》，呈现了中国第一颗人造卫星"东方红一号"

[①] 刘涛，朱思敏.（2020）.融合新闻的声音"景观"及其叙事语言.新闻与写作，12，76-82.

成功发射的原声音频、"神舟五号"载人飞船成功发射后杨利伟在太空问候全国人民的声音、双季稻亩产超 1500 公斤时袁隆平院士的采访原声等十余段中国科技创新最硬核的声音,这些声音犹如一个个"记忆之场",将公众的记忆拉回一个又一个激动人心的历史时刻。显然,声音维度上的时间符号如同记忆"引擎",更能激发人们的情感共鸣,唤起集体记忆。

  总之,经典叙事的基本条件是序列结构和因果关系,而时间则是一种基础性的情节组织逻辑。离开时间所提供的序列逻辑,叙事学所关心的故事、结构、形式都将无从谈起。从经典叙事学到数字叙事学,原本的时间命题——时序、时距、频率都已然超越了原初的时间性内涵。在传统新闻叙事中,时间只能在线性结构中发挥作用,融合新闻则呈现了一幅前所未有的时间图式,即一种嵌套的、网络的、拓扑的、面向未来的时间图式。相对于传统新闻而言,融合新闻对于经典叙事的序列结构之超越,主要发生在叙事结构、表征方式、认知模式三个维度。在叙事结构维度,有别于经典叙事对时间线的高度依赖,融合新闻创设了一种全新的时间线形态,即叙事结构的形成不再局限于历时性的时间图式,而存在多种可能的"生成之线",具体体现为可视化的图像结构和嵌套式的褶子结构;在表征方式维度,融合新闻超越了传统新闻的现在时态,不仅沿着"复现过去"与"预测未来"两个维度拓展了时间叙事的边界和空间,而且在数据基础上打通了过去、当下、未来之间的通约语言;在认知模式维度,基于可视化的视觉修辞实践,融合新闻在数据、空间、符号维度上重新发现并建立了时间的概念与意识,相应地形成了三种不同的时间图式,即数据化的时间图式、空间化的时间图式和符号化的时间图式。

第 八 章

空间叙事：从叙事要素到叙事变量

作为范畴论意义的概念形式，时间和空间不仅意味着事物本身的存在属性，也构成了人类思维的逻辑形式——在时间维度上，事物拥有了"缘起""过程""脉络"等概念内涵；而在空间维度上，事物获得了"位置""范围""变化"等概念内涵。正因如此，时间和空间便具有深刻的认识论意义。尽管时间和空间相互依存共同确立了事物的存在形式，但二者在哲学史上的认识位置却是不对等的、不平衡的。长期以来，"空间被视为是僵死的（the dead）、不变的（the fixed）、非辩证的（the undialectical）、静止的（the immobile）东西。相反，时间则意味着丰富性（richness）、增殖性（fecundity）、生命性（life）和辩证性（dialectic）"[1]，空间问题在时间问题的遮蔽之下，未能获得应有的认识论功能。具体而言，时间跟意识、事件、生命、历史紧紧地捆绑在一起，被赋予了丰富的认识论内涵，而空间则被束缚在"地点"的范畴中，其释放的认识话语注定是有限的。米歇尔·福柯（Michel Foucault）在《地理学问题》中指出："有人习惯性地用进化、生命连续性、有机发展、意识进步或存在工程的传统图式（old schemas）来看待历史问

---

[1] Foucault, M. (2007). Questions on geography. In Jeremy W. Crampton & Stuart Elden (Eds.). *Space, knowledge and power: Foucault and geography* (pp. 173-182). Trans. by Colin Gordon. Aldershot, UK: Ashgate Publishing Limited, p. 177.

题,而空间这一术语则被划拨到了反历史(anti-history)的范畴。"① 然而,20世纪六七十年代人文社科领域出现的"空间转向"(spatial turn),直接改写了空间的命运——空间的认识论功能被发现了,空间不再是机械的、物理性的存在对象,而携带了丰富的经济学、社会学等意涵。在空间转向的总体语境中,哲学、文学、美学、社会学等学科领域开始重新审视空间问题,并尝试在空间维度上编织一种新的认识话语,叙事学也不例外。

按照戴维·赫尔曼(David Herman)的观点,一种叙述线索一旦被锚定在具有特定空间结构的心理模型中,便成为故事。② 因此,新闻叙事必然要面对和处理空间问题。而在数字叙事领域,空间的表征形式与认识功能得到了极大延伸。诸如"场域"(field)、"领域"(sphere)、"网络"(network)等概念被带入新闻研究范畴。③ 这不仅拓展了空间本身的内涵与外延,而且酝酿着一种全新的空间叙事观念。纵观当前的融合新闻产品,空间已经超越了传统的"容器"性质,上升为一种承载着特定认知功能的叙事元素,为数字时代的叙事现象提供了一种新的思维方式和观照角度。基于此,本章立足融合新闻这一极具代表性的数字文本形态,聚焦于空间叙事这一典型的叙事研究面向,探讨融合新闻的空间叙事形式及语言。

一、数字叙事学视野下的空间及空间叙事

叙事是由叙事者(narrator)向受叙者(narratee)传达真实或虚构的事件(event)的表述。④ 无论何种事件形式,总是处于既定的时间和空间结构之中。然而,在经典叙事学那里,研究者更多地关注时间问题,将叙事的阐

---

① Foucault, M. (2007). Questions on geography. In Jeremy W. Crampton & Stuart Elden (Eds.), *Space, knowledge and power: Foucault and geography* (pp. 173–182). Trans. by Colin Gordon. Aldershot, UK: Ashgate Publishing Limited, p. 178.

② Herman, D. (2001). Spatial reference in narrative domains. *Text & Talk*, 21 (4), 515–541.

③ Reese, S. D. (2016). The new geography of journalism research: Levels and spaces. *Digital Journalism*, 4 (7), 816–826.

④〔美〕杰拉德·普林斯. (2016). 叙述学词典. 乔国强,李孝弟译. 上海:上海译文出版社 (p. 136).

释对象归纳为"时间性以及作为时间性存在的人类"①，空间仅仅作为事件发生的背景出现，并未引起叙事学的充分关注。空间问题最早进入叙事学的关注视野，要追溯到 1945 年美国学者约瑟夫·弗兰克（Joseph Frank）在《塞沃尼评论》（Sewanee Review）第 2 期和第 3 期中连载的《现代小说中的空间形式》("Spatial Form in Modern Literature"）一文。该文明确提出"空间形式"（spatial form）的概念，将空间的形态问题推向了叙事学研究视野。弗兰克发现，现代主义文学作品在处理时间问题时，产生了一种以空间的共时性代替时间的序列性的表达手法，从而形成了不同的空间形式，如物理的、语言的、心理的空间形式。② 在各种形式的空间被建构出来之际，它们不仅揭示了主体的存在及行动场景，而且积极参与着情节叙述过程。威廉·霍尔茨（William Holtz）在《现代小说中的空间形式：再思考》（1976）中通过梳理 30 年来有关弗兰克的研究文献，进一步拓展了空间形式的批评视域。他极为推崇"语言空间"（verbal space）这一概念，认为其如同"媒介"一般，能够连接、中介、调解其他的空间领域（spatial realm），正如语言可以中介外部世界和认识领域。③ 当空间问题进入叙事学关注视野时，空间叙事便成为一个极为重要的学术论题，相关研究最早出现在小说叙事领域。在现代小说叙事领域，"小说家们不仅仅把空间看作故事发生的地点和叙事必不可少的场景，而是利用空间来表现时间，利用空间来安排小说的结构，甚至利用空间来推动整个叙事进程"④，相应地也就将空间叙事推向了一个显性的学术领域。

加布里尔·佐伦（Gabriel Zoran）在《走向叙事空间理论》（Towards a Theory of Space in Narrative）（1984）中，从横向和纵向两个坐标维度来廓清叙事系统中的空间形式及其叙事内涵，进而建构了一个完整的空间叙事模

---

① 〔美〕杰拉德·普林斯. (2016). 叙述学词典. 乔国强, 李孝弟译. 上海：上海译文出版社 (p. 140).

② Frank, J. (1945). Spatial form in modern literature. Sewanee Review, 53 (2), 221-240；53 (3), 433-456.

③ Holtz, W. (1977). Spatial form in modern literature: A reconsideration. Critical Inquiry, 4 (2), 271-283.

④ 龙迪勇. (2015). 空间叙事学. 北京：生活·读书·新知三联书店 (p. 40).

型。具体而言，从横向维度来看，空间叙事关注的是空间的结构层次（levels of structure），具体包含三个维度的空间形式，即地理空间（topographical space）、时间空间（chronological space）和文本空间（textual space）：地理空间意为作为静态实体（static entity）的空间，可以直接用文字描述；时间空间意为体现时间性的空间形式，如附着在事件和行动（movement）上的空间形式，揭示了时间的共时关系和历时方向；文本空间意为语言文本内部建构的意指空间，本质上回应的是一个空间感知命题。从纵向维度来看，空间叙事关注的是空间的组成部分（the parts of space）、空间边界（boundary）和空间范围（scope）问题，具体包含空间单元（spatial unit）、空间集合（spatial complex）和总体空间（total space）。空间单元意为空间的基本构件，如地理空间维度的地点（place）、时间空间维度的行动区域（a zone of action）、文本空间维度的视界（field of vision）；空间集合意为空间视界的组合与转化状况，即不同的叙述情境中由文本实际呈现的空间认知；总体空间意为文本语言的世界，本质上由空间集合组合而成，而且在地理、时间、文本三个空间维度上呈现出不同的"集合"方式。① 佐伦建构的空间叙事模型在叙事学领域产生了深远的影响，诸多学者纷纷借鉴这一理论模型或其中提及的分析概念探究文学作品的空间叙事策略，如有学者聚焦于凯特·肖邦（Kate Chopin）的小说《一小时的故事》，从地理空间、精神空间/文本空间、社会空间三个维度探讨其中的空间呈现及建构方式。②

当空间超越了一般意义上的地点属性和内涵，而作为一种叙事元素参与文本叙述进程时，空间叙事便成为一个显性的叙事学命题。这里的"空间"摆脱了事物存在和发生作用的位置属性和场所内涵，更多地作为一种叙事元素，以实现故事讲述或情节叙述为总体目的。空间叙事的基本内涵便是挖掘空间本身的语义内容，并在空间维度上勾勒事物的发展过程或主题内涵。③ 概括而言，空间叙事研究起源于文学领域，而后逐渐延伸到其他符号领域，

---

① Zoran, G. (1984). Towards a theory of space in narrative. *Poetics Today*, 5 (2), 309-335.
② Wang, H. (2022). On the spatial narrative of "The Story of an Hour". *Asian Journal of Social Science Studies*, 7 (3), 96-101.
③ 刘涛，杨烁燏. (2019). 融合新闻叙事：语言、结构与互动. 新闻与写作，9, 67-73.

如电影的空间叙事①、音乐的空间叙事②、游戏的空间叙事③、新媒体的空间叙事④、景观的空间叙事⑤、建筑的空间叙事⑥、博物馆的空间叙事⑦、社会公共领域的空间叙事⑧等。

那么，空间究竟如何参与叙事？这一问题既涉及空间本身的认识内涵，也涉及叙事系统本身的意义生产机制。具体而言，空间叙事研究需要综合空间理论和叙事理论，在二者的对话结构中发现空间的叙事功能和方式，从而拓展叙事学的空间想象力。在叙事学体系中，空间参与叙事的方式取决于空间维度上的意义生产方式。空间之所以能够作为一个叙事元素参与文本意义的建构，根本上是因为空间在叙事层面的符号属性被发现了，即空间超越了一般意义上的"背景""地点"和"场所"内涵，成为携带特定意义的感知，从而具有了叙事意义上的表征功能——空间从"背景"的从属状态中挣脱出来，从"地点"的标识属性中挣脱出来，从"场所"的伴随语境中挣脱出来，一跃成为一个显著的叙事元素或符号。正是基于这种感知，空间的符号意义得以被识别和发现，其进入文本结构，成为叙事链条或版图中不可或缺的构成要素。反过来，当空间要素从叙事系统中被抽离出来时，倘若原有的叙事链条并未受到结构性的影响，人们依然可以在文本和经验的共同作用中完成意义的识别、建构与生产，那便意味着空间并未实质性地参与叙

---

① Cutting, J. & Iricinschi, C. (2015). Re-presentations of space in Hollywood movies: An event-indexing analysis. *Cognitive Science*, 39 (2), 434-456.

② Winters, B. (2010). The non-diegetic fallacy: Film, music, and narrative space. *Music and Letters*, 91 (2), 224-244.

③ Jenkins, H. (2004). Game design as narrative architecture. *Computer*, 44 (3), 118-130.

④ Ridge, M., Lafreniere, D. & Nesbit, S. (2013). Creating deep maps and spatial narratives through design. *International Journal of Humanities and Arts Computing*, 7 (1-2), 176-189.

⑤ van Damme, S. (2018). In search of landscape as a medium for integration: The potentials of landscape narratives in the practice of landscape architecture. *Landscape Journal*, 37 (2), 101-122.

⑥ Psarra, S. (2009). *Architecture and narrative: The formation of space and cultural meaning*. New York: Routledge.

⑦ Schorch, P. (2013). The experience of a museum space. *Museum Management and Curatorship*, 28 (2), 193-208.

⑧ Austin, T. (2020). *Narrative environments and experience design: Space as a medium of communication*. New York: Routledge.

事。例如，在数据新闻的可视化结构中，地图作为一种空间表征装置，发挥着数据整合与再现的结构化功能。由于地图铺设了数据可视化的语言和结构，已然成为数据新闻叙事中不可或缺的构成要素，因而为意义建构提供了一种空间认知视角。这里的"地图"不仅具有汇聚数据的"场所"功能，而且在叙事意义上提供了一种数据转换的结构图式——可以设想，如果没有地图，数据便失去了结构的力量，成为散落一地的数据碎片，无法完成从数据到数据故事的生命蜕变。

数字媒介的多媒体异质共存特质，唤醒了数字叙事的空间维度。数字媒介的计算机语言发明了一系列崭新的空间概念或形式，如"赛博空间"（cyberspace）、"虚拟现实"（virtual reality）、"计算机空间"（computer space）、"可导航空间"（navigable space）、"过渡空间"（transitional space）、"元宇宙"（metaverse）等。这些源自数据世界的空间概念或形式，已经进入现实领域的社会文化维度，不仅作为一种隐喻性的概念、框架和范畴，拓展了人们关于空间的理解方式、想象方式及改造方式，而且形成了一系列有别于经典叙事的空间叙事语言，如可导航空间关注的是一种引导式的、运动性的、探索性的、沉浸式的空间形式，其立足一定的程序修辞（procedural rhetoric）策略，形成了一种全新的空间建模语言和空间体验方式。

不难发现，在数字叙事系统中，空间拥有自由的表征形式、灵活的组织方式、多维的辐射结构，并且超越了一般意义上的地点概念、场景特征和容器隐喻，成为一种拥有媒介属性和认知潜能的生成装置——由于空间的压缩、拉伸、变换成为可能，因此数字叙事的空间图景中布满了一个个有待触发、激活和认领的空间"热点"。它们抛弃了时间意义上的"序列""因果""历史"概念，"收纳"各种异质的对象、元素、事物，形成了一种有别于经典叙事的网络化的、块茎式的、去中心化的空间"褶皱"。如果说传统的空间叙事更多地依赖一种因果关系、联想结构、经验系统，数字媒介的空间叙事则超越了传统的"生产"逻辑，而转向一种更为自由的"生成"逻辑——在空间"褶皱"里，空间以及空间中的事物不断"折叠"，不断"打开"，不断"递归"，不断"遍历"，从而拥有无限可能的存在形式，最终赋予了空间叙事一种生成性的组织方式和意义结构。概括而言，相较于传统的空间叙事，数字叙事系统的空间不仅呈现了更为丰富的空间形式，而且在空间维度上重构了信息的表征方式,由此形成了全新的空间经验[1]、多元的空间实践[2],以及基于空间的知识生产方式[3]。显然,空间已经深度介入叙事范畴,并且形成了有别于传统空间叙事的新特点和新机制。

如何理解融合新闻的空间叙事？首先需要厘清叙事语言维度的叙述问题,然后立足空间认知视角,思考空间如何参与叙述进程。实际上,空间能够承诺并回应的叙事问题,主要体现在叙事对象、叙事结构、叙事意义和叙事实践这四个方面。第一,就叙事对象而言,空间作为一种典型的叙事对象,在融合新闻中的媒介表征,除了一般意义上的现实呈现,还体现为一种普遍的空间重构与再造,如对某种全新空间形式的数字建模与生产。第二,就叙事结构而言,如果说语言文本叙事主要沿着时间序列及其因果关系展开,融合新闻的多媒体整合与多模态呈现特征则决定了新闻主要以界面的形式"出场",而界面本身的空间属性极大地克服了叙事结构的时间性依赖问题,使得空间意义上的结构编织成为可能。第三,就叙事意义而言,与其他文本不同的是,新闻文本所追求的意义有其特殊内涵和要求,也就是回归基本的新闻价值问题,如对事实的呈现、对争议的建构、对真相的挖掘等。如果说传统新闻中的空间更多的是作为背景、地点、过场存在,融合新闻则将空间推向了认知范畴,即并非简单地呈现现实,而是以空间为方法,在空间维度上发现现实与理解现实,由此赋予了空间特定的感知媒介功能。第四,就叙事实践而言,融合新闻的文本形式已经迈向现实情境和实践场景,从传统的"观看"逻辑转向"参与"逻辑和"体验"逻辑,如 AR 技术赋予了现实一种新的视觉图景,MR 技术使得用户在虚拟和现实之间的切换成为可能。当主体实践进入叙事系统时,融合新闻在数字技术的作用下,重构了一种全新的数字情景:空间叙事语言不仅涉及现实空间构造的物的语言,也涉及虚拟与现实过渡的技术语言,从而在主体实践维度延伸了空间叙事的观念

---

[1] Kukkakorpi, M. & Pantti, M. (2021). A sense of place: VR journalism and emotional engagement. *Journalism practice*, 15 (6), 785-802.

[2] Foth, M., Klaebe, H. & Hearn, G. (2008). The role of new media and digital narratives in urban planning and community development. *Body, Space & Technology*, 7 (2), 1-18.

[3] Weiss, A. S. (2015). Place-based knowledge in the twenty-first century: The creation of spatial journalism. *Digital Journalism*, 3 (1), 116-131.

与策略。

当叙事学的四大命题——叙事对象、叙事结构、叙事意义和叙事实践，都存在一个普遍的"空间之维"，即转向空间，在空间维度上寻找答案时，融合新闻的空间叙事便成为一个合法的学术命题。那么，如何理解融合新闻的空间叙事语言？回应这一问题，可以从叙事对象、叙事结构、叙事意义、叙事实践这四大命题切入，分别探讨空间参与叙事进程的规则、机制与策略——叙事对象回应的是现实表征问题，即现实在数字媒介语境中的空间化表征方式；叙事结构回应的是结构图式问题，即空间作为一种结构装置，对要素、信息、行动的数字化组织方式；叙事意义回应的是认知媒介问题，即以空间为媒的中介化认知方式；叙事实践回应的是主体实践问题，即信息在现实空间场景中的媒介化传播方式。概括而言，由于空间沿着叙事对象、叙事结构、叙事意义、叙事实践四个维度参与叙事，因此融合新闻的空间叙事主要表现为四种形式：一是作为现实表征的空间叙事，二是作为结构图式的空间叙事，三是作为认知媒介的空间叙事，四是作为主体实践的空间叙事。本章接下来分别聚焦于这四种空间叙事形式，探讨融合新闻的叙事语言。

二、作为现实表征的空间叙事

新闻本质上是表征新闻事实的信息[①]，即通过语言、声音、图像等符号来表征现实。这就意味着，新闻是人们认识客观世界的一种具体形式，其不同的表征方式会将受众引向不同的现实认知向度。其中，空间作为认知现实的一个重要维度，具有"还原现场"和"铺设语境"的认知形塑功能，能够在视觉意义上帮助人们完成从经验感知到事实判断的认知过渡。对于融合新闻叙事而言，如何呈现新闻发生的现场空间，揭示对象存在的空间语境，既是新闻报道必不可少的构成部分，也是空间叙事面对的基础命题。

在经典叙事学那里，空间的地理属性和位置结构主要按照一定的序列结构进行"描述"，如小说叙事中作者常采用白描手法，赋予叙事对象或人物行为一种空间关系，其最终呈现的空间形式本质上依赖人们的经验图式及其

[①] 杨保军. (2009). 关于新闻本体的几个基本问题. 新闻学论集, 22, 110-127.

加工规则。相应地，作为故事发生的地点和场景，地理空间究竟是否参与叙事，取决于地理空间的符号属性，也就是空间是否承载了某种超越物理属性的象征意义，如空间的隐喻功能、记忆价值、美学内涵等。而在融合新闻叙事中，空间呈现出多样化的表征方式，除了一般意义上的现实再现，还体现为一种普遍的空间再造实践，即通过数字建模，创造一种全新的空间形式或空间体验。随着动画新闻、VR 新闻、移动直播等融合新闻形态逐渐普及，一系列数字场景形态被源源不断地生产出来，在现实与虚拟、经验与想象、观看与体验、身体与精神之间打开了一个有待"填充"的认知区域或故事世界。基于此，本章主要选取动画、VR 技术、移动直播这三种代表性的媒介技术，分别探讨现实表征的空间叙事方式。之所以关注这三种媒介技术及其对应的融合新闻形态，主要是因为它们解决了经典叙事未曾触及的空间表征方式，并形成了三种代表性的数字空间形式：动画新闻长于新闻场景的虚拟再现，解决了"现实空间不在场"的空间表征问题；VR 新闻善于新闻场景的全景再现，解决了"现实空间距离远"的空间表征问题；移动直播专于新闻场景的完整再现，解决了"现实空间不连续"的空间表征问题。

（一）动画新闻：数字情景再现

从某种意义上说，人们之所以要叙事，是希望将发生在具体空间中的事件留存在记忆中，从而对抗遗忘并赋予存在以意义。[①] 从文字到影像，现实的留存逐渐从抽象转向具体。相比于文字，视觉图像能够清晰地展现新闻现场。然而，并非所有的视觉资料都能被捕捉，为了补充缺失的现场信息，动画新闻诞生了。尽管动画新闻能够以动画的"虚构"方式再现故事空间，还原新闻现场，但其设计精度和真实程度相对较弱，尤其是早期的二维动画，所呈现的空间向度和细节实际上非常有限。然而，在 3D 虚拟技术的驱动下，动画新闻在空间维度上的叙事潜能得到了极大的拓展。具体而言，动画新闻的空间叙事功能体现在三个方面：一是还原未被记录的新闻场景，如《新京报》通过 3D 建模的方式还原 2015 年天津港"8·12"爆炸事故发生空间，立体化展示不同向度的空间信息，尤其是揭示了空间中事物之间的存

---

① 龙迪勇. (2006). 叙事学研究的空间转向. 江西社会科学, 10, 61–72.

在形式及其布局关系;二是模糊化不宜展示的故事场景,包括犯罪现场、犯罪手段等,防止真实的新闻影像引发受众的心理不适或模仿倾向;三是呈现难以摄录的新闻画面,如中国科学技术协会发起的"科普中国"项目通过3D动画展现"神舟十三号"从空间站返回地球的全过程,生动地还原了难以通过常规拍摄方式进行表现的太空世界。

在现实画面缺失的状况下,动画作为影像画面的补充手段,需要基于新闻场景的文字描述和动画制作团队的合理想象,重构现场空间的布局、当事人的神态、事件的细节等,这意味着动画新闻所描述的新闻空间并非现实空间的复现,而是新闻工作者想象与加工的表征空间。2015年,在新华社关于"东方之星"号客轮翻沉事件的报道中,由于水下营救现场画面无法获取,因此采编团队基于前方记者对相关细节的核实和补充采访展开合理想象,使用3D动画模拟了水下营救65岁老人的过程。该作品重构了老人所处船舱的空间布局,以动画形式呈现复杂的救援过程,从而更好地回应了受众对救援科学性的质疑。必须承认,如果说语言叙事赋予了受众较为自由的空间想象方式,动画新闻的情景再现——尤其是与故事、情节、价值判断相关联时,则传递了一种授权的空间理解模式,从而限定了受众关于现实的认知方式,这便引申出空间叙事的伦理问题。

(二) VR新闻:打破"第四堵墙"

戏剧理论中有一个"第四堵墙"的概念,其指的是一面横亘在演员与观众之间的虚构的隐形屏障。由于"第四堵墙"的存在,观众被排除在演员所表演的故事情节之外,并接受表演作品的虚构性。在传统新闻的叙事中,由于受众无法参与叙事文本,只能作为旁观者认识文本的再现事实,因此传播者和受众之间同样存在一堵看不见摸不着的"墙"。但与虚构的戏剧不同,新闻追求真实性和客观性,无论是传播者还是受众本质上都是新闻事实的旁观者,不应该也不可能介入新闻现场,因而新闻叙事中的"第四堵墙"长期以来并未受到关注,遑论被质疑。直到数字技术的发展使互动新闻成为可能,"第四堵墙"的区隔作用才逐渐得到重视。其中,VR技术对"第四堵墙"构成最为强烈的冲击——长期以来,横在用户与内容之间的"界面"消失了,用户进入数字空间,以主观视角"穿行"于文本内部。

VR 技术主要通过 360 度全景视域和联觉两种方式创造沉浸式空间体验，从而打破了传播者和受众之间的"第四堵墙"。2019 年，美国前线节目组和标志公司合作的 VR 新闻作品《监禁之后》（"After Solitary"），通过将上千张监狱的实景图片转换为全景图像，让受众成为新闻中的一个角色，置身于真实的监狱空间中。VR 新闻体验方式包括两种：一是通过手机或电脑屏幕配合滑动、点击等操作进行观看，二是通过屏幕配合可穿戴设备进行体验。后者能够更大程度地调动受众的视觉、听觉、触觉等感官通道，打造更为强烈的沉浸感和参与感，从而使受众在数字空间中自由漫游，实现自主的叙事体验。如此一来，空间本身成为叙事文本，而受众的"触发"方式决定了叙事的展开结构。2012 年，诺尼·德·拉·佩拉（Nonny de la Pena）制作了 VR 新闻《饥饿的洛杉矶》（"Hunger in L. A."），报道了一名在食物赈济处排队领取食物的糖尿病人因未能及时得到食物而晕倒的事件。借助 VR 技术制造的无边界感和感官刺激，该作品打破了新闻叙事的"第四堵墙"，将观看人员拉入作品所创设的叙事空间，使之成为新闻现场的一员。其中，空间不再是被讲述的对象或叙事内容的载体，而成为一条线索，引导受众完成个性化的叙事文本。尽管整个作品在视觉呈现的精细度上仍存在一定不足之处，但依然引发了观者的高度沉浸——几乎所有的观看人员都蹲下来试图去安慰病发患者。

（三）直播新闻：现实成为事件

直播形式的新闻早已有之。1992 年，丹尼尔·戴扬（Daniel Dayan）与伊莱休·卡茨（Elihu Katz）基于电视直播研究，提出"媒介事件"的概念，他们将之定义为"一种特殊的电视事件"，即"关于那些令国人乃至世人屏息驻足的电视直播的历史事件"。[①] 随着移动直播的兴起，媒介事件的内涵及生成方式发生了一定偏移，究其原因，还是要在空间叙事中寻找答案。

以广播、电视为代表的传统音视频新闻的现实建构，主体上遵循的是蒙太奇手法，其空间叙事原理主要表现为对现实场景进行选择和剪辑，并按照

---

① 〔美〕丹尼尔·戴扬，伊莱休·卡茨. (2000). 媒介事件：历史的现场直播. 麻争旗译. 北京：中国广播电视出版社（pp. 1-2）.

一定的线性序列加以组织和编排，最终呈现的故事空间依旧是一种被剪辑、被取舍、被改造的现实。然而，移动直播则立足社交网络语境，并未对现实空间进行剪辑或压缩处理，而是将现实直接搬运到媒介界面之中。因此，其创设的媒介空间本质上体现为一种数字长镜头。在新闻现场的现实空间以外，移动直播还创设了一个话语空间，受众能够深度参与其中，在原有叙事空间的基础上延展出新的叙事空间，从而将现实转变为事件。2020年，中央电视台推出的"雷神山"和"火神山"医院的施工慢直播，为每座医院均配置了近景、全景两种镜头，24小时不间断地对施工现场进行现场直播。该直播吸引了千万网友线上观看。相比于直播内容对现实空间的还原，更吸引网友的是直播平台的"弹幕"和评论，其为网友搭建了一个情感寄托和实时对话的公共空间，直播内容和互动内容共同构成了现实表征，从而将新闻现实转变为媒介事件。

三、作为结构图式的空间叙事

叙事既能够体现人类的思维活动，又能够影响人类的认知方式。由于人的大脑难以逐一识别、感知和分析所有刺激，因此，为了降低认知的成本，任何叙事文本的意义生成都必然伴随着叙事图式的出场。图式是一种帮助人们抵达事物形式与特征的心理认知结构，通过为认识活动提供加工依据，深刻地作用于人类认识活动的知觉过程。① 杰瑞·伯格（Jerry Burger）概括了图式的两大基本认知功能：一是帮助人们感知周围的环境特征，特别是形成超越实在对象的知觉形式；二是为人们提供一种加工信息的组织原则和结构。② 按照认知语言学的观点，作为一种空间性的认知模式，容器图式具有以系统方式整合结构关系的功能。当图式与结构问题关联时，图式便进入叙事领域，成为空间叙事绕不开的一个研究命题。

经典叙事的结构问题建立在线性序列和因果关系基础之上，即结构对应

---

① 刘涛. (2020). 图式论：图像思维与视觉修辞分析. 南京社会科学, 2, 101-109.
② 〔美〕杰瑞·伯格. (2014). 人格心理学（第八版）. 陈会昌译. 北京：中国轻工业出版社（pp. 412-415）.

的"组织形式"依赖一种时间性的图式确认。时间构成了叙事得以成立的基本规则，正是在时间的向度上，人们从无序中识别有序，从混沌中建立规则，从系统中发现关系，而结构恰恰是这种认识活动的产物。然而，数字叙事却将结构问题推向了一个更为复杂的认知向度，时间不再是唯一的组织规则，空间一跃成为一个不容忽视的意义生成变量，而且在与时间的协同关系中，呈现出顽强的结构力量——必须承认，即便是将数字媒介视为一种空间性媒介，也仅仅是对空间向度的侧重与强调，并不能忽视时间向度的作用。对于融合新闻而言，如何理解空间叙事的结构问题，或者说，如何在空间维度上识别和建立结构？这一问题需要回到不同的认知维度加以把握。第一，由于数字媒介的模块化特征，一个空间场景对应的是一个模块化的空间单元。这些模块单元之间的连接、过渡与编排语言，可推演出空间叙事的第一种结构意涵，即空间组织结构。第二，融合新闻的多媒融合特征，加之巨大的数据容量，决定了新闻叙事必须面对不同信息和要素的整合方式与法则。而空间叙事意味着将空间视为一种组织装置，依照空间形式来想象并建立信息组织方式，由此便推演出空间叙事的第二种结构意涵，即信息整合结构。第三，在程序修辞的作用下，融合新闻创设了一种开放的、互动的、可导航的空间形式，用户可以在不断展开的空间系统中自由地"操作"和"穿行"。因此，当互动性成为融合新闻叙事的基本"配置"时，空间叙事需要处理的结构问题及其意义生产，必然涉及用户的参与方式，由此便推演出空间叙事的第三种结构意涵，即主体参与结构。

（一）空间组织结构：串联与并置

由于超文本通过链接改变了传统的线性叙事模式，因此叙事不再局限于时间逻辑，空间的组织方式和结构铺陈同样能够推动叙事的发展。在融合新闻叙事中，空间组织结构即为故事元素的排列方式，包括纵向排序和横向排序：前者指的是通过空间串联实现空间切换，最终形成连续的叙事空间；后者强调将服务于同一主题的空间并置（juxtapose）在一起，最终形成主题表达的空间"拼图"。

一方面，空间通过场景串联的方式组织叙事内容，即以空间转换或调度为驱动，搭建叙事行进的认知结构。常见的空间串联方式包括蒙太奇和长镜头：前者主要通过镜头的组接实现空间切换，代表性的蒙太奇手法包括平行蒙太奇、对比蒙太奇、杂耍蒙太奇等；后者则意味着对现实场景的连续记录，代表性的表现形式是"一镜到底"。"一镜到底"的原意是反蒙太奇叙事的电影连续拍摄手法，强调通过对叙事时空的设计与调度，在一个镜头空间内模拟、缝合或呈现完整的叙事脉络。① 显然，"一镜到底"不仅延续了传统新闻叙事的线性结构，也强调了叙事空间的延续性，即通过对空间进行重组和排列，形成一个完整的叙事链条。中央电视台于 2015 年推出的数字视频《数说命运共同体》部分段落运用"一镜到底"的场面调度手法，将处于不同国家的现实空间串联起来，组建成一个连续的叙事时空。空间的相遇与串联也彰显了"命运共同体"的主题，如此一来，空间叙事维度的场面调度让政治意义上的"命运共同体"变得真切可感。

另一方面，空间还通过并置的方式实现结构化组织，从而完成既定主题统摄下的空间聚合。"并置"对应的英语单词"Juxtapose"源自 19 世纪中叶出现的法语词"juxtaposer"，最早是伴随西方反理性主义思潮而出现的艺术表现手段，即为实现对照的目的而将相关元素进行并列摆放。这一概念在进入叙事学后发展为"主题-并置叙事"模式②，即将不同故事或情节并置呈现，使其统摄在特定的主题表达结构中。在融合新闻作品中，并置意味着将多个叙事空间并排放置在一起，空间之间不存在推理、论证、因果、演绎等逻辑关系，各自均为实现主题表达的一块"拼图"。受制于屏幕的尺寸，空间并置的组织结构在多模态文本中往往以"页面流"（page-flow）的形式呈现，即通过一定的修辞策略在网页空间内完成所有信息的整合与组织③，实现主题的同一性。例如，央广网于 2022 年推出的融合新闻《大时代》，以 40 座城市为叙事空间，梳理总结了党的十八大以来的非凡成就。每一座城市对应一个相对独立的叙事文本和叙事空间。该作品在有限的界面中，通过数字互动技术将 40 个空间并置起来，使之共同完成了"新时代十年变迁"这一宏大主题的空间化建构。

---

① 刘涛, 刘倩欣. (2020). "一镜到底"：融合新闻的叙事结构创新. 新闻与写作, 2, 74-80.
② 龙迪勇. (2015). 空间叙事学. 北京：生活·读书·新知三联书店 (pp. 43-45).
③ Bateman, J. A. (2008). *Multimodality and genre: A foundation for the systematic analysis of multimodal documents*. London: Palgrave Macmillan, p. 176.

（二）信息整合结构：图式与框架

信息整合结构指向的是叙事的形式构造问题，即将信息元素按照一定的空间装置进行组织与编排，以形成一种图式化的形式结构。融合新闻的出场本身就伴随着不同媒介元素或形态之间的接触、嵌入、互动与整合，最终形成开放的、多维的、层级式的、多空间并置的叙事体系。与此同时，数字媒介具有向下兼容的功能，能够吸纳与整合传统媒介，并将其转换为承载特定叙事功能的文本元素。杰伊·大卫·博尔特（Jay David Bolter）和理查德·格鲁辛（Richard Grusin）在《再媒介化：理解新媒介》（*Remediation: Understanding New Media*）中指出，任何媒介都会以或明或暗的方式与其他媒介发生关系，并不存在脱离了其他媒介形式的媒介。[①] 因此，讨论融合新闻的叙事体系必然涉及媒介表达语言层面的"再媒介化"问题，即新媒体往往会征用其他媒介的信息整合方式，并对其加以扩展和改造，最终形成似曾相识的信息整合模式[②]，如书籍的"翻页"效果、绘画的"卷轴"效果、试卷的"答题"效果等。其中，常见的空间布局模式经由再媒介化被挪用到数字文本中，不仅创设了一种要素整合方式，也铺设了叙事推进的认知线索和信息加工的认知结构，从而回应了空间叙事的信息整合结构问题。

融合新闻中普遍挪用的空间结构图式是地图，其常见于数据新闻的可视化实践中。地图从作为地理学意义上的工具进入融合新闻表征的那刻起，便被认为是最为理想的空间数据载体和数据整合方式。[③] 一方面，地图作为一种可视化的展现方式，能够直观地体现数据之间的关系。另一方面，地图作为一种"容器"装置，能够容纳大量的数据信息和文本要素，形成装置内的互文关系，从而在互文结构中生成一种新的话语认知框架。例如，2017年，路透社推出的数字产品《难民营生存报告》（"Life in the Camps"）以地图为底图，在其上以圆点标注出难民营中水泵和临时厕所的空间位置，并辅以文字解释，直观简明地揭示了难民营中水井与厕所之间距离太近的健康隐

---

① Bolter, J. D. & Grusin, R.（2000）. *Remediation: Understanding new media.* Cambridge, MA.: MIT Press, p. 165.
② 刘涛.（2021）. 新媒体竖屏叙事的"版面"语言及其语图关系. 现代出版, 5, 25-35.
③ 刘涛.（2021）. 视觉修辞学. 北京：北京大学出版社（pp. 335-336）.

患。其中，地图提供了一种信息整合图式，其功能便是将数据、文字和图像等媒介要素有机地融合在一起，并形成一种理解现实的空间模型，即借助地图所铺设的结构图式来把握难民营群的快速扩张和基础设施的匮乏问题。

相对于经典叙事而言，融合新闻叙事不仅可以征用现实中的空间装置，亦可以重构和再造一种新的空间装置，使其成为信息元素整合的结构图式，如"树""街道""朋友圈"等再媒介化的空间装置以不同的方式回应了媒介元素聚合与编排的叙事结构问题，从而形成了各自独特的空间叙事风格。实际上，作为结构图式的空间叙事，不仅为受众提供了一种认知模板，也将其所携带场景的社会意义嵌入叙事文本，进而在空间维度上实现了形式与内容的统一。例如，《人民日报》分别在改革开放40周年、新中国成立70周年和建党100周年之际推出了H5新闻《幸福长街40号》《复兴大道70号》和《复兴大道100号》。三个作品都以街道为叙事的主轴，通过模仿街道的空间排布方式，一方面有序放置文字、图像、音频等信息元素，另一方面借助"街道"这一充满烟火气息的空间装置，将"大事件"和"小命运"结合在一起，让受众漫步在熟悉的符号场景中，在空间维度上实现复兴话语的体悟和认同。

（三）主体参与结构：导航与遍历

作为结构图式的空间叙事，主要关注的是文本叙事系统中的主体参与结构。数字叙事的优势之一是对沉浸式感知空间的创设，其特点便是极大地激活了用户的参与方式和行为过程。沉浸式空间体验的打造主要借助两种程序修辞策略：一是通过结构化的空间设计，引导用户专注于叙事进程；二是通过交互技术的运用，引导用户参与叙事。二者分别创设了新的空间形式，前者对应的是可导航空间（navigable space），后者对应的是遍历性空间（ergodic space）。

空间导航意为一种使用特定叙事元素引导用户探索叙事空间的结构方式。"空间导航"是列夫·马诺维奇（Lev Manovich）提出的概念，指的是在虚拟空间中穿梭和行进的运动形式。经典叙事中的空间导航，实际上没有目标，更没有任何叙事功能，仅仅是带领观众在空间中穿行，让其简单地了解空间排布。① 而在数字叙事文本中，充当"导航员"的媒介元素能够将用户的注意力引至特定方向，从而引领用户沉浸到叙事空间当中，跟随着"导航员"获取叙事文本内容。由此，空间导航这种结构方式铺设了一条认知路径，带领用户朝特定方向理解与阐释文本内容。例如，《人民日报》于2022年推出的融媒体产品《新千里江山图》，以舞剧《只此青绿》中入画的场景为起点，将受众带入一幅党的十八大以来的新时代画卷（见图8-1）。受众在白鹤、飞机等动作对象的带领下游历叙事空间中的青绿山水，在飞行与定格中了解中国在政治、经济、文化、生态等领域取得的"十年成就"。

图 8-1　融合新闻《新千里江山图》（截图）

空间遍历意为一种用户在多个可能叙事空间中进行选择的结构方式。相较于以信息呈现为主的传统新闻叙事，融合新闻的一个显著特征便是将用户也纳入叙事，形成由程序控制的阅读形式和赛博文本（cybertext）。艾斯本·亚瑟斯（Espen Aarseth）认为，用户必须通过"选择"这一操作使赛博文本中的要素、符号、可能世界（possible world）得以呈现，这一过程便是"遍历"（ergodic）。② 在融合新闻中，用户可以通过物理层面的交互操作进

---

① 〔俄〕列夫·马诺维奇. (2020). 新媒体语言. 车琳译. 贵阳：贵州人民出版社 (pp. 247-276).
② Aarseth, E. J. (1997). *Cybertext：Perspectives on ergodic literature.* Baltimore, MD.：The Johns Hopkins University Press, p. 1.

入叙事文本，生成差异化的叙事路径。其中，交互程度最高的叙事方式是新闻游戏，其立足程序修辞的互动叙事机制，以游戏化的方式模拟和再现新闻故事。用户通过点击不同的选项，进入不同的叙事空间，最终抵达不同的叙事结局。玛丽-劳尔·瑞安（Marie-Laure Ryan）将这种文本结构称为迷宫式互动结构，"迷宫追踪具有几个结局的空间叙事，用户的每段旅程代表了在虚拟世界的一次不同历险"[①]。例如，在BBC于2015年推出的新闻游戏《叙利亚之旅：选择你自己的流亡路线》（*Syrian Journey: Choose Your Own Escape Route*）中，用户被设定为从叙利亚逃亡到欧洲的难民，在逃亡的过程中用户将面临多个选择点，包括逃难方式、携带物品等，每个选择都将用户引向不同的叙事空间。该新闻游戏以空间遍历的结构方式搭建起一个存在多条分支的叙事空间，进而将用户吸纳进叙事文本中，引导其在选择中深入了解新闻事件。

四、作为认知媒介的空间叙事

"空间转向"以来的人文社会科学研究，实际上将空间推向了认识论的范畴，即空间超越了传统的地点属性和容器功能，更多地扮演着发现社会、认识社会的功能。空间之所以能够进入认识论范畴，是因为其携带着复杂的社会文化内容，其中充满了各种线索、关系和结构，因此成为理解现实、话语、权力的媒介。所谓空间的媒介功能，强调的是空间的中介化认知能力，即通过对既定空间形式的激活、征用或建构，将现实关系抽象为某种空间模型，从而以空间为媒，完成对现实本身的中介化认知。当空间作为媒介参与叙事进程时，叙事便有了一个足够灵活的认知、交流与互动框架，从而勾勒出社会与事物的发展过程和主题内涵，形成理解世界的认知模型。例如，在沃尔特·克莱恩（Walter Crane）于1886年绘制的世界地图《帝国联盟：1886年大英帝国世界地图》（"Imperial Federation: Map of the World Showing the Extent of British Empire in 1886"）中，英国被置于地图的中心位置，并附

[①] 〔美〕玛丽-劳尔·瑞安. (2014). 故事的变身. 张新军译. 南京：译林出版社 (p. 102).

有一张 1786 年英国殖民地的小地图，重点突出 100 年来英国殖民版图的扩张。地图周围是各种符号插图：象征英国的女神不列颠尼亚手持权杖坐在被大力神阿特拉斯（Atlas）托举的地球上，而英国军人、印第安人、东亚女性等符号插图则环绕在女神周围。显然，通过征用和选择地球、世界地图这些空间性的表征模型，克莱恩建构了一个以英国为世界中心的"帝国形象"。这种被挪用的空间形式已经超越原初的符号内涵，而搭建了一种通往现实秩序的认知媒介，因此成为人们组织经验的理解模式。

当前，融合新闻叙事的意义生成越来越多地转向空间性的认知建构，如通过识别和建构一定的空间关系，形成一种关于现实的想象方式和认知模型。[1] 相较于经典叙事借助文字来建构空间概念，数字叙事中的空间关系认知往往诉诸某种结构化的空间意象或空间图式。例如，网状图作为一种空间图式，能够将现实生活中的行动者映射成为节点，信息、资源、权力等关系要素在节点之间纵横流动，从而将数据阵列转化为可视化的空间关系，并在此基础上展现出一幅表现强弱关系的网状图谱。显然，这里的空间模型更多地以空间隐喻的方式产生作用，旨在为新闻叙事提供一种新的认识路径。再如，树状图挪用了"树"这一空间意象，从而创设了一种空间化的结构模型和认知关系——根系、主干、枝叶、果实共同铺设了一个空间模型，其中蕴含了关于因果关系、主次关系、从属关系、权力关系的认知图式。换言之，当融合新闻的可视化语言诉诸"树"这一空间意象时，现实无疑被置入一种由"树"的意象所创设的空间化的认知模型加以解释。2019 年，路透社推出的数据新闻《拯救恒河的竞赛》（"The Race to Save the River Ganges"），大量使用纪实图片、动态地图、树状图等可视化呈现方式，清晰地展示了恒河受污染的情况。该作品将河流流域抽象展示为树状图，随着鼠标滚动，废水不断汇入恒河主干，树状图旁边则有文字标出废水来源，并以月球和自由女神像为废水排放量的参照，有力地揭穿了印度政府的污水治理谎言。不难发现，数据可视化的深层语言是空间模型，即将现实关系抽象为一个空间模型，按照空间模型所对应的认知图式加工信息、理解现实，发现被

---

[1] 刘涛，杨烁燚. (2019). 融合新闻叙事：语言、结构与互动. 新闻与写作，9，67-73.

遮蔽的新闻真相。

不难发现，空间的认知媒介功能主要是在隐喻意义上发挥作用的，即借助一种空间性的符号模型来把握某种抽象的、复杂的现实关系和结构，由此形成一种隐喻性的认知方式。对于融合新闻而言，作为认知媒介的空间叙事，意为将某种空间模型或空间意象投射到现实领域，从而在跨域映射和转义生成的基础上，完成对现实的隐喻性认知。隐喻作为一种思维模式，主要借助具体的、形象的概念来把握抽象概念，而空间隐喻则是一种较为普遍的概念认知方式。乔治·莱考夫（George Lakoff）和马克·特纳（Mark Turner）将有界空间视为一个具有框架和示意性的图像，提出以空间概念为源域（source）来构建非空间性目标域（target）的意象图式隐喻（image schema metaphor）。当空间域映射到非空间域时，空间意象及其内部逻辑被保留下来，成为把握其他概念的框架性图式。①

由于融合新闻叙事必须回应根本性的新闻价值命题，所以空间的认知功能主要体现为诉诸某种有界的、形象的空间模型，实现对现实本身的隐喻性认知。当空间作为一种认知媒介"出场"时，现实便在空间隐喻意义上拥有了一种来自空间模型的认知结构和理解框架。相应地，作为认知媒介的空间叙事，旨在于空间维度上重新发现现实，如对新闻事实的挖掘，对公共争议的建构，以及对公共知识的生产。当前，关于空间模型的数字构建，除了较为普遍的数据可视化（data visualization），数据可听化（data sonification）实践也越来越广泛地应用于融合新闻叙事。数据可听化意为通过声音的方式讲述数据故事，将数据关系转换为声音信息中的感知关系，以此创设一种声音景观，抵达现实认知的深层结构。② 其中，空间序列的呈现是可听化实践的一个重要面向，能够再现新闻事实中的空间关系。例如，Reveal 网站于 2017 年制作的数据新闻《墙》（"The Wall"），通过声音的形式，呈现了美国和墨西哥之间近 2000 英里的空间障碍，包括行人围栏、车辆围栏等。在

---

① Lakoff, G. & Turner, M. (1989). *More than cool reason: A field guide to poetic metaphor*. Chicago, IL.: The University of Chicago Press, pp. 99–100.

② 刘涛，朱思敏. (2020). 融合新闻的声音"景观"及其叙事语言. 新闻与写作, 12, 76–82.

该作品中，音符以每秒 10 英里的速度移动，低音符代表高大的行人围栏，音调较高的钢琴声代表较低的围栏，键盘声则代表没有围栏的空隙。通过声音符号的音调、音色和持续时间变化，《墙》实现了对空间感的构造，使用户形成对边境墙这一空间的认知地图，并深入思考边境墙背后的非法移民问题。

空间的认知媒介功能还体现为对新闻事件的空间化"复盘"。真实是新闻的生命，新闻报道以尽可能还原新闻现场和新闻事实为要求。不同于传统新闻，融合新闻中对于"场"的展现不仅成为"在场"的感知桥梁，而且直接服务于新闻事件的认识目的。传统新闻报道主要通过用文字记录事件亲历者口述的一维形式，以及事后场景影像的二维展示，让受众在脑海中重构事件发生的现场，但这种表征方式往往会导致现场空间关系的错位、变形或扭曲。数字技术不仅能够表达空间对象间的水平关系，也能描述空间对象间的垂直关系，更能将时间关系转化为空间关系，实现对新闻场景的真实模拟，最终实现对事件的数字复盘。实际上，还原现场不仅仅是形式上的模拟，更要借助空间化的模型建构，实现更深层次的现实认知和理解。在灾难事件中，第一现场往往难以确定或遭到破坏，事实真相扑朔迷离。近些年，随着数据的生成、获取、分析、处理及输出量都呈现几何级数增长趋势，新闻生产者开始尝试使用传感器来获取数据信息，通过在空间维度上分析数据关系实现对事件的数字复盘。例如，飞行记录应用平台 Flightradar 24 通过收集 ADS-B、MLAT、FAA 等数据资源以及每架飞机的飞行日程等航班数据，生成全球飞机航班轨迹和实时位置图示。2018 年，针对印度尼西亚狮航 JT610 航班空难事故，路透社在 24 小时内采集并分析了 Flightrader 24 和波音公司的飞行跟踪数据，利用 QGIS 技术完成地图绘制和飞机飞行轨迹的矢量图，最终推出了数据新闻《印度尼西亚坠机事故》（"Indonesia Plane Crash"）（见图 8-2）。该作品向受众展示了飞机从起飞到坠落的海拔高度变化，并且在每个海拔高度上都标注了时间点，以此还原了事故现场。同时，路透社收集了 2007 年到 2016 年全球商务喷气式飞机事故调查的相关数据，将飞机从起飞到着陆的不同阶段发生事故的次数制作成柱状图，实现了时间数据与空间表征形式的相互转换。通过对数据关系的分析，该作品为灾难报道提供了较为客观的材料支持，极大地保证了新闻报道的真实性和准确性。

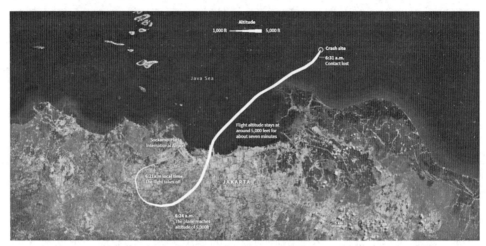

图 8-2　数据新闻《印度尼西亚坠机事故》（截图）

　　空间不仅能够用于交叉比对、核实多项证据，也能够作为一种认知媒介，抵达不可见的、被遮蔽的事实真相。随着三维建模技术的发展，现实空间的数字复原实践广泛地应用于公共传播领域，承载着积极的公共修辞使命。伦敦的艺术团体"法证建筑"（Forensic Architecture）以"还原真相"为艺术实践使命，通过对建筑、城市与空间进行模拟，复原事件发生的场景，建立线索之间的关系，从而揭露西方国家政府的谎言以及被掩盖的真相。在这一过程中，空间并不直接提供证据，而是作为导向真相的媒介，重新发现了现实。2006 年，德国卡塞尔发生了一起种族主义谋杀案，21 岁的男子哈利特·约兹加特（Halit Yozgat）中枪身亡。"法证建筑"通过收集建筑平面图、相关视频资料、目击者证词等信息，以交叉求证的方式让原本孤立的片段、证词互相关联，重建了案件发生的数字化空间，并通过眼球追踪等技术还原了当时的关键人证在空间中移动时所能感知到的事物，最终发现证人对事发经过有所隐瞒。可见，空间实际上是一种具备感知力和指示性的媒介，对空间的复盘能够还原信息内容，从而抵达事实真相本身。

五、作为主体实践的空间叙事

空间的另一个延伸向度是身体。① 这意味着空间不仅是有界容器，也是主体正在进行和展开的实践本身。数字技术的发展更将人们赖以活动的物理空间与数字空间连接起来，促使叙事从文本领域迈向现实情境和实践场景，从传统的"观看"逻辑转向具身性的"参与"逻辑和"体验"逻辑。

以手机、可穿戴设备为代表的移动智能终端基本上都配备了定位服务功能，能够标记主体所处的位置以及周围环境信息，从而将主体带入一个巨大的行动者网络。作为一种位置媒介（locative media），这类终端设备目前正逐渐成为人们进行空间实践的重要装置。手机的移动属性决定了其所建构的空间叙事不同于电视和电影，而具有流动性的特征，即数字叙事的展开与用户在物理空间的移动联系紧密。阿德里安娜·德·索萨·席尔瓦（Adriana de Souzae Silva）通过比较固定互联网（fixed internet）和移动设备的差异，指出移动设备能够将互联网嵌入物理空间，"数字空间与物理空间之间断开与连接的想法已经不再适用"②。换言之，手机所创设的空间叙事模式建基于物理空间和数字空间的连接，如此一来，这种空间叙事将深度介入主体的空间实践，甚至推动城市空间中的沟通与交往。在融合新闻中，作为主体实践的空间叙事主要体现为物理空间和数字空间、虚拟场景和现实场景的互动与融合，具体包括以下两个面向。

一方面，作为主体实践的空间叙事，强调的是通过数字技术赋能现实情境，重置物理空间的情境语言，进而拓展现实空间的数字体验。借助 GPS 定位系统，移动终端能够获取用户的位置信息，这意味着用户在物理空间的移动能够以信息的形式进入数字空间，进而参与叙事文本的结构，形成交互性的空间叙事模式。例如，在杰里米·海特（Jeremy Hight）等艺术家于 2002 年创作的数字艺术作品《北纬 34 度西经 118 度》（"34 North 118 West"）中，用

---

① Poincaré, H. (1946). *The Foundations of science*. Cambridge, UK: Cambridge University Press, p. 257.
② Silva, A. D. S. (2006). From cyber to hybrid: Mobile technologies as interfaces of hybrid spaces. *Space and Culture*, 9 (3), 261-278.

户可带着笔记本电脑行走在洛杉矶某个废弃铁路车站，此时 GPS 定位系统会跟踪用户的位置，而程序将据此播放相应的叙事音频，让用户在移动中了解洛杉矶铁路的发展历史。阿内兹卡·库兹米科娃（Anežka Kuzmiková）认为，运动的身体能够使读者产生与叙事空间肉体相连的感觉，从而实现更深度的空间沉浸体验。①

另一方面，作为主体实践的空间叙事，重点关注虚拟场景和现实场景的深度融合，以创设一种混合式的主体经验形式。融合新闻实践并非局限于线上的数字空间，而强调将线下的物理空间也视作一种可以利用的媒介形态，通过打造沉浸式线下体验空间来讲述新闻故事。根据物理空间和数字空间文本的互动程度，这种空间叙事方式可以分为两类。在第一类的空间叙事方式中，物理空间和数字空间叙事文本的互动主要存在于主题层面，即物理空间被视作叙事媒介的一种，可形成带有独立性的空间叙事文本。例如，人民日报社新媒体中心于 2021 年打造了"复兴大道 100 号"创意体验馆。该馆作为庆祝中国共产党成立 100 周年的系列融合新闻作品之一，以"百年风华，青春中国"为主题，以中国共产党的百年历程为主线，从普通人的生活出发，创设了一个线下体验空间。通过精心布置的场景和各式互动体验装置，人们可以重温历史，感受变迁。不难发现，围绕建党百年这一主题，该创意体验馆作为一个可以体验的线下空间叙事文本，与其他融媒报道相映成趣，共同展现了百年党史背后的初心与使命。在第二类的空间叙事方式中，物理空间和数字空间叙事文本的互动进入结构层面，即两种空间叙事文本互相嵌入与碰撞，打造为融合性的空间叙事文本。这类空间叙事方式在当下更多体现为数字叙事文本进驻物理空间，重构现实空间的视觉经验。比如，ABC 新闻为 2018 年英国王室婚礼的报道制作了 AR 数字作品，其中包含马车和皇家卫兵两个 3D 模型。打开相应的拍摄功能后，逼真的模型便会叠加在现实场景之上，用户可以拍下自己站在卫队或马车旁的照片，并与朋友分享。

随着混合现实（mixed reality，MR）技术的不断发展，物理空间和数字

---

① Ryan, M. L. (2010). Narratology and cognitive science: A problematic relation. *Style*, *44* (4), 469-495.

空间的连接更为自然，用户在现实和虚拟之间的自由切换成为可能，由此衍生出虚拟与现实难以分割的空间叙事方式。1994 年，保罗·米尔格拉姆（Paul Milgram）和岸野文郎（Fumio Kishino）提出了"虚拟连续体"（virtuality continuum）的概念，该连续体的一端是真实环境，另一端是虚拟环境，而混合现实就是两端之间的连续空间，即"在一个单一的显示器中，真实世界和虚拟世界的物体一起呈现"①。简单来说，MR 技术就是利用可以随使用环境变化而变化的数字化影像，覆盖现实中的部分场景，创造真实场景与虚拟影像共生的混合空间。在这一空间中，用户并非简单的在场和观看，而是直接参与叙事体系。在体验的过程中，用户能够直接感知画面、声音、震动等，并通过语言、触摸、手势、体感等多种形式与混合空间进行交互，从而经由具身实践塑造个性化的空间叙事文本。例如，2021 年，百度大脑联合新华社客户端推出了 AR 互动作品《一叶红船见百年》。进入该作品后，红船的 3D 形象跃然屏上，仿佛被放置在真实场景的某个平面之上，用户还可以对模型进行缩放、旋转和移动等操作。而点击进入船舱内部后，用户不仅可以 360 度全景观看船舱内部的布置，也可以与 AI 导游进行互动，了解更多关于红船的知识。该作品将用户身处的真实空间、AI 导游所处的数字空间与红船内部的现实空间融合起来，为用户打造了立体的、多维的、交互的叙事空间。用户通过交互操作，穿梭于不同的叙事空间，获得了生动有趣的叙事内容，更构筑了一种别具一格的空间实践。

概括而言，作为当前新闻表达的主流形态，融合新闻具有非线性、多媒性、互动性等特征，这决定了新闻叙事的理论基础是数字叙事学。在叙事学的知识版图中，空间叙事是一种备受关注的叙事观念和实践。所谓空间叙事，意为空间作为一种表征元素、符号装置或认知方式，积极参与文本的故事叙述和意义建构，其特点便是空间作为一种调适装置，从叙事元素上升为叙事变量，从而影响并重塑了叙事的观念和实践。具体而言，空间已经超越了一般意义上地点、背景或容器的属性和内涵，而作为一种叙事元素参与文本叙事的进程，并且从叙事对象、叙事结构、叙事意义和叙事实践四个方面

---

① Milgram, P. & Kishino, F. (1994). A taxonomy of mixed reality visual displays. *IEICE TRANSACTIONS on Information and Systems*, 77 (12), 1321-1329.

拓展了叙事学的知识生产。在叙事对象方面，空间回应的是现实表征问题，即数字技术如何对现实空间进行重构与再造。在叙事结构方面，空间回应的是结构图式问题，即空间如何作为图式装置组织叙事结构。根据数字媒介的特征，空间叙事的结构方式主要表现为空间组织结构、信息整合结构和主体参与结构。在叙事意义方面，空间回应的是认知方式问题，即空间如何作为媒介发挥认知现实的功能，本质上看，空间叙事形成的是一种诉诸特定空间模型来认知现实的隐喻性认知方式。在叙事实践方面，空间回应的是主体实践问题，即主体如何在空间意义上参与叙事，数字技术通过连接物理空间和数字空间，拓宽了主体参与叙事的路径，使得空间叙事文本从表征意义迈向实践意义。

第 九 章

声音叙事：声音"景观"的生产

"无翼而飞者，声也；无根而固者，情也。"管仲不仅阐释了声音有别于图像的本体属性，而且将其置于与情感的比照结构中，赋予了声音传情达意的功能和潜力。近年来，学术研究领域中越来越多人关注声音叙事或听觉文化，如声音符号的阶层批判问题[1]、声音文化的去政治化问题[2]、声音传播的空间批评问题[3]等等。而在新闻传播领域，从传统的广播新闻、电视新闻到如今的融合新闻，尽管承载声音的媒介形态发生了变化，声音的表现形式也有所不同，但不可忽略的是，声音之于新闻的意义已经远远超越了"客观记录"的新闻本体功能，声音赋予新闻表达及叙事以巨大的想象力和表现力。纵观当前的融合新闻作品，声音并不是作为独立的叙事元素出场，而是与其他信息模态深度融合，最终呈现为一种多模态信息形式。因此，考察融合新闻的声音叙事，首先需要将其置于声音元素与其他符号元素的融合结构中，如此才能真正把握声音符号的叙事语言及其深层的意义世界。

当声音符号超越了传统的"记录"和"再现"功能，上升为一种承载特定符号功能的叙事元素，制造或重构了特定的认知空间和想象体系时，

---

[1] 刘涛，田茵子. (2020). 喊麦的声音政治及其符号实践——兼论听觉文化研究的阶层分析方法. 湖南师范大学社会科学学报，4，106-113.

[2] 周志强. (2013). 唯美主义的耳朵——"中国好声音"、"我是歌手"与声音的政治. 文艺研究，6，5-14.

[3] 季凌霄. (2019). 从"声景"思考传播：声音、空间与听觉感官文化. 国际新闻界，3，24-41.

"声音景观"(soundscape)便进入叙事学的知识视域。"声音景观"这一概念由加拿大作曲家雷蒙德·默里·谢弗(Raymond Murray Schafer)于20世纪70年代提出,随后引起叙事学研究者的关注,其主要强调经由声音符号的修辞表达而建构的一种声音环境或听觉形象。声音景观与人类的感官经验密切相关,其跳出了平面性的视觉思维逻辑,打开了身体感知的空间向度。由于声音表达是借助听觉系统完成的,而且最终体现为一种心理感知形象,因此关于声音景观的生成方式研究,一方面需要关注声音本身的表达方式,特别是声音元素与视觉元素的融合方式,另一方面需要关注声音感知的听觉语言,即大脑对于听觉符号或视听符号的加工机制。

本章对于声音叙事的"景观"问题的关注,是希望打开声音叙事的"视觉向度"。具体而言,声音景观强调的是一种声音形象,其超越传统意义上声音表达的现实"呈现"问题,而指向了心理感知维度的现实"再造",即声音重构了一种新的认知图景。正因为声音打开了一个空间维度,而且被赋予特定的视觉形象,所以通过研究声音的景观,可以抵达声音叙事的符号结构与修辞策略。基于此,本章聚焦于融合新闻这一特定的文本形态,考察融合新闻的声音景观及其叙事语言。

一、数字世界的声音故事

英国作家阿道司·伦纳德·赫胥黎(Aldous Leonard Huxley)在小说《美丽新世界》中描绘了这样一幅图景——如果对入睡前的幼儿反复讲述一些词汇和语句,其中的观点或思想便会悄无声息地刻印在幼儿大脑深处,形成一种无意识认同。实际上,声音在道德教化中一直都发挥着神奇的劝说功能。面对外在刺激的"入侵",眼睛占据了绝对的主动性和掌控力——或者通过闭眼行为直接阻断眼前的视觉刺激,或者通过必要的视线调整避开视觉刺激。相对于眼睛而言,耳朵永远是敞开的,对声音信息的传播似乎没有太多的商量余地,它可以巨大的散射力和穿透力"进驻"耳朵。声音的强制性传播特征迎合了媒介文本与生俱来的散播特征和跨媒介特征,这使得声音一方面成为文本叙事系统中极为重要的整合元素,另一方面成为权力话语运作反复挪用的媒介工具。正因为声音具备无与伦比的穿透力,它才能够轻易地"控制"我们的听觉及与之相关的感受。与此同时，声音之于传播的重要性也显而易见。追溯人类传播历史，在文字出现之前，人们就在通过声音交流信息，延续文化传统，建构文化共同体。在电子媒介出现之后，声音几乎成为其中不可或缺的文本要素，以人声、音乐、音效等为代表的声音元素成就了新闻传播的"电子时代"。

从传统新闻到融合新闻，伴随着新闻形态的变化，声音叙事也相应地呈现出新的特征和趋势。一般来说，传统的新闻叙事遵循经典叙事学框架，叙事语言沿着平面的、线性的、单一的空间方式展开，新闻生产者主导了叙事的框架和结构，也主导了受众的认知方式和逻辑。融合新闻的叙事体系则是开放的、多维的、层级式的、多空间并置的，特别是融合性与交互性特征，使得融合新闻呈现出一系列新兴的表现形态。[①] 简言之，传统新闻中的声音叙事，主体上体现为广播和电视的叙事学问题——声音或是作为一种单一的叙事元素出场，将信息完整地交给耳朵，最终呈现的是一种独立的、封闭的、线性的听觉体验；或是配合画面讲述新闻故事，而声画对位是最为常见的一种声音语言。概括而言，就传统的广播和电视媒介而言，声音景观的制造更多的是在故事和情感维度上编织的。对于融合新闻而言，声音往往不是作为独立的叙事元素出场，而是在与其他媒介元素的融合结构中参与表达和叙事。基于融合新闻的"多媒融合"特点，加之与生俱来的互动化、趣味化、情感化的表达方式，声音叙事超越了传统新闻的声音叙事语言及其知识生产方式。

尽管声音仅仅具有音色、响度、音调等简单的声学属性，但却可以形成各种样式的声音作品，或再现事物，或表意传情，或助推情节，这也使得融合新闻叙事释放出巨大的声音想象力。纵观全球融合新闻的叙事语言，声音元素的使用已经超越了传统意义上的声画关系，而嵌入数据、视觉、真相等问题的深层结构，最终创造了一幕幕极具表现力和冲击力的声音景观。伴随着声音元素的创新实践在融合新闻中的广泛运用，一系列在声音叙事方面表现突出的新闻作品纷纷斩获各大新闻奖项。从 2017 年开始，被誉为"网络普利策"的美国网络新闻奖增设"音频数字叙事卓越表现奖"，以寻找那些

[①] 刘涛，杨烁燏. (2019). 融合新闻叙事：语言、结构与互动. 新闻与写作，9, 67–73.

在声音叙事方面做出突出贡献的"声音故事"。我们不妨以获得 2017 年美国网络新闻奖"音频数字叙事卓越表现奖"的数据新闻《墙》("The Wall")（见图 9-1）为例，具体分析融合新闻中声音运用的特点和魅力，并在此基础上思考融合新闻的声音叙事问题。

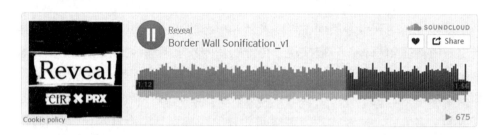

图 9-1　数据新闻《墙》（截图）

Reveal 网站关于美墨边境墙的数据新闻《墙》，以声音的形式呈现美国和墨西哥近 2000 英里的空间障碍，如行人围栏、车辆围栏，音符以每秒 10 英里的速度移动，音符静默时间为每段围栏到边界起点的距离与移动速度的比值，音符持续时间为每段围栏长度与移动速度的比值，音符的音调高低代表围栏的高低，不同的声道则可帮助听众区分行人围栏和车辆围栏。此外，该报道的创作团队还与美国国家公共电台"心动故事"（Snap Judgement）合作，邀请受众基于报道中的音频旋律填词创作嘻哈和说唱歌曲，并支持他们将自己的创作分享到社交平台。这篇报道将空间关系及数据关系巧妙地转化为声音关系。《墙》对声音符号的策略性使用诠释了"墙"的物理距离问题，更重要的是，它通过声音符号的音调高低、音色变化、持续时间不同等方式创设了一种声音景观，从而以一种形象生动的方式让人们直观地感受到"墙"带来的阻隔与断裂，以此启发用户思考边境墙背后存在已久的、颇受争议的非法移民问题。可见，数据新闻《墙》借助声音符号的策略性表达，一方面将现实中的数据问题简化处理，便于用户直观地感知，另一方面通过对声音变化的有效处理，创设了一种身临其境的认知效果，这无疑创新了用户感知并理解新闻事件的媒介语言。此外，声音也是实现互动叙事的媒介。该报道以音乐旋律为媒介创新了互动叙事的理念和方式，如用户在社交平台的分享与评论制造了一场盛大的公共围观，再如受众通过填词创作来传递自己的社会情绪与态度，从而推动了公共议题的"跨界"传播。

可见，声音在融合新闻表达中的创新应用与实践，丰富了新闻叙事的方式，也拓展了讲故事的广度与深度。数据新闻《墙》对于声音符号的使用，极大地延伸了融合新闻中声音符号的叙事空间及其诸多可能。这使得我们有理由深入探讨融合新闻的声音叙事问题，思考声音符号在新闻叙事中的潜力和效力，如对于新闻现场的模拟、对于声音景观的创设、对于数据关系的转换，以及对于新闻认知方式的重构，等等。

基于此，本章主要从三个维度来把握融合新闻的声音叙事特点及其表达语言：一是立足新闻本体的呈现问题，即新闻价值体系中的事实真相命题，重点探讨作为事实呈现的声音叙事；二是立足新闻叙述的表征问题，即新闻故事中实现情节推进的声音蒙太奇命题，重点探讨作为符号表征的声音叙事；三是立足新闻符号的再现问题，即数据新闻中正在兴起的数据可听化命题，重点探讨作为数据再现的声音叙事。

二、事实呈现：不在场的"在场"

新闻事实包括本体论意义上的客观事实和认识论意义上的经验事实。由于种种限制，人们无法抵达绝对客观的事实，常常只能抵达经验层面的事实，即经由新闻工作者和受众共同建构起来的新闻事实。而声音恰恰能营造强烈的现场感，特别是具有"重返现场"的认知形塑功能，使人们完成从经验感知到事实判断的认知过渡。

融合新闻叙事并非将诸多要素简单地组合在一起，而是依据媒介渠道的特点和新闻议题的属性对叙事元素进行选择与融合，使其产生协同效应，发挥出"1+1>2"的作用。因此，考察作为事实呈现的声音叙事，应该将其置于多媒融合的多模态结构，特别是当前由新闻可视化主导的视觉结构中，探讨其如何带领人们抵达新闻现场，寻求事实真相，揭开未解之谜。

声音能够刺激人的听觉，唤起人们的心理幻觉和心理幻景。这种建立在人们想象基础上的景象似假亦真，能够打造一种独特的现场感，使受众更好地接触与认识现实。在大多数场合，声音不能脱离音源而存在，而音源与一定的时空绑定在一起，这也是声音能够制造现场感的原因。随着现代声音技术的发展，声音叙事呈现出一种全新的景观制造能力——尽管声音与音源分离，但其依然携带一定的时空概念和时空意识，因而具有制造现场感的能力。当声音从音源的束缚中解脱出来时，便具有了"不在场的在场"特征。① 2018 年美国网络新闻奖"音频数字叙事卓越表现奖"获奖作品——《阿根廷民族报》的《尼斯曼检察官的电话窃听记录》("Prosecutor Nisman Phone Interceptions Mapped in Playlists")，通过众包的方式将超 4 万条窃听电话记录转化为音频数据库，其中包含 200 条可以识别说话人身份的重要音频，并基于此创作了交互性的新闻应用、语音数据地图及专题报道，以披露伊朗社区为基什内尔政治运动的领袖支付保释金等重要信息。尽管该事件已经过去了很长时间，但窃听电话记录中真实的人声仍能将人们带到曾经不为人知的"新闻现场"。显然，声音信息的背后，驻扎着更大的幕后真相，而我们恰恰是在声音维度上抵达真相的。

在一些公共事件中，媒体对人声、环境声、音乐音效等声音形态的有效挖掘和呈现，不仅可以重构一种超越日常生活感知的戏剧场景或诗意景观，而且有助于公众更好地理解事件中鲜为人知的信息内容，从而抵达事实本身。相应地，声音叙事往往沿着两个维度展开：一是人声和环境声能够提供不为人知的新闻线索和证据，以此讲述新闻事实；二是音乐和音效致力于营造一种故事化的、戏剧性的感知景观，以此强化新媒体消费情境下用户认知的代入感和认同感。例如，短视频新闻成为社交媒体平台上备受推崇的融合新闻形态，与其独特的声音叙事方式密不可分。作为图像、文字与声音的整合形态，短视频新闻在公共事件中发挥着越来越重要的事实调查与报道功能。由于时长较短，因此短视频新闻不像以往的电视新闻，用较为详细的解说来交代背景，而是借助简短的文字来交代背景，其中的关键信息往往是采访内容、环境声，以及贯穿始终的音乐和音效。简洁凝练的人物采访能够在短时间内呈现最有价值的新闻信息，而环境声则可以营造出一种身临其境的现场感、真实感和代入感。此外，如果说电视新闻中的音乐使用还较为保守和谨慎，如无源声音的"入场"往往会引发诸多争议，短视频新闻则彻底

---

① 周志强. (2017). 声音与"听觉中心主义"——三种声音景观的文化政治. 文艺研究, 11, 91-102.

解放了音乐和音效"入场"的合法性问题，其中的音乐使用几乎成为一切短视频的常规操作，其功能往往体现为烘托情绪、营造氛围、引导叙事节奏，从而通过声音的方式将日常生活戏剧化、故事化、情景化，以重构一种不同于传统广播电视的故事景观。

正因为声音能够营造"重返现场"的感知体验，融合新闻叙事体系中的声音往往能够在特定技术体系的赋能和支撑下实现情景再现的叙事功能。VR新闻能够创设虚拟的现实空间，而声音在营造真实感、现场感中起到极为重要的作用，因而能够带领用户感受现实中难以触及的空间体验。例如，第二十九届中国新闻奖获奖作品《海拔四千米之上》融合定点VR视频和漫游VR视频、视频（普通拍摄＋航拍＋延时拍摄）、360度全景图片、互动热点、交叉嵌合等方式呈现了黄河源、澜沧江源、长江源。该H5新闻中声音使用的独特之处便是对现场环境声的大量使用。正是因为环境声的嵌入，用户能够随着VR镜头沉浸其中，身临其境，进入黄河源、澜沧江源、长江源，抵达平时难以到达的地方，触摸自然的原真之美，感知中国首个国家公园体制试点的前世今生。

三、符号表征：声音的时空想象力

除了呈现事实之外，融合新闻中的声音还可以作为一种重要的表征符号参与叙事。所谓表征，"意味着用语言向他人就这个世界说出某种有意义的话来，或有意义地表述这个世界"①。声音作为一种符号表征元素，主要强调的是其在情节推进、悬念创设、冲突设置上的叙事功能。只有回到叙事学的基本框架中，才能真正理解融合新闻的声音叙事语言问题。谈及新闻叙事，两种常见叙事模式分别是时间叙事和空间叙事。时间叙事是指按照时间顺序呈现故事发展的整体过程；而空间叙事则是指通过地理空间的变化来勾画新闻故事。② 对于如何把握声音在融合新闻中的叙事表征问题，时间叙事和空间叙事提供了两种基本的认知框架。换言之，分析声音与时间、声音与

---

① 〔英〕斯图尔特·霍尔. (2003). 表征：文化表象与意指实践. 北京：商务印书馆 (p.15).
② 刘涛, 杨烁熵. (2019). 融合新闻叙事：语言、结构与互动. 新闻与写作, 9, 67-73.

空间的关系，有助于把握声音叙事中的时间想象力、空间创造力。

面对一种声音形态，人们会本能地追溯声音的背景和源头，并将其作为声音属性的一部分加以感知，这使得声音符号往往承载了更为多元和丰富的信息内容。具体来说，声音往往携带着显著的时间信息和空间信息，如时间维度上的"过去"和"事件"，空间维度上的"地点"和"场景"。因此，当融合新闻有意选择并使用特定的声音符号时，便会激发人们的时空感知和记忆，声音由此如同"时光机"或"传送门"一般，可以将人们带回或送到某个特定的历史场景或社会空间。其实，声音具有如此魔幻的叙事魅力，往往与人们的记忆和经验密不可分，即声音符号诉诸记忆来实现叙事意义上的时空过渡或切换。正如乔尔·贝克曼（Joel Beckerman）和泰勒·格雷（Tyler Gray）所说："每个声音都可能会唤醒一段记忆，引发一连串的情绪反应，甚至可能会在一瞬间就左右我们的选择，改变我们的情绪。"[①] 例如，2018年，《人民日报》推出的献礼改革开放40周年的H5作品《幸福长街40号》通过"一镜到底"的叙事方式，在信息长卷中内嵌了一系列反映不同时代特征和质感的声音符号，如1979年街市小贩的叫喊声、自行车的铃声，2008年北京奥运会的现场声，用户通过滑动信息长图，便可以完成改革开放40年的时空穿梭；2020年，《人民日报》的短视频新闻《听，四代列车广播员的声音》通过呈现"70—80年代""90年代""00年代""10年代"四个不同时代列车广播员的播音内容和音乐，将用户拉回不同的历史场景；2016年，凤凰新闻的融媒体作品《听声音，猜城市》借助交互式答题游戏的方式，用不同的声音表征不同的城市，让用户通过声音来识别城市……融合新闻中诸如此类的声音叙事方式，无疑创造性地拓展了声音的时空想象力和表现力。

声音叙事研究不能局限于声音的抒情功能，还要转向声音在情节推进上的表意功能，即声音如何参与故事的讲述和推进，这便涉及叙事学中值得深入挖掘的声音蒙太奇问题。"蒙太奇"原是建筑学术语，指涉建筑物的构成、装配，后被引入视觉艺术，意为"剪辑"，即借助大脑的认知补偿原

[①]〔美〕乔尔·贝克曼，泰勒·格雷.(2016).音爆：声音的场景影响力.郭雪译.北京：北京联合出版公司（p.9）.

理,将片段式的信息建构为完整的、连续的意义。蒙太奇主要包括叙述蒙太奇和表现蒙太奇,前者主要强调镜头组接之于故事讲述的意义,后者主要侧重通过镜头组接表现特定的主观意图,使其产生新的意义,如情节推进中的传情达意。声音蒙太奇则是指声音的剪辑,包括声音与声音、声音与画面的组接及其意义建构。因此,考察声音如何推进融合新闻的意义建构与情节发展,有助于把握作为符号表征的声音叙事问题。

声音的音色、响度、音调等属性往往携带着不同的意义内涵,当其被置于特定的声画结构中时,便承载着情节推进和深化主题的叙事功能。网易新闻发布的H5作品《英雄》除了采用"大片式"画面呈现,其声音符号也作为整体系统的一部分,参与了情节本身的建构与推进。用户向上滑动页面,随之会响起时钟的滴答声,节奏由平缓逐渐变得紧促,甚至略惊悚,这一切都预示着一场悲剧即将发生。进入故事情境之后,背景音乐逐渐变得悲壮,一个亟待被拯救的女孩映入画框,她正在等待英雄的拯救……在后续的故事情节中,悲凉的音乐声、众人的呼救声、英雄的战斗声、海啸的拍打声等各种声音形态轮番袭来,共同在声音维度上编织了一个深刻的环保主题——面对巨大的环境危机,这世上从来没有从天而降的英雄,人们只有通过自己的努力,才能保卫家园。

四、数据再现:数据可听化

融合新闻不同于传统新闻的重要特征之一就是,数据在新闻报道中的分量愈发重要,这也是为什么数据新闻逐渐成为一种极其重要的融合新闻形态。在传统的理解中,数据新闻主体上强调对现实世界的一种数据提炼和视觉表征[1],其主要特点就是数据可视化(data visualization),即借助视觉形式来呈现数据关系。近年来,数据新闻的内涵和外延得到了极大的拓展,数据可听化(data sonification)成为继数据可视化之后数据新闻的又一重要表现方式。所谓数据可听化,意为通过声音再现数据,将数据关系转译为一种

---

[1] 刘涛.(2019).理解数据新闻的观念:可视化实践批评与数据新闻的人文观念反思.新闻与写作,4,65-71.

声音关系或声音景观，最终"通过声音的方式"讲述数据故事。

"可听化"（sonification）概念最早由威廉·布克斯顿（William Buxton）于 1989 年提出，意为借助声音来表现数据。1994 年，卡拉·斯卡莱蒂（Carla Scaletti）进一步指出，可听化意味着将某一领域中的数值关系映射为声学领域的关系，以便更好地解释、理解原来的关系。[①] 随后，"可听化"概念得到了较为系统的关注和阐释，强调借助非言语的声音来传递信息，特别是将数据关系转化为声音中的感知关系，以此促进交流或解释。[②] 简言之，数据可听化是用声音关系表征数据关系，以便打开社会交流与理解的"声音向度"。

当声音进入数据编码的符号体系时，数据新闻打开了一个全新的表达向度，创设了一种全新的新闻感知方式和事实呈现方式。数据可听化的技术实现方式包括四类：一是音频化（audification），即直接将时间序列数据转化为声音的声压级；二是参数映射（parameter mapping），即把不同的数据值映射到声音的各类参数中；三是听觉图标（auditory icon），即借助声音隐喻来传达特定的符号信息；四是基于模型的可听化（model-based sonification），即在数据和声音之间建立一定的转换规则，生成一个虚拟的发声物体，以实现交互操作。数据可听化广泛应用于数据新闻的创新实践中，其主要编辑思路是借助一定的软件工具，将数据信息转换为可以通过听觉感知和把握的声音信息，从而在声音维度上讲述新闻故事或挖掘新闻真相。较为成熟的可听化工具包括 Python 包 MIDITime、开源网站 TwoTone 等。2019 年，西蒙·罗杰斯（Simon Rogers）与纽约数据设计工作室 Datavized 合作，共同创建了用以支持数据可听化的开源网站 TwoTone。该平台工具易于操作，非专业人士只须导入相关的数据集，进行简单的风格、滤镜选择，系统便会根据数据集中的数值及变化过程，自动匹配相应的音高、音值、音量等参数，并生成反映数据变化规律的音乐（见图 9-2）。

[①] Dubus, G. & Bresin, R.（2013）. A systematic review of mapping strategies for the sonification of physical quantities. *PloS One*, 8（12）, e82491.

[②] Kramer, G., Walker, B. & Bargar, R.（1999）. Sonification report：Status of the field and research agenda. Report prepared for the National Science Foundation by members of the International Community for Auditory Display.

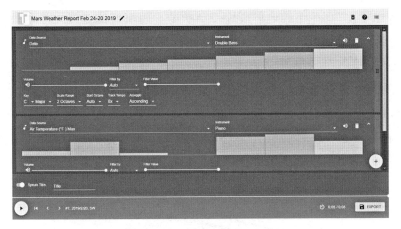

图 9-2 TwoTone 操作界面（截图）

在数据可听化出现之前，数据可视化已经相对比较成熟，后者一直被视为数据信息呈现的"标准样式"。然而，在数据可视化已经较为成熟的背景下，新闻业仍然有必要去发展数据可听化，因为倾听和观察是完全不同的。①相应地，基于数据可听化逻辑的数据新闻必然呈现出新的特征和趋势。概括来说，融合新闻中作为数据再现的声音叙事，一般表现为三种数据可听化类型。

一是以声音配合画面讲述数据化信息。这是字面意义上的数据可听化，其特点就是用声音"复述"新闻图景中的数据，亦可理解为借助声音对数据本身进行"二次强调"。在该类型的融合新闻中，画面呈现的是与数据相关的图表或场景，而声音的功能则是直接陈述相关的数据，从而借助声画对位的方式讲述新闻故事。

二是以数字声音模拟现实声音或情景。数据可听化的常见思路就是通过声音来表现时间序列或空间序列中的新闻议题，进而在声音维度上接近新闻议题的时间关系和空间关系。例如，Reveal 网站的融合报道《俄克拉何马州的地震频率》（"Oklahoma's Rate of Earthquakes"）用一段 1 分 14 秒的音频呈

---

① Kramer, G., Walker, B. & Bargar, R. (1999). Sonification report: Status of the field and research agenda. Report prepared for the National Science Foundation by members of the International Community for Auditory Display.

现了 2005 年至 2015 年的地震震级及活跃度，而声音的音调大小和节奏变化真实还原了 10 年间俄克拉何马州所遭遇的地震损害。再如，《纽约时报》对拉斯维加斯枪击案的报道《每秒九发：拉斯维加斯枪手如何装备来复枪加快射击速度》（"Nine Rounds a Second：How the Las Vegas Gunman Outfitted a Rifle to Fire Faster"）（见图 9-3），结合简单的二维动态图，对比呈现了 3 种情况下不同枪支在 10 秒内发出的模拟枪击频数，以此说明拉斯维加斯枪击案中凶手所使用的来复枪射速极快，进而揭示了枪击案的惨烈。

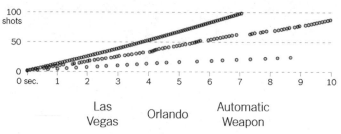

图 9-3　数据新闻《每秒九发：拉斯维加斯枪手如何装备来复枪加快射击速度》（截图）

三是以音乐或音效形式再现数据逻辑。2019 年，澎湃新闻"美数课"的报道使用"可视化"的音频呈现了因患抑郁症去世的微博用户@走饭 所有微博文本中的情感变化（见图 9-4）。微博文本中的情感本身并无声音，因此该作品并不能像前文的案例那样，通过模拟地震声音、枪声等现实声音来讲述新闻故事，于是创作者通过起起伏伏的音乐旋律及音色变化来揭示"走饭"去世前一年微博中的情绪变化情况。

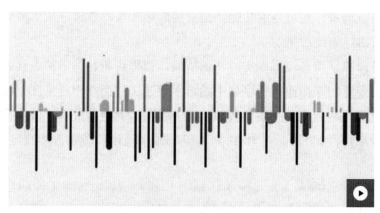

图 9-4　@走饭 微博文本情感分析可视化（截图）

当前，数据可听化呈现出两大创新趋势：一是配合数据可视化来讲述新闻故事，以创设多感官体验，并拓展多平台传播渠道；二是综合运用现场声、音乐、音效等不同的声音形态，以提升数据可听化的论证能力。例如，为了直观、形象地呈现女性在分娩过程中所承受的剧烈疼痛，暨南大学暨者团队于2020年制作了融媒体作品《做一个女孩有多"疼"》，采用数据可听化技术模拟产妇顺产宫口扩张中的疼痛级别。该作品综合运用了数据可听化和可视化表现手法，如借助层次清晰的可视化图表揭示分娩过程中的疼痛变化状况，借助音乐的音量和音调变化模拟疼痛程度，并配以女性宫口扩张过程中真实的疼痛声。显然，不同于传统报道中关于疼痛的"间接描述"，该作品借助数据可听化的方式对原本难以呈现的疼痛进行"直观展示"，试图激活公众对产妇的同理心，从而将医学上的"分娩镇痛"（"无痛分娩"）议题推向舆论空间。

必须承认，由于非言语的声音往往难以独立构成完整的、清晰的新闻叙事，因此以声音再现数据的科学性与专业性面临巨大挑战，导致数据可听化的发展面临诸多困境。一方面，声音与数据之间的映射关系遭到质疑。亚历山德拉·萨佩（Alexandra Supper）指出，尽管数据可听化为大数据的处理和呈现提供了新方法，但可听化实践简化了数据逻辑和数据关系，声音关系能否真实地反映大数据关系依然是一个值得商榷的问题。[①] 另一方面，由于个体的声音辨别能力有差异，因此人们对由数据映射而成的声音的理解也可能产生分歧。当数据可听化实践中出现"编码"和"解码"不对等关系时，那些对声音理解"较差"或对声音感知"有误"的用户很容易被排除在传播链条之外，由此将引发信息传播的伦理问题。例如，一种音色究竟代表正性情感还是负性情感，或者是多大程度的正性情感或负性情感，相关的认知和判断是因人而异的。正因如此，数据可听化一般需要与可视化形式结合在一起，如此才能清晰、有效地讲述新闻故事。例如，在融合新闻《俄克拉何马州的地震频率》中，随着时间的推移，音频的音调高低发生变化，直方图上相应的矩形也会由黑色变成橙红色，听觉形式与视觉形式的结合能让受众

---

① Supper, A. (2015). Sound information: Sonification in the age of complex data and digital audio. *Information & Culture*, 50 (4), 441–464.

更加直观地感受并比较不同年份的地震频率和变化情况。

概括而言，作为多媒融合结构中的一种信息形态，融合新闻中的声音符号实际上打开了一个值得深入挖掘的"认知向度"。声音不仅拓展了文本表达的空间认知维度，而且被赋予了特定的视觉形象，因此我们可以通过对声音的景观问题进行细致考察，抵达融合新闻的声音叙事语言及其修辞实践。本节主要从三个维度来把握融合新闻的声音叙事特点及其表达语言：一是立足新闻本体的呈现问题，即新闻价值体系中的事实真相命题，重点探讨作为事实呈现的声音叙事；二是立足新闻叙述的表征问题，即新闻故事中实现情节推进的声音蒙太奇命题，重点探讨作为符号表征的声音叙事；三是立足新闻符号的再现问题，即数据新闻中正在兴起的数据可听化命题，重点探讨作为数据再现的声音叙事。而作为当前融合新闻中声音叙事的方向和趋势，数据可听化主要表现为以声音配合画面讲述数据化信息、以数字声音模拟现实声音或情景、以音乐或音效形式再现数据逻辑等形式。需要特别强调的是，尽管数据可听化释放了融合新闻声音叙事的想象力，但依旧面临诸多亟待正视的伦理挑战。

第 十 章

互动叙事：可能世界中的"现实"

数字媒介呈现出有别于传统媒介的诸多属性，其中互动（interaction）被推向了一个极为重要的认识位置，甚至被视为数字媒介"最突出的属性"。① 简·梵·迪克（Jan van Dijk）在影响深远的《网络社会：新媒体的社会层面》（*The Network Society: Social Aspects of New Media*）一书中概括了新媒体的三大定义属性（defining characteristics），即数字代码（digital code）、整合（integration）和互动性（interactivity）。② 相对于传统媒介而言，数字媒介的显著特征之一便是基于互动创造出的一种双向交流的可能，"在这一过程中，时间、速度、内容以及探索路径等因素创造了这种体验"③。玛丽-劳尔·瑞安（Marie-Laure Ryan）坚定地指出，"互动性是最能区分新旧媒介的属性"④。互动不仅改变了故事的呈现形式，也影响着故事的生成方式，因此，"叙事学必须扩展原有的领地"，才能真正回应数字文本的文本性问题。⑤ 相应地，互动叙事（interactive storytelling）作为一个新兴的叙事命题

---

① 〔美〕玛丽-劳尔·瑞安. (2014). 故事的变身. 张新军译. 南京：译林出版社 (p. 122).
② van Dijk, J. (2006). *The network society: Social aspects of new media.* London: Sage, p. 6.
③ 〔美〕尼基·厄舍. (2020). 互动新闻：黑客、数据与代码. 郭恩强译. 北京：中国人民大学出版社 (p. 27).
④ 〔美〕玛丽-劳尔·瑞安. (2014). 故事的变身. 张新军译. 南京：译林出版社 (p. 95).
⑤ 〔美〕玛丽-劳尔·瑞安. (2014). 故事的变身. 张新军译. 南京：译林出版社 (p. 94).

出场,埃库·万德(Eku Wand)将其称为叙事学领域的"文艺复兴"。① 由于互动性从根本上动摇了经典叙事学意义上的文本性内涵,瑞安认为有必要关注互动叙事学这一新兴领域,以揭示互动性和文本性在叙事学维度的对话方式。②

实际上,新媒介的互动属性必然会"传导"到文本这里,使得数字文本的形式、表征、意义生产呈现出有别于传统文本的新特征与新内涵。在文本维度,互动性本质上指向文本实践中的用户参与问题,即用户不仅能够选择文本的内容构成,也能够对内容的呈现方式加以控制。③ 作为一种技术操作范式,互动之于叙事学的意义是普遍而深刻的。正因为互动的介入,经典叙事赖以存在的结构问题发生了根本性变化,由此引发了叙事学的数字转向,从而将数字叙事学引向更深入的讨论空间。

按照瑞安的观点,互动叙事学关注的核心命题有三:"选择的结构(文本架构)、用户参与模式(互动性的类型)、能够保持叙事意义完整性的这些参数的组合。"④ 必须承认,这三大命题主要聚焦于艺术实践领域,以互动引发的文本结构和互动类型为考察重点,探讨互动叙事的表现形式及文本语言。然而,瑞安主要关注的是互动的"形式"而非"话语"问题,因此她并未将互动置于特定的问题场景中加以考察,亦未能打开互动叙事的实践向度。实际上,数字媒介语境下的互动文本生产,往往携带着明确的修辞动机,即服务于一定的生产功能和传播目的。因此,唯有将互动叙事置于一定的应用场景及修辞实践中加以考察,才能有针对性地把握互动叙事的知识内涵。

基于此,本章重点关注融合新闻的互动叙事命题,旨在揭示现实在互动维度的存在形式及表征语言,即通过探讨融合新闻叙事的互动形式及语言,揭示数字世界对现实的另一种"发现方式"。有别于其他的文本实践,新闻

---

① Wand, E. (2002). Interactive storytelling: The renaissance of narration. In Martin Rieser & Andrea Zapp (Eds.). *New screen media: Cinema/art/narrative* (pp. 163-178). London: British Film Institute.

② 〔美〕玛丽-劳尔·瑞安. (2014). 故事的变身. 张新军译. 南京:译林出版社 (pp. 93-120).

③ Bucy, E. P. (2004). Interactivity in society: Locating an elusive concept. *The Information Society*, 20 (5), 373-383.

④ 〔美〕玛丽-劳尔·瑞安. (2014). 故事的变身. 张新军译. 南京:译林出版社 (p. 96).

实践的根本落点在于对现实的认知和理解。倘若互动技术的嵌入仅仅停留在用户体验维度，而难以回应一定的新闻价值，互动叙事的功能和意义便会大打折扣。因此，如何在互动意义上实现对信息的传递、事实的呈现以及真相的挖掘，成为融合新闻叙事必须正面审视的一个理论命题。

一、互动性何以影响叙事性？

叙事中的互动，究竟是如何存在并产生作用的？这不能不提到互动存在的技术逻辑。埃斯潘·J. 阿尔萨斯（Espen J. Aarseth）之所以将互联网世界的新兴文本形式称为"赛博文本"（cybertext），是因为他充分意识到了互联网的技术逻辑对于文本性的深层影响。正如阿尔萨斯所说："赛博文本的独特之处在于，不是阅读什么，而是从什么中阅读。"[1] 倘若离开数字媒介这一根本性的技术语境，互动也就无从谈起。如果说传统文本书写本质上体现为作者意图、观念、思维在既定介质上的文本化显现，那么，数字文本则因互动技术的嵌入而赋予接受者一定的参与空间和书写权力，由此引发了一场深刻的叙事变革——由于接受者参与了文本的叙事进程，因此叙事不再是作者一个人的独白，而转向一种协作式的表意实践。相应地，叙事所要处理的问题，便不仅仅是作者意志的文本化问题，而是要同时面对接受者的"入场"以及由此引发的意义生成问题。接受者的参与方式，则是基于外在化的互动实践而实现的。从这个意义上讲，互动之于叙事的意义是深远的：其决定了文本与接受者的"相遇"方式，并对经典叙事学的一些基础假设和观念带来冲击。进一步讲，互动究竟是如何影响叙事学的内涵与观念的？这一问题可以从叙事语义和叙事规则两个维度加以分析，前者回应的是文本叙事的语义结构问题，后者回应的是文本叙事的生成法则问题。

一是叙事文本语义维度的结构与语言问题。当互动进入叙事的考察范畴时，经典叙事学便不能回避互动所带来的结构之变化及其深层的意义坍塌问题。互动从根本上改写了经典叙事赖以存在的序列结构——用户的点击、滑

---

[1] Aarseth, E. J. (1997). *Cybertext: Perspectives on ergodic literature*. Baltimore, MD: The Johns Hopkins University Press, p. 11.

动、路径选择、角色扮演行为，不仅改写了经典叙事深处的时间逻辑，而且在时间的叙事进程中打开了一个个被折叠的时空。① 从早期的超链接技术，到如今较为流行的H5、游戏、元宇宙技术，互动赖以存在的程序语言不断升级，人机交互模式从最初的键盘、鼠标操作转向更为多元的互动形式，如手指触摸、语音识别、动作捕捉、眼动追踪、身体传感等。不同的互动形式，往往催生了不同的文本形态及与之相应的交互实践。在经典叙事那里，由于文本拥有相对稳定的结构，意义更多地被"灌注"在文本之中，因此接受者的解码行为，不过是对预设意义的一种接近和抵达。然而，数字文本则因互动的介入，可以将接受者带入文本的编码系统，进而改写意义的"展开"方式——每一次互动，都意味着对叙事进程的控制，最终"打开"的是不同的语义向度，"进入"的是不同的故事世界。

二是叙事媒介维度的规则与程序问题。互动之于叙事学的首要意义，便是可以将数字技术的媒介逻辑带入叙事学的表征范畴，由此引发的互动叙事问题涉及媒介规则与表征方式之间的作用关系和影响机制。尽管经典叙事也关注媒介的物质因素，但此种物质逻辑主要体现为特定的介质形态与属性对于叙事的限定与影响。必须承认，经典叙事所关注的物质逻辑主要发生在媒介的载体与质料维度，其核心问题为媒介对书写方式的限定，如经典叙事之所以呈现出时间叙事之本质，是因为传统媒介的物理属性（如线性记录、翻页方式）决定了内容呈现的时间序列。然而，数字媒介之于叙事的影响，远远超越了介质、载体维度的物理内涵，而延伸到技术维度的程序与规则问题。尤其是在以ChatGPT为代表的生成式人工智能的内容生产系统中，文本叙事越来越普遍地转向一种人机协同的生成模式。实际上，互动之所以能够发生，是因为文本的深处潜藏着一个计算机程序系统。程序通过执行代码模块，对用户的输入行为进行识别，由此唤起系统的响应模块并给出反馈。② 正因为程序系统铺设了叙事的底层规则，媒介技术之于叙事表征的影响方式才得以超越传统的"传导"模型，而延伸到较为复杂的"计算"模型。相

---

① 刘涛. (2023). "序列"结构及其超越：融合新闻的时间叙事形式及语言. 新闻记者, 12, 3-21.
② 张新军. (2017). 数字时代的叙事学——玛丽-劳尔·瑞安叙事理论研究. 成都：四川大学出版社（p. 131）.

应地,基于程序规则的叙事实践实现了从媒介"反应"到人机"交互"的转变。正如游戏设计师克里斯·克劳福特(Chris Crawford)所说:"单纯的反应(reaction)不足以成为交互(interaction)。实现交互要求动作(action)交互地发生于两个主体之间。单向的动作不是交互的(inter-),而只是反应式的(re-)。"[1] 因此,互动意义上的叙事建构,离不开计算机程序预设的规则体系与计算模型。

由此可见,互动之于叙事的作用机制,本质上体现为对文本性的重构,即互动的介入,改写了经典叙事学意义上文本的形式与观念:一方面,文本不再拥有封闭的结构和语言,故事亦不再拥有稳定的形式和边界,而在互动维度呈现出一种生成性的存在形式;另一方面,以互动为基础的技术装置,按照程序修辞的内在规定性悄无声息地限定、影响或重构了叙事发生的游戏规则。这不仅影响着文本语义维度的表征问题,也深刻地影响着公众对文本意义的理解模式。

相较于传统新闻而言,融合新闻叙事的显著特征之一是互动性。正因为互动的嵌入,融合新闻叙事的结构与语言发生了根本性变化。[2] 互动性近乎成为融合新闻的基本"配置","互动新闻"(interactive journalism)作为一个统合性的概念,涵盖了一切具有互动功能和属性的新闻形式。融合新闻包含一系列具体的新闻形式,其中较为常见的分类方式是依据新闻文本的技术平台及其媒介属性进行区分,如网络新闻、H5新闻、VR新闻等。然而,"互动新闻"这一概念则打破了新闻呈现的媒介逻辑,转向叙事维度的互动逻辑,进而基于互动性重构了一种全新的新闻叙事观念。所谓互动新闻,意为"一种通过代码来实现故事叙事的视觉化呈现,通过多层的、触觉的用户控制,以便实现获取新闻和信息的目标"[3]。显然,互动新闻抛弃了媒介属性的差异,将一切具备互动功能的新闻形式一并"收入囊中",从而在互动意义上对传统新闻和新兴新闻加以区分。互动新闻既指涉一种新闻观念,也

---

[1] 〔美〕Chris Crawford.(2015).游戏大师Chris Crawford谈互动叙事.方舟译.北京:人民邮电出版社(p.25).
[2] 刘涛,杨烁燏.(2019).融合新闻叙事:语言、结构与互动.新闻与写作,9,67-73.
[3] 〔美〕尼基·厄舍.(2020).互动新闻:黑客、数据与代码.郭恩强译.北京:中国人民大学出版社(p.28).

指涉一种新闻类型。作为一种新闻类型，互动新闻属于融合新闻的范畴，主要包含那些携带互动属性的融合新闻形式。必须承认，作为数字媒介最主要的构成属性，互动性赋予了融合新闻一种全新的观念和内涵。正是在互动维度，融合新闻与传统新闻断然拉开距离。相应地，互动叙事被推向一个重要的理论位置。尼基·厄舍（Nikki Usher）在论及数据新闻的本质时直言："互动性可能被视为数据新闻的定义原则之一。"[1] 从本质上讲，"互动新闻"是在叙事维度衍生而来的一个概念，与之有关的叙事学命题便是互动叙事。

经由界面装置的中介作用，用户与叙事之间的互动存在不同的发生逻辑。用户以不同的互动方式参与叙事，便可以形成不同的叙事结构，亦产生不同的互动实践。互动往往存在不同的发生层次，也存在不同的介入方式和参与深度，相应地也就形成了不同的叙事效果。根据用户在故事世界形成中的参与形式，互动行为主体上沿着三个发生维度展开，分别是路径互动、情节互动和环境互动，其对应的互动逻辑分别是对叙事进程的选择、对故事情节的构建和对叙事环境的感知。

二、界面、互动装置与叙事可供性

作为最基本的互动形式，人机会话的界面响应构成了互动叙事的发生基础。在新兴技术的深度赋能系统中，各种类型的界面装置推陈出新，不断迭代，并呈现出多模态、跨领域、全感官等发展倾向。然而，响应与反馈机制则始终作为人机会话的生成基础，在互动叙事中处于不易察觉却不容忽视的基础位置。

界面在互动叙事中扮演着极为重要的角色。作为叙事内容的形式载体与互动行为的发生场所，界面深刻地作用于叙事意义的生成过程，其主要特点便是基于装置的运行逻辑。就传统新闻的呈现方式而言，界面更多地发挥着信息载体的功能，并且成为纯粹的信息"观看界面"，如电视屏幕、电影荧幕等。数字媒介则主要基于程序化的运作逻辑，可以生成不同的界面形式，

---

[1] 〔美〕尼基·厄舍.（2020）.互动新闻：黑客、数据与代码.郭恩强译.北京：中国人民大学出版社（p.27）.

形成不同的信息形态，以此构筑并通达形态各异的叙事世界。因此，互动叙事研究首先需要回到界面这一基本维度，从界面本身的装置逻辑出发，理解人机会话的互动类型与发生机制。

数字界面的装置结构中潜藏着互动发生的原始密码，即人机会话的响应与反馈机制。因此，关注融合新闻叙事语言中的互动问题，实际上要将界面及其装置逻辑带入叙事学的考察视域，这无疑为理解融合新闻叙事提供了一种关注界面、重视"间性"的认识视角。因此，要考察融合新闻的互动叙事，只有对响应与反馈的程序运作逻辑进行分析，才能深入理解互动性之于新闻叙事的语法革命，如形成何种文本形式，构建何种认知方式，打开何种事实图景。界面，原指物与物之间的接触面，而后延伸到软件层面，被界定为塑造用户与计算机之间交互的软件系统，其支配的关系是一种语义关系。① 显然，界面既具有物质的载体属性，又具有软件的程序属性，这种双重属性决定了界面装置的双重内涵——在载体维度，界面必然拥有某种可见的形式；而在程序维度，界面则拥有永不停息的"输出"能力。

以可供性（affordance）为切入视角对界面这一装置形式进行思考，实际上提供了一种理解互动叙事的有效路径。按照詹姆斯·杰罗姆·吉布森（James Jerome Gibson）的观点，"可供性"这一概念指涉的是环境和生物之间的关系，即环境和生物之间呈现出一种协调性（complementarity），而这种协调性能够被动物所感知与识别，并进一步为其行动提供某种可能。② 唐纳德·亚瑟·诺曼（Donald Arthur Norman）在设计心理学领域发展了吉布森的可供性概念，以揭示作为主体的用户或机器与其他事物进行互动的可能。③ 基于可供性的认识视角，某种行动的可能之所以存在，一方面源于客体本身所具有的物质属性，另一方面源于客体具有对其所能进行展示的能力及可能。区别于吉布森强调的"功能承担"所提供的行动可能性，诺曼将

---

① Johnson, S. K. (1997). *Interface culture: How new technology transforms the way we create and communicate* (1st ed.). San Francisco, CA.: Harper Edge, p. 14.
② Gibson, J. J. (1979). *The ecological approach to visual perception*. Boston, MA.: Houghton Mifflin.
③ 〔美〕唐纳德·A. 诺曼. (2015). 设计心理学 1——日常的设计. 小柯译. 北京：中信出版社 (p. 139).

可供性视为一种对使用者的感知提示。①

瑞安则借助可供性深层的物质、关系、功能视角，指出媒介技术及其对应的符号属性（如语言、图像、音乐等"能做什么"和"不能做什么"）具有对叙事关系进行改造、重组或创新的多种可能性。② 互动叙事之所以成为可能，是因为用户被带入叙事，由此重构了一种新的叙事关系，而这一过程离不开交互界面所展示出的"示能"。马诺维奇将交互界面视为一个至关重要的新媒体装置，认为其不仅是内容的呈现载体，也是技术、内容、文化的一个调和装置。③ 交互界面的装置逻辑及其程序设计理念使得基于界面的互动成为可能，而互动在叙事中的入场，无疑挑战了原有的叙事关系，如对路径、转折、因果等关系的全新表达。正是在程序修辞的作用下，交互界面尝试建立一种新的规则，召唤一种新的关系，由此呈现出一种新的示能，从而既提示作为主体的用户与叙事文本之间的双重指向性关系，又呈现用户与文本、结构或事件进行互动的无限可能。

唯有回到叙事可供性这一认识维度，才能真正把握交互界面所内嵌的装置语言及其拓展的叙事关系。马诺维奇指出，交互界面在剥除不同媒体的原始特征的同时，也将自身的逻辑附加其上——不仅作为"通往内部数据的透明窗口"引导用户参与叙事进程，而且"以特定的方式组织数据，为用户提供不同的世界模式"。④ 作为主体与信息汇聚的数字装置，界面铺设了一整套服务于叙事的程序结构与规则制度，从而携带着一定的信息属性。倘若将界面视作一种媒介呈现形式，界面之外实际上存在一套不易察觉、与之适配的语法体系。当界面在互动过程中出场时，便将自身的语法结构一并带入叙事，重新塑造了叙事的文本内容与结构形态。而随着叙事的推进，潜藏在文本之外、结构之中的叙事语法亦悄然完成了自身的重构。事实上，互动叙事中的响应与反馈往往具有丰富的体现形式。除了常规的路径选择与情节推进，交互界面还会对用户发出指令，如跳转链接、按键触发、切换页面、滑

---

① 李三虎. (2016). 在物性与意向之间看技术人工物. 哲学分析, 4, 89-105+198.
② 〔美〕玛丽-劳尔·瑞安. (2014). 故事的变身. 张新军译. 南京：译林出版社 (p. 18-19).
③ 〔俄〕列夫·马诺维奇. (2020). 新媒体的语言. 车琳译. 贵州：贵州人民出版社 (p. 93).
④ 〔俄〕列夫·马诺维奇. (2020). 新媒体的语言. 车琳译. 贵州：贵州人民出版社 (p. 65).

动屏幕等，进行个性化的及时响应，以防用户产生等待焦虑等负面情绪体验。借助文字、震动、提示音、指示灯、图形等不同形式的指示，界面装置在保持叙事连贯性的前提下，基于反馈机制为用户提供了一种流畅性的、实时性的、整体性的人机会话体验。可见，交互界面在数字叙事中的广泛使用，有助于打开更为丰富的叙事维度，触发更为生动的叙事体验，抵达更为广阔的叙事世界。因此，在互动过程之中，信息的呈现结构便获得了一种全新的"展开"可能。

瑞安将叙事文本区分为三个维度，分别为纪事、模仿和事件的情节化。具体而言，纪事的功能在于描述和列举事件，以满足用户关于"发生了什么"的好奇心；模仿则关注事件的发生机制，并通过赋予文本结构以艺术性而使得用户沉浸其中；事件的情节化强调在总体设计中组织事件，以帮助用户理解事件"为何发生"。① 如果说传统的新闻叙事方式主要聚焦于真实、客观地呈现事实，即主体上满足了叙事的纪事功能，那么，互动叙事则从文本内容、结构形式、传播向度等多层面重新塑造着新闻叙事的语言体系。

首先，在叙事的纪事维度，用户能以界面为操作对象，通过一定的手势操作，触发相应的会话，并接收一定的机器反馈，由此实现信息接受与事实感知的目的。融合新闻的纪事功能主要是通过界面装置的技术语言与程序结构实现的，而互动功能的嵌入，赋予了事件不同的记录方式，相应地，也塑造了不同的现实认知模式。具体而言，互动不仅影响着新闻事件的"展开"结构，也影响着事件发生的可能后果——不同的互动行为意味着不同的"输入"参数，并可调用不同的响应机制，从而形成不同的反馈结果。区别于传统新闻叙事的界面形态，今天的数字界面更多地以图形用户界面（graphical user interface）的形式出场，其中内嵌的触控反馈系统和可视化操作结构，不仅赋予用户极大的探索空间，而且重组了新闻事件在数字世界的表征结构和呈现方式。当用户深度介入事件的形成结构时，互动叙事便打开了一种全新的新闻感知结构，也形成了一种自主建构式的意义阐释系统。2021 年 9 月 17 日，中国神舟十二号载人飞船返回舱在东风着陆场预定区域成功着陆，

---

① 〔美〕玛丽-劳尔·瑞安. (2014). 故事的变身. 张新军译. 南京：译林出版社（p.76）.

三名航天员顺利返回地球。央视新闻推出 H5 新闻《中国人太空"出差"图鉴》，来呈现聂海胜、刘伯明和汤洪波三位航天员在太空的 90 天奇幻之旅。用户可以通过点击屏幕来启动神舟十二号载人飞船的发射任务，伴随着飞船的升空，航天员的太空生活如画卷般在手机界面上徐徐展开。该作品借助信息长图展开叙事，为用户近距离观看航天员在太空的日常生活与科研工作提供了可能。

其次，在叙事的模仿维度，融合新闻叙事在互动技术的赋能下，拓展了模仿的边界和深度，可以在将现实带到用户"身边"的同时，赋予现实被发现、被重组、被创造的诸多可能，由此打开现实存在的另一副"面孔"。如果说传统新闻叙事的模仿功能主要集中在叙事的生动性和艺术性层面，如现场的描述、细节的放大、过程的复盘等，融合新闻叙事则将"模仿"推向了"模拟"的维度，同时打开了多感官刺激"通道"，使得用户能够深度参与现实的建构，由此制造了一种全新的现实认知模式。模仿的终极状态是替代，而替代的前提是沉浸。互动技术对沉浸体验的塑造独具特色与优势，其在新闻叙事领域的应用，催生了一个新兴的研究领域——沉浸式新闻（immersive journalism）。有别于传统新闻叙事的模仿方式，沉浸式新闻呈现出前所未有的模仿潜能，不仅能够对新闻发生的场景进行模拟与还原，而且可以在故事沉浸方面创造出深层次的情感沉浸。[1] 在不同的沉浸式技术的作用下，产生了不同的对现实的模仿方式，而建立在互动基础上的沉浸式新闻，往往能够最大限度地激发用户的情感卷入。[2] 在互动进程中，叙事通过正向反馈机制所呈现出的肯定性，能够强化用户的参与效能与价值认同。因此，互动叙事拓展了模仿的形式和潜能，不再满足于传统新闻对现实的表征性建构，而在用户的参与下，拥有了多元生成的可能。简言之，如果说传统

---

[1] Goutier, N., De Haan, Y., De Bruin, K., Lecheler, S. & Kruikemeier, S. (2021). From "Cool Observer" to "Emotional Participant": The practice of immersive journalism. *Journalism Studies*, 2 (12), 1648-1664.

[2] Greber, H., Lecheler, S., Aaldering, L., De Haan, Y., Kruikemeier, S., Goutier, N. & De Bruin, K. (2023). Feeling the news? The differential effects of immersive journalism on emotional response. *Digital Journalism*, 11 (1), 39-60.

新闻叙事的模仿更多地体现为对现实的接近与抵达，融合新闻叙事则在互动维度呈现出重组现实、创造现实乃至替代现实的可能。封面新闻于2022年推出的H5新闻《大国工程我来建》选取港珠澳大桥、歼-20等多个极具代表性的大国工程，利用3D建模等数字技术进行叙事设计。在互动过程中，用户可以根据自身的偏好选择不同的工程项目及难度模式进行组装游戏，若能成功将散落的零件拼装成整体模型，即可领取专属的"大国工程师"证书，在游戏结束后可以自行上传头像进行合影留念，如达到一定游戏积分还可参与抽奖活动。基于人机会话的响应与反馈机制，该新闻在信息与事实维度呈现了中国近年来取得的重大科技成果，同时借助互动的形式，激发了用户的民族自豪感与文化认同感。由此可见，融合新闻的互动叙事超越了纯粹的现实模仿功能，通过对现实的模拟、重组与再造，赋予了现实认知一种更为自由的抵达方式。相应地，建立在互动叙事基础上的模仿，不仅有助于用户理解被模仿的现实本身，而且能够在帮助用户对现实的模仿与重构中实现一定的价值认同功能。

最后，在叙事的情节化维度，如果说传统新闻的情节化主要围绕故事性展开，融合新闻则在互动基础上，赋予了情节化以生成逻辑，即互动不仅构成情节发生的条件，而且作为一种驱动力量，扮演着推动情节发展的角色。所谓叙事的情节化，意为文本表达并非记录式的要素排列或事件集合，而拥有"某种总体格局、某种解释性主题、某种取舍原则"①。因此，情节化的本质在于提供一种框架性的叙事结构，以突出"故事之所以如此讲述"的必要性，从而为叙事意义的生成提供一种推演形式。在融合新闻的互动叙事中，用户可根据界面指示完成相应的互动操作，自主地发现、建构与整合新闻事件中的情节关系。而不同的互动技术及其操作方式，能够赋予情节不同的生成可能。从叙事可供性的视角来看，除了点击、长按、拖动、滑动、捏合等手势操作，融合新闻叙事还整合了语音、摇晃、旋转、吹气等多种形式的输入方式，这无疑赋予了用户参与情节建构的多种可能，亦释放了情节生成的想象空间。例如，网易新闻推出的H5作品《时空恋爱事务所》利用手机重力传感器，创造了一种基于重力互动的情节推进模式。当用户摇动或翻

---

① 〔美〕玛丽-劳尔·瑞安. (2014). 故事的变身. 张新军译. 南京：译林出版社（p.77）.

转手机时，系统会根据手机的倾斜角度，识别并给出相应的输入数据，从而开启、推进、改变剧情的发展，如用户摇晃手机时，即可唤醒主人公并开启叙事情节。

三、路径与遍历：被折叠的可能世界

如果说叙事链条中的每一次互动，都是对故事的一种"打开"方式，那么基于互动的故事"展开"过程，本质上意味着对故事呈现之诸多可能性的探索和抵达。从这个意义上讲，互动叙事将叙事学中备受关注的"可能世界"（possible world）思想推向了一个全新的认知空间。"可能世界"这一概念最早由17世纪的德国神学家戈特弗里德·威廉·莱布尼茨（Gottfried Wilhelm Leibniz）提出，意在佐证一种普遍的神学观点，即"存在着无限多的可能世界，上帝必然从中选择其最好者"[1]。而后，"可能世界"的概念进入文学、叙事学领域，其内涵随之得以延伸与发展。

瑞安将目光转向数字叙事中的可能世界，通过对数字世界的可能形式、可能价态、可能关系进行系统梳理，提出了影响深远的"文本宇宙"（textual universe）概念。按照瑞安的观点，宇宙由不同的世界构成，因此具有多重属性，其中，现实世界（the actual world）作为宇宙系统的中心被众多的可能世界包围，其自身亦是可能世界的一种。[2] 互动叙事中可能世界的形成，主要依赖互动意义上的路径选择——不同的选择方式，意味着不同的抵达路径。路径的可选择性不仅关涉叙事文本的内容呈现问题，亦触及数字叙事的生成结构问题。有别于简单的界面响应，路径选择意味着一种文本开放程度更高、用户介入程度更深的互动叙事方式。相应地，互动叙事的意义便集中体现为用户的个体意志对叙事结构的影响，即用户在互动过程中获得了一定的自主决策权，能够自主地进入叙事结构的分叉路径，在文本宇宙的"迷宫"中开启充满不确定性的可能世界。

---

[1] 〔德〕莱布尼茨. (2007). 神义论. 朱雁冰译. 北京：生活·读书·新知三联书店 (p. 108).

[2] Ryan, M. L. (1991). *Possible worlds, artificial intelligence, and narrative theory*. Bloomington, IN.: Indiana University Press, p. 24.

在互动叙事结构中，用户对叙事路径的触发与探索，集中体现为"遍历"（ergodic）这一极具能动性的操作行为。"遍历"（traversal）原本是数据结构领域中的一个分析概念，意为对一种数据集中的所有数据项依次访问的操作行为或运算形式，如按照特定的规则对结构中的每个节点依次访问。阿尔萨斯较早开始关注用户行为对文本组织结构的影响，开创性地提出了"赛博文本"的概念，并创造性地使用"遍历"这一术语，意在强调赛博文本形成的用户参与之本质，即经由用户的介入、选择和访问可形成一种意义序列或集合。按照阿尔萨斯的解释，"ergodic"的词源为希腊语"ergon"（工作）和"hodos"（路径）的结合，意为在文本中穿行。[1] 简言之，赛博文本意味着一种建立在用户参与和互动基础上的文本形式。

可能世界理论为考察互动叙事提供了一个重要的理论视角。"任何叙述文本都是跨世界的表意行为，都具有通往不同世界的通达性。"[2] 经由界面装置中介的互动叙事，以其独有的选择性、开放性特征，编织了不计其数且相互独立的可能世界。而基于路径选择这一常见的互动行为，叙事界面不仅提供了一种探索可能世界的会话方式，而且将可能世界置于一个类比的、平行的故事结构中加以考察——用户基于不同的选择方式，可以触发不同的响应机制，打开不同的支线时空，从而抵达不同的故事世界。

在融合新闻的互动叙事中，以可能世界为"媒"，勾勒现实世界的认知图景，是新闻叙事有别于其他叙事形式的关键所在。区别于其他的互动叙事形式，融合新闻的互动叙事之根本意义在于对新闻价值的回应。那么，如何理解融合新闻叙事中的可能世界？又如何认识可能世界与现实世界之间的推演关系？在不同学科中，"真实"被赋予了不同的内涵，也具有不同的抵达方式。而新闻学所关注的真实，主要强调事实维度的真实。实际上，可能世界所关注的"可能性"，并非指向事实的可能，而是强调现实具有多种可能的发现路径，亦有多种可能的抵达方式。只要新闻叙事中的互动设计符合一定的伦理规范，建立在互动基础上的路径选择及其创设的可能世界，就具有

---

[1] Aarseth, E. J. (1997). *Cybertext: Perspectives on ergodic literature*. Baltimore, MD.: The Johns Hopkins University Press, p. 1.

[2] 赵毅衡. (2013). 三界通达：用可能世界理论解释虚构与现实的关系. 兰州大学学报（社会科学版），2, 1-7.

积极的现实认知潜能。具体而言，在基于路径选择的融合新闻中，程序本身已经内置了一定的游戏规则，不同的遍历路径最终打开的是不同的现实图景。无论是以"地图"为指引的数据新闻，还是以"闯关"为方法的新闻游戏，抑或以"位置"为基础的 VR 新闻，都在依据技术装置的内在逻辑，诉诸不同的互动规则，回应不同的新闻线索，相应地也就形成了不同的可能世界。诸多可能世界的"拼图"，最终有助于完整地揭示现实世界的可能图景。例如，为庆祝中国共产党成立 100 周年，柏项网络科技（上海）有限公司于 2021 年推出的小程序游戏《沪上星火》，以"找图""拼图"等游戏化的方式讲述上海波澜壮阔的红色故事。用户唯有正确解锁相应的关卡，才能成功进入后续的故事情景。即便是错误的选择，也同样意味着一种通往可能世界的形成方式——"失败"固然导致了叙事的中止，然而，未竟的故事依然是对现实图景的微妙注解。在一种可能世界终结之处，另一种可能世界拥有了被"重启"的可能。换言之，即使一种路径并未指向正确的"答案"，也依然作为故事世界的"拼图"，具有积极的信息传递价值。因此，不同于现实中的选择，互动叙事中的选择，无论导向何种叙事结局，都是对完整的故事世界的一次接近——作为故事世界的一部分，可能世界更像是现实世界的侧影，顽固地诉说着现实的"过往"。

融合新闻叙事中的路径设置及其创设的可能世界，不仅改变了新闻文本的组织结构，而且在程序修辞维度创新了叙事的意义生成方式。实际上，路径选择不仅是用户的一种单向决策，也是用户之间的某种协作，即对流动的叙事意义的协同生产以及对多维的可能世界的共同抵达。例如，数据可视化平台 Observable 于 2020 年推出的新闻游戏《疫情下的人们：本地合作生存模拟器》，是一款以新冠疫情为主要背景制作的模拟类型可视化沙盘游戏，用户可以自行组建团队或者加入已有团队参与游戏。在游戏过程中，用户可根据提示对社区内的待办事务如锻炼、购物、小型或者大型聚会等进行选择，在具体的场景中亦可以选择"保持社交距离"等选项，且用户的选择与其产生的影响均是不可逆转的。在这一协同互动结构中，由于该游戏的底层语言是基于大数据的科学模型，因此，用户不仅能够通过选择决定整个社区的疫情蔓延态势，而且能够在选择中理解现实中的种种问题，从而实现游戏知识向经验知识的积极转换。比如，倘若玩家选择自行居家隔离数周而非聚会，便可以避免整个社区成千上万人因感染而死亡。这种在可能世界中获取的经验，无疑有助于用户在现实中做出积极的判断和决策。

由此可见，被折叠的可能世界中储存着理解现实的密码。"可能世界"与"现实世界"并非完全对立的概念，二者在既定的认识情境中具有积极的对话可能。来自可能世界的经验，具有探寻现实、理解现实的本体论意义。从这个意义上讲，可能世界之于互动叙事的意义，便不仅仅意味着故事世界的一种"展开"之可能，而具有了方法论意义上的认识功能，即以可能世界为方法，可抵达未知的现实世界。区别于其他的融合新闻形式，新闻游戏以其难以比拟的遍历优势，将互动叙事推向了一个全新的理论维度。伴随着游戏机制在新闻中的广泛应用，新闻叙事不再停留于浅层的互动形式，而邀请用户走上舞台共同演绎剧情的起承转合，在真正意义上打破了用户与叙事之间的"第四堵墙"，这无疑创设了一种全新的信息生产模式。

四、故事与情节：互动叙事的时空语言

情节是故事的核心，亦是可能世界在叙事中显现的具体形式。瑞安指出："我视事件的情节化为叙事性的决定性因素。文本若是仅仅描述场景或报道事件，就没有充分发挥叙事的潜力。"[1] 在新闻叙事中，情节以何种方式被建构，又是如何形成与展开的？回答这一问题，首先需要厘清互动叙事中的情节生成方式较之于经典叙事有何差异，尤其是叙事结构方面的差异。在以报刊、文学、影视为代表的经典叙事结构中，故事情节主要体现为亚里士多德所提出的完整性、紧密的组织、固定的序列和篇幅、明确的开始和结尾等。[2] 在传统文本的叙事结构中，囿于媒介自身的物理属性，故事世界往往呈现出线性、封闭性、固定性等特点，故事中的时间、空间、因果关系亦受制于一种单向的、被预设的叙事系统。而在数字叙事及其衍生的故事"变体"中，故事情节的组织却形成了一种充满选择的、非线性或多线性

---

[1] 〔美〕玛丽-劳尔·瑞安.（2014）.故事的变身.张新军译.南京：译林出版社（p.77）.
[2] 〔古希腊〕亚里士多德.（1996）.诗学.陈中梅译注.北京：商务印书馆（pp.74-82）.

的分叉结构。①

由于时间和空间是事物存在的基础维度，亦是人类感知事物的直观形式，因此，以时空为认知图式，探讨故事情节在时空维度的生成方式，无疑是一种有效的切入路径。正因如此，融合新闻叙事的两种基本形式是时间叙事和空间叙事，其分别揭示了故事情节生成的时间逻辑和空间逻辑。那么，如何理解互动叙事的情节生成方式？一种可能的认识逻辑便是，以时间、空间为认知图式，探讨互动对时间逻辑和空间逻辑的影响方式，即互动叙事如何在时空维度重构了一种全新的情节创设与生成方式。对于融合新闻的故事情节建构而言，互动叙事研究的重要思路便是沿着时间逻辑和空间逻辑，探究故事情节在时空维度的互动发生机制，亦即叙事时空生成的"互动之维"。

在时间维度上，融合新闻的互动装置可对故事情节赖以存在的时间逻辑进行改写，以此构筑形态各异的故事世界。现象学对于时间的探讨，主要关注时间如何有效显现的问题。而在互动叙事这里，故事情节的展开逻辑是基于时间性并超越时间性的。正因如此，对叙事时间的"操纵"亦逐渐成为情节创设的惯用手法，具体包括对叙事时间的"并置""凝练""逃逸"等常见的编辑策略。通过对故事时间进行并置处理，互动叙事突破了经典叙事中的线性时间结构，能够同时对多个关键时间节点进行聚焦与呈现。时间节点在并置结构中形成的内容"阵列"，赋予了不同节点以比较、类比、遍历的可能，而不同的时间"操纵"方式，形成了不同的序列结构和因果关系，相应地也就建构了不同的情节结构与故事形态。换言之，互动性"篡改"了时间性的深层内涵，相应地，可能世界在时间的"变奏"中获得了极为自由的生成方式。封面新闻于2022年推出的融合新闻《雪山下有个"熊猫村"》，利用时间并置这一手法，对藏族村落——硗碛村的四季景观及风貌进行呈现，展现了少数民族的地方民俗特色与其自然环境的原生态美感。在互动设计上，用户能够获得"打开四季盲盒"的新奇体验，在观赏熊猫村四季风景的同时，可与穿梭于画面中的动物进行互动。该作品通过对叙事时间的凝练，不仅激发了用户对祖国山河、民族文化的热爱之情，而且能够在

---

① 〔美〕玛丽-劳尔·瑞安. (2014). 故事的变身. 张新军译. 南京：译林出版社 (p.95).

交互性的审美体验中不断内化人与自然和谐共生的发展理念。

凝练，作为一种常见的时间编辑手法，正在广泛地应用于融合新闻的互动叙事之中，以实现缩减宏大进程、把控详略节奏、聚焦高光时刻等叙事目的，进而形成一种基于叙事时间的"蒙太奇"。相应地，时间在叙事中的位置，逐渐从"基本属性"转向"叙事变量"。当时间超越了自身的"坐标"属性时，便不再受制于分秒的度量，而蕴含在用户对故事情节的经验之中。2019 年，央视新闻和《中国文物报》联合推出的 H5 作品《十二件文物带你走丝绸之路》，以主人公"蚕宝宝"的视角展开叙事，梳理了 6 世纪至今丝绸之路的发展历程。该作品选取了发生在不同时间节点的关键事件，并以此引出了沿线出土的十余件珍贵文物及其背后的历史故事——敦煌壁画中的"飞天"、壁画《张骞出使西域图》、鎏金铜蚕等文物以"旅途奇遇"的形式出场，在与主人公进行对话的过程中将自身的故事娓娓道来。通过从客观时间中逃逸，互动界面提供了可供用户自由选择、自主进入的时间结构，这使得互动叙事中用户所经验的叙事时间超越了现实维度的物理时间。所谓的时间操纵，本质上意味着时间意识在用户知觉中的"闯入"与"重现"。用户一旦"投身"基于互动而展开的时间结构，便可在某种程度上逃逸于客观时间的限制和束缚，从而在时间维度获得了意义阐释的自由。

在空间维度上，通过重塑或改写空间逻辑，互动叙事实现了对故事情节的再造。经由交互界面的中介作用，融合新闻的空间叙事超越了传统的"生产"逻辑，转向一种更为自由的"生成"逻辑，而这赋予了空间叙事一种生成性的组织方式和意义结构，使得空间从"地方""场所"的背景地位中被解放出来，成为故事情节的重要生成维度与关键组成部分。[①] 交互界面将新闻内容嵌入故事框架，并借助数字技术在空间维度对故事情节进行架设，为用户提供了感知和理解社会现实的途径。相应地，用户能够根据自身的偏好与兴趣，主动对叙事空间进行选择与切换，从而在空间维度自主地建构情节，并获得多样化的空间体验。2020 年，为纪念中国人民志愿军抗美援朝出国作战 70 周年，《环球时报》联合腾讯新闻推出的 H5 作品《勇战》，对

---

① 刘涛，黄婷. (2023). 融合新闻的空间叙事形式及语言——基于数字叙事学的视角. 新闻与写作，2, 56-67.

抗美援朝战争中的一场空战进行模拟和再现。当选择遥感模式时，用户便可变换观看的视角，从不同维度获取这场空战的感知图景。在具体的互动操作方面，用户通过点选"场景选择"按钮，即可在同一故事情节中自主地进行场景切换，并选择不同观看视角，如外景视角或飞机内部视角进行体验。这不仅实现了叙事空间的自由跳转和结构重组，而且形成了一种空间化的故事情节。该作品通过对具体作战情节的复刻、重现，向抗美援朝时期保家卫国的中国人民志愿军致敬，以此唤起用户对重大历史事件的集体记忆，激发人们内心深处的家国情怀。

数字媒介世界存在不同的空间形态，或虚或实，亦虚亦实，而不同的空间形态对应的是不同的感知体验和理解模式。通过与界面进行互动，用户能够激活新的信息反应，进入新的页面结构，触发新的任务事件，进而打开新的支线空间，在那里"编织"可能世界的故事情节。荷兰媒体BNNVARA于2019年制作的新闻游戏作品《我是摩苏尔人》（*I Am Mosul*），选取伊拉克第二大城市摩苏尔作为故事设定的空间，同时以荷兰为游戏情节开展的背景，将现实空间与虚拟空间进行交叠、融合，在增强叙事代入感与真实性的同时，深刻地揭示了战争对人们的摧残与重创。通过点击界面中的相应按键，用户即可看到摩苏尔在战火中的"真实"景象，"亲临"极端组织控制之下触目惊心的城市空间，"亲身"体会战争中的"生死一线"，进而理解"战争"二字的沉重内涵。正是通过对多重空间的勾连，该作品将身处和平之中的用户带入战火纷飞的叙事空间，引导其对战争议题进行深刻反思，进而更加珍惜眼前的生活。

融合新闻叙事不仅呈现出更为丰富的时空形式，而且在时空维度重构了新闻信息的表征方式。[1] 互动叙事对于时空观的重塑，深刻地作用于用户的认知结构，影响着人们对新闻信息的认知与判断。在互动技术的作用结构中，与传统认知模式相悖、与传统表征语言相左的非线性的时间形式与非实体的空间形态，越来越普遍地进入融合新闻叙事领域，铺设了情节生成的新兴图式——在互动技术重构的时空结构中，情节拥有了复杂的生成"线

---

[1] 刘涛，黄婷. (2023). 融合新闻的空间叙事形式及语言——基于数字叙事学的视角. 新闻与写作, 2, 56-67.

索",故事呈现出另一副"面孔"。例如,相较于传统新闻报道,AR 新闻在时空维度提供了更多元的语境化信息(contextualized information)[1],由此赋予了故事情节更丰富的线索、细节和质感。在叙事时空不断被触发、被经验的互动实践中,时空观念的转变不仅重构了新闻叙事的故事与情节,而且在交互界面的程序装置中,生成了新的符码意涵、语言结构及语法体系。

五、作为界面的环境:环境中的互动故事

有别于经典叙事的时空观念,"数字技术为用户提供了一种新的体验方式,使得空间、地方和叙事之间的连接拥有了新的形式和内涵"[2]。随着智能媒介与位置媒介的兴起,故事逐渐进入现实环境,身体也被带入故事,由此形成了一种前所未有的互动形式——人与环境的互动。数字互动技术的发展,使得人与物、物与物之间的互联成为可能。任何事物都不再固守于某一辖域之中,而是处于永不停息的连接、解域、生成之中。基于这一特殊的技术语境,互动叙事研究便不能仅仅局限于文本维度的互动,还须关注事物在环境中的存在方式以及事物与环境之间的作用结构,即须将环境纳入叙事学的考察范畴,探讨以环境为"媒"的互动形式。

当前,位置媒介、数字雷达、增强现实、动作捕捉、深度摄像、裸眼3D 等新兴技术在数字叙事领域的广泛应用,形成了一系列新兴的交互界面装置,更为重要的是,释放了人们对环境的感知方式,由此打开了叙事学的"地理向度"。环境并非一个纯粹的背景性、物理性的位置或场所,其本身已上升为一种崭新的界面形式——不但作为一种叙事元素参与故事世界的建构,还作为一种集成装置,铺设了故事发生的基础和条件。如果说一般意义上的界面是平面的、物质的、有形的技术装置,环境界面则并非在"形式"维度思考界面问题,而更多地关注这样一个深刻的数字人文命题——人、物、技术如何在环境中拥有了某种可识别、可沟通的关系?这种关系的发现

---

[1] Pavlik, J. V. & Bridges, F. (2013). The emergence of augmented reality (AR) as a storytelling medium in journalism. *Journalism & Communication Monographs*, 15(1), 4-59.

[2] Ryan, M. L., Foote, K. & Azaryahu, M. (2016). *Narrating space/spatializing narrative: Where narrative theory and geography meet*. Columbus, OH: The Ohio State University Press, pp. 101-137.

与建立又是如何通过一种自主的、参与的、交互的方式实现的？相较于经典叙事更多地在文本内部讨论故事及其语言问题，数字叙事极大地延伸了故事的存在形式及发生语境，其主要特点便是将故事带入现实的、环境的、生态的外部空间。相应地，"环境"上升为一个崭新的界面形态和集成装置——那些异质的、陌生的事物在这里相遇，经由一个个数字脉冲的激活，共同嵌入一个网络世界，具备了组合、连接以及叙事的可能。当环境作为一种整体性的装置结构和配置语言进入故事时，互动叙事的边界便超越了纯粹的文本维度，而延伸到事件、过程、实践的观照维度。

环境之所以能够上升为一种界面装置，并且成为交互发生的对象与语境，是因为出现了与之适配的计算模式——普适计算（ubiquitous computing）。作为信息空间与物理空间的融合，普适计算本质上指向的是具备计算和通信能力的环境，即通过将计算机嵌入环境或日常工具的方式，"让计算机本身从人们的视线中消失"[1]。在传统的计算环境中，用户往往需要使用键盘、鼠标等设备与计算机建立交互关系。随着人工智能技术、传感器技术、物联网技术等新兴技术的不断发展与融合，普适计算开始以环境为对象，以生态为模型，尝试将世界纳入一个运算网络，从而创设一种无处不在、无缝交织的计算环境。在普适计算环境中，作为界面的环境，呈现为前所未有的"扩张"和"游牧"状态，这使得用户可以完整地嵌入环境，能够与作为整体的环境进行互动。环境成为一种界面，普适计算一方面将人们带入界面内部，另一方面又悄无声息地将界面融入人们的日常生活体验。[2] 基于普适计算的观念，诸如无线传感网络、雷达、动作捕捉、深度摄像等技术手段广泛应用于数字叙事实践，为"人与环境之间的互动"以及"人在环境中的互动"提供了可能。相应地，环境既是信息呈现的载体，又是故事存在的场所，还是互动发生的条件。例如，沉浸式交互艺术往往会将叙事搬到博物馆、艺术场馆、公共空间等现实环境，借助"环境体验""多通道交互"等

---

[1] 徐光祐，史元春，谢伟凯. (2003). 普适计算. 计算机学报, 9, 1042-1050.

[2] Farman, J. (2011). *Mobile interface theory: Embodied space and locative media*. New York: Routledge, p. 11.

方式，创设一种新兴的数字叙事实践。① 当环境成为互动发生的条件时，界面最终基于环境生成，又将自身隐藏于环境之中。在普适计算语境中，环境能够对用户的视觉、听觉、触觉等知觉维度进行深度开发，有机调用用户各个维度的知觉系统，并对相应的感知与经验进行综合，进而建构出一种"融合式的通感语言"②，甚至能够生成跨模态的"联觉"体验。

当互动超越了纯粹的文本维度，而在环境维度发生时，融合新闻叙事获得了一种全新的空间想象力——新闻故事不再局限于文本内部，而被搬到现实环境之中，环境本身成为事实认知的前提和基础。③ 基于普适计算的观念，融合新闻借助特殊的互动设计将叙事空间延伸并嵌入现实空间，建构了虚实结合的故事环境。马诺维奇在探讨罗兰·巴特（Roland Barthes）对屏幕的描述时指出，交互界面作为一种剪切技术，不仅能够将现实分割为符号和虚无，而且能够实现观众主体的分身，使得主体同时存在于"身体所处的当下的现实空间和图像所在的虚拟的屏幕空间"之中。④ 而作为环境的界面，极大地拓展了新闻认知的具身维度和沉浸状态。伴随着空间媒介（spatial media）的兴起，AR 新闻在空间维度的故事"讲述"与情节"编织"能力大大提升，如通过对混合空间（hybrid space）的制造，实现虚拟故事在现实空间中的演绎，这无疑拓展了互动叙事在空间维度的想象力。当前，传感器新闻（sensor journalism）逐渐兴起。各种散布在社会场景中的图像传感器、速度传感器、压力传感器、温度传感器、距离传感器、生物识别传感器等智能传感器，能够实时捕捉环境信息，经由智能技术的可视化处理，自动生成相关新闻信息。传感器新闻既意味着一种新兴的新闻故事形态，也意味着一种新兴的新闻认识视角。⑤ 随着大数据与人工智能技术的广泛应用，不同空间

---

① 李四达. (2011). 互动装置艺术的交互模式研究. 艺术与设计（理论），8，146-148.
② 〔爱尔兰〕凯利·麦克莱恩. (2021). 交互叙事与跨媒体叙事：新媒体平台上的沉浸式故事创作. 孙斌，李蕊，丁艳华译. 北京：中国传媒大学出版社（p. 104）.
③ Erdal, I. J., Vaage Øie, K., Oppegaard, B. & Westlund, O. (2019). Invisible locative media: Key considerations at the nexus of place and digital journalism. *Media and Communication*, 7（1），166-178.
④ 〔俄〕列夫·马诺维奇. (2020). 新媒体的语言. 车琳译. 贵州：贵州人民出版社（p. 103）.
⑤ Schmitz Weiss, A. (2016). Sensor journalism: Pitfalls and possibilities. *Palabra Clave*, 19（4），1048-1071.

中的传感器形成了一个巨大的物联网络。① 这无疑释放了互动叙事在环境维度的想象力。

概括而言，数字媒介有别于传统媒介的典型特征是互动性。互动技术在叙事中的嵌入，从根本上改写了经典叙事赖以存在的结构问题，由此引发了叙事学的数字转向。互动性沿着叙事语义和叙事规则两个维度，深刻地影响着叙事性的内涵。数字媒介的互动叙事成为可能，离不开交互界面这一特殊的程序装置。界面既是信息存在的居所，亦是互动发生的条件，在叙事可供性维度拓展了一种全新的叙事关系。融合新闻的互动叙事主要沿着路径互动、情节互动和环境互动三个维度展开，相应地便形成了三种基本的互动形式及实践。在路径互动维度，互动叙事基于遍历这一技术方案，打开了被折叠的可能世界，并以此为认识方法，抵达未知的现实世界；在情节互动维度，互动叙事通过对时间的自主"操控"以及对空间的自由"转换"，使得基于互动的故事建构成为可能；在环境互动维度，互动叙事基于普适计算的理念与实践，将叙事搬到了现实环境之中，使得环境本身成为一种界面，从而在人与环境的互动中构建了一种全新的信息生成模式。

尽管互动性赋予了融合新闻叙事一定的参与空间，使得新闻故事呈现出一种"双向交流"的生成结构，但基于交互界面的新闻叙事仍然受制于计算机程序修辞的影响和限定，不同的触发方式所抵达的故事世界依然具有一定的有限性，即用户的选择必然体现为一种"有限的自由"。诚然，用户拥有一定的自主探索空间，但受程序修辞的隐性限制，依然徘徊于主动与被动的缝隙之中。② 因此，如何在程序修辞的叙事规则方面进行突破和创新，以真正实现融合新闻的信息传递、事实呈现与真相挖掘目的，是互动叙事研究亟须进一步回应的一个理论命题。

---

① Dennis, K. (2008). Sensoring the future: Complex geographies of connectivity and communication. *World Futures*, 64 (1), 22-33.
② 刘涛，杨烁熠. (2019). 融合新闻叙事：语言、结构与互动. 新闻与写作，9, 67-73.

第十一章

情感叙事：技术何以赋情

在柏拉图主义（Platonism）那里，理念被视为超越感官世界的永恒原则。换言之，理念是第一性的，感官接触的世界则是"理式"世界的投射和幻影，因此感觉体验不仅是第二性的，而且是不真实的。在柏拉图主义影响下，情感被推向理性的对立面，被真理排斥，被逻辑拒绝，被意识悬置，长期处于理性主义的支配与压制之中，最终走向认识论的边缘地带，并且被简单地化约为一个私人化、个人化的问题。而现代主义哲学的诞生，逐渐改变了情感的尴尬位置，尤其是伴随着"感觉主义"的复活，情感慢慢地从理性的牢笼中挣脱出来，照亮了哲学的天空。所谓情感，就是"那些让我们开始关注周围世界的心理体验，它们要么被世界击败，要么被世界吸引"①。哲学家对于情感的关注与重视，可以追溯至17世纪的巴鲁赫·德·斯宾诺莎（Baruch de Spinoza）和18世纪的戴维·休谟（David Hume）。他们都将情感视为人的本性，认为人类需要正视情感，不应该对其产生敌视与偏见。斯宾诺莎表示："我力求理解人的行为，而不是嘲笑、怨叹或责骂。因此我并不把人类的情感，诸如爱、憎、愤怒、忌妒、骄傲、怜悯和扰乱心灵的其他情绪，视为人性的恶，而是看作人性固有的一些特性。"② 现代主义哲学

---

① Jasper, J. M. (2006). Emotions and motivation. In Robert E. Goodin & Charles Tilly (Eds.). *The Oxford Handbook of Contextual Political Analysis* (pp. 157-171). Oxford: Oxford University Press, p. 159.

② 〔荷兰〕斯宾诺莎. (2016). 政治论. 谭鑫田, 傅有德, 黄启祥译. 桂林：广西师范大学出版社 (p. 2).

开启的关于情感、身体、感觉的深刻讨论,逐渐延伸到社会科学领域,引发了20世纪影响深远的"情感转向"(emotional turn)。继"语言转向""空间转向""图像转向"之后,"情感转向"不仅复活了情感的认识功能和社会作用,而且深刻地影响了人文社会科学的研究范式。

发生在人文社科领域的情感转向,对叙事学的观念和实践产生了深刻的影响。当叙事学开始正视情感问题,并尝试在情感维度上考察结构和意义时,"情感叙事"(emotional narrative)的概念诞生了。情感叙事是指以诉诸情感和情感认同为叙事导向,通过情感化的语言和模式来讲述故事的叙事形式。囿于传统媒介的线性逻辑与封闭结构,传统的情感叙事往往沿着美学路径展开,强调借助丰富且生动的文学语言或镜头语言来塑造人物、刻画心理和描写场景。

在经典叙事学中,受众深陷于"旁观者"的位置,只能遵循文本中情节推进的逻辑,被动地感受情感内容,无法主动地、自由地、真切地体验并沉浸其中。然而,不同于传统文本线性化、单向性、封闭性的特征,数字媒介文本呈现出多模态、互动化、场景化等特征,这使得传统的情感叙事形式及语言在回应数字叙事时显得力不从心。换言之,数字媒介技术极大地拓展了情感叙事的想象力,对情感的呈现与体验方式远远超越了经典叙事所能提供的"情感方案"。基于此,本章立足数字媒介的技术逻辑,聚焦于融合新闻这一新兴的文本形态及实践,主要从情感修辞的视角切入,探讨"情感"这一人类心理结构在融合新闻叙事中的新形式、新语言及新实践。

一、数字新闻业的情感转向与情感叙事

长期以来,理性主义范式定义了公共性的内涵,也主导了公共空间的参与结构和协商方式,而情感则被推向了一个边缘的认识位置。作为社会公共实践的重要组成部分,现代新闻业深受理性主义传统的影响,人们赋予其提供真实、客观信息的使命,寄予其激发理性讨论的期望。由于情感被认为是高度私人化、感性化的产物,与理性主义范式相背离,因而在公共空间中未能得到一定的认可。这种将情感与理性对立的观念在很大程度上抑制了传统新闻对于情感话语的"接纳",致使传统新闻报道往往有意规避情

感化表达。不仅如此，当新闻报道采取诉诸情感的表达方式时，往往被视为对新闻职业伦理的背叛与威胁。由此，新闻学界对情感及其作用机制的探索一直备受束缚[1]，情感随之成为新闻学研究的"认识论盲点"和"房间里的大象"[2]。

随着公共空间研究的不断深化，情感之于公共生活和公共场域的重要功能逐渐引起学界的重视。梅尔维·潘蒂（Mervi Pantti）以新闻实践为例，揭示了情感在公共空间中发挥的主要作用：一是影响公众的政治判断；二是促进公众的政治参与；三是塑造公众的集体身份[3]。在社会公共场域，公共舆论的动员与形成也逐渐从传统的理性说服逻辑，延伸至情感动员维度，公共空间的"激情"成为一个崭新的研究论题[4]。吉姆·麦奎根（Jim McGuigan）基于"文化公共空间"这一概念基础，认为理性传播之于公共空间的形成是必要的，但情感模式在维持公共参与和公共生活方面同样具有不可忽视的作用[5]。在公共话语构建方面，情感既是行动要素，亦是行动目标，相应地，情感研究开始关注更为具体的理论命题，如"情感框架""情感语言""道德语法"等[6]。

伴随着公共空间对情感的承认，新闻业也不再将情感拒之门外。克里斯·彼得斯（Chris Peters）就曾断言："新闻始终是情感性的。"[7] 新闻实践中处处皆有情感的身影，比如采访阶段记者本人或事件当事人的情感表达、

---

[1] 常江，田浩. (2021). 介入与建设："情感转向"与数字新闻学话语革新. 中国出版, 10, 9-16.

[2] Wahl-Jorgensen, K. (2020). An emotional turn in journalism studies? *Digital Journalism*, 8 (2), 175-194.

[3] Pantti, M. (2010). The value of emotion: An examination of television journalists' notions on emotionality. *European Journal of Communication*, 25 (2), 168-181.

[4] 杨国斌. (2009). 悲情与戏谑：网络事件中的情感动员. 传播与社会学刊, 9, 39-66.

[5] McGuigan, J. (2005). The cultural public sphere. *European Journal of Cultural Studies*, 8 (4), 427-443.

[6] 刘涛. (2016). 情感抗争：表演式抗争的情感框架与道德语法. 武汉大学学报（人文科学版），5, 102-113.

[7] Peters, C. (2011). Emotion aside or emotional side? Crafting an "experience of involvement" in the news. *Journalism*, 12 (3), 297-316.

写作阶段的情感叙事以及传播阶段的情感共鸣等。① 将情感彻底排除在新闻领域之外，既不可能，也不合理。事实上，情感元素的保留还可能有益于新闻呈现事实、传递信息，这主要体现在两个方面：一方面，情感是一种有助于传递信息的叙事技巧，能够帮助公众更好地理解新闻；另一方面，情感也是一种讲述故事的捷径，能够更好地吸引或引导公众观看新闻。② 此外，情感性与客观性并非完全对立，情感介入新闻，并不意味着新闻对客观性原则的放弃，相反，情感性可以从客观性中汲取灵感，并且作为客观性的一种补充，帮助公众更好地理解客观现实。③ 既然新闻实践无法避免情感的参与和表达，那么，如何在新闻报道中正确地运用情感，讲好新闻故事，便成为新闻工作者亟须重视的一个"情感素养"（emotional literacy）命题。④

数字媒介时代的融合新闻实践发展，将情感问题推向一个更为重要的认识位置，数字新闻业的情感转向已然成为一个不容忽视的命题。2020 年，全球新闻研究的重要期刊《数字新闻学》（*Digital Journalism*）推出专刊《数字新闻学与情感》（*Digital Journalism and Emotions*），对数字时代的情感问题展开深入研究。尽管情感问题较早进入新闻学的考察视野，但传统媒介时代的情感研究进展缓慢，随着数字化、互动化、个性化的新闻形式的出现，情感获得了高度的关注，新闻报道中的情感研究发生了根本性的变革，新闻学领域的情感转向呼之欲出。⑤ "情感转向"呼吁对新闻生产、新闻文本、受众参与等方面的情感作用给予更多的重视，并进行细致的研究。⑥ 在新闻中适当地使用情感，可以提高人们对新闻报道中的社会议题、政治事件的重视

---

① 袁光锋.（2017）. 情感何以亲近新闻业：情感与新闻客观性关系新论. 现代传播（中国传媒大学学报），10, 57-63+69.

② Pantti, M. (2010). The value of emotion: An examination of television journalists' notions on emotionality. *European Journal of Communication*, 25 (2), 168-181.

③ Wahl-Jorgensen, K. (2013). The strategic ritual of emotionality: A case study of Pulitzer Prize-winning articles. *Journalism*, 14 (1), 129-145.

④ Pantti, M. (2010). The value of emotion: An examination of television journalists' notions on emotionality. *European Journal of Communication*, 25 (2), 168-181.

⑤ Orgeret, K. S. (2020). Discussing emotions in digital journalism. *Digital Journalism*, 8 (2), 292-297.

⑥ Wahl-Jorgensen, K. (2020). An emotional turn in journalism studies? *Digital Journalism*, 8 (2), 175-194.

度和参与度。① 进入数字媒介时代，情感叙事已然成为"讲好中国故事"的重要叙事策略之一。② 总之，情感不仅是新闻报道的表达要素，也是吸引公众参与的重要动力，更是意义表达的修辞资源。

关于叙事与情感的研究，最早可追溯至亚里士多德的《诗学》，该书充分论述了情感之于叙事认同的重要意义。正如亚里士多德所说："在禀赋相似的情况下，那些体察到人物情感的诗人的描述最使人信服。例如，体验着烦躁的人最能逼真地表现烦躁，体验着愤怒的人最能逼真地表现愤怒。"③ 随后，在情感转向的背景下，认知叙事学赋予了情感较为系统的理论关注。戴维·赫尔曼（David Herman）系统阐述了情感的认知功能，即情感不但有助于理解叙事内容，还有助于理解故事中人物的言语和行为，与此同时，故事的塑造也受到读者认知、推理、情感的综合影响。④ 认知叙事学家帕特里克·克姆·霍根（Patrick Colm Hogan）将情感科学引入叙事学研究，提出了情感叙事学（Affective Narratology）的理论框架，认为情感造就了故事，故事结构本质上是由情感塑造的。⑤ 在文学叙事中，情感的重要性不言而喻，读者获得的情感体验与叙事内容密切相关。⑥ 而在传统的新闻报道中，情感叙事更多地被视为一种讲故事的策略与方法，强调借助一定的情感表达技法，增强叙事内容的表现力量。⑦

经典叙事学将故事（story）与话语（discourse）推向了叙事的核心位

---

① Zou, S.（2020）. Emotional news, emotional counterpublic: Unraveling the construction of fear in Chinese diasporic community online. *Digital Journalism*, 8（2）, 229-248.

② 刘涛, 刘倩欣.（2022）. 新文本 新语言 新生态 "讲好中国故事"的数字叙事体系构建. 新闻与写作, 10, 54-64.

③〔古希腊〕亚里士多德.（1996）. 诗学. 陈中梅译注. 北京: 商务印书馆（p. 125）.

④ Herman, D.（2007）. Cognition, emotion, and consciousness. In David Herman.（Ed.）. *The Cambridge companion to narrative*（pp. 245-259）. Cambridge, UK: Cambridge University Press.

⑤ Hogan, P. C.（2011）. *Affective narratology: The emotional structure of stories*. Lincoln and London: University of Nebraska Press, p. 1.

⑥ Hogan, P. C.（2015）. What literature teaches us about emotion: Synthesizing affective science and literary study. In Linda Zunshine（Ed.）. *The Oxford handbook of cognitive literary studies*（pp. 273-290）. Oxford, UK: Oxford University Press.

⑦ 陈伟军.（2018）. 新闻报道中的情感叙事. 新闻与写作, 11, 103-107.

置——前者强调叙事的内容,后者强调叙事的表达方式。① 相应地,传统新闻的情感叙事主要沿着两个维度展开:第一,在故事层面,传统新闻的情感叙事主要聚焦于人物故事,将其作为激发公众情感的基础,以实现个人叙事与宏观叙事、个体命运与社会背景的深度勾连,达到既见"森林"又见"树木"的意义效果。这种以人物故事为基础的叙事方式已经成为当前非虚构写作的基本模式。第二,在话语层面,传统新闻通过创设情感化的接受语境,调用叙事中的情感要素,诉诸情感化的表达语言,以达到引发社会共鸣的传播效果。例如,2008年5月14日,央视记者赵普在新闻直播中实时播报汶川地震的救援情况,哽咽着说出"为什么我们能够这样?是因为这片土地的人民懂得互相守望和帮助",无数国人为之落泪。

可见,无论是情感刺激的生成,或是情感话语的建构,本质上都离不开文本叙事中的语言艺术及其策略性使用。如果说在理性意义的建构上,接受者依旧拥有一定的阐释自由,那么接受者在情感维度的意义建构上,则更多地体现为一种顺应式的接受活动,即情感意义的形成往往是修辞"引导"的结果。简言之,情感叙事存在一个普遍的修辞向度,即情感修辞。正是通过诉诸情感的叙事艺术,接受者获得了更为复杂的情感刺激。在贾岛的著名诗句"促织声尖尖似针,更深刺著旅人心"中,读者之所以能感受到浓浓的思乡之情,根本上是因为诗人借助通感的修辞手法,打通了视觉、听觉、触觉之间的感知"壁垒",构建了一种立体的、复合的多感官刺激结构。正是在通感手法的作用下,多种感官刺激同时叠加在一起,共同作用于受众的心理感知过程,由此产生了一种意味深长的情感反应。换言之,多重感官刺激进入一种"联动"结构,并非读者自由阐释、自主探索的产物,而是读者对于创作者精心构筑的修辞结构(structure of rhetoric)的一种被动反应——由于通感建立了不同感官之间的通约语言,因此情感维度上的多重感官交织与共振才成为可能。由此可见,情感的呈现与表达存在一个不容回避的修辞认知向度,而所谓情感修辞,实际上便是在强调修辞行为之于情感书写的重要意义。

---

① 〔美〕西摩·查特曼.(2013).故事与话语:小说和电影的叙事结构.徐强译.北京:中国人民大学出版社(pp.5-6).

进入媒体融合时代，情感作为一股顽强的力量，沿着生产逻辑、消费逻辑、技术逻辑三个维度重构了情感叙事的边界和语言。首先，新闻生产主体的界限日渐模糊，公众已经在深度参与新闻生产过程，诸如众包新闻等新兴的新闻生产模式大量涌入新闻界，以诉诸情感为导向的融合新闻生产愈发流行，甚至成为社交媒体时代的"流量宠儿"。其次，情感逻辑同样在嵌入新闻消费领域，新闻不仅是获得信息的渠道，也是释放情感、体验不同生活方式的途径。① 当情感拥有一定的"内容"价值时，情感要素进入新闻文本便成为常态。最后，数字化、互动性、超链接等数字媒介的技术属性不仅重构了故事的内涵，也重构了话语的表达方式，由此开拓了情感叙事的想象空间。概括而言，如果说传统新闻的情感叙事主要体现为人物故事讲述和情感元素使用，数字媒介时代的融合新闻则在情感问题上呈现了更为包容的胸怀和姿态，相应地，情感叙事所面临的问题已经不再是关于情感运用的合法性争议，而是在坚持新闻基本原则的前提下，策略性地使用情感，甚至有意识地创造情感，以达到更好的叙事目的。在情感叙事体系中，情感实际上发挥着双重叙事作用——既是叙事表达的意义落点，亦是意义建构的修辞资源。相应地，情感叙事所关注的核心命题便是综合运用情感化的表征语言、方法和策略，通过对情感元素的选择，对情感故事的挖掘，对情感体验的塑造，帮助受众更好地理解故事、主题和话语。正因如此，如何发挥数字媒介的技术优势，通过创新或再造数字叙事语言，激发新闻唤起公众情感反应的意义潜能，成为融合新闻叙事亟待突破的一个理论命题。

那么，融合新闻叙事如何实现"技术赋情"的功能和目的？只有从数字媒介的技术特征和逻辑出发，才能真正把握融合新闻的情感叙事内涵。不同于传统媒介的技术结构，新媒介呈现出数值化呈现、模块化、自动化、多变性和跨码性的特征。② 这些特征重塑了融合新闻的叙事语言，而这种重塑主要沿着三个维度展开：一是数据维度。由于融合新闻将数据推向了新闻表征的重要位置，因此，在数据维度上讲述故事成为融合新闻叙事有别于传统

---

① Beckett, C. & Deuze, M. (2016). On the role of emotion in the future of journalism. *Social Media+ Society*, 2 (3), 1-6.

② 〔俄〕列夫·马诺维奇. (2020). 新媒体的语言. 车琳译. 贵阳：贵州人民出版社 (pp.27-47).

新闻叙事的重要命题。二是互动维度。数字媒介的模块化、自动化和多变性不仅激发了新闻叙事的互动潜能，而且在互动维度重构了叙事的语法。当互动进入新闻叙事时，融合新闻意义生成的叙事基础——结构便发生了深刻变化。三是场景维度。如果说传统新闻叙事更多地围绕文本自身展开，融合新闻则不但丰富了文本内部情景的建构方式，还通过对环境、文本、界面、身体等要素的重组，将叙事带入现实场景，从而拓展了叙事的场景维度。

不难发现，融合新闻在数据、互动、场景三个维度超越了传统新闻的叙事形式和语言。相应地，如何认识融合新闻的情感叙事机制及其对经典叙事的"超越"方式？一种可能的研究路径便是，从融合新闻叙事的技术逻辑出发，探讨数字技术在叙事层面打开的情感认知空间以及新闻认知的情感想象力。基于此，本章立足数字叙事学的理论基础，从数据、互动、场景三个认识维度分别探讨融合新闻的情感生成逻辑，同时引入修辞分析的视角，重点考察情感叙事在数字媒介中所呈现的新形式、新语言与新实践，以期系统地把握情感叙事的数字机制。

二、迈向数据云图：数据维度的情感建构

融合新闻区别于传统新闻的重要特征之一，便是将数据推向了新闻生产与新闻表征的核心位置。尽管数据在传统新闻中同样占据着重要的论证位置，但以数据新闻为代表的融合新闻越来越多地转向大数据，尝试在大数据基础上重新发现并想象世界。如何才能让数据"照亮"现实？这一问题需要从两个内在关联的逻辑维度切入：一是立足数据的功能问题，以数据关系反映并揭示现实，从而形成一套理解现实的数据结构；二是立足数据的表征问题，以数据可视化（data visualization）编织与讲述故事，从而构建一套再现现实的表征结构。如果说数据结构回应的是叙事要素与内容问题，那么表征结构则回应的是叙事转译问题。当前，可视化（visualization）逐渐成为数字叙事的核心要素[1]，相应地，数据转译的常见思路便是数据可视化。这意

---

[1] Weber, W., Engebretsen, M. & Kennedy, H. (2018). Data stories：Rethinking journalistic storytelling in the context of data journalism. *Studies in Communication Sciences*, 18（1），191-206.

着,数据从原始数据库的算法结构中挣脱出来,进入一种视觉化的表征结构,成为拼图式的"数据云图"。① 正是在数据可视化基础上,艰涩难懂的数据关系被转换为可视化的图像关系,现实拥有了直观、生动、形象的模样。

如果说数据是客观的、理性的符号,图像则高度依赖语境,呈现出丰富而生动的符号属性——作为一种模拟技术或反射装置,图像更多地体现为感觉、情绪、欲望、观念的一种视觉化投射方式。数据结构被转译为图像结构这一过程不但体现为信息模态的转换,还体现为认知模式的转换。正是在可视化的转译过程中,同情、焦虑、恐惧等情感元素被植入数据,最终在可视化的图像维度显现出来。② 实际上,可视化并非对数据关系的客观反映,在本质上体现了一种视觉修辞(visual rhetoric)实践。③ 当冰冷、枯燥的数据被转换为一定的图像形式时,便不可避免地携带着某种劝说的欲望和功能,从而在图像维度上重构了一种关于现实的理解模式。

由此可见,视觉修辞是理解与打开数据中情感空间的关键,其通过挖掘并呈现数据中的情感元素,使得数据从原始的理性逻辑中挣脱出来,并携带一定的情感意味,从而服务于特定的情感叙事目的。美国认知语言学家乔治·莱考夫(George Lakoff)指出,框架(frame)与隐喻(metaphor)是话语生产的两大修辞利器。④ 纵观当前融合新闻的情感叙事实践,数据可视化的视觉修辞策略同样沿着框架和隐喻两个核心维度展开:一方面,融合新闻通过发明与再造视觉化的情感框架(emotional frame),构筑了一条感性的新闻认知管道,促进公众对新闻事实的理解;另一方面,融合新闻通过激活与征用具有情感意涵的符号意象,创设某种隐喻性的情感语境,引导公众关注新闻所涉及的社会议题。

---

① 刘涛. (2019). 理解数据新闻的观念:可视化实践批评与数据新闻的人文观念反思. 新闻与写作, 4, 65-71.
② Kostelnick, C. (2016). The re-emergence of emotional appeals in interactive data visualization. *Technical Communication*, *63* (2), 116-135.
③ 刘涛. (2016). 西方数据新闻中的中国:一个视觉修辞分析框架. 新闻与传播研究, 2, 5-28+126.
④ 〔美〕乔治·莱考夫. (2013). 别想那只大象. 闾佳译. 杭州:浙江人民出版社(p.7).

(一) 基于视觉框架的情感建构

人们对现实的理解与把握必然诉诸一定的框架。框架能够为人们提供一种通向意义认知的阐释图式（schemata of interpretation）[1]，本质上意味着一种对事物进行范畴定位、类型归纳、形式捕捉，以及对事物本质特征和属性进行加工的认知结构。[2] 事实上，情感框架是一种普遍的元框架（meta-frame）形态，主要沿着情感本身的运作机制来锚定人们的理解方式。[3] 在视觉文化语境下，视觉框架（visual framing）日益受到学界的关注，成为分析和阐释视觉文本的关键视角，且在理论层面拓展了框架研究的想象力。视觉框架意为经由视觉化的观念、方式和途径建构的一种认知模式，其运作机制体现为视觉再现维度的框架构造以及视觉阐释维度的框架征用。[4] 不同于语言领域的框架，图像领域的视觉框架遵循视觉认知的模式，因而具有更为显著的感性特征，更易于影响人们的情感。换言之，视觉框架的运作本身就包含了情感的向度，即通过策略性地使用形式、符号、颜色、形状、尺寸等视觉要素，建构一套情感触发机制，以激活人们特定的情感反应。沿着视觉框架的维度对数据可视化实践进行考察，我们便可以发现情感话语运作的视觉框架机制与策略。在数据可视化过程中，公众之所以会在图像维度上产生某种偏向性的情感认知模式，往往是因为接受了某种以情感及其相应道德语法为基础的视觉框架的指引，从而沿着视觉框架所创设的认知"轨道"，抵达数据背后的事实真相。

视觉框架中情感意义的激活与生成，根本上建立在相应的视觉语法基础上，而且涉及多种视觉要素和模态信息的作用方式。其中，颜色维度上的视觉框架建构是一种较为常见的情感修辞策略。作为一种规约性符号，颜色本身携带着文化意义上的情感意涵，并且是一种相对稳定的情感密码，储藏在

---

[1] Goffman, E. (1974). *Frame analysis: An assay on the organization of experience*. Boston, MA.: Northeastern University Press, p. 21.
[2] 刘涛. (2020). 图式论：图像思维与视觉修辞分析. 南京社会科学, 2, 101-109.
[3] 刘涛. (2017). 元框架：话语实践中的修辞发明与争议宣认. 新闻大学, 2, 1-15+146.
[4] 刘涛. (2022). 视觉框架分析：图像研究的框架视角及其理论范式. 新闻大学, 3, 1-21+117.

一个时代的感知结构中。一种颜色的选择与征用，往往会激发特定的情感反应，进而为认知活动铺设一种基础性的情感元语言，即使人在视觉化的情感框架中开启认识之旅。具体而言，当感知到某种颜色时，人们会根据大脑先前储藏的经验，迅速调动与此种颜色相匹配的情感体验。基于人们的共同经验，不同的颜色及其明度会与不同的情感信号形成相对固定的勾连关系。例如，黑色与灰色等低饱和度的颜色常常导向忧伤、哀悼等情感，而高饱和度的颜色则通常传递希望、愉悦等情感。2021年初，《人民日报》与网易文创联合制作的H5新闻《穿越2020》，将两种截然不同的主题颜色和新闻内容巧妙结合在一起，以激发人们内心的情感——前半部分讲述2020年全国人民遭遇的艰难险阻，以灰白色为主题色，旨在渲染沉重的情绪氛围；后半部分则表现我国砥砺前行的脚步与取得的阶段性成就，以暖黄色为主题色，旨在奠定昂扬的情感基调。这种由单调昏暗到鲜艳明亮的颜色变化，带给人们一种从绝望到希望、从悲观到乐观的情感变化，不仅能激发人们对新一年的美好祝愿，也有助于人们深刻地认识2020年艰辛的发展历程。

（二）基于符号意象的情感建构

由于情感是抽象的，因此数据在表达和传递情感时，必然面临这样一个问题：数据如何对情感进行可视化与具象化呈现？视觉隐喻（visual metaphor）为此提供了一种可行的路径，即征用具有情感意蕴的符号意象，对隐藏在数据之中的情感进行直观化的呈现，从而创设一个情感化的认知语境，促进人们对于数据信息的理解。具体而言，意象，即表"意"之"象"，是指用以表达特定意义的物象，而"意"与"象"的结合往往是以隐喻为基础的。[①] 意象在塑造他人认知、引导社会认同等方面拥有巨大能量，通过激活启发性认知机制，能够悄无声息地构筑一条认知管道，引导人们对特定事物产生认同感。查尔斯·A. 希尔（Charles A. Hill）指出，意象的建构与生产，"不仅意味着对情感本身的具象化表达，而且被赋予了额外的劝服权重

---

① 刘涛. (2018). 意象论：意中之象与视觉修辞分析. 新闻大学, 4, 1-9+149.

(persuasive weight)"①。融合新闻的情感叙事策略之一便是在数据可视化实践中,挪用具有情感意蕴的意象,以表征数据信息之中的情感内涵,从而在情感层面促进公众对特定社会议题的认知。

具体而言,数据可视化对符号意象的调用主要表现为两种修辞途径:一是以符号意象为数据表征的基本符号,即把数据转化为符号意象的数量、长度、面积、弧度等具体的视觉参数,进而以视觉的形式呈现数据的含义。如此一来,符号意象自带的情感意涵便可"注入"数据,生动形象地呈现数据情感维度的内涵,增强数据的情感表现力。二是以符号意象为视觉设计的关键符号,即将符号意象用于表达背景性或关系性信息,进而构建数据存在的阐释语境。这种方式能够有效地激发人们的认知机制与情感想象,使得用户不自觉地按照预设的路径,接受并认同数据背后的信息、主题与话语。数据可视化公司潜望镜(Periscope)制作的数据新闻《美国枪击死亡人数》("U.S. Gun Deaths"),向公众呈现了美国2013年一整年遭遇枪击死亡的人数。在该新闻中,每一条抛物线都喻示了一个因枪击而终结的生命(见图11-1)。橙色的"生命线"从起点开始延伸,并随年龄的增长而不断攀升,直到到达遭遇枪击的年龄,"生命线"陡然变为灰色并转而下坠,象征着生命的陨落。随着界面左上角数字的不断增加,所有的"生命线"叠加在一起,直观地展示了数万名枪击事件受害者生命的陨落。该意象能够触发人们对于生命认知的悲伤情绪,从而有助于他们认识枪支暴力造成的社会影响和危害。

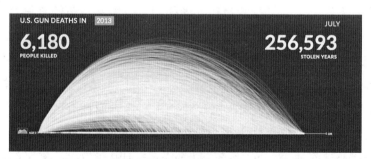

图11-1 数据新闻《美国枪击死亡人数》(截图)

---

① Hill, C. A. (2004). The psychology of rhetorical images. In Charles A. Hill & Marguerite Helmers (Eds.). *Defining visual rhetorics* (pp. 25–40). Mahwah, NJ.: Lawrence Erlbaum Associates, Inc., p. 36.

三、程序的情感想象力：互动维度的情感参与

数字叙事与传统叙事的显著区别在于，数字叙事创造了一种以互动性为根本特征的底层叙事逻辑。这种建立在互动性基础上的交互设计，将用户、界面、程序统合到叙事之中，不仅重构了故事的观念，也颠覆了叙事的结构。在经典叙事中，故事和结构是情感意义生成的两大基础装置：故事是情感生发的源泉，结构则是情感依附的居所。那么，在融合新闻叙事中，互动究竟如何影响并改写情感的生成语言？回应这一问题，需要回到情感生成的原点——故事和结构中寻找互动与情感之间的作用机制。

一方面，在传统新闻叙事中，情感拥有基础性的故事内核，而故事则是情感生发的核心源泉。正是在人物命运的变化与沉浮中，新闻认知的情感空间得以充分地激活与展现。"华尔街日报文体"之所以成为一种典型的新闻叙事形式，根本上是因为其新闻叙事引入了故事与情感的维度，实现了"小命运"与"大主题"的深度对话。[①] 进一步讲，传统新闻叙事中的故事，更多地意味着一个静观的对象——故事拥有相对完整的边界，情感则流淌于故事之中，等待受众的捕获与认领。由于互动技术的嵌入，融合新闻改写了故事的生成模式——用户不再只是故事的观看者或聆听者，而一跃成为故事的参与者和书写者。如果说传统新闻的叙事权力属于记者，融合新闻则打开了一种全新的故事生成方式——创作者自上而下的设计和用户自下而上的参与无缝衔接，共同构筑了完整的叙事故事。[②] 当用户深度介入故事的生成系统时，不仅掌握着故事中情感的"流露"方式与"展开"结构，而且能够实现与故事人物的视点重合与角色共情，相应地，流淌在故事中的情感，便获得了更为深刻的认同建构能力和共情制造能力。由此可见，互动技术通过对用户参与方式的设计，改写了传统新闻中的故事书写方式，亦改写了附着于故事的情感的生成逻辑。

---

① 刘涛. (2007). 电视调查性报道的七种叙述路径辨析. 电视研究, 4, 16–19.
② 〔美〕玛丽-劳尔·瑞安. (2004). 故事的变身. 张新军译. 南京：译林出版社 (p. 95).

另一方面，情感意义的生成必然依附既定的叙事结构。情感并非被带入叙事文本的外来事物，而是嵌入叙事内容的深处，存活于结构之中，并随着叙事进程的推进而不断沉淀、发展与升华。正是在结构所创设的情节变化与起伏中，情感获得了滋养的源泉，也拥有了完整的生命——情感在结构中入场，并在结构中起落。例如，在好莱坞电影的英雄叙事模式中，英雄神话之所以能够演绎出荡气回肠的情感史诗，是因为其被捆绑在"英雄之旅"这一成熟的叙事模式之中。同样，新闻报道中普遍采用的"华尔街日报文体"，之所以能够在人物故事维度打开公共议题认知的情感切口，与"华尔街日报文体"相对固定的模式和结构不无关系。在传统新闻叙事中，叙事的本质是时间叙事，对应的叙事结构体现为一种建立在因果关系基础上的序列结构。然而，数字媒介多模态、互动性的特征从根本上打破了线性叙事的逻辑，因而动摇了传统意义上情感生成的"居所"。融合新闻赋予了用户多种互动体验形式，如界面响应、路径选择、角色扮演[①]，相应地形成了不同的情感生成结构。例如，在路径选择结构中，不同的故事路径选择往往能够将用户引向不同的情感历程。而这种情感维度的意义与体验，并非被文本生产者提前"打包"到故事之中且单向"传导"给用户的意义对象，而是用户自我选择、自主建构、主动收获的产物。由于互动改写了叙事的推进方式，因此结构便呈现为一种前所未有的生产状态——用户在叙事进程中的互动操作，如暂停、加速、选择、重复、角色扮演等，正是通过对叙事结构的调适与重写，才完成了对情感意义生成过程的操控。从这个意义上讲，叙事中的互动与情感深刻地嵌套在一起，情感意义的建构与生成存在一个普遍的互动结构基础。

由此可见，互动性从根本上动摇了经典叙事的两大根基——故事和结构，相应地，融合新闻的情感叙事呈现出有别于经典叙事的"面孔"。在传统的情感叙事体系中，尽管情感反应和情感体验发生在文本接受维度，但文本生产者却牢牢地控制着情感的"输出方式"，即接受者产生何种形式的情感反应与体验，根本上取决于创作者在叙事美学上的语言方式及其修辞策

[①] 刘涛. (2021). 融合新闻学. 北京：高等教育出版社 (p.109).

略。就文本阐释而言，虽然受众的阐释方式受制于媒介属性[①]、传播活动[②]，以及主体本身的自由意志和功能目的，但必须承认，意义活动中的情感空间拓展和情感认知卷入，离不开创作者在文本修辞维度上的引导。简言之，传统文本所能打开的情感空间、所能激活的情感卷入，主体上是修辞引导的结果。因此，创作者"施加"于接受者的情感修辞方式，深刻地影响着情感意义的"解码"方式，亦影响着情感活动的"刺激"方式。

然而，数字叙事在互动基础上重构了情感的出场方式，使得情感自身成为一种生产对象。玛丽-劳尔·瑞安（Marie-Laure Ryan）根据用户对文本的干预程度，将互动类型分为反应性互动、选择性互动、生产性互动。[③] 当互动的意义最终指向情感时，基于互动的情感叙事便成为可能——互动，既是对情感的一种有意识的"探寻"活动，也是对情感的一种积极的"发现"过程。当互动成为情感的一种触发方式时，其叙事意义便不仅停留在简单的机器反馈维度，还意味着一种对情感的探索方式和发现行为。正是基于用户与内容之间的互动，情感作为一种生产对象，进入了融合新闻的叙事体系。

作为融合新闻互动叙事的典型形式，新闻游戏在故事呈现与情节安排上逐渐呈现出生产性互动的特征，具有更高的互动程度。无论是对叙事情景的设计，还是对游戏规则的制定，新闻游戏都为情感叙事铺设了丰富的语境。一方面，新闻游戏可以将用户卷入一定的叙事情景，引导用户产生某种情感。基于游戏中的虚拟角色，用户获得了某种主体身份，能够在"亲身经历"中产生对故事人物的共情。所谓共情，意为人们在与他人接触的过程中理解并共享他人情感状态的倾向。[④] 换言之，在叙事情节的推进中，用户能够对故事人物的经历感同身受，产生复杂的情感体验。自身情感与人物情感的交织，能够促使用户以不同的感性视角认识新闻内容，进而加深对新闻故

[①] 刘涛.（2022）.超越"象征之殇"：物质逻辑与图像阐释的媒介视角——通往以媒介为方法的图像阐释学. 探索与争鸣，12，57-73+211.

[②] 刘涛.（2023）.图像的境况：视觉实践与图像阐释的传播视角——兼论图像阐释学的释义系统. 南京社会科学，4，111-124.

[③] Ryan, M. L. (2001). *Narrative as virtual reality: Revisiting immersion and interactivity in literature and electronic media*. Baltimore, MD：The Johns Hopkins University Press, p. 205.

[④] 陈武英，刘连启.（2016）.情境对共情的影响. 心理科学进展，1，91-100.

事的理解。另一方面，游戏本质上是一个有限的自由世界，往往通过制定规则，限制用户对于特定事实的认知与阐释框架，进而实现信息的传递。同样地，在新闻游戏中，用户的情感生成虽然是自主探索和主动获得的，却仍然受到游戏规则的引导和规定。珍妮特·默里（Janet Murray）、伊恩·博格斯特（Ian Bogost）等学者提出的"程序修辞"（procedural rhetoric）理论有助于我们更好地理解基于互动的情感叙事机制。

作为游戏研究的重要概念，"程序修辞"是指通过程序进行策略性说服的修辞实践：将游戏的过程视作修辞对象，并通过对游戏过程进行策略性的编码、设计，铺设一种程序性的认知框架，从而实现说服性的修辞目的或效果。[①] 换言之，程序修辞并非依靠图像、语言进行劝服，而是强调利用游戏规则来实现特定的传播目的和功能。在新闻游戏中，处于游戏化语境中的用户在一系列既定的规则体系中主动接受叙事文本中预设的情感话语，进而理解新闻所传达的议题或观念。2019 年，澳大利亚广播公司制作了新闻游戏《亚马逊竞赛：关于澳大利亚亚马逊工作的新闻游戏》(*The Amazon Race: A News Game about What It's Like to Work at Amazon Australia*)。进入该游戏后，用户化身为仓库工人，可根据指示体验培训、拣货、午休等固定场景。面对上司的命令，唯有点击"Let's go!"的选项，玩家才能继续游戏；当玩家选择"休息喝水"时，便会面临拣货效率降低的风险。通过该游戏，用户能够"设身处地"地感受亚马逊仓库的忙碌与压抑，从而与当地工人产生共情，并在情感认同的牵引下，积极关注底层工人的生活状态和心理状态。

四、数字情景及其语言：场景维度的情感触发

常言道：触景生情。人们的情感会随着身体所处的情景或场景而发生变化。简言之，情感具有场景性，情感叙事的关键是创设一定的情景，在情景中讲述故事。情景之于叙事的重要意义无须赘述。亚里士多德早已指出："在组织情节并将它付诸言词时，诗人应尽可能地把要描写的情景成就在眼

[①] 刘涛，曹锐.（2021）.程序修辞：游戏研究的修辞学范式.新闻界, 1, 35-50.

前,犹如身临其境。"① 由于媒介技术的局限,传统新闻报道只能通过对文字与图像的线性编排来讲述故事,所关注的情境主要体现为文本内部的故事情景,未能有效地打开并拓展文本外部的场景结构或情景空间。然而,数字媒介技术极大地拓展了数字情景(digital situation)的创设潜能,即通过对"现场感"的数字化生产,将用户"邀请"到既定的时空中,由此打开基于情景对话的邀请修辞实践。② 具体而言,融合新闻打破了技术桎梏,能够综合调用视觉、听觉、触觉等感官渠道,营造多感官刺激的数字场景,从而将事件"投射"于眼前,将现场"传送"至身边,将故事"复盘"到脑中,这不仅打开了一条情感认知的意义管道,也极大地激活了身体的意义感知潜能。概括而言,围绕数字场景建构这一修辞实践,融合新闻主要生成了两种情感叙事机制:一是基于技术美学的数字景观再造,主要强调在美学维度上拓展情感叙事的想象力;二是基于具身逻辑的数字场景生产,主要强调将身体置于一定的情景中,重构具身性的情感体验。

(一)技术美学与数字景观的再造

美具有一定的感性形式,往往诉诸人们的感性体验③,因此美学必然与情感产生连接。具体而言,两者之间存在一定的互构关系:一方面,情感是构成美学体验的核心要素;另一方面,情感的生发受到美学价值观念的影响,即"什么是美"的观念会影响人们对特定对象的审美情感。④ 数字技术拓展了新闻实践的美学向度,允许新闻工作者对信息进行多维度的艺术加工,以搭建一个具有美学意境的信息感知场景,从而拓展新闻报道的表现力与感染力,并在美学与情感维度上抵达新闻作品的公共性内涵。

数字景观基础上的情感叙事,本质上回应的是形式美学问题。得益于数字媒介技术的深度赋能,融合新闻在技术"座架"之上拓展了数字美学的感知体验。具体而言,数字技术创新了融合新闻的呈现形式,由此赋予新闻

---

① 〔古希腊〕亚里士多德. (1996). 诗学. 陈中梅译注. 北京: 商务印书馆 (p.125).
② 刘涛. (2023). 基于情景的对话:邀请修辞与跨文化沟通的修辞实践. 跨文化传播研究, 8, 81–102.
③ 李泽厚. (2000). 美学四讲. 桂林: 广西师范大学出版社 (p.60).
④ 刘涛, 刘倩欣. (2023). 情感叙事:环境传播的公共修辞实践. 新闻界, 4, 4–20.

故事一种崭新的讲述方式。必须承认，融合新闻的形态特征与类型划分，主体上依赖数字技术的媒介性——技术装置的语言深刻地影响并塑造了新闻的形式与语言。离开基础性的技术"座架"，融合新闻也就不复存在——动画新闻、H5 新闻、VR 新闻、数据新闻等成为新兴的新闻形式，与动画技术、H5 技术、VR 技术、大数据技术、可视化技术等技术形式提供的装置系统直接相关。例如，动画新闻通过视觉化的"情景再现"，模拟了未被摄像机记录的新闻现场；VR 新闻创造了一个亦幻亦真的沉浸式交互情景，从而在虚拟场景中重建了人与环境的关系；新闻游戏以化身的具身体验为基础，重构了一种基于冒险、闯关、遍历等游戏实践的现实认知方式……由于新闻叙事的落点是对某一现实议题的回应，因此，无论何种形式的数字景观生产，都要围绕"拟真"这一叙事目的展开——唯有在技术美学维度上追求极致，如动画新闻的模拟美学，VR 新闻的具身美学，新闻游戏的沉浸美学，才能最大限度地实现技术"拟真"的叙事功能。正是在技术美学所打开的意义空间中，情感侧身而入，成为景观意义的一部分。

概括而言，媒介逻辑已经深刻地嵌入融合新闻的形式语言：一方面沿着不同的"技术方案"，形成相应的美学景观；另一方面以技术美学为基础，释放出一定的情感意义空间。融合新闻往往采用再媒介化（remediation）的叙事方式，即借鉴、挪用或嵌入另一种媒介的形式与语言，以提高内容的表现力与感染力[①]，如通过对绘画卷轴、书籍翻页等媒介形式的挪用，以及对相关历史场景或文化资源的征用与再现，在拟真化的美学空间中创设一种"记忆之场"，以传递社会变迁的隐喻之意。这种再媒介化的叙事方式无疑在美学形式维度上激发了融合新闻的情感能量，可将人们带入某种更具亲和力与代入感的场景，从而拓展新闻故事的体验空间。

当前，形式美学维度的情感修辞越来越多地转向对某种美学意境的挪用或再造，以在意境维度上打通情景与情感的接合语言。作为中国古典美学的重要范畴，意境强调一种情景交融的境界。所谓的新闻意境，意为"由渗透

---

① 刘涛, 蔡雨耘. (2021). 形态·语法·意象：融合新闻的"再媒介化"叙事语言. 新闻与写作, 4, 74-80.

着记者的某种感情的生活图景所构成的新闻作品的意蕴与境象"①。不同于经典叙事在想象维度上编织美学意境，融合新闻则立足数字媒介技术，能够对某种不可见的观念、思想、价值、文化形式进行图像化转换与显现，其中常见的美学修辞策略便是对那些携带着既定精神内核的美学意境进行复现。当特定的社会主题拥有某种情景化的呈现方式时，融合新闻允许用户将自身的审美情感投射到数字景观中，获得情景交融的审美体验，进而新闻内容的传播力与感染力得以提升。新华社于2023年制作的短视频《丝路千年 共织和合》，采用手绘的形式讲述了丝绸之路的"前世今生"。该短片画面唯美，国风浓郁，美轮美奂的视觉美景营造出如诗如画的美学意境。人们能够在"白鹤""骆驼""轮船"等美学符号的界面引导下，游历于沙漠、海洋之间，在场景穿梭中近距离感受丝绸之路的历史与当下。

（二）具身体验与虚拟场景的生产

身体是人类感知世界的起点，亦是人类与外部世界连接的桥梁。在早期的远距离传播实践中，人们主要关心文本层面的信息问题，身体则被视为需要跨越或克服的障碍，长期被有意或无意地排除在传播过程之外。随着身体观念的转变，身体之于传播乃至社会的关键作用重新得到重视。与笛卡尔所认为的"身心二元论"不同，法国哲学家莫里斯·梅洛-庞蒂（Maurice Merleau-Ponty）提出"具身性"的概念，将身体问题置于前台与中心地位，认为人类的心灵依赖身体进行思考，具身化的知觉是人与世界发生关联的纽带。随后，唐·伊德（Don Ihde）看到了"技术"这一长期被西方哲学遮蔽的维度，在此基础之上提炼了"具身关系"（embodiment relations）的概念，即"以一种特殊的方式将技术融入到我们的实践中，借助技术感知世界，并由此转化为知觉和身体的感觉"②。自此，身体之于人类认知的重要作用得到了肯定，传播中的身体问题也逐渐得以浮出水面。

大数据技术的兴起将身体及身体实践推向了数字化的表征体系和理解模

---

① 卢焱. (2004). 新闻美学初论. 郑州：郑州大学出版社（p. 133）.
② 〔美〕唐·伊德. (2012). 技术与生活世界：从伊甸园到尘世. 韩连庆译. 北京：北京大学出版社（p. 78）.

式,身体最终在数据维度上与界面发生交互,既是理解传播的构成部分,亦是反思传播的认识维度。由此,身体真正在传播领域被激活,形成了以身体为媒介的具身化叙事模式。发现身体的感知维度,促进公共议题的感知,成为一种较为普遍的数字叙事策略。① 尤其是随着 VR、AR 等沉浸式技术的发展,新闻感知不再局限于二维时空,而从传统的"观看"模式转向立体的、多感官的"体验"模式。在具身化叙事系统中,用户直接进入特定的虚拟场景,接受多重感官渠道的刺激,相应地也就形成了一种由知觉刺激和意向行为所触发的情感形式。相应地,VR 新闻、AR 新闻等沉浸式新闻形式摒弃了以视觉为中心的"感官等级制"观念,通过对多重感官维度的拓展,建构起集视觉景观、听觉体验、行为表演、气味装置等元素于一体的沉浸式新闻场景。通过连接不同的感官渠道,融合新闻将复杂抽象的新闻信息转化为身体可感知、可体验的叙事要素,以此唤起公众的情绪反应,拓展新闻事实认知的情感维度。② 由于不同的媒介技术往往会以不同的方式构建数字情景,因此情感叙事也呈现出不同的特征与机制。本章仅以当前新兴的 AR 新闻为例,探讨融合新闻如何在场景维度触发用户的情感,以实现信息传递、议题建构的新闻功能。

与 VR 新闻不同,AR 新闻通过将计算机生成的物质与场景叠加于真实环境之上③,在现实场景加入想象性与虚拟性的数字元素,实现了虚拟与现实之间"实时的无缝接合"④,从而拓展了现实空间的视觉景观。因而,相较于 VR 新闻而言,AR 新闻能够给予用户更多的真实感,并通过互动实践形成个性化的空间景观,进而丰富人们的情感体验。为庆祝改革开放 40 周年,新华社于 2018 年推出了 AR 作品《天地工程》。该作品允许用户在日常生活场景中体验火箭发射的过程:打开新闻界面后,用户可以自由移动、放

---

① 刘涛,庞宇瑶. (2023). 环境议题建构的数字叙事机制. 新闻与写作, 7, 75-85.

② Domínguez, E. (2017). Going beyond the classic news narrative convention: The background to and challenges of immersion in journalism. *Frontiers in Digital Humanities*, 4 (10), https://doi.org/10.3389/fdigh.2017.00010. 2021 年 5 月 16 日访问。

③ Tejedor-Calvo, S., Romero-Rodríguez, L. M., Moncada-Moncada, A. J. & Alencar-Dornelles, M. (2020). Journalism that tells the future: Possibilities and journalistic scenarios for augmented reality. *Profesional de la Información*, 29 (6), https://doi.org/10.3145/epi.2020.nov.02. 2021 年 5 月 16 日访问。

④ 史安斌,张耀钟. (2016). 虚拟/增强现实技术的兴起与传统新闻业的转向. 新闻记者, 1, 34-41.

大或旋转火箭,并以任意角度欣赏火箭雄姿,也可以在火箭上刻下个性化的文字;火箭发射前,中国航天的重要成就还会依次浮现在屏幕上,帮助用户更加深刻地了解中国航天发展历程;火箭发射后,用户也可以选择任意视角,重温火箭升天这一激动人心的时刻。这种将火箭从"远方"带到"身边"的表现方式,充分释放了用户的情感想象空间,即通过在身边讲述新闻故事,激发人们的身份认同感与民族自豪感。

总之,发生在人文社科领域的情感转向,深刻地影响了叙事学的观念和实践。如果说传统新闻的情感叙事主要围绕人物故事讲述和情感元素使用两个维度展开,融合新闻的超链接、互动性、多模态等技术特征,则极大地拓展了情感叙事的想象力。情感叙事强调的是以诉诸情感为基本导向,通过情感化的语言和模式来讲述故事的叙事形式。融合新闻的情感叙事及其知识生产主要沿着数据、互动、场景三个认识维度展开,并形成了一种建立在技术"座架"基础上的新形式、新语言和新实践。在数据维度,融合新闻以可视化技术为基础,实现了从数据关系到图像关系的转换;在互动维度,融合新闻以程序修辞为基础,在故事和结构两个维度重构了情感意义的生成语言;在场景维度,融合新闻将文本、界面、身体、环境整合到一个叙事系统中,沿着技术美学和具身体验两个理论向度,再造了新闻认知的情感体验方式。未来,如何最大限度地利用数字技术的媒介属性和技术特征,探索情感修辞的多元空间和可能,从而在情感维度上创新社会议题的数字叙事体系,则是一个有待继续深入探索的情感叙事命题。

第十二章

竖屏叙事：界面的尺度与语言

界面，作为信息呈现的直接端口，无疑是考察融合新闻叙事形式及其语言的重要对象。方寸之间，自有乾坤。如果只将界面视为一个纯粹的技术载体，那便远远低估了其信息结构想象力及其可能言说的"媒介空间"。不同的界面诉说着不同的媒介故事。报纸、电视、电脑、手机、都市大屏等信息装置之所以代表了不同的媒介系统，是因为它们建构了属于各自的交往场景以及话语网络，而这又直观地表现为一个界面问题。具体而言，一种技术装置是否拥有媒介的意义，取决于是否具有建构场景的能力。这便决定了媒介与人的相遇，离不开物质性意义上界面的出场。正是在界面的维度上，人们发现了不同的信息装置，并进入不同的媒介系统。在界面被"点亮"的瞬间，传播行为发生的场景得以生成，人由此成为媒介系统的一部分，而媒介也具备了建构关系、搭建网络、组织生活的能力。按照马克·波斯特（Mark Poster）的观点："电子交流手段因为其电子化特点在某种程度上便成为新的语言经验。"① 这里所说的"语言经验"可以直观地在界面维度上加以识别和区分，即在界面维度上发现一种与之相应的社会交往模式。且不说电子媒介和印刷媒介之间存在结构性差异，即便是电子媒介内部，也存在明显的演化、迭代、创造性破坏等发展逻辑，最终体现为不同技术逻辑支撑下

---

① 〔美〕马克·波斯特.（2014）.信息方式：后结构主义与社会语境.范静哗译.北京：商务印书馆（p.1）.

的界面形式及其语言系统。

今天,手机终端逐渐主导了社交生活的界面,我们猝不及防地进入一个竖屏时代。不同于电视、电影等宽屏媒介,手机意味着一种全新的界面形式——不仅改写了信息呈现的物质形式,也作为一种"底层装置"改写了信息内容的生成系统。信息生产离不开一定的物质基础,只有回到物质性,回到物质存在的形式维度,才能真正把握文本的内涵及其生成系统。

在融合新闻的叙事语言中,之所以将"竖屏"作为一个学理问题加以研究,是因为考虑到这样一个逻辑假设:信息生产存在一个普遍的物质逻辑,从"宽屏"到"竖屏"的媒介形式变化,必然伴随着一套信息系统的变化,而这一变化过程又必然在叙事形式、语言、文化上有所体现和反映。基于此,本章立足融合新闻传播的主导性界面形式——竖屏,通过分析竖屏产生的人体工程结构,探讨融合新闻的竖屏叙事原理及其制造的竖屏文化。

一、竖屏:一种新的人体工程结构

曾经,宽屏是一种标准的媒介界面,它牢牢地占据着现实空间的重要位置,源源不断地输出声音、图像,以及一个时代各种隐秘的话语和权力。作为社会空间的"不速之客",以电视、电影、显示器、LED 显示屏为代表的宽屏媒介出场,本身即是一场猝不及防的媒介事件,其在文化与政治维度上酝酿着一种深刻的空间生产实践。实际上,空间生产不仅强调对空间本身的生产,如空间的形式、结构,以及空间中的事物的生产,也强调对空间持续性再生产的权力关系的生产。① 从电视走进客厅的那一天起,家庭空间的权力关系就发生了深刻的变化——电视决定了家庭成员的视觉中心,同时将客厅推向了具有一定社会属性的公共空间。电影则毫不掩饰自己的资本目的:它的思路非常清楚,就是带领人们暂时告别日常生活,进入一个光与影的梦幻世界。个人与银幕的相遇,注定意味着一场盛大的消费仪式,而"梦"

---

① 刘涛. (2015). 社会化媒体与空间的社会化生产——列斐伏尔和福柯"空间思想"的批判与对话机制研究. 新闻与传播研究, 5, 73-92+127.

醒之后，人们回到日常生活。社会公共空间的 LED 显示屏出现在商场、站台、楼宇电梯等人流密集的场所，它们作为广告输送的重要端口，仔细打量着每一个过客，贪婪地接管了行人的眼神……

从媒介物质性的视角来看，媒介技术一方面决定了界面的物质形式，另一方面又在界面维度上决定了媒介与主体之间的"召唤"形式。其实，界面并非一个纯粹表征意义上的信息面板，而是一个"窗口式"的隐喻装置：一方面决定了媒介信息网络的连接结构，另一方面又映射出媒介系统运行的底层操作系统。界面本身的物质逻辑及其存在方式决定了媒介与人的相遇方式，亦决定了传播场景本身的生产方式。20 世纪以来，媒介场域中不断涌现新兴交流模式，其本身已经构成了一个"自足的经验王国"。其中，"新的语言形成（formations）尤其重要，它们在相当程度上改变了社会关系的网络，并重新结构着它们所构成的社会关系及主体"[1]。电影和电视之所以具有不同的界面形式，乃是因为其扎根于不同的媒介系统之中，相应地也就创造了人类传播结构中不同的交往模式和主体形式。

因此，界面的形式创造了人们的语言经验，构造了传播行为的场景与关系，并在此基础上预示了人在媒介维度上的交往形式。电视是家庭空间的技术装置，其相对确定的观看距离和主体关系造就了媒介实践的家庭交流模式；电影将受众带到公共空间，形成了相对独特的戏剧语言和视觉风格，如对特写、立体音效、宏大场面的由衷青睐；都市大屏立足传播场景的"广场"属性和传播功能的"广播"特点，大多放弃了声音系统，而将传播使命完整地交给了视觉，由此构建的是一种以公共注意力生产为导向的都市传播模式；手机作为一种新兴的技术装置，行走于公共性和私密性地带之间，其与生俱来的人机结合特点决定了媒介实践的人际传播模式……如果说电视、电影、都市大屏的界面主体上为宽屏，以手机为代表的智能媒介则贡献了人类传播史上极具代表性的另一种媒介形式——竖屏媒介。智能手机的出现，一方面在垂直空间重构了信息表征的风格、结构和语言，另一方面又

---

[1] 〔美〕马克·波斯特. (2014). 信息方式：后结构主义与社会语境. 范静哗译. 北京：商务印书馆 (p.17).

"进化"为人体的一个新器官,从而再造了一种新的生物体。①

从信息传播的发生机制来看,宽屏出现的物理逻辑是人体工程学,而以手机界面为代表的竖屏的出场,主要遵循的是移动传播逻辑,由此形成了一种新的人体工程结构。具体来说,两只眼睛的视野范围并非正方形,而是一个水平范围远大于垂直范围的长方形,宽屏因此成为视觉认知的最佳形式,这也是为什么"16∶9"是当前电视、显示器界面的标准比例。如果说宽屏服务于"眼球逻辑",竖屏则是手与眼相遇的产物,是移动传播时代人机交互的产物,是"眼球逻辑"遭遇"移动逻辑"之后被迫妥协的产物。因此,竖屏意味着一种典型的人机组合装置。

从身体视角来看,以电视、电影、显示器为代表的宽屏往往驻扎在既定的物理空间,信息传播的默认逻辑是"身体在场",即人们只有克服现实距离,抵达既定的空间,才能与宽屏发生关系。实际上,宽屏不仅意味着一种单纯的界面形式,也演绎着"空间生产"的政治经济学。宽屏所到之处,往往重构了一种新的空间结构和关系,权力话语恰恰通过这一界面"管道"流淌出来,悄无声息地将主体纳入空间生产的逻辑轨道。与此同时,人与媒介的关系也是静态的、暂时的、不稳定的,在身体"离场"的瞬间,媒介生活便宣告终结。相反,从宽屏到竖屏的变化,反映出人与媒介之间的另一种具身传播实践——手机的出场,恰恰"以竖屏的方式"重组了手与眼的关系,使得二者产生了永久的关联,不舍昼夜。在电影《黑客帝国》中,尼奥不断地穿梭于真实空间和虚拟空间,但空间切换存在一个物理接口——电话亭。只有身体抵达电话亭这一特定的空间场所,尼奥才能完成空间转场,进而从"一个世界"进入"另一个世界"。然而,竖屏时代的赛博格身体永远在线,但又可以在瞬间消失得无影无踪,不露痕迹。概括来说,竖屏极大地解放了身体,赋予了身体更大的超越、自由以及流动性,人们可以在任何时间、任何地方进入"另一个世界"。

---

① 汪民安.(2009).手机:身体与社会.文艺研究,7,100-105.

二、技术、界面及其信息方式

如果仅仅将竖屏的兴起视为一种信息端口的变化,而忽视了这种变化可能引发的深层次的信息结构问题,那便无法真正理解"技术形式"与"信息形态"之间的勾连逻辑。按照波斯特的观点,任何一种媒介技术的兴起,并非只是贡献了一种新的信息载体,也是创设了一种全新的"信息方式"(the mode of information)。从印刷媒介到电子媒介,不仅意味着媒介形式的演变,也意味着信息方式的转变。于是,在波斯特的讨论中,"电视广告与波德里亚、数据库与福柯、电子书写与德里达、科学与利奥塔两两结合"①,后结构主义理论被引入传播学的考察视域。今天,新媒介的出现进一步重构了文本呈现的信息方式。媒介装置中的呈现端口,从来都不是一个纯粹的工具性面板,而是作为一种独特的"技术装置"作用于整个信息系统,并且深刻地影响了信息内容的呈现方式。因此,本章聚焦于竖屏及其叙事问题,不只是关注一种新的界面形式,更是尝试考察这种界面的物质基础,以及建立在物质性维度上的融合叙事及其文化命题。

从宽屏到竖屏的演变,表面上是一种媒介载体的形式演变,实则指向的是一场普遍而深刻的信息方式的变化。波斯特借鉴马克思的"生产方式"(the mode of production)这一概念,提出了"信息方式"的概念,旨在从信息符号的交换形式维度来认识社会形态及其变迁过程。按照波斯特的观点:"要想恰如其分地描述电子化交流方式,便要有一种理论,能够对社会互动新形式中的语言学层面进行解码。"② 为此,"信息方式"作为一个重要的分析概念进入了波斯特的理论视域。具体而言,对于一种新媒介形式的出现,不应简单地将其视为信息呈现形式的演进结果,而要在信息方式的维度加以认识,如此才能建立一个理解世界及其历史过程的媒介视角。如何理解社会历史的存在形态?如果说马克思给出的认识方案是阶级认识论或经济认识

---

① 〔美〕马克·波斯特. (2014). 信息方式:后结构主义与社会语境. 范静哗译. 北京:商务印书馆 (p. 29).
② 〔美〕马克·波斯特. (2014). 信息方式:后结构主义与社会语境. 范静哗译. 北京:商务印书馆 (p. 13).

论,那么波斯特则尝试提出一种通往社会历史的符号认识论或信息认识论——"历史可能按照符号交换情形中的结构变化被区分为不同时期,而且当今文化也使'信息'具有某种重要的拜物教意义。"① 实际上,任何一种媒介技术的兴起,贡献的都不仅仅是一种信息呈现方式,更为重要的是再造了一种交往模式(patterns)。从口语媒介到印刷媒介再到电子媒介,每个时代都拥有一套独特的语言"包装"(wrapping)方式,由此形成了不同的社会交往模式。基于此,波斯特尝试讨论的中心命题是"交往模式(patterns)的变化是如何引起主体的变化的。语言构型中的变化,或说是语言包装中的变化,改变着主体将意符转换为意义的方式"②。

今天,以手机为代表的竖屏媒介的出现,重构了我们时代的信息方式。竖屏自身携带的物质性内涵,既是考察信息方式的基础构造,也是理解信息方式的理论维度。③ 进一步讲,手机界面并非一个纯粹的工具性面板,而是作为装置的"器官",深刻地影响着人机互动的作用方式,以及社会场景的建构方式。因此,信息的方式决定了"交换的构型",相应地也构建了不同的生活世界和主体形式。如果说人类交往语言从印刷经验到电子经验的过渡意味着一种信息方式的演进,那么,从电子媒介时代的宽屏到新媒介时代的竖屏,一种新兴的交往模式和主体形式也随之产生。这意味着,我们有理由将竖屏问题上升到信息方式的维度加以研究,如此才能揭示竖屏媒介深层的界面文化及其叙事学命题。

指尖上的滑动构成了竖屏叙事体系的基本表征,也成为信息生产的基础引擎。如果说传统媒体时代的信息是媒体机构"推"(push)给受众的,网络时代的信息则是受众主动"拉"(pull)出来的。在以手机为代表的新媒体竖屏叙事体系中,信息的生产方式变得尤为复杂——"推"与"拉"同时存在,但又在算法逻辑和消费逻辑的双重驱动下,呈现为一种前所未有的崭新模式。必须承认,竖屏叙事不仅表现为内容编排格式的变化,即从宽幅

---

① 〔美〕马克·波斯特.(2014).信息方式:后结构主义与社会语境.范静哗译.北京:商务印书馆(p.13).
② 〔美〕马克·波斯特.(2014).信息方式:后结构主义与社会语境.范静哗译.北京:商务印书馆(p.20).
③ 刘涛.(2020)."竖屏"叙事与融合新闻文化.教育传媒研究,2,15-18.

到窄幅的变化,也涉及信息生产方式的变化——不同于宽幅生产逻辑,窄幅挑战并召唤了一种全新的信息形态。相较于传统新闻的互文编排,以手机为代表的移动终端正在全面接管融合新闻的展演空间。相应地,新闻内容的生产和推送方式,必然沿着竖屏叙事的社交逻辑展开。比如,作为 H5 新闻叙事的理想终端,手机既是 H5 新闻传播的核心端口,也为 H5 新闻提供了一个基础性的叙事座架——竖屏。

不难发现,我们谈论竖屏叙事的时候,不能仅仅停留在界面的外在形式层面,要真正关注以智能手机为代表的"数字语言",尤其是界面所言说的"数字世界"及其建构的"信息方式"。作为传播链条的一部分,竖屏超越了简单的信息形态及其再现维度的意义,而成为理解融合新闻叙事的一种视角和方法。印刷媒介和电子媒介的最大区别,直观上表现为界面形式的差异,而这种差异又可以追溯到媒介系统深处的信息结构的差异。由此可见,界面实际上是媒介系统中"技术形式"与"信息方式"结合的产物。它表面上是媒介内容的载体,但它所言说的,又何止是内容本身这么简单?界面如同一面镜子,可以映射出媒介与社会之间的组织结构,因此可以在界面的维度上发现更大的媒介世界及其运行系统。换言之,界面的意义不在于形式的差异,而深刻地体现为信息结构及其叙事系统的差异。正是在这个意义上,本章关注竖屏及其叙事问题,主要希望以"界面"为对象,考察融合新闻叙事中主体与媒介之间的互动方式和参与结构。

三、重识版面:滚屏中的故事

既然竖屏是通往媒介系统的认知管道,也是抵达信息方式的隐喻装置,那么,以"竖屏"这一界面形式为考察对象,有助于把握媒介表征的语言系统,尤其是新媒体叙事体系中的"版面"问题。"版面"原本是一个报刊编辑概念,主要关注稿件中各个元素的编排布局情况。随着电子媒介的兴起,"版面"这一概念沿用至今,其外延也发生了一定的偏移和拓展,即界面或界面单元中的信息组织结构和方式。由于信息必然是通过界面呈现的,因此"版面"便成为一个与"界面"密切关联的概念。传统媒体的"版面"往往是一个存在清晰边界的概念,其内容构成是固定的、稳定的,可以在空间和时序维度上加以限定和组织。然而，新媒体的"版面"主要是一个隐喻意义上的概念，依托界面这一装置得以实现，但却超越了传统版面的"篇幅"和"长度"概念，而呈现出流动的、变化的、不确定的特征和形式。当竖屏成为一种主流的界面形式时，基于竖屏叙事的版面问题便成为一个亟待探讨的命题。

  竖屏问题之所以有必要上升到叙事维度加以考察，除了因为其不同于宽屏本身的界面特征，还因为其在版面语言上催生了一种崭新的叙事形式——垂直空间的滚动叙事（scrollytelling）。所谓滚动叙事，意为一种基于滚动驱动的叙事（scroll-based storytelling）方式，其特点是通过触屏滑动实现对文本内容的呈现、移动与推进。伴随着拇指滑动、触屏交互、按键响应等界面交互行为的发生，垂直空间的滚动叙事重构了文本的编码结构和呈现方式。在有限的垂直界面中，"滚动"作为文本叙事的动力装置，拓展了垂直空间的文本篇幅、信息容量和交互深度，从而释放了文本表征的叙事潜力。正是在以滚动叙事为基础的信息呈现结构中，新媒体竖屏叙事的版面语言问题上升为一个亟待探索的数字叙事命题。根据信息在界面空间的呈现方式，竖屏叙事主要包含两种叙事版面，即单屏呈现和多屏呈现，前者主要是指在单一界面空间内的叙事形式，后者则偏向基于滚动叙事的信息呈现方式。考虑到滚动叙事的广泛性和普遍性，加之滚动本身开掘了一个更为丰富的叙事空间，因此，本章所关注的竖屏叙事形式，主要聚焦于垂直空间的滚动叙事。

  实际上，相对于传统宽屏媒介的叙事体系，竖屏媒介在界面形态、界面内容、界面接触上均呈现出明显的差异，相应地也就形成了较为独特的竖屏叙事体系。第一，就界面形态而言，竖屏催生了一种全新的空间叙事体系。手机长于表现垂直空间，拙于表现横向空间，由此形成了一种基于手指滑动的滚动叙事方式。第二，就界面内容而言，竖屏催生了一种全新的融媒叙事体系。相较于其他媒体而言，手机端口的信息形态以多媒体文本为主，由此形成了一种基于融合语言的文本表达方式。第三，就界面接触而言，竖屏催生了一种全新的互动叙事体系。按照列夫·马诺维奇（Lev Manovich）的观点，"人机交互界面已经成为信息社会重要的符号学符码和元工具"[1]，这使

---

[1] 〔俄〕列夫·马诺维奇. (2020). 新媒体语言. 车琳译. 贵阳：贵州人民出版社（p.66）.

得文本的内涵逐渐超越了"内容-形式"或"内容-媒介"二分法，最终上升为"内容-交互界面"这一信息组织装置。智能手机媒体的出现则真正意义上推动了消费主体从"受众"向"用户"的身份转变，其结果便是通过改写媒体消费的观看逻辑，形成了一种基于参与逻辑的人机互动系统。

宽屏和竖屏已经超越了简单的版式范畴，在不同的媒介物质逻辑基础上，形成了不同的版面结构及叙事语言。例如，报纸版面编排中同时存在"左右空间"和"上下空间"，其编辑方式是线性的，而接受方式却是非线性的——不同版面对应的视觉注意力是不对等的，读者可以自由地选择、浏览相应的内容。传统新闻写作的"倒金字塔"结构，可以说是为非线性阅读而设计的一种新闻叙事方式。在以客户端、微信公众号为代表的竖屏叙事中，文本版面包含了丰富的层级体系和互动装置，但其文本编排方式总体上为垂直结构，用户的接受过程也必然受制于竖屏本身的信息呈现方式。显然，竖屏叙事拒绝传统版面中常见的"左图右文"或"左文右图"等模块化叙事方式，转而在滚动叙事所主导的信息框架中寻求更为多元的融媒结构或互动结构。

滚屏中故事的形成，不仅取决于文本自身的新闻内容，也取决于竖屏叙事深层的新闻表征形式及其生产逻辑。其一，从信息表征形式来看，不同于传统新闻叙事所遵循的语言逻辑，融合新闻叙事的重要特征之一体现为可视化（visualization）基础上的视觉叙事。相应地，图像逻辑成为理解融合新闻不容忽视的一种逻辑话语。竖屏结构中的视觉狂欢，远远超越了传统媒体时代的信息逻辑。其二，从信息生产逻辑来看，数据一跃成为融合新闻的本体内容，并且决定了融合新闻的叙事内容和传播生命。有鉴于此，本章主要从视觉逻辑和数据逻辑两个维度把握竖屏叙事的表征方式及其版面语言。

第一，就竖屏叙事的视觉逻辑而言，尽管竖屏内容的主要表现形式依然是图文编排，但其图文编排的结构和语言已经超越了传统的新闻编辑逻辑，主要表现就是视觉逻辑的崛起及其对语言逻辑的压制。在新媒体视觉场域，手机屏幕不可阻挡地成为视觉文化的重要操演平台。对于竖屏叙事中视觉逻辑的崛起，可以从两个维度加以认识：一是数据本身的可视化。融合新闻叙事并非对数据的直接呈现，而是将其转换为一种图像，在图像的维度上编织新闻内容。① 纵观今天的数据新闻，数据化和可视化已经成为新闻生产的基本编码法则，前者强调将信息转化为数据，使其生成一种结构化认知的数理逻辑，后者强调对其进行图像化转换，从而帮助人们以一种图示化的方式完成新闻内容的意义建构。二是图像内容的扩展性。传统的图文结构一般遵循"左图右史""图解文字""语图并置"等编排逻辑，文字往往主导了图像的释义语境——从文字那里获取信息之"理"，从图像那里得到表征之"象"。尽管语言逻辑主导了图像叙事，但图像并未因此变得无足轻重，反倒作为一种积极的叙事元素，参与着文本的多元意义建构。纵观今天新媒体语境下的竖屏叙事，图像几乎成为其中的一种"标准形式"——大量图像的出场，并非纯粹服务于叙事的目的，而是"读图时代"文本的基本配置，微博、微信公众号文章中的许多图像实际上并未参与叙事，但又似乎是不可或缺的。

第二，就竖屏叙事的数据逻辑而言，尽管宽屏时代的媒介内容评价也离不开收视率、订阅量等数据化的评价方式，但竖屏叙事则将数据逻辑推向了极致，甚至评价本身已经深刻地嵌入内容生产，并且作为内容构成的一部分，共同服务于总体性的消费逻辑。具体而言，一方面，不同于传统新闻的数据形式，融合新闻的数据外延得到了极大的拓展和延伸：除了一般的数字，还包括通过大数据技术抓取的具有信息功能的其他一切数据形式。另一方面，在"流量逻辑"铺设的游戏规则中，诸如阅读量、转发量、关注人数等数据形式成为融合新闻的重要评价指标②，即竖屏逻辑中的新闻生产，依附"流量"这一基础性的数据逻辑。在传统电视时代，收视率作为一种典型的数据评价方式，往往是对节目的事后评价，即内容生产与评价过程并非同时进行的。即便可以根据收视率来调适后续的节目生产，但内容和评价依然是分离的，并不存在实时的影响结构。然而，手机端口的竖屏内容，则深刻地嵌入一个结构性的实时评价体系。算法时代的智能推送和"热搜"榜，将内容与评价牢牢地绑定在一起。而在所有的数据逻辑中，"10万+"则

---

① 刘涛. (2019). 理解数据新闻的观念：可视化实践批评与数据新闻的人文观念反思. 新闻与写作, 4, 65-71.

② 刘涛. (2020). 融合新闻选题："信息逻辑"与"流量逻辑"的对接. 教育传媒研究, 1, 20-24.

是媒体平台精心炮制的一个标志性"符号神话"。有多少文章折戟于"10万+"而早早"退场"？又有多少文章因迈过了"10万+"这道坎而再起波澜？那些顶着"10万+"光环的文章则会得到进一步的关注和传播，这便是竖屏端口的生产逻辑。

四、从竖屏叙事到竖屏文化

界面的形式及其语言不仅限定了文本表征的尺度，也揭示了媒介进化的历史与逻辑。本质上讲，竖屏是与社交媒体和移动互联网密切关联的一种界面形式——社交媒体时代的真正到来，是以Web 2.0和智能手机的结合为基础的。同样，以智能手机为代表的竖屏界面的崛起，真正开启了一个崭新的媒体融合时代或移动互联时代。一定意义上，媒体融合所呼唤的"大屏"与"小屏"的互动，不过是"宽屏"与"窄屏"的深情相遇，以及建立在相遇基础上的跨媒介叙事体系的形成。从这个意义上讲，竖屏所言说的是一种内容呈现的技术装置，也是关于一个时代媒介逻辑的标识方法。

正因如此，竖屏不仅超越了纯粹的技术装置范畴，而且意味着一种方法——通过"竖屏"这一独特的界面形式，可以抵达一个时代的叙事体系，也有助于理解一种崭新的文化形式，即竖屏文化。换言之，如果以界面为方法，竖屏的方法论意义便在于搭建一条从竖屏叙事到竖屏文化的认识"管道"，从而帮助我们一窥界面形式与文化形式之间的生成结构与对话逻辑。

由于竖屏的兴起与媒体融合的纵深发展密切关联，因此竖屏叙事的文化本质是融合文化（convergence culture）。从内容组织层面来看，融合文化意味着叙事方式的融合[①]，这正是从叙事维度来理解融合文化的原因之所在。作为一种新兴的文化形式，"融合文化"是亨利·詹金斯（Henry Jenkins）在《融合文化：新媒体和旧媒体的冲突地带》中提出的一个重要概念。詹金斯所使用的"融合"概念，主要包括"横跨多种媒介平台的内容流动、多种媒体产业之间的合作以及那些四处寻找各种娱乐体验的媒体受众的迁移

---

① 毛湛文,李泓江. (2017)."融合文化"如何影响和改造新闻业？——基于"新闻游戏"的分析及反思. 国际新闻界, 12, 53-73.

行为等"①。简言之,融合文化强调在媒体融合的总体语境下,不同媒介之间相互作用,相互影响,相互渗透,共同构筑了一种新兴的文化实践。其实,詹金斯提到的融合文化,强调的是一种普遍意义上的媒体融合文化,他所关注的媒介内容涵盖电影、综艺、游戏等一切信息传播形态。媒体融合的原动力,已经不是自上而下的权力实践或机构实践,而是在用户的广泛参与下,形成了一个新兴的权力博弈场域,即用户作为一种积极的力量参与媒介内容的生产与消费。因此,融合文化主要体现在两个方面:一是用户行为的参与性实践,二是信息内容的跨媒介叙事(transmedia storytelling)。相应地,只有将融合新闻的竖屏叙事置于融合文化的总体语境中,沿着用户行为的参与性实践和新闻内容的跨媒介叙事两个维度加以研究,才能真正理解竖屏叙事之文化本质。

第一,就用户行为的参与性实践而言,用户不仅参与新闻的生产与消费,同时作为一个重要的转发者和分享者,通过手机这一竖屏终端重构了融合新闻的生态系统。在融合文化语境下,用户的内涵发生了微妙的变迁,成为同时参与生产和消费的生产型消费者(prosumer)。詹金斯通过对美国流行文化的研究发现,用户对媒介内容的闲聊与评价也属于一种积极的信息形态,而且在媒介场域发挥着积极的社会功能作用。具体来说,"闲聊在参与者之间营造了共同之处,因为那些交流信息的人彼此担保他们共享的内容。通过批评他人的行为和价值观念,闲聊最终成为一种谈论自身的方式"②。在社交媒体语境下,用户通过自媒体平台的发言、评论、转发、分享,以及线下的各种参与性媒介实践,深刻地改写了新闻生产的内容生态和操作流程。短视频逐渐成为公共议题建构的重要媒介资源,我们便不能忽视媒体生态格局中的用户角色及其功能,尤其是竖屏意义上的社会连接结构和动员方式。

第二,就信息内容的跨媒介叙事而言,媒体融合的重要特征之一是渠道

---

① 〔美〕亨利·詹金斯.(2012).融合文化:新媒体和旧媒体的冲突地带.杜永明译.北京:商务印书馆(p.30).

② 〔美〕亨利·詹金斯.(2012).融合文化:新旧媒介的冲撞.杜永明译.北京:商务印书馆(pp.141–142).

融合，而基于手机终端的竖屏新闻只是众多媒介渠道中的一种新闻形态。因此，只有将竖屏新闻置于一个更大的互文结构中，才能真正把握融合新闻文化的构成与内涵。为了揭示融合文化生态中的信息流动与增值问题，詹金斯提出了"跨媒介叙事"与"集体智慧"这两个关键概念，旨在揭示信息与故事在不同媒介平台之间的流动状态和趋势——每一种媒介表达都丰富了故事的呈现形式，也对阐明整个故事做出了特殊贡献，且每一个人都积极参与其中，以自身的知识补足并缝合既有的叙事链条，使得不同故事之间形成一种对话结构。融合新闻生产同样存在跨媒介叙事的问题，即如何对一个新闻故事进行"一次采集，多次分发"，按照不同传播渠道的特色和优势进行内容编码，以期实现不同渠道之间协同作战。显然，唯有将竖屏新闻置于与其他传播渠道的对比与融合视域中，才能真正理解融合新闻文化的构成结构。例如，为进一步提高用户的参与感、优化用户的信息接受体验，基于手机终端的融合新闻产品往往会加入互动程度更高的交互设计——除了常规意义上的浏览交互、分享交互，竖屏叙事还引入了一种极具特色的定制交互，即让用户上传内容，进行个性化的自我表达。在2021年建党百年之际，《人民日报》推出的H5新闻《复兴大道100号》在每个节点都设有"下车参观"按钮，用户不仅可以上传自己的个人正脸照，经过人脸融合技术处理生成个人专属的年代纪念车票，也可以进行转发和分享，从而制造一种全员参与的新媒体仪式。显然，考察这一融合文化的形式及语言，不能忽视基于手机终端的竖屏叙事体系。

概括而言，界面既是媒介系统的传感"器官"，亦是媒介逻辑的显现"窗口"——什么样的媒介系统，便意味着什么样的界面形式及语言。因此，界面具有隐喻意义上的认识论功能。以智能手机为代表的竖屏界面的兴起，重构了媒介与主体的"召唤"方式，也限定了文本表征的物理尺度和感知结构，从而打开了"竖屏叙事"这一亟待探索的新媒体"版面"问题。竖屏极大地解放了身体，赋予了身体更大的超越、自由与流动性，人们可以在任何时间、任何地方进入"另一个世界"。从宽屏叙事到竖屏叙事，信息表征形式和信息生产机制发生了巨大变化，前者主要体现为视觉逻辑的崛起及其对语言逻辑的压制，后者则表现为数据逻辑驱动下的"10万+"游戏规则的出现及其对内容生产的结构性影响。从竖屏叙事到竖屏文化，用户行为的"参与性实践"和新闻内容的"跨媒介叙事"均呈现出全新的书写方式。

下 编

修辞与实践

第 十 三 章

中国话语体系构建：新概念·新范畴·新表述

传播力决定影响力，话语权决定主动权。习近平总书记对加强国际传播能力建设的重要性和迫切性作出了形象的概括：落后就要挨打，贫穷就要挨饿，失语就要挨骂。① 我们成功地走出了"挨打"和"挨饿"的历史阴影，如今却在国际话语格局中陷入了"挨骂"的被动局面。习近平总书记在2016年2月19日党的新闻舆论工作座谈会上的讲话中用"联接中外、沟通世界"八个字概括了我国外宣工作的基本定位，旨在"加强国际传播能力建设，增强国际话语权"。②

纵观党的十八大以来我国的"外宣观"，国际传播能力建设的关键是"精心构建对外话语体系"，从而"讲好中国故事，传播好中国声音，阐释好中国特色"。③ 习近平总书记指出："现在国际舆论格局总体是西强我弱，别人就是信口雌黄，我们也往往有理说不出，或者说了传不开，一个重要原因是我们的话语体系还没有建立起来。"④ 党的二十大报告明确指出，要"坚守中华文化立场，提炼展示中华文明的精神标识和文化精髓，加快构建

---

① 中共中央宣传部. (2016). 习近平总书记系列重要讲话读本（2016年版）. 北京：学习出版社，人民出版社 (p. 210).
② 人民日报. (2016). 习近平在党的新闻舆论工作座谈会上强调 坚持正确方向创新方法手段 提高新闻舆论传播力引导力. 2月20日01版.
③ 建设社会主义文化强国 着力提高国家文化软实力. (2014). 人民日报，1月1日01版.
④ 中共中央宣传部. (2016). 习近平总书记系列重要讲话读本（2016年版）. 北京：学习出版社，人民出版社 (p. 210).

中国话语和中国叙事体系，讲好中国故事、传播好中国声音，展现可信、可爱、可敬的中国形象"①。可见，国际传播能力建设的重中之重是创新中国话语体系。

话语和叙事的关系密不可分，二者深刻地嵌入彼此的理论内涵。话语体系建设不仅涉及话语认知的思想与内涵问题，也涉及话语建构维度的叙事与实践问题。由于话语建构过程主体上是在文本维度展开的，而文本维度上的意义生产本质上是在叙事活动中展开的，因此可以从叙事学的视角把握话语体系构建的文本机制和意义实践。因此，创新中国话语体系不但需要立足具体的文本实践，还需要诉诸一定的理论视角。有鉴于此，本章聚焦于融合新闻这一文本形态，主要关注话语建构中的叙事原理、路径与方法，以探讨中国话语体系构建的"融合新闻方案"。

一、理解中国话语体系：内涵与逻辑

在文本实践维度，话语和叙事的关系可以简单概括为：话语必然是叙事的产物，难以想象存在一种未经叙事"介入"和"打磨"的话语形式；叙事往往指向既定的话语命题，缺少了话语"落点"，叙事的意义内涵注定是有限的。正因如此，话语体系和叙事体系的构建，实际上是一个内在联动的符号过程。

（一）话语与叙事

在国际传播实践中，话语和叙事密不可分，二者统摄在"传播"的文本实践逻辑之中——话语限定了叙事的意义方向，叙事决定了话语的存在方式。詹姆斯·C. 麦克罗斯基（James C. McCroskey）提出了人类传播的三种方式，分别是无意传播（accidental communication）、表现传播（expressive communication）和修辞传播（rhetorical communication）。相较于忽视沟通过程的无意传播以及被情景限定和束缚的表现传播而言，修辞传播强调传者在

---

① 人民日报（2022）. 高举中国特色社会主义伟大旗帜 为全面建设社会主义现代化国家而团结奋斗——在中国共产党第二十次全国代表大会上的报告. 10月26日 01—05 版.

传播活动中的主体性，尤其体现为对意义生产和流动的控制①，即借助一定的修辞策略重构文本的编码体系，限定受众的解码方式，从而避免意义溢出传者的"掌控"范围，最终建立一种可控的传播体系。不同于一般的传播行为或实践，国际传播跨越了国界"壁垒"，而且携带着明确的国家利益诉求，其中必然充斥着或明或暗的政治目的或意识形态倾向。从这个意义上讲，国际传播本质上是一种修辞传播，也就是通过对"修辞术"的策略性使用，达到一定的传播目的。因此，国际传播铺设了一个巨大的"语用"情景，任何符号和语言的使用，都被赋予了相应的修辞功能和话语倾向，其目的就是通过传播的方式回应或解决国家利益问题。

在国际传播的修辞实践中，"话语"和"叙事"是内在统一的两个理论概念。具体而言，一方面，作为意义范畴的一个认识概念，"话语"限定了叙事的意义方向。叙事所承诺的认知落点，必然指向一个话语问题。"讲好中国故事"之所以强调"讲道理"，是因为讲故事的目的是实现启人悟道的传播功能，而这里的"道"并非指一般意义上的事实、故事或观点，而是指全球语境中承载中国主张、中国方案、中国智慧的一套知识体系或观念话语。另一方面，"话语"存在于叙事之中，叙事决定了话语的存在方式。如果说文本是意义寄居的"场所"，叙事则是文本形成及其意义生产的"语义装置"，其特点就是借助一定的符号编码活动赋予文本一定的形式，从而帮助人们在可感知、可识别的语义形式维度发掘文本意义深层的话语内涵，即在知识或观念层面形成一套致力于使现实合法化的意义体系。我们经常说的"话语方式"，往往需要在微观的叙事层面加以识别、解析和把握。

（二）新概念、新范畴、新表述

在习近平总书记的系列重要讲话中，外宣工作被提高到党的全局工作高度，关系到一系列重大的政治主题——坚持和平发展道路、建设人类命运共同体、提升文化软实力、保障总体国家安全、传播中华文化等等。具体而言，2013年1月28日，习近平总书记在十八届中央政治局第三次集体学习

---

① McCroskey, J. C. (2016). *An introduction to rhetorical communication* (9th ed.). London: Routledge, pp. 19–21.

中将外宣工作视为中国和平发展的社会基础，指出："我们要广泛深入宣传我国坚持走和平发展道路的战略思想，引导国际社会正确认识和对待我国的发展。"① 2013年8月19日，习近平总书记在全国宣传思想工作会议上对外宣工作的内涵与实践给出了系统论述："精心做好对外宣传工作，创新对外宣传方式，着力打造融通中外的新概念新范畴新表述，讲好中国故事，传播好中国声音。"② 2013年10月24日，习近平总书记在周边外交工作座谈会上强调，"要着力加强对周边国家的宣传工作"，通过外宣的力量"让命运共同体意识在周边国家落地生根"。③ 2013年12月30日，习近平总书记在中共中央政治局第十二次集体学习时强调，文化软实力的提升离不开对外话语方式的创新，要求"发挥好新兴媒体作用，增强对外话语的创造力、感召力、公信力"④。2014年11月28—29日，习近平总书记在中央外事工作会议上将外宣工作提高到落实总体国家安全观的重要地位，认为"讲好中国故事，做好对外宣传"是新型国际关系构建的必然路径。⑤ 2015年5月21日，习近平总书记就《人民日报》海外版创刊30周年作出重要批示，进一步指出了我国对外话语创新的方式、功能与目标，强调"用海外读者乐于接受的方式、易于理解的语言，讲述好中国故事，传播好中国声音，努力成为增信释疑、凝心聚力的桥梁纽带"⑥。2016年2月19日，习近平总书记在党的新闻舆论工作座谈会上的讲话中指出，"要加强国际传播能力建设，增强国际话语权，集中讲好中国故事，同时优化战略布局，着力打造具有较强国际影响的外宣旗舰媒体"⑦。2021年5月31日，习近平总书记在主持中共中央政

---

① 更好统筹国内国际两个大局 夯实走和平发展道路的基础. (2013). 人民日报, 1月30日01版.

② 习近平在全国宣传思想工作会议上强调 胸怀大局把握大势着眼大事 努力把宣传思想工作做得更好. (2013). 人民日报, 08月21日01版.

③ 为我国发展争取良好周边环境 推动我国发展更多惠及周边国家. (2013). 人民日报, 10月26日01版.

④ 习近平在中共中央政治局第十二次集体学习时强调 建设社会主义文化强国 着力提高国家文化软实力. (2014). 人民日报, 1月1日01版.

⑤ 中央外事工作会议在京举行. (2014). 人民日报, 11月30日01版.

⑥ 习近平就人民日报海外版创刊30周年作出重要批示. (2015). 人民日报, 5月22日01版.

⑦ 习近平在党的新闻舆论工作座谈会上强调 坚持正确方向创新方法手段 提高新闻舆论传播力引导力. (2016). 人民日报, 2月20日01版.

治局第三十次集体学习时，就新的国际形势和传播格局之下如何加强国际传播能力建设作出重要阐释："要加快构建中国话语和中国叙事体系，用中国理论阐释中国实践，用中国实践升华中国理论，打造融通中外的新概念、新范畴、新表述，更加充分、更加鲜明地展现中国故事及其背后的思想力量和精神力量。"① 党的二十大报告进一步指出，要坚守中华文化立场，提炼展示中华文明的精神标识和文化精髓，加快构建中国话语和中国叙事体系，讲好中国故事、传播好中国声音，展现可信、可爱、可敬的中国形象。加强国际传播能力建设，全面提升国际传播效能，形成同我国综合国力和国际地位相匹配的国际话语权。深化文明交流互鉴，推动中华文化更好走向世界②……

纵观习近平总书记以上系列重要讲话，外宣工作的重中之重是加强中国话语体系建设。如何创新中国话语体系？习近平总书记早在 2013 年 8 月 19 日全国宣传思想工作会议上就给出了极为精湛的阐释："精心做好对外宣传工作，创新对外宣传方式，着力打造融通中外的新概念新范畴新表述。"③ 这一观点在习近平总书记于 2021 年 5 月 31 日主持中共中央政治局第三十次集体学习的讲话中再一次被重点强调："要加快构建中国话语和中国叙事体系，用中国理论阐释中国实践，用中国实践升华中国理论，打造融通中外的新概念、新范畴、新表述。"④ 显然，在新的国际形势和传播语境下，"打造融通中外的新概念新范畴新表述"，是中国话语体系创新的基本内涵和操作范式，同时也是马克思主义中国化在文本表达层面的必然过程。

对外话语创新的"三新"——新概念、新范畴、新表述问题在学界和业界引发了强烈的认同共振。学界普遍认为，"构建融通中外的新概念、新

---

① 加强和改进国际传播工作 展示真实立体全面的中国. (2021). 人民日报, 6 月 2 日 01 版.
② 人民日报（2022）. 高举中国特色社会主义伟大旗帜 为全面建设社会主义现代化国家而团结奋斗——在中国共产党第二十次全国代表大会上的报告. 10 月 26 日 01-05 版.
③ 习近平在全国宣传思想工作会议上强调 胸怀大局把握大势着眼大事 努力把宣传思想工作做得更好. (2013). 人民日报, 08 月 21 日 01 版.
④ 加强和改进国际传播工作 展示真实立体全面的中国. (2021). 人民日报, 6 月 2 日 01 版.

范畴、新表述是当前我们面临的重大课题"①，"为我们加强对外话语体系建设指明了方向"②。"三新"问题指出了我国国际传播能力建设的基本观念、现实路径与操作范式。然而，究竟什么是"新概念""新范畴""新表述"？目前学界并未对"三新"问题给出具体而清晰的解释。其实，"三新"问题对应的"问题域"是对外传播，也就是在话语方式上进行更有针对性的设计和表达，使其具有"融通中外"的传播力、影响力和公信力。

新概念、新范畴、新表述问题本质上属于修辞学范畴，即强调通过对语言的策略性使用来实现更好的社会劝服与认同功能。修辞是语言实践的润滑剂，其功能就是实现话语传播的亲和力与穿透力，以此增强他人的认同基础。当今国际话语权的争夺及其合法性确立，本质上体现为一场"语言深处的革命"，也就是通过语言符号的象征实践来完成现实秩序及其认同体系的修辞建构。③ 法国思想家布尔迪厄指出，社会就是一个"语言交换市场"，人们说什么，如何说，其实都赋予了语言一定的"价格"和"分量"。为了获得最大的价值回报，人们必然会重视对语言的策略性使用，而这直接涉及语言运用的修辞实践。按照布尔迪厄的观点，语言的策略性使用本质上是一种权力实践，其标志性产品是象征权力（symbolic power）。象征权力是一种经过修辞美化（rhetorically transfigured）的权力，一种被误识的、变形的、合法化了的权力形式。其实，"当我们毫无防备地认同对方的言说方式，并心甘情愿地充当语言的共犯时，象征权力就发生了"④。西方世界之所以主导了国际话语权，一个非常重要的原因就是在修辞学意义上对语言进行"乔装打扮"，进而在语言维度上悄无声息地建构了国际"游戏规则"。习近平总书记提出对外话语创新的"三新"问题，实际上就是在强调要重视语言使用的话语策略与修辞创新问题。

---

① 陈亦琳，李艳玲. (2014). 构建融通中外的新概念、新范畴、新表述——中国政治话语传播研讨会综述. 红旗文稿，1, 27-29.

② 蔡名照. (2013). 讲好中国故事 传播好中国声音——深入学习贯彻习近平同志在全国宣传思想工作会议上的重要讲话精神. 人民日报，10月10日.

③ 刘涛. (2011). 环境传播：话语、修辞与政治. 北京：北京大学出版社（pp. 127-130）.

④ Bourdieu, P. (1991). *Language and symbolic power*. Trans. by Gino Raymond & Matthew Adamson. Cambridge, MA.: Harvard University Press, p. 164.

具体而言,从修辞学视角来看,新概念、新范畴、新表述分别指向中国话语体系建设的三个维度,彼此之间具有积极的关联基础和对话逻辑:新概念指向对外话语的内容维度,客观上需要我们生产一系列承载中国声音的概念符号;新范畴指向对外话语的结构维度,直接决定了他人以何种领悟模式来理解中国声音,客观上对应的是一系列认知框架的输出;新表述指向对外话语的表达维度,也就是我们以何种方式来表征和呈现中国声音,客观上需要我们在话语的形式维度上积极探索,即在讲述中国故事的理念和方法上进行创新。

从新概念、新范畴、新表述的层级关系来看,三者之间存在认知上的递进关系和逻辑上的勾连关系:新概念是一种底层结构,决定了对外话语"传播什么";新范畴是一种认知方式,决定了对外话语"如何诠释";新表述是一种文本形式,决定了对外话语"如何传播"。概括而言,新概念、新范畴、新表述之间的修辞结构如图13-1所示。

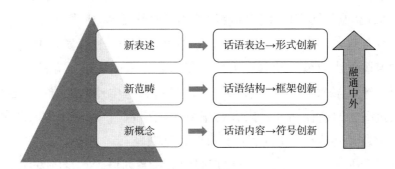

图13-1 "新概念新范畴新表述"的含义与关系

二、新概念:语义网络建构的符号创新

概念是人类思维的基本构筑单位。当我们尝试从纷繁复杂的事物中提取某种共同特征,并形成一定的知识单元时,实际上已经进入了概念化的思维模式。概念是话语的符号载体,也是话语的构成内容,公共议题的建构离不开对特定概念的发明、构造与意义争夺。很难想象没有概念支撑的话语形态,也很难想象放弃话语憧憬的概念形态。因此,概念构成了话语表达的主

体内容，一定程度上决定了话语的言说能力和劝服效果。习近平总书记提出要打造融通中外的新概念，本质上强调对外话语内容的建设，即在概念维度上编织中国话语的内容体系。

"中国声音"的核心是观点输出，而这离不开对一系列新概念的生产实践。为什么观点输出的有效方式是生产概念？这就不能不提到修辞学意义上概念、观点和隐喻之间的内在关系辨析。在修辞学意义上，"人类的概念系统是以隐喻的形式构成和定义的"[1]。隐喻是人类常见的思维方式，也是人们最基本的生存方式。美国新修辞学创始人肯尼斯·伯克（Kenneth Burke）指出，隐喻其实就是日常生活中所说的"观点"（perspective）。当我们尝试从喻体的特征体（character）角度来把握并理解主体的意义时，其实就是在提出一套有关主体的新观点，即概念的接受过程对应的是一种隐喻思维。[2]一个概念一旦被生产出来，便会悄无声息地激活人们的隐喻思维。西方修辞学将隐喻推向了"辞格中心"位置。[3] 隐喻逐渐成为"喻中之喻""辞格之王"，具有其他辞格难以比拟的修辞能力和劝服效果。[4] 综上所述，概念的深层内容是观点，观点的生成与传播是借助隐喻修辞途径实现的，而隐喻又是一种普遍公认的最具劝服能力的辞格形态，因此话语争夺的最佳途径是"生产概念"。显然，习近平总书记强调打造融通中外的新概念，也就是在强调通过概念的途径和方式来"传播好中国声音"，这是一种科学的提法，在修辞学意义上具有一定的正当性和学理基础。

在概念维度，"话语权"可以理解为对一系列概念本身的发明和生产能力，以及对概念意义的解释和争夺能力。对特定概念的生产与再造，一直都是意识形态建设的重要内容。当前，社会主义意识形态建设的重要理念就是基于"概念驱动"的修辞实践，即通过对特定概念的生产及其合法性阐释来重构人们的认知观念，继而将既定的政治话语合法化。概念维度上的国际

---

[1] Lakoff, G. & Johnson, M. (1980). *Metaphors we live by*. Chicago, IL: The University of Chicago Press, p. 6.
[2] Burke, K. (1969). *A rhetoric of motives*. Berkeley, CA: University of California Press, p. 503.
[3] Genette, G. (1982). *Figures of literary discourse*. New York: Columbia University Press, p. 118.
[4] 刘亚猛.（2004）. 追求象征的力量：关于西方修辞思想的思考. 上海：上海三联书店（p. 215）.

话语权建设，一般是沿着"概念争夺"与"概念再造"两个维度展开的。概念争夺意为赋予既定的概念一种新的意义体系，从而在既定的游戏规则中阐释中国声音的合法性和正当性；概念再造意为对新概念的发明与生产，强调在概念意义上重构一种新的游戏规则。

打造融通中外的新概念，客观上需要向世界输入一系列能够阐释中国特色的新概念。近年来，为了向国际政治场域注入新的话语形式，诸如"中国梦""亚投行""一带一路""网络主权""和平发展""中国故事""命运共同体""新型大国关系""新型中美关系"等概念形态被源源不断地生产出来，共同构成了中国外交话语的核心概念体系。

在修辞学意义上，概念一直都发挥着"事实宣认"的功能和目的。当前复杂的国际形势下，中国之所以面临话语输入和输出的"落差"，根本上是因为我们对全球公共议题的"事实宣认"能力不足。习近平总书记指出：国际社会对我们的误解也不少，"中国威胁论""中国崩溃论"等论调不绝于耳，一些西方媒体仍然在"唱衰"中国。① 面对西方世界对中国根深蒂固的傲慢与偏见，我们亟须借助一定的概念途径达到"事实宣认"的外宣目的，即借助新的概念话语来重新界定特定议题的真相、性质与本质。

在当前国际政治场域，事实宣认的普遍思路就是对一系列原型概念的激活与征用。所谓原型概念，意为植根于特定历史文化语境深层，具有普遍认同基础的符号概念。尽管说每一个概念都是一个"浮动的能指"，其意义具有不确定性②，但原型概念驻扎在无意识领域深处，往往携带了某种普遍共享的领悟模式和原型意义，因此在事实宣认方面具有不可比拟的修辞劝服能力。换言之，原型概念是一套通往全球议题认知的通用语言，谁掌控了原型概念，谁便掌控了事实宣认的话语权，进而在全球公共议题的意义世界里占据议题设置的制高点。美国政府在"9·11"议题上的事实宣认是通过对一系列原型概念的挪用、支配和管理实现的。"9·11"事件之后，布什政府

---

① 中共中央宣传部. (2016). 习近平总书记系列重要讲话读本（2016年版）. 北京：学习出版社，人民出版社（p. 209）.

② Zizek, S. (1994). The spectre of ideology. In Slavoj Zizek (Ed.). *Mapping ideology*. London: Verso, p. 11.

重点炮制并输出的一个概念是"邪恶轴心"（axis of evil）。① 其实，"axis"（轴心）和"evil"（邪恶）便是两个典型的原型概念："axis"是第二次世界大战语境下对法西斯轴心国的通用表述，"evil"是《圣经》中对撒旦/魔鬼的特定称谓。二者分别对应的是不同的认知意象及其原型话语，前者旨在激活人们的二战思维而将伊朗、伊拉克、朝鲜三国直接定性为"敌人"，后者旨在挪用一定的宗教话语框架而在基督教世界里形成无意识认同。显然，当"axis"和"evil"组合起来成为一个新的概念话语——"邪恶轴心"时，布什政府重构了一种强大的事实宣认模式，即在修辞学意义上将"美国的敌人"建构为全世界"共同的敌人"。总之，正是在对"邪恶轴心"的新概念生产实践中，一种旨在重构全球政治秩序的"反恐"的合法性随之确立。

在中国话语体系的创新实践中，概念生产不仅仅体现为对概念内涵的发掘，同时强调在修辞学意义上发现并重构概念之间的勾连（articulation）关系与合力作用。任何话语的合法性建构，都依托一系列内在关联的概念的生产实践。从修辞学上讲，支撑一套话语的概念越丰富，其内在的关联性越强，话语就具有越严密的逻辑性，越容易产生强大的传播力和影响力。例如，马克思主义政治经济学的合法性确立，根本上建立在"资本主义""生产力""经济基础""阶级""生产资料""再生产""经济危机""剩余价值""社会必要劳动时间"等系列经济学概念的基础之上。这些概念内在关联，相互嵌套，逻辑严密，共同构建了马克思主义政治经济学话语的陈述系统。习近平总书记在 2013 年 12 月 30 日中共中央政治局第十二次集体学习讲话中强调，要"增强对外话语的创造力、感召力、公信力"②，客观上要求我国的对外话语创新必须走概念生产的"系列创新"之路。党的十八大以来，中国对外话语体系建设的重要"转向"体现为对新概念的系列化生产，即从过去的"单一输出"转向了"组合输出"，特别是注重挖掘系列概念内部的勾连关系和逻辑结构，比如关于亚投行话语建设的系列概念——"自由贸易区""经济共同体""一带一路""关税同盟""共同市场""互利共赢""安全合

---

① 2002 年 1 月 29 日，布什总统在年度国情咨文（State of the Union Address）中第一次使用了"邪恶轴心"（axis of evil）这一概念。

② 建设社会主义文化强国 着力提高国家文化软实力. (2014). 人民日报, 1 月 1 日 01 版.

作",关于网信话语建设的系列概念——"网络强国""网络生态""网络家园""网络安全""网络技术""网络防御""网络威慑""网络立法""网络主权",等等。正是通过对一系列内在关联的概念体系的生产,对外话语输出不再是基于特定概念的"单兵作战",而充分发挥了概念之间的合力作用。

概念是话语的基本构成单元。一个概念被生产出来,便尝试在修辞学意义上重构并接管人们的理解方式。概念深层的意义系统是如何建构的,或者说社会认知的语法系统是什么?这便涉及对外话语生产的"新范畴"问题。习近平总书记所说的"打造融通中外的新概念新范畴新表述",不单强调对外话语的概念创新问题,同时也强调概念深层的范畴创新问题。

三、新范畴:认知模式再造的框架创新

谈及新范畴,必然涉及我们对于"范畴"本身的学理思考,如此才能在对外话语创新上进行科学化的语言规划和符号设计。什么是范畴?根据亚里士多德的"范畴论",范畴的本义是指"各种说明事物之词",而事物的十大基本存在表现为:实体、数量、性质、关系、场所、时间、姿势、状态、动作、承受。[①] 严格来说,范畴指向哲学话语的分类系统,既是逻辑学,也是本体论,因而强调关于事物的"种"与"属"的普遍性认知。[②] 例如,在现实认知活动中,当我们尝试在"是什么"或"有什么"维度上来把握事物的属性内涵时,实际上已经激活并征用了"实体"这一认知范畴,以此确立我们的认识"对象"。接下来,当我们尝试回应对象"如何""怎么样"等其他属性问题时,便需要进入亚里士多德的"数量""性质""关系""场所""时间"等其他九大范畴,即从其他的范畴框架进一步丰富认识对象的其他属性。

从认识论和现象学的角度来看,"范畴"是一种辅助概念,每一种范畴都是人为创造出来并进行组织化而形成的相对比较稳定的认知框架。正是基

[①] 刘涛. (2011). 环境传播:话语、修辞与政治. 北京:北京大学出版社 (p.11).
[②] 王天成. (2004). 从传统范畴论到先验范畴论——康德的先验逻辑对传统形而上学范畴论的批判改造. 社会科学战线, 2, 32-38.

于一定的范畴区隔和认知，人们得以按照既定的理解方式来认识事物，并在此基础上形成一定的争论空间和对话系统。中文词语"范畴"最早出现于《尚书》中的"洪范九畴"。"九畴"实际上意味着九种范畴系统。比如，"九畴"中的第一畴就是"五行"，而"五行"恰恰意味着一种面向基本物质的分类系统，"相生相克"就是这一范畴中的逻辑推演系统，一定意义上确立了我们认识世界的一套逻辑结构。可以说，"五行"是一种高度凝练、意义稳定的术语系统。当我们进入"五行"这一范畴时，实际上便进入了一种既定的语义系统，所有的释义行为只能在既定的认知框架中发生。

正因为范畴指向形而上的逻辑观念和本体观念，语言实践中的范畴本质上意味着一定的认知框架。在中国话语的对外传播实践中，创新对外话语方式需要我们对概念本身的生产，同时强调对概念符号得以存在的释义系统和认知框架的生产。所谓新范畴，即强调对新的认知框架的发明与再造，以使得公众按照既定的释义系统赋予事物特定的意义，达到劝服或对话的修辞目的。换言之，对外话语实践中的范畴创新本质上就是框架创新，即赋予事物认知一种新的认知空间和意义结构。

框架创设了一个巨大的"语义场"，本质上提供了一套有关话语生成的"语境元语言"，即赋予了人们既定的理解方式。[①] 按照卡西尔的观点，人是一种意义动物，但意义活动却离不开人们对框架的识别和生产。换言之，人类的认知活动往往依赖并受制于一定的认知框架。比如，二元对立就是一种被普遍挪用的认知框架。正义与邪恶、西方与东方、城市与乡村、男人与女人、白天与黑夜、物质与精神等二元对立框架铺设了我们理解世界的一套意义范畴，同时也铺设了一种意义生成的认知框架。在心理学上，大脑认知往往遵循一定的惰性原则，二元对立则提供了一种极为简易的理解框架，有助于人们快速而方便地确立世界的秩序体系，并给出必要的认知判断。在国际话语场中，一个成功的修辞实践往往意味着对特定认知框架的生产和输出。全球议题设置的修辞内涵不仅体现为对特定议题的显著性和关注度的设置，同样也体现为对特定的话语范畴的激活和征用，即对既定的认知框架的生产

[①] 刘涛. (2014). 环境公共事件的符号再造与修辞实践——基于兰州自来水污染事件的符号学分析. 新闻大学, 6, 24-31.

与再造，如此才能达到更有效的社会劝服功能。换言之，面对全球性的公共议题，我们是否可以提供一套来自中国的解释框架，是中国话语权建设必须回应的一个修辞学命题。

在全球舆论场中，话语权和新范畴具有内在统一的修辞逻辑，话语输出的关键是对某种话语范畴及其深层的理解框架的输出。美国可以在全球公共议题中主导国际舆论，离不开其对一系列新范畴及其对应的认知框架的生产与输出。"9·11"事件之后，"反恐"便作为美国布什政府精心炮制并推广的一个概念进入全球话语体系。在具体的语言修辞实践中，布什政府"先发制人"，将"9·11"事件定性为一场"战争"，从而为美国后"9·11"时期的系列反恐战争提供了合法性与正当性。其实，"战争"的本义是国家之间或国家内部不同派别之间的一种公开且使用暴力的武装冲突，而"9·11"事件无论从哪个意义上讲都不符合"战争"的基本条件。然而，布什总统的高明之处便在于激活并启用"战争框架"，使得人们在"战争"的认知范畴中理解"9·11"事件及其后的"反恐战争"。如果说"9·11"事件是一场"战争"，那美国的"反恐战争"便成为一种自然而然的军事行动。显然，"战争"就是一种被发明的辞格，这套辞格的深层话语就是对一种新的认知范畴的挪用。正是在语言修辞维度上，"'反恐'和'战争'成了公共话语生产的关注焦点，成为决定流通中的言论的相关性、兴趣和价值的参照点，从而先发制人地否定了从其他'角度'来'表述'（也就是用另外一套辞格来界定）'后9·11'事态的合法性与正当性"①。如果对比1993年2月26日纽约世贸中心遭遇的首次恐怖袭击事件，我们便可以清晰地发现"框架输出"之于全球议题设置的重要意义。1993年伊斯兰极端分子组织并实施的恐怖袭击事件与"9·11"事件只有伤害程度的不同，而事件的性质是一样的，但当时的克林顿政府出于对国家利益的考虑，"权衡再三"，并没有使用"战争框架"，仅仅将其定性为"爆炸案"。显然，对一场自杀式攻击的基调界定，定性究竟是"战争"还是"爆炸案"，二者启用的"范畴"是不一样的，输出的"框架"也是不同的，其结果就是，事实宣认的效果也是不同的。

---

① 刘亚猛.（2004）.追求象征的力量：关于西方修辞思想的思考.上海：上海三联书店（p.237）.

在语言符号铺设的意义世界，当前国际话语冲突的本质体现为框架冲突，即由理解方式的差异而形成认知冲突。国际话语权建构的关键是对公共议题的诠释方式及其认知框架的合法性争夺。所谓的合法性，原本就是语言的构造物。在语言符号确立的象征秩序中，不同的话语范畴之于合法性的建构方式和建构能力是不同的。长期以来，我国在话语表达上往往受制于西方的框架，也就是按照西方的话语框架来表达自己，其结果就是处于国际话语权争夺的从属地位，这不利于中国声音的积极传递。习近平总书记说，国际话语权建设的关键是"解决'挨骂'问题"，也就是需要在对外话语方式上将我国发展优势和综合实力有效地转化为话语优势。① 谈及"挨骂"，不能不谈及具体的问题语境，即中国到底在哪些问题上"挨骂"？

必须承认，西方国家对中国的"认知落差"，主要体现在政治民主、人权状况、民族宗教、官僚腐败等"敏感"议题上。面对来自西方世界根深蒂固的认知偏见，中国话语体系的新范畴建设客观上需要我们在这些"敏感"议题上进行话语框架创新，也就是赋予"敏感"议题一种新的理解框架及意义体系。比如，回应西方世界对中国民主政治问题的批评，客观上需要超越传统的"民主-专制"认知框架，发明并生产一套新的话语范畴，也就是提供一套理解并评价政治体制的新的认知框架。俞可平在《走向善治》中提出的"善治""增量民主"等概念实际上开拓了一种通往政治合法性认知的新的理解框架，这有助于我们超越单一的"民主-专制"西方框架，向全球话语场中注入一种旨在"阐释中国特色"的替代性的话语范畴。尽管这一框架还缺少一定的"国际语言"基础，且相关的话语内涵还需要进一步科学化、合理化和系统化，但其尝试开辟新的话语范畴的努力是非常可贵的。

谈及中国政治话语框架创新，首先需要解决中国政治思想问题。从传统文化那里汲取必要的文化话语资源，使其与当代中国政治话语进行积极对接，从而为中国政治话语表达提供充分的思想内核和价值内涵，是当前中国政治话语对外传播首先要解决的问题。其实，传统文化资源与思想遗产植根

---

① 中共中央宣传部. (2016). 习近平总书记系列重要讲话读本（2016年版）. 北京：学习出版社，人民出版社（p. 210）.

于特定的历史语境,因而具有一定的历史性和时代性,面对当下非常复杂的国际政治形势,有必要对传统文化话语的现代价值进行积极探索,使其能够回应当前中国的诸多重大的政治实践(如中国梦、"一带一路"、和谐社会、新型大国关系)。在中国传统文化深处,"仁"思想、"和"思想、"中庸"思想、"利他"思想、"平等"思想、"民本"思想、"礼法互补"思想等都能够有效回应当下中国非常丰富的政治实践。

对于传统文化话语的"征用",并不是直接"拿来",而是立足当下具体的政治实践,对其意义和内涵进行重新挖掘和阐释,使其能够成为当下中国政治实践的思想资源,进而在国际游戏规则中建立一套来自中国的诠释框架。面对平等、法制、民主、自由等全球公共话语,中国传统文化超越了西方话语的基本框架和意义体系,提供了一种基于对话主义视角的"中国声音",这无疑丰富了平等、法制、民主、自由等话语形式的意义内涵,可以理解为中国文化对世界政治话语本质与内涵的积极拓展。比如,就"平等"而言,名家的"平等"思想打破了西方话语的政治权利范畴,而是从"名实关系"上揭示"本质直观"问题,更多地指向认知意义上的消除差异与平等认知。这要求"站在对方的立场上辩证地、历史地看待问题",因而对于消除西方社会对中国根深蒂固的刻板印象和政治偏见(如对"社会主义"本能的抵触与误解)具有符号认知意义上的积极价值。再比如,就"民主"而言,"民主"可以从价值模式和实践模式两个维度加以认识,西方资本主义"民主"在价值模式上是积极的,但在实践模式上却暴露出诸多问题,因此有必要立足中国的"民本"思想,提倡一种"民本"意义上的"治理民主"实践,以有效回应民主的价值模式和实践模式……诸多研究和实践已经证明,探索中国政治话语国际传播的文化话语路径,这一思路不仅是可行的,而且是现实的。

四、新表述:故事系统生成的形式创新

如果说新概念、新范畴确立了对外话语的内容、框架问题,那新表述则在呼唤语言系统的形式创新。中国声音的对外传播必然依赖一定的文本载体。以何种方式对话语内容进行有效的编码、组织和结构,涉及文本表征层

面的形式创新问题。习近平总书记指出："要多用外国民众听得到、听得懂、听得进的途径和方式,积极传播中华文化,阐发中国精神,展现中国风貌,让世界对中国多一分理解、多一分支持。"① 这里的"听得到、听得懂、听得进"实际上指向文本呈现的形式问题,也就是要在表达形式上进行创新,从而以一种外国人更容易理解的途径和方式来传递中国声音。其实,习近平总书记早在 2004 年就已经指出,新闻媒体"要更多地采用群众喜闻乐见的形式,不断增强新闻宣传的生动性、可看性,努力提高新闻宣传的质量和水平"②。因此,对外话语的形式创新本质上体现为对叙事系统的创新,以使其在修辞学意义上获得更有效的劝服效果。

如何在文本形式上编织对外话语的新表述系统？习近平总书记在 2013 年 8 月 19 日全国宣传思想工作会议上提出的"讲好中国故事"无疑提供了一种战略性的、纲领性的、指导性的话语理念与行动方案。简言之,中国话语最主要的文本形式创新理念就是"讲好中国故事"。习近平总书记指出："讲好中国故事是全党的事,各个部门、各条战线都要讲。要加强统筹协调,整合各类资源,推动内宣外宣议题发展,奏响交响乐、唱响大合唱,把中国故事讲得愈来愈精彩,让中国声音愈来愈洪亮。"③ 显然,习近平总书记将中国话语体系的表述问题提高到治国理政的全局高度,以此强调"讲好中国故事"对于国际话语权建设的战略意义。

故事超越了传统的文化区隔系统,是全球意义活动的一种通用语言,具有"联接中外、沟通世界"的心理认同基础。从修辞学来讲,故事是意义的结构装置和"伪装"形式。故事表面上直观,形象,不加雕饰,实则已经在戏剧结构中预设了一套相对稳定的领悟模式,从而确立了人们的理解方式及意义生产方式。讲好中国故事,其实就是将中国立场、中国话语、中国逻辑悄无声息地植入特定的故事结构,让人们在潜移默化中完成对中国声音的认知与认同。从接受心理学上讲,个体一旦进入故事化的文本语境,往往

---

① 中共中央宣传部. (2016). 习近平总书记系列重要讲话读本 (2016 年版). 北京：学习出版社,人民出版社 (p. 210).
② 习近平. (2007). 之江新语. 杭州：浙江人民出版社 (p. 57).
③ 中共中央宣传部. (2016). 习近平总书记系列重要讲话读本 (2016 年版). 北京：学习出版社,人民出版社 (p. 211).

会启用大脑的启发性认知机制①，即在"惰性原则"的指导下完成对文本意义的直接建构。

如何讲好新闻故事？2016年2月19日，习近平在党的新闻舆论工作座谈会上的讲话指出，讲好中国故事的基本思路就是讲事实、讲形象、讲情感、讲道理，"讲事实才能说服人，讲形象才能打动人，讲情感才能感染人，讲道理才能影响人"②。实际上，讲事实、讲形象、讲情感、讲道理是新闻叙事的基本思路和方法。第一，如果故事的表达内容缺少了事实基础，新闻的价值内涵也就荡然无存；第二，如果故事的呈现手段缺少了鲜活、生动、形象的样式，新闻的传播力将大打折扣；第三，如果故事的表现方式无法对接公众的情感认知系统，新闻便难以获得较为普遍的认同；第四，如果故事的话语落点忽视了更为深刻的价值或道理，新闻就无法兑现"启人悟道"的话语承诺。

概括而言，讲好中国故事的基本理念是阐释好中国特色，讲好中国故事的基本方法是讲事实、讲形象、讲情感、讲道理。本章接下来立足融合新闻叙事实践，从讲事实、讲形象、讲情感、讲道理四个维度探讨融合新闻如何讲好中国故事的原理和路径，以回应中国话语体系建设中的"新表述"命题。必须强调的是，相较于传统新闻叙事，融合新闻由于其多媒融合特点，必然呈现出相对独特的叙事特点和规律。简言之，所谓讲事实，强调融合新闻需要充分发挥不同媒介元素在事实呈现上的优势和特色，特别是大数据维度抵达不可见的新闻世界；所谓讲形象，强调融合新闻的表现形式和叙事语言创新，尤其是借助形象、生动的视听语言和互动方式表现新闻主题；所谓讲情感，强调融合新闻要打造感人至深的故事语境，通过对故事情境的还原与创设，推动公众认知的情感认同；所谓讲道理，强调融合新闻不能陷入纯粹的"视听狂欢"，而要在知识、价值、观念层面有所突破。

---

① 大脑的认知机制可以分为系统性认知机制和启发性认知机制，前者对应的是理性思维，意义建构过程遵循的是理性和逻辑，后者则迎合了大脑的惰性原则，强调以一种最为简单、快捷的方式完成信息的加工和处理过程。因此，讲故事是一种普遍的修辞观念，具有修辞劝服的先天优势。

② 中共中央文献研究室编．(2017)．习近平关于社会主义文化建设论述摘编．北京：中央文献出版社（p. 212）．

（一）讲事实：新闻世界的数据表征

讲好中国故事并不是无中生有，也不是刻意粉饰，而是要立足深厚的中国文化土壤深处，向世界呈现一个真实的中国。任何时候，我们都不能忽视真实的力量。真实虽然说是对事实的客观反映，但同样是一种修辞理念，它以一种"无声胜有声"的方式接通人们的认知心理，通过"事实的力量"传递了强大的认同基础和劝服力道。习近平总书记指出，讲好中国故事的关键是讲好以下五种故事：中国特色社会主义的故事、中国梦的故事、中华优秀文化的故事、中国人的故事、中国和平发展的故事。[①]

习近平总书记说，我们既要向世界讲述伟大成就，也要敢于承认问题和不足，这样才更容易赢得西方社会的认同。可见，向世界呈现一个真实的中国，需要把握两个关键词——"自信"和"坦诚"。一方面，讲好中国故事必须足够自信。只有从内心深处对当前中国的现状与未来具有深刻的认同，才能在国际话语权建设实践中真正发出中国声音。另一方面，讲好中国故事必须足够坦诚。面对西方社会的批评和指责，我们要敢于面对问题，而不是有意回避。面对西方社会在诸多"敏感"议题上的质疑和偏见，我们需要直面国际舆论场，真正在事实的维度上讲清楚中国声音的合理性、科学性与正当性。

尽管媒体融合时代的新闻形态不断推陈出新，但新闻生产的"事实逻辑"从未改变。如果融合新闻无法在事实层面上有所突破，其价值和意义也就不复存在。进入"后真相"时代，人人都有麦克风，当越来越多的情绪和观点充斥网络时，对事实的核实、调查、挖掘显得尤为重要。我们强调融合新闻要"讲事实"，就是要突出融合新闻在事实呈现上的独特作用。融合新闻往往整合了文字、图像、视频、音乐等多种媒介元素，而每一种媒介元素及其书写文本都可以提供一种通往事实的不同视角，这些不同的"声音"整合在一个融合文本系统中，便有助于我们更系统、更完整地认识世界、理解真相。

[①] 中共中央宣传部. (2016). 习近平总书记系列重要讲话读本（2016年版）. 北京：学习出版社，人民出版社（p. 211）.

新闻故事既可以是一个单独的事件单元,也可以是一个连续的发展过程。由于多媒体技术、可视化技术的广泛应用,融合新闻可以将诸多新闻嵌入一个叙事结构,从而呈现一幅更大的事实图景。新冠疫情期间,《南方都市报》系统梳理了从2019年12月以来的国内重要疫情信息,并以时间轴的方式呈现,由此推出了H5新闻《记疫》。该作品包含政府行动、境内疫情、行业战疫、境外疫情四个版块,以"一句话"简讯的形式串联时间轴,并以红、绿、蓝、黄四种颜色区分,用户可自行选择不同的版块进行了解。同时,用户可以点击自己感兴趣的主题标签进行阅读,如"李文亮""钟南山""钻石公主号""辟谣"等。用户点进每一条"一句话"标签后,都能看到详细的资料介绍、确凿的信息来源。对于一些重大事件、重要决策的标题,制作团队还辅以短视频进行说明。文字信息、视频资料在这款时间轴H5新闻中得到了良好的整合——文字可以帮助公众迅速了解事件概况,而短视频的辅助则进一步强化了新闻的真实性。此外,《记疫》还为在抗击疫情中因公殉职的工作者建立了数据库,用户可点击界面右上角的"纪念逝者"图标,了解每一位"英雄"的人物故事,这不仅强化了用户对新闻事实的感知,也体现了深刻的人文关怀。

(二)讲形象:抽象议题的直观呈现

讲好中国故事,就是要使用外国人能够理解和认同的方式来讲述。诉诸生动、形象的语言与符号系统,能够有效地提升对外话语的亲和度、感召度与认同度。讲形象的关键是重视修辞实践之于整个话语表述系统的润滑功能和修饰功能。国务院新闻办公室前主任赵启正曾经风趣地说:"如果我们要表达的核心内容是中国特色社会主义的话,它相当于是维生素C,它本来是在苹果里的,这个'苹果'就是中国的社会现实和相关的故事。那么,与其给外国人维生素片,不如给他们原生态的苹果,即由他们自己去体会中国的社会主义本质,给他们消化和体会的余地。"[①] 可见,加强国际传播能力建设,客观上需要一套通俗的、直观的、形象的修辞系统。修辞包括语言修辞和视觉修辞,前者强调对语言符号的巧妙使用,尤其体现为对隐喻、象

---

① 赵启正. (2011). 公共外交与跨文化交流. 北京:中国人民大学出版社(p.56).

征、对比等修辞手法的运用，后者强调对图像符号的有效使用，通过视觉文化时代图像与生俱来的传播优势来影响人们的认同系统。①

从"万物并育而不相害"到"计利当计天下利"，从"山积而高，泽积而长"到"己所不欲，勿施于人"，从"物之不齐，物之情也"到"浩渺行无极，扬帆但信风"，习近平总书记从中国传统文化与思想遗产那里寻求话语资源，在国际舞台上形象而生动地诠释了中国的外交政策。② 陈锡喜在《平易近人——习近平的语言力量》一书中从形象比喻、俗文俚语、诗文引用等篇章出发，致力于解码"习式语言"的表达智慧，探寻语言背后的力量。因此，生动形象地讲述中国故事，成为中国话语体系建设"新表述"的重要构成内容。

随着短视频新闻、数据新闻、动画新闻、H5 新闻、VR 新闻等新兴的融合新闻形态出现，"讲形象"拥有了极大的想象空间和叙事潜力。每一种融合新闻形态都有其不可比拟的叙事优势，因此，创新融合新闻的技术语言，形象化地展示新闻事件和议题，成为话语构建的关键所在。2018 年全国两会召开之际，《人民日报》发布的 H5 新闻《重返这五年》，重温党的十八大以来的五年岁月，使人感受祖国的飞速变化与惊人成就（见图 13-2）。该 H5 新闻立足"反腐""治理大气污染""扶贫"等宏大主题，用形象而间接的叙事语言呈现了"中央八项规定""打虎拍蝇""一带一路""精准扶贫""致敬老兵"等十五个重要议题。再如，横跨伶仃洋的港珠澳大桥于 2018 年 10 月 24 日上午 9 时迎来历史性的通车时刻，新华社推出了 H5 新闻《一分钟漫游港珠澳大桥》。该新闻采用"一镜到底"的叙事方式，让用户以第一人称视角体验港珠澳大桥的风采，从而创设了普通用户感知并抵达重大议题的独特体验。用户长按屏幕即可前行，画面中的景色随之变换，且经过每一个里程段时，都可随时拍照。游览完全程后，用户还可将自己拍摄的照片做成明信片并转发给好友。这则 H5 新闻贴合时事热点，通过形象化的方式讲述港珠澳大桥的故事，极大地提升了用户的参与度和认同度。

---

① 刘涛. (2016). 西方数据新闻中的中国：一个视觉修辞分析框架. 新闻与传播研究, 2, 5-28+126.

② 人民日报评论部. (2015). 习近平用典. 北京：人民日报出版社 (p.176).

图 13-2　H5 新闻《重返这五年》（截图）

（三）讲情感：感性话语的数字建构

情感是建立在基本生命体验上的一种移情反映。孟子有曰："今人乍见孺子将入于井，皆有怵惕恻隐之心；非所以内交于孺子之父母也，非所以要誉于乡党朋友也，非恶其声而然也。"（《孟子·公孙丑上》）"恻隐之心"是一种本能的、原始的、直接的生命冲动，其情感发生基础是人与人之间的同理心，即一种基于共情、共感而形成的感情移入。这种生命情感克服了一切功利的、世俗的考虑，因而体现为一种喷薄欲出的原始冲突。但是，社交媒体时代，公众情感系统已经逐渐超越了人性意义上的"孟子的逻辑"，情感话语也呈现出更为复杂的生成逻辑和传播机制。

对外传播实际上意味着一场跨文化传播实践。讲述一个充满情感的故事，往往须跨越政治、种族、文化等各种认知壁垒。情感是一种全球通用语言，其认知语言是最简单的，认知语法也是相通的，因此讲情感是跨文化传播实践中一种普遍的文本生产观念。按照认知心理学的观点，人们的认同大多源于情感的触动,而情感认同往往是抵达认知认同的有效方式。① 当我们被好莱坞的故事打动时,其故事深层的价值观念也悄无声息地进入我们的认同系统。在新媒体环境下,文本叙事的基本观念就是情感认同。一个感人至深的情感故事,往往能引发普遍的情感动员。② 在对外话语传播实践中,通过情感化的方式讲述中国故事,是增强对外话语创造力、感召力和公信力的重要修辞实践。

为了增强政治互信,习近平总书记的外交实践特别重视中国故事的情感化呈现。通过讲述一些情真意切的微观故事,习近平总书记在情感维度上拉近了国与国之间的心理距离。2013 年 3 月 23 日,习近平总书记在莫斯科国际关系学院演讲中提到,"国之交在于民相亲"。为了更形象地阐释这一外交理念,习近平总书记讲述了两国人民相互支持和帮助的故事。"抗日战争时期,苏联飞行大队长库里申科来华同中国人民并肩作战,他动情地说:'我像体验我的祖国的灾难一样,体验着中国劳动人民正在遭受的灾难。'他英勇牺牲在中国大地上。中国人民没有忘记这位英雄,一对普通的中国母子已为他守陵半个多世纪。"③ 这一故事催人泪下,通过情感化的方式诠释了中俄两国的深厚友谊,不仅有助于树立中国良好的国家形象,同时也有助于增进两国之间的政治信任。

必须承认,社交媒体语境下的信息形态日益丰富,情感话语更是弥散于后真相时代的公共讨论之中。然而,一个不争的事实是,社交媒体语境下经常涌现出一些极端的情感形式,未能有效地促进沟通和理解,反而制造了更大的对立和隔阂——"暴行的照片可以导引出南辕北辙的反应,有人呼吁和平,有人声讨血债血偿。"④ 如何在情感的维度上实现社会主体的对话、认同与和解,是融合新闻叙事需要特别重视的修辞实践。实际上,讲故事的重要任务之一就是对情感话语的召唤,唯有如此,才能真正实现新修辞学学者肯尼斯·伯克(Kenneth Burke)所说的"情感认同"。实际上,情感认同的

---

① 刘涛,刘倩欣.(2023).情感叙事:环境传播的公共修辞实践.新闻界,4,4-20.
② 刘涛.(2016).视觉抗争:表演式抗争的剧目结构与符号矩阵.西北师大学报(社会科学版),4,5-15.
③ 人民日报.(2013).顺应时代前进潮流 促进世界和平发展.3 月 24 日 02 版.
④ 〔美〕苏珊·桑塔格.(2004).旁观他人的痛苦.陈耀成译.台北:麦田出版社(p.24).

基础并不是抽象的符号,而是具象的、充满生命质感的感知。可见,融合新闻只有聚焦社会普遍关注的公共议题,抓住公众的情感"痛点",通过对个体命运的挖掘与呈现,才能实现更大范围的情感共鸣,从而完成从微观命运到宏大议题的认知转换和过渡。

如何在生命维度上讲述故事,成为融合新闻表达的重要情感话语策略。2019年4月,网易哒哒工作室推出了一则以环保为主题的H5作品《英雄》。虽然名叫"英雄",但这实际上是一个"反英雄"的曲折故事。未来的某一日,受人类活动影响,地球环境状况高度恶化,大海啸爆发。洪水滔天之时,人们无助地逃跑,一位"超级英雄"挺身而出,发动自身的超能力抗击洪水、救助人类,争取了短暂的平静。然而,海啸很快卷土重来,拟人化的洪水喊出了宣言——"垃圾!尾气!砍伐!你们的行为决定了今天的命运!我的力量来自千千万万沉默和麻木的人类!再强大的英雄也无法战胜我!"随后,洪水一举击穿了"超级英雄"的身躯,失去保护的人类全部在灾难中丧生。此时,画面中映出文字,"超级英雄无法拯救世界 每个人类的觉醒才能拯救我们自己"。在该H5的结尾处,制作团队对人类活动所造成的环境污染进行了盘点,呼吁人们行动起来,不要再对"环保"二字无动于衷。该作品以"英雄"为引子,设置了跌宕起伏的故事情节,牵引着观众的情绪一再反转,将人们成功带入悲壮凄惨的氛围,最终发出"环保与每一个人有关"的倡议。制作团队巧妙地诉诸情感、传递观点,使得成品颇为深刻而富有感召力。

(四)讲道理:新闻叙事的知识生产

道理是理性的沉淀,是我们心理认同的基础,是形象建构的基本语法系统。讲述中国故事不能为了讲故事而讲故事,而要明白,讲故事的最终目的是引人入道,即通过引人入胜、循序渐进、春风化雨的方式启人悟道。如果说情感是故事认知的心理纽带,道理则是故事的终极落点和底层语言。在全球政治场域中,话语争夺的关键是合法性,而合法性的主体构成是道。如果不能在道的层面建立一种通往认同的逻辑话语,中国声音的国际影响力势必会成为无本之木。2013年10月3日,习近平总书记在印度尼西亚国会演讲中，围绕"中国-东盟命运共同体"这一话语落点讲述了诸多中国故事。①习近平总书记援引了于右任写给蒋经国的条幅——"计利当计天下利",该故事深层的话语之道则是习近平外交思想中的"义利观"。

所谓道,就是中国话语。在现行世界格局中,中国不能仅仅做听众,也要做道理的解说员,提供一套由中国话语包裹的解释体系和思想体系;所谓道,就是中国价值。价值是认同的最高形态。只有故事的主题和内涵表现为特定价值层面的认同话语,这样的中国故事才是真正有穿透力的故事。因此,讲道理的核心内涵就是讲清楚中国话语和中国价值。纪录片《舌尖上的中国》表面上讲述的是中国的饮食文化故事,而故事之魂则是"以人为本""天人合一""中庸之道""和谐社会""可持续发展"等具有中国特色的文化观念。这些观念提供了一套应对全球公共议题、来自中国的思维方式和应对方案。可见,讲道理就是要在故事维度上启人悟道,即借助一定的修辞策略强化"说理"的隐在力量。

作为新闻报道的内在灵魂,"理"本质上是一个逻辑问题。所谓客观报道,实际上遵循的也是某种既定的逻辑框架或逻辑规律,并且在层层逻辑的牵引之下完成材料的组织与转译。因此,新闻报道立足事实,同时也受制于新闻生产者的观照视域和理性逻辑——追问的问题不一样,展现的道理也就不一样。融合新闻报道只有抓住组织材料的内在问题,才能抓住其中的道理,进而明确新闻故事的讲述之道。

不同于新闻评论、信息宣传等具有明确说理诉求的文本实践,由于融合新闻的表现形式和叙事语言更加丰富、多元、具象,因此其呈现方式超越了传统的线性逻辑,最终体现为多种媒介元素共同作用而建构的一种认知话语。作为一种新兴的新闻形态,融合新闻依然遵循新闻报道的"一致性和逼真性"原则——一致性指的是"一段叙事内在的不矛盾",即结构一致性、材料一致性、角色一致性;逼真性则是"故事的可信性或可靠性",即一种"好理由的逻辑"(the logic of good reasons)。② 只有真正立足融合新闻的多媒

---

① 人民日报. (2013). 携手建设中国-东盟命运共同体——在印度尼西亚国会的演讲. 10月4日02版.

② 〔美〕理查德·韦斯特,林恩·特纳. (2007). 传播理论导引:分析与应用. 刘海龙译. 北京:中国人民大学出版社(pp. 384-386).

体表征特点及其对现实的多模态呈现方式，我们才能深入其逻辑，达到"说理"的新闻功能和传播目的。

讲道理并非是对"问题"的直接呈现，而是通过多媒体化的修辞实践，重新赋予"问题"一种新的认知框架，进而达到"启人悟道"的知识生产目的。2018年1月23日，一则关于军校学员列车让座的新闻，引发了网民关于"军人该不该让座""军人该不该优先"的争论。对此舆论热点，人民日报社一周后发布短视频《谁是站到最后的人》，从侧面做出了精彩回应。该视频制作团队设置了一个"勇敢测试"，并邀请了49位参与者。主持人同时向49人发问，谈论现实生活中可能遇到的各种紧急状况，如"你在公共场所看到小偷，是否会上前制止"，若是参与者给出否定答案，便可移步离开视频的拍摄区域。随着问题的危险程度依次升级，参与者逐渐离开，场上最后只剩下5位参与者。此时，主持人揭晓5位"站到最后的人"的真实身份——他们都是军人。视频的结尾处，画面映出："让军人依法优先，就像战场上他们优先一样。"该作品通过简明而有力的设计，借助一个发人深省的"勇敢测试"，讲明了军人的职业特殊性与危险性，帮助大家直观地认识到军人高贵的牺牲精神和奉献精神；说理的力道层层递进，以循循善诱的方式明确了"军人依法优先"的正确性，达到了良好的舆论引导效果。

总之，中国话语体系构建的核心是打造融通中外的新概念、新范畴、新表述，三者辩证统一，具有积极的关联基础和互动逻辑。为了揭示新概念、新范畴、新表述之间的联动机制和辩证关系，我们不妨以党的十八大以来我国的"网络安全观"为例，进一步探讨外宣实践中新概念、新范畴、新表述之间的内在关系及其协同作用。面对全球互联网领域发展不平衡、规则不健全、秩序不合理等问题，中国政府积极推进全球互联网治理体系变革，其中最重要的意识形态工作就是对"网络主权"这一新概念的生产。2015年12月16日，习近平总书记在第二届世界互联网大会开幕式上的讲话中提出了"网络主权"这一概念，试图通过"概念化的途径"形成全球互联网治理的新格局与共识体系。"网络主权"构成了我国"网络安全观"的思想之核与话语之魂。"网络主权"这一概念的合法性确立，离不开对特定的认知框架的生产，而这直接涉及中国话语体系的新范畴问题。其实，"网络主权"是一种隐喻性的修辞话语，它激活并挪用了地缘意义上的主权框架，使得人们能够按照现实空间的主权概念来认识网络空间。当地缘意义上的主权框架被挪用到网络空间，"网络安全观"所必需的一系列互联网管理行为便被合法化了。同时，新范畴的合法性确立，离不开相应的理论支撑和逻辑阐释。习近平总书记给出了系统的话语阐述，"《联合国宪章》确立的主权平等原则是当代国际关系的基本准则，覆盖国与国交往各个领域，其原则和精神也应该适用于网络空间。我们应该尊重各国自主选择网络发展道路、网络管理模式、互联网公共政策和平等参与国际网络空间治理的权利"[①]。新概念与新范畴被确立下来。习近平总书记在文本的形式创新层面系统使用了一系列修辞智慧，比如对"天下兼相爱则治，交相恶则乱""知屋漏者在宇下，知政失者在草野"等中国传统文化资源的招募，对"网络空间是亿万民众共同的精神家园""网络空间不是'法外之地'""人家用的是飞机大炮，我们这里还用大刀长矛，那是不行的，攻防力量要对等"等隐喻话语的生产，进而以一种更有助于全球理解的语言方式进行表述，这无疑有助于对我国网络安全观的理解和认同。可见，网络安全观的传播及其合法性建构，不仅强调对新概念、新范畴、新表述的修辞创新，同时也强调新概念、新范畴、新表述的"化学反应"与"协同作战"。

新概念、新范畴、新表述的链接与组合，一定意义上指出了对外话语的体系化建设思路与方向，而针对不同的全球公共话语议题，三者之间如何更好地配合、勾连与互动，进而在修辞学意义上产生积极的"化学反应"，还需要在实践中不断探索和提炼。概括而言，新概念、新范畴、新表述本质上是一个修辞学问题：新概念强调对外话语内容的符号创新，新范畴强调对外话语结构的框架创新，新表述强调对外话语表达的形式创新。新概念、新范畴、新表述内在关联，多维互动，辩证统一，其共同的话语方向是"融通中外"。新概念决定了新范畴的框架选择，同时也决定了新表述的文本叙事系统，一定意义上构成了中国对外话语的话语内核。新概念的深层语言是话语，是思想，而新范畴强调以何种方式来诠释概念深层的话语内容和思想内容。与此同时，框架的生产与输出，同样是借助一定的表述体系完成的，即通过一定的形式创新来寻求一套有助于全球理解和对话的文本呈现体系。概

[①] 人民日报. (2015). 在第二届世界互联网大会开幕式上的讲话. 12月17日02版.

括来说，新概念构成了中国话语体系的底层话语，是外宣话语的思想之魂，新范畴和新表述分别从认知方式和文本表达两个维度打造了一套"联接中外、沟通世界"的理解系统和沟通系统。如果离开新概念的统摄功能，新范畴和新表述便失去了意义方向；如果新框架未能发挥应有的语境重置和认知引导作用，新概念的意义赋值体系便失去了逻辑支撑，新表述将会陷入一场纯粹的形式狂欢；如果新表述未能在文本形式上进行创新，尤其是离开了讲事实、讲形象、讲情感、讲道理这一基本的故事化文本生产理念，新概念和新框架的感召力、影响力和公信力将大打折扣。因此，新概念、新范畴、新表述之间内在关联，辩证统一，其内在的话语指向"融通之外"。

第 十 四 章

中国叙事体系构建：新文本·新语言·新生态

自党的十八大以来，"讲好中国故事，传播好中国声音，阐释好中国特色"成为党的工作重点之一，其目标在于"加强国际传播能力建设，增强国际话语权"。2021年5月31日，习近平总书记在十九届中央政治局第三十次集体学习时的讲话中指出："要加快构建中国话语和中国叙事体系，用中国理论阐述中国实践，用中国实践升华中国理论。"① 党的二十大报告明确要求："坚守中华文化立场，提炼展示中华文明的精神标识和文化精髓，加快构建中国话语和中国叙事体系，讲好中国故事、传播好中国声音，展现可信、可爱、可敬的中国形象。"② 显然，中国话语体系和中国叙事体系构成了当前国际传播能力建设不容忽视的两大体系。话语问题和叙事问题之所以被推向体系层面，是因为在当前复杂的国际舆论环境中，中国所遭遇的不利"局面"主体上体现为一场系统性的"话语危机"和"叙事危机"。唯有以体系对抗体系，才能从根本上解决国际传播能力建设命题。而要回应这两大危机，则必须进行更为深入的观察和研判，从局部走向全局，从树木走向森林，即在话语问题和叙事问题上进行系统性的、协同性的、结构性的谋篇布局，进而在体系层面实现中国主张合法性的体系化建构。

所谓话语危机，主要体现为西方通过一定的议题设置和话语生产策略，

---

① 人民日报.(2021).加强和改进国际传播工作 展示真实立体全面的中国.6月2日01版.
② 人民日报.(2022).高举中国特色社会主义伟大旗帜 为全面建设社会主义现代化国家而团结奋斗——在中国共产党第二十次全国代表大会上的报告.10月26日01-05版.

输出西方话语框架，挑战中国话语的合法性与正当性，以推行西方话语霸权。这使得中国在一些核心议题上遭遇"有理讲不通"的意识形态偏见和全球话语冲突。例如，西方在5G技术、南海问题、新疆棉花、修例风波、俄乌冲突等议题上轮番抹黑中国，而中国所遭遇的是一种逼真的话语冲突，即西方在这些议题上输出的是一种排他性的话语体系，其目的在于挑战中国话语的合法性。所谓叙事危机，主要体现为西方媒体借助一定的文本修辞策略，将西方意识形态悄无声息地植入文本的叙事结构，从而在叙事维度编织西方话语的认同体系，由此传递一种西方霸权话语"授权的"意义系统。例如，关于中国议题的呈现，当前西方媒体愈发重视叙事方式转变，其表现之一就是呈现形式从传统新闻叙事延伸到数据新闻叙事——借助一定的视觉修辞策略，西方媒体以数据可视化（visualization）的方式在叙事维度上重置数据认知语境，重构中国议题表征的视觉框架（visual framing），其结果就是将中国建构为全球语境中的"数据他者"（the data other）。① 这一过程本质上体现为叙事意义上的视觉修辞实践，而西方话语恰恰是在数字叙事维度上被源源不断地生产出来，并深刻地影响中国的国际形象。不难发现，西方媒体的全球议题设置，实际上是在"话语"和"叙事"的交织结构中发挥作用的。如果忽视西方媒体的叙事方式，我们便难以理解西方话语的生产方式。

关于中国话语体系的构建，相关研究较为丰富，也形成了一定的理论成果，如从新概念、新范畴、新表述三个维度构建中国话语体系——新概念强调对外话语内容的符号创新，新范畴强调对外话语结构的框架创新，新表述强调对外话语表达的形式创新。②而关于中国叙事体系的构建，学界尚未形成明晰的切入路径和理论框架，也未能在实践路径上达成普遍共识。

必须承认，叙事必然指向一定的文本实践（textual practice），而不同的文本实践又对应不同的叙事机制，相应地也就形成了不同的话语方式。为了避免中国叙事体系研究泛泛而谈，本章聚焦于融合新闻的叙事实践，深入探

---

① 刘涛.(2016).西方数据新闻中的中国：一个视觉修辞分析框架.新闻与传播研究，2，5-28+126.

② 刘涛.(2017).新概念 新范畴 新表述：对外话语体系创新的修辞学观念与路径.新闻与传播研究，2，6-19.

讨"融合新闻如何讲好中国故事"这一问题深层的数字叙事理念、机制与策略。

一、理解中国叙事体系：内涵与逻辑

在经典叙事学那里，叙事是叙述者（narrator）向受叙者（narratee）传达某个真实或虚构事件（event）的行为和过程。[①] 由于经过叙述者以及语言、图像等媒介的转述，受叙者所接收的叙事文本与叙述者所要叙述的事件本身往往并非完全一致，因此美国叙事学者西摩·查特曼（Seymour Chatman）将叙事区分为故事与话语两个层面：故事属于内容层，强调在心理维度建构一个叙事时空，指向事件和实存，前者包含行动与事故，后者涵盖人物与背景；话语则属于表达层，强调在媒介维度搭建一个修辞结构，指向事件的传达方式，包括内容传达结构和内容表现媒介两个亚成分。[②] 换言之，事件需要经过媒介化才能成为叙事文本，在这一过程中，媒介作为表达的物质支持，在为叙事提供表征的物质资源的同时，实际上也限制了故事的表达，文本只能呈现事件中符合媒介形式与逻辑的部分。因此，叙事媒介的转变往往需要"重塑先前媒介形式所遵循的形式逻辑"[③]。这意味着中国叙事体系的构建，需要基于媒介自身的形式逻辑去探寻叙事文本生产的策略，从而克服中国故事"有理说不出""说了传不开"的困境。

因此，中国叙事体系构建需要立足当前国际传播所面临的叙事危机，将文本的叙事问题置于数字时代的传播语境中加以考察，从而在文本实践维度上构建中国叙事体系的知识结构与数字实践方案。所谓文本实践，主要是指从实践的维度审视文本的属性问题，以实现文本与语境的深入结合，其目的是拓展文本内涵及其形式研究的社会实践向度。如果说文本是一个静态的、

[①] 〔美〕杰拉德·普林斯. (2016). 叙述学词典. 乔国强, 李孝弟译. 上海: 上海译文出版社 (pp. 136-140).

[②] 〔美〕西摩·查特曼. (2013). 故事与话语: 小说和电影的叙事结构. 徐强译. 北京: 中国人民大学出版社 (pp. 5-9).

[③] Bolter, J. & Grusin, R. (1999). *Remediation: Understanding new media*. Cambridge, MA.: MIT Press, p. 273.

孤立的、对象化的意义载体，那么文本实践则将文本推向了现实维度，主要关注的是文化主义意义上的关系和实践，尤其是文本与社会互动结构中的话语实践（discursive practice）。从文本实践维度来探讨中国叙事体系构建，需要考虑到以下两方面。

第一，对外传播旨在回应一定的现实议题，具有明显的问题意识和实践内涵，因此，中国叙事体系构建需要在底层逻辑上直面传播本身的问题语境，将叙事从结构主义延伸到文化主义，以拓展叙事的话语维度、实践向度和功能限度。对外传播指向一个巨大的现实问题语境，其目的就是以传播的方式回应与国家利益密切相关的议题、争议或"痛点"。相应地，文本叙事不能停留在简单的形式维度，而要从传播语境或话语实践出发，深入挖掘叙事形式与传播问题之间的内在逻辑及其驱动结构，从而打开文本叙事的社会向度。从这个意义上讲，中国叙事体系的构建，需要将经典叙事学所关注的形式问题置于更大的问题语境中加以考察，完成从叙事形式到叙事话语/实践的认识论超越。当叙事拥有了来自文本实践的观照视野时，经典叙事学所专注的意义及结构问题则被赋予了新的内涵，这意味着我们不仅要关注叙事的表意问题，也要关注既定问题语境中叙事的意义实践问题。脱离实践语境的叙事注定如断了线的风筝，难以真正回应对外传播的功能和效果问题。可见，从文本实践的视角出发，中国叙事体系构建需要思考的核心命题是：一种叙事是否建构了某种话语形式，而这种话语又是否有助于解决中国所面临的国际传播难题？

第二，对外传播呼唤文本形态的创新，而新兴文本的传播往往依赖具体的传播场景，因此，中国叙事体系构建需要引入"场景思维"，根据传播场景的时空属性、主体行为和实践逻辑，探索与传播场景适配的文本叙事体系。在经典叙事学那里，文本和传播是相分离的，语境问题主要关注文本故事维度的内部语境，而文本实践维度的外部语境并未真正进入叙事学的考察视野。数字时代的文本大多应场景而生，并在场景中获得生命和意义。相应地，其文本实践已经超越了传统意义上的"观看"逻辑，而是更多地体现为一种基于场景思维的"体验"逻辑，这意味着文本实践维度的场景要素已经作为一种基础性的文本变量，不仅嵌入叙事，而且重构了叙事的内涵。场景是一种特定的语境形态，主要强调文本发生作用的空间场景。正是在既定的场景中，文本获得了崭新的叙事内涵——文本并非悬置在现实之上的"纯粹形式"，而根据场景的功能和属性呈现出新的表征方式及叙事语言。例如，无人机表演往往以夜空为幕，而且更多地伴随着某种仪式性的庆典活动出场，这一特殊的发生场景及其功能特征决定了，无人机表演必然呈现出一种全新的视觉叙事语言。正因如此，在讨论叙事体系之际，我们需要回到文本实践维度的相应场景之中，也就是在主体的具身实践中考察文本表征层面的叙事问题。

如何构建中国叙事体系？首先需要立足数字叙事学这一理论基础，并结合具体的国际传播议题，探讨数字媒介语境下文本叙事的理念与策略。今天，数字媒介技术已经渗透进日常生活，叙事领域也不例外，其不仅在实践层面挑战着经典叙事理论的适用性与合法性问题，也在理论层面冲击着"结构""情节""语言""形态""语义"等基础性叙事概念及其相关的叙事命题。正是在这一普遍的"数字化浪潮"下，数字叙事学应运而生，并将研究对象拓展至融合了语言、图像和声音等多媒体要素的数字文本，直面数字技术所带来的叙事学问题。数字叙事学研究者玛丽-劳尔·瑞安（Marie-Laure Ryan）指出，数字媒介从三个层面对经典叙事学的知识话语发起挑战：第一，在语用层面，叙事学主要探讨的是人类讲述故事的目的，而数字媒介形成了用户参与叙事的全新且多元化的模式；第二，在句法层面，叙事学主要研究的是话语或叙事策略，而数字媒介不仅创造了新的故事呈现方式，也催生了新的解读方式；第三，在语义层面，叙事学主要分析的是故事情节，而数字媒介对叙事内容提出了新的要求，即基于数字媒介的特点和属性进行有针对性的内容挖掘和设计。①

基于此，本章立足数字叙事学的理论话语，旨在探讨中国叙事体系构建的数字方案与实践，即"讲好中国故事"的数字叙事体系。叙事体系构建实际上包含三方面的内容：一是形态层，即文体意义上的叙事形式问题；二是语义层，即语言意义上的叙事语法问题；三是传播层，即体系意义上的叙事实践问题——叙事除了关注单个文本的叙事，还需要建立文本之间的勾

---

① 〔美〕玛丽-劳尔·瑞安. (2017). 跨媒介叙事. 张新军，林文娟等译. 成都：四川大学出版社（pp. 309-329）.

连、协同与对话关系。相应地，叙事形式、叙事语法、叙事实践便构成了叙事体系构建需要正面回应的三大基础命题。而这三大叙事命题又统摄在"文本实践"的意涵范畴之中。概括而言，从文本实践的视角出发，叙事体系实际上包含三重逻辑：一是形式逻辑，即文本形态问题，意为文本借助何种符号形式来承载意义；二是语法逻辑，即叙事语言问题，意为文本的意义是如何组织起来的；三是实践逻辑，即文本生态问题，意为文本与文本之间如何实现协同叙事。接下来，本章重点聚焦于融合新闻这一典型的数字文本形式，从新文本、新语言、新生态三重叙事向度出发，尝试勾勒中国叙事体系构建的形式、语法、实践系统。

二、新文本：叙事体系构建的形式逻辑

任何传播行为都离不开"文本"这一根本性的符号载体——意义取决于传播主体的感知过程，而感知的对象则体现为一定的文本形式。相较于传统的文本形态，数字媒介文本的应用场景更为多元，相应地催生了一系列应"场景"而生的新兴文本形态。今天，深度媒介化（deep mediatization）已然是一个合法的生存事实，这离不开相应数字媒介技术的支持及其对应文本形态的创新。就媒介技术而言，搜索引擎（search engine）、算法（algorithm）和数据库（database）三种媒介技术已经深度嵌入媒介化社会的组织体系，铺设了深度媒介化的技术座架。[①] 就文本形态而言，深度媒介化必然伴随着一个个"媒介化场景"的生产，而场景生成及发挥作用的核心构件则是相应的媒介文本形态。新文本激活与构造新场景，而新场景则呼唤新文本的升级与创新，由此便形成了媒介文本与传播场景之间的螺旋结构。就新闻领域而言，传统的新闻文本主要是报刊新闻、广播新闻、电视新闻、网络新闻等，而数字媒介时代的新闻文本形式可谓是花样繁多，诸如短视频、数据新闻、VR新闻、H5新闻、新闻游戏、动画新闻、智能新闻等新兴的新闻形态不断推陈出新，构筑了一个庞大的"融合新闻家族"。每一种新闻形态

---

① Andersen, J. (2018). Archiving, ordering, and searching: search engines, algorithms, databases, and deep mediatization. *Media, Culture & Society*, 40 (8), 1135–1150.

的出场，并不仅仅是一种形式上的创新，其深层的媒介逻辑还体现为对应用场景的生产与再造。例如，我们今天所说的视频化生存，实际上离不开短视频这一新兴的文本形态。因此，考察社交语境下短视频文本的运作机制及其重构的媒介场景，有助于理解媒介化的深层逻辑。[1]

为什么会涌现出如此丰富的文本形态？不能不提到数字媒介的可供性（affordances）问题。所谓媒介可供性，主要是指媒介的物质"示能"与主体的行动"潜能"的统一，即在媒介技术所创设或限定的人与环境的关系中，主体能够获得或拥有某种行动的可能性。安德鲁·理查德·施罗克（Andrew Richard Schrock）将移动媒介的传播可供性（communicative affordances）概括为可携带性（portability）、可获取性（availability）、可定位性（locatability）和可融媒性（multimediality）。[2] 相较于传统媒介而言，数字媒介对现实环境的媒介化能力呈现出前所未有的潜力和趋势，而这与数字媒介在可供性上的自由度和高阶性具有密切关系。如果说传统媒介的文本实践主要是发现场景和挪用场景，数字媒介则创设了一个个新场景，其特点便是模拟场景、生产场景和创造场景。这意味着，数字媒介在行动者与环境（技术）的作用场景中，提供了更多的可能关系以及更大的行动潜能。实际上，数字媒介的可供性内涵并不局限在传播可供性层面，还包括叙事可供性，即数字媒介在叙事维度上拥有更为灵活的表征方式和文本实践潜力。

因此，在深度媒介化的数字时代，中国叙事体系构建的关键是从文本出发，直面新兴文本的物质逻辑及其表现形式，在此基础上探索文本表征的叙事转向及其形式逻辑问题。在媒介技术的演进结构中，物质逻辑深刻地影响并塑造了意义表征的形式逻辑，由此诞生了一系列新兴的文本形式。相较于经典叙事学，数字叙事学需要超越简单的意义"序列"问题，重点关注数字媒介物质性基础上既定文本形式的意义组织方式。面对数字媒介时代纷繁复杂的文本形式，数字叙事研究需要回到基础的形式生成逻辑，尤其是文本形式变化和演进的总体特征和普遍规律上。为了较为清晰地提炼文本叙事的

---

[1] 刘涛.（2022）.以短视频为方法，理解媒介化生存.新闻与写作，4，1.
[2] Schrock, A. R. (2015). Communicative affordances of mobile media: Portability, availability, locatability, and multimediality. *International Journal of Communication*, 9 (1), 1229-1246.

形式逻辑，本章借鉴社会思潮领域的"转向"理念，以超越经典叙事的知识框架，进而把握数字叙事体系中的形式与意义问题。

如何理解数字媒介叙事的形式逻辑？这一问题需要回到媒介技术演进及媒介文化思潮的整体语境中加以审视。20世纪以来，哲学与文化领域出现了若干代表性的转向，如图像转向、空间转向、语言转向、身体转向等，其特点就是在认识论上重新发现图像、发现空间、发现语言、发现身体等，并在此基础上形成了与之相关的知识话语，进而呼唤认识领域的范式革新。作为一种社会思潮，这些转向并非局限于某一个学科，而是普遍渗透到了相关的其他学科以及日常生活领域。而媒介文本作为一种重要的文化传播载体，自然成为转向深处需要正面回应的文本实践命题。在媒介文本叙事的表征层面，同样出现了一系列代表性的转向。本章立足文本符号呈现、文本语义修辞和文本情景创设三大基本的叙事问题，分别关注其对应的叙事"转向"——视觉转向、情感转向、游戏转向，并在此基础上探讨"转向"深层的文本形式特征及其叙事观念。

概括而言，数字媒介文本在表征形式上呈现出三大显著特征，分别是符号呈现的视觉转向、语义修辞的情感转向以及情景创设的游戏转向。第一，文本符号呈现的视觉转向，意为文本表征的符号形式越来越多地依赖图像化的元素、框架和结构方式。在视觉性主导的当代文化逻辑中，文本呈现出普遍的视觉化表征特点和趋势，视觉信息以一种压制性的方式主导了文本的生产景观，即便是传统的文本形式，也尝试插上图像的翅膀，以便在视觉文化时代的图像海洋中获取更多的关注。其中，可视化作为一种相对普遍的信息编码或转译方式，被广泛地应用于数据新闻的生产实践。在数据可视化的直接驱动下，一种新的新闻故事形态——数据故事（data story）逐渐走向前台[①]，日益成为新闻叙事领域的"新宠"。实际上，可视化并非仅仅体现为信息模态的图像化转译，而往往嵌入了其他的数字技术，如交互式技术，由此便产生了一种新的新闻文本形式——交互式数据新闻。相关研究发现，交互式可视化文本大多可实现更具劝服力的传播效果，如有关新冠疫

---

① Weber, W., Engebretsen, M. & Kennedy, H. (2018). Data stories: Rethinking journalistic storytelling in the context of data journalism. *Studies in Communication Sciences*, 18 (1), 191-206.

情的交互式可视化文本，往往更容易"制造恐惧"，因而展现出更佳的疾病预防效果。①

第二，文本语义修辞的情感转向，意为文本故事讲述越来越多地诉诸情感，即积极挖掘文本表达的情感内涵和意义落点，以触发用户的情感认同。在数字媒介环境下，新闻的情感化表达成为一种较为普遍的叙事方式。② 全球新闻业研究的权威学术期刊《数字新闻学》（*Digital Journalism*）于2020年推出专刊《数字新闻与情感》（*Digital Journalism and Emotions*），将新闻业的"情感转向"问题推向了学界的关注热点。尽管传统媒体同样重视文本生产与叙事中的情感问题，但数字媒介时代的情感化表达更为普遍和多元③，并且成为文本获得"流量密码"的"规定动作"。

第三，文本情景创设的游戏转向，意为重构文本的信息表现方式，以游戏化的方式编织内容，从而拓展用户的参与方式和互动深度，并在此基础上聚合更大的社交网络。在由流量主导的社交规则中，互动性、趣味性、消费性成为文本生产的"标准"形式，相应地也就形成了一种以"游戏性"为基本取向的文本生产理念。当前，游戏转向已经延伸到新闻领域④，新媒体领域涌现出诸多兼具信息价值和娱乐功能的互动类融媒体产品，甚至衍生出"新闻游戏"这一新兴的新闻文本形态。随着越来越多的新闻呈现出游戏的特征和内涵，新闻业的边界、生态、元话语体系正在发生相应的变化和"偏移"。⑤ 由此可见，为了适应社交媒体的底层规则，数字文本在叙事上呈现出三种转向——视觉转向、情感转向和游戏转向。而不同的叙事转向，正在呼唤与之相适应的文本形态的出场以及交往体系的构建。

---

① Oh, J. & Hwang, A. H. C. (2021). Interactive data visualization enhances preventive intentions in COVID-19 news stories: The mediating role of fear and the moderating role of political orientation. *Journal of Broadcasting & Electronic Media*, 65 (4), 479-504.

② Orgeret, K. S. (2020). Discussing emotions in digital journalism. *Digital Journalism*, 8 (2), 292-297.

③ Wahl-Jorgensen, K. (2020). An emotional turn in journalism studies? *Digital Journalism*, 8 (2), 175-194.

④ James, J. (2017). Newsgames-journalism innovation through game design. *American Journalism*, 34 (3), 379-381.

⑤ Perreault, G. & Vos, T. (2020). Metajournalistic discourse on the rise of gaming journalism. *New Media & Society*, 22 (1), 159-176.

(一) 符号呈现的视觉转向

视觉转向强调立足信息呈现的视觉优势,对信息形式进行可视化的编码或转译,从而在视觉维度上讲述故事。信息内容的可视化实际上涉及视觉修辞实践,即通过对视觉话语的策略性建构,实现劝服性话语的生产目的。视觉文本中色彩、图案、标识、布局等视觉语言的使用往往具有深刻的修辞意涵,能够创设通往现实的认知路径。西方媒体的数据新闻正是通过激活、发明与再造视觉框架来生产隐性的意识形态话语,进而形塑与固化负面的中国形象。① 因此,为了打破西方媒体所设置的视觉框架,中国媒体需要直面数字叙事文本的视觉转向,不断探索与创新中国故事文本的视觉表征方式,策略性地利用色彩、标识、图案、布局等图像化叙事语言,形象而生动地展现中国故事与中国形象。

2019年3月全国两会期间,CGTN推出了数据新闻《为人民》("Who Runs China")。该作品通过柱状图、树状图、色块图等数据专业图表和3D交互技术对十三届全国人大代表的相关统计数据进行了可视化呈现。其中,每一个粒子代表一名全国人大代表,随着用户手指上滑,粒子会依照不同的统计和分类方式产生颜色区分,并根据展示图表的变化而滑动到页面的不同位置,形成集结或散开的动态效果,从而以统计数据为基础讲述故事。该作品生动地阐释了全国人民代表大会制度的优越性,凸显了"人民代表为人民"的话语落点,最终收获超2600万次的浏览量,获得第二十四届威比奖(The Webby Awards)的最佳数据视觉网站提名奖。

(二) 语义修辞的情感转向

情感转向强调立足用户的情感认同,释放文本的情感力量,进而在情感维度上讲述故事。情感是人类共通的心理语言,其认知语法简单而直接,一个感人的故事能够跨越民族、文化、国家的边界并引发广泛认同,相应地,

---

① 刘涛. (2016). 西方数据新闻中的中国:一个视觉修辞分析框架. 新闻与传播研究, 2, 5-28+126.

共情传播成为跨文化传播的重要策略之一①，对于解决"讲好中国故事"而言具有切实的意义。相较于其他的认同方式，情感认同的心理基础是共情，共情往往能够增强文本或故事的感召力与可信度，从而促进中国故事及其深层话语的全球传播。在文本语义的生产实践中，情感认同的认知基础有赖于情感框架的生产。而情感框架是一种基础性的元框架（meta-frame）形态，其功能便是在情感维度上构筑公众的认同体系。② 作为一种认知模式，框架往往是修辞建构的产物，即在语义修辞上建构了一种相对稳定的理解方式。正因如此，在文本语义的编码体系中激活公众的情感认知系统，则是一种较为普遍的符号修辞策略。

VR、短视频、新媒体音频等文本形态在情感叙事上有其不可取代的文体优势，因而成为中国叙事体系中常见的文本形式。例如，VR 新闻能够创设一定的感性场景，从而有效地提升公众的共情能力。③ 正因如此，VR 的意义不仅在于创设一种沉浸式的接受体验，更为深层的意义则是其在情感认同维度上的视觉修辞能力。再如，短视频作为一种视觉表现形式，本身就具有直达人心的冲击力，在此基础上，时长较短意味着短视频需要以最快的速度展现具有吸引力和情感张力的情节，这种特殊的叙事结构能够在短时间内击中用户情绪，引发共鸣。中国新闻网于 2018 年推出了短视频新闻《西城洋大爷》。该作品聚焦于在中国生活超过 20 年的美国人高天瑞的故事，以细腻、朴实而又感性的镜头语言讲述了他的人生故事。其中，在开头，视频从北京的日常生活场景引入，辅以主人公的话为背景音——"说真话，我家就在这儿"，坚定的语气、略带有口音的儿化音和富于老北京特色的日常生活画面形成一定的情感张力。通过情感化的故事方式讲述高天瑞的个体命运，该作品不仅展现了中国发展的时代语境，也体现了中国文化之道的开放与包容。

（三）情景创设的游戏转向

游戏转向强调立足游戏化的信息呈现方式，集互动性、社交性、趣味性

---

① 吴飞. (2019). 共情传播的理论基础与实践路径探索. 新闻与传播研究, 5, 59-76+127.
② 刘涛. (2017). 元框架：话语实践中的修辞发明与争议宣认. 新闻大学, 2, 1-15+146.
③ Sánchez Laws, A. L. (2020). Can immersive journalism enhance empathy? *Digital Journalism*, 8 (2), 213-228.

和娱乐性于一体,从而在游戏维度上讲述故事。依据心理学的建构主义理论,情景创设是知识习得的基本前提,即只有处于一定的情景中,知识才是有意义的知识,是有生命力的知识。在新修辞学那里,修辞情景(rhetorical situation)被视为话语介入的发生基础和引擎装置,即话语行为不过是对某一情境(如危机状态)的反应。[1] 从符号学的视角来看,作为一种基本的语境形态,情景铺设了文本释义的底层规则,而且作为一种元语言(meta-language)限定了文本的解释方式[2]……不难发现,中国叙事体系构建不能仅仅停留在文本的本体内涵挖掘层面,还需要创设文本实践的发生情景,即将"中国故事"放置在具体的话语情景中进行讲述,详细解释中国话语的来龙去脉。在众多的情景创设实践中,游戏无疑意味着一种极具修辞能力的媒介实践。游戏本质上是一种程序修辞实践,能够借助精心设计的程序规则,在带给玩家愉悦的娱乐体验之余,达到劝服或认同的修辞目的。[3] 因此,游戏化不失为对外传播中国故事的一种可行策略,不仅能够满足创设语境的要求,也能通过融入交互设计,摆脱"硬宣传"的劣势,让用户在沉浸游戏时不知不觉地沿着文本所铺设的逻辑结构,对文本背后的价值观达成认同。

正因如此,越来越多的中国媒体试图利用 H5、AR、VR 等媒介技术,通过设计交互操作环节,打造游戏化的叙事文本形态。比如,2020 年 11 月,中央广播电视总台欧拉中心以"奋斗者"号全海深载人潜水器突破万米海深为契机,推出了 H5 作品《深渊挑战》。在该作品中,玩家的任务是在限定时间内尽可能下潜至海洋最深处,并在下潜过程中收集尽可能多的海洋生物。通过有趣的互动体验,玩家既能切实体会"奋斗者"号创造中国载人深潜新纪录的重要意义,又能在游戏过程中习得海洋、生物的相关知识。此外,为了迎合新媒体语境下的社交化传播特性,不少游戏化叙事文本通过整合互动、评论等社交元素,吸引更多的用户参与游戏。比如,新华报业传媒集团于 2020 年 12 月精心打造了"在中国,看 Frank 打开长三角'盲盒'"系列融媒体国际传播作品。该系列作品以"盲盒"为创意和线索,串联起

---

[1] Bitzer, L. F. (1968). The rhetorical situation. *Philosophy & Rhetoric*, 1 (1), 1-14.
[2] 刘涛. (2018). 语境论:释义规则与视觉修辞分析. 西北师大学报(社会科学版), 1, 5-15.
[3] 刘涛, 曹锐. (2022). 程序修辞的概念缘起、学术身份与运作机制. 新闻与写作, 4, 46-56.

体现长三角一体化进程的六个真实故事，故事最终以中英文报道、短视频、游戏、H5等多种文本形态呈现。其中，游戏作品以答题抽取虚拟盲盒的方式，向用户普及长三角的相关知识。用户集齐六款虚拟盲盒后，便有机会获得实体限量版"非遗"盲盒。而要收集这六款盲盒，用户不仅可以通过答题的方式实现，也可以通过分享带有二维码的图片，向朋友索要特定盲盒。借助"盲盒+社交"的方式，该融媒体作品吸引了许多年轻人的关注，并迅速引爆社交网络。

三、新语言：叙事体系构建的语法逻辑

文本形式的创新，必然伴随着叙事语言的探索。每一种新兴文本的出场，都对元素和意义的组织方式提出了新的要求和挑战，而这涉及叙事学维度的语言问题。如果说形式逻辑回应的是文本形态问题，那么语法逻辑回应的则是叙事语言问题。纵观当前中国在西方叙事体系中所遭遇的叙事危机，除了内容选择上的事实偏差问题，还包括信息表征上更为隐蔽的修辞语言问题，即西方意识形态偏见实际上是在叙事本身的语义结构中被悄无声息地生产出来的。《纽约时报》于2018年11月18日推出了融合新闻作品《中国建造的世界》（"The World, Built by China"）。该新闻作品在文字报道的基础上，插入大量航拍图和数据图表作为"证据"，试图说明中国正在通过"一带一路"建立庞大的全球贸易、投资和基础设施网络，构建所谓的霸权体系。其中，中国的负面形象实际上是在可视化语言基础上被精心制造出来的。比如，设计者以红色小圆点的形式在世界地图上标记中国援建的基础设施项目，还以浅红色标记出"一带一路"共建国家，密密麻麻的小红点和大面积的浅红色从视觉上凸显了扩张的趋势。此处的红色隐蔽地携带了"侵略""威胁"等隐喻话语，曲解了中国与其他国家的友好合作，中国的负面形象由此在色彩意义上被生产出来。类似的视觉隐喻在叙事文本中比比皆是。相较于中国媒体对"一带一路"故事的阐述，《纽约时报》以更具有冲击力的叙事语言对故事进行"包装"，利用视觉元素隐秘地铺设故事的认知逻辑，从而强化了"中国威胁论"的西方意识形态。事实上，由于西方意识形态几乎渗透到世界各个角落，西方媒体的故事叙述结构与逻辑往往更容

易为全球受众所接受，而中国媒体在短期内难以实现这一点，还时常因过于直白的观点及价值观输出而遭受诟病。

由此可见，中国故事所遭遇的叙事危机及其解决方案都必须从叙事语言维度加以理解和突破。所谓叙事语言，指的是指导特定媒介形式进行叙事表达的编码系统，其涉及的问题异常复杂，既包括宏观层面叙事结构的布局和叙事表达的风格等议题，又包括微观层面叙事元素的构思与设计、叙事视角的选择与转换等话题，在此难以一一细述。因此，本章仅围绕前文所阐述的数字文本面临的三个叙事转向——视觉转向、情感转向、游戏转向，集中探讨叙事语言的结构问题，即图像叙事语言、情感叙事语言、互动叙事语言。如果说传统媒体所涉及的叙事语言问题仍然受制于相对单一的媒介元素、线性的时间逻辑、固定的版面空间与以传者为中心的生产思维，那么，具有交互性、可变性、多媒体、模块性等属性的数字媒介则形塑了多媒融合、形态多样和结构开放的新叙事语言。① 其中，多媒融合构成了数字媒介叙事文本的基本属性，即多媒体叙事成为数字媒介叙事的基本叙事语言。这为思考中国叙事体系的叙事语言创新提出了新要求，同时也提供了新思路。因此，必须先认识各种多媒体元素的表征功能，方能"精准施策"，打造符合数字传播规律的中国故事文本。

视觉转向强调发挥图像语言的叙事力量，情感转向侧重利用多媒体叙事元素创设情感氛围，游戏转向重在依照互动叙事结构整合多媒体元素。第一，视觉转向要求叙事文本充分利用图像的叙事特色，更多地以图像叙事语言挖掘与呈现事实。由于更符合人类大脑认知的"惰性原则"，图像具有直观形象的叙事优点，能够快速满足用户的信息需求，更为契合新媒体的传播语境。此外，来自故事现场的图像可以提供关于故事的视觉事实，并为用户打造身临其境的现场感，增强故事的真实性与说服力。基于此，图像叙事语言能够从中国故事的事实及其表征上进行叙事优化，从而生动形象地向世界展示真实、立体、全面的中国。第二，情感转向意味着文本构建需要情感化的叙事语言。诉诸情感，作为亚里士多德在《修辞学》中提出的基本修辞

---

① 〔美〕玛丽-劳尔·瑞安. (2017). 新媒介是否会产生新叙事？载玛丽-劳尔·瑞安编. 跨媒介叙事. 张新军，林文娟等译. 成都：四川大学出版社（pp.309-329）.

论证方法之一，强调对受众施加一定的情感刺激，利用其在情感状态下的判断心理进行说服，促使对方采取特定行动。① 讲故事便是一种较为普遍的诉诸情感方式。必须承认，不同的媒介形式往往拥有不同的故事讲述方式，相应地也就形成了不同的情感叙事方式，如非虚构写作主要通过细致入微地刻画个体命运来凸显故事中蕴含的情感，短视频则主要以色彩、视角、构图等视觉语言来强化故事的情感表达。就融合新闻而言，多媒体叙事元素和参与式叙事结构极大地创新了情感叙事的形式与语言。第三，游戏转向强调文本的交互性、趣味性和沉浸感，因而呼唤以互动为核心要义的叙事语言，即互动叙事语言。玛丽-劳尔·瑞安（Marie-Laure Ryan）认为，互动叙事学重点关注的问题包括文本架构、用户参与模式及其相关参数的组合，三者共同保障叙事逻辑的合理性与完整性。② 由此可见，互动叙事更关心叙事语言中的结构问题，通过建构一个开放的参与结构，为用户铺设了一条走进故事世界的认同之路。对于中国故事文本的生产与传播来说，互动叙事的优势在于模拟或创设中国故事发生的现场情景，让国际受众获得身临其境般的参与感、体验感和沉浸感，进而在情境中深度理解中国话语。

（一）图像叙事语言

根据图像符号在表意上的优点和不足，图像叙事包含两个具体的实现路径。第一，以图像化的表征方式呈现中国故事的事实信息，即在语言文字的辅助下，从视觉维度构建中国故事的真实性与合法性。《经济日报》自2020年3月开始跟踪中国宋庆龄基金会幼教中心和意大利佩斯卡拉市的师生们通过网络互相打气、共同抗疫的故事，并于4月18日发布了融合新闻《中国孩子的一封信，感动了意大利的一座城！》。该作品以图文和视频的形式呈现了两地小朋友的真实互动情况，随着用户滑动屏幕，文字、照片和视频三种叙事元素交替进入界面，三者相互配合，呈现了一幕幕动人的中意故事。

第二，以可视化的视觉语言组织中国故事的信息元素，即通过数据可视化的修辞语言，帮助受众掌握叙事文本的意义内涵。财新数据可视化实验室

---

① 〔古希腊〕亚里斯多德.（2006）.修辞学.罗念生译.上海：上海人民出版社（pp. 23-27）.
② 〔美〕玛丽-劳尔·瑞安.（2014）.故事的变身.张新军译.南京：译林出版社（pp. 93-96）.

推出的入围 2018 年全球数据新闻奖（Data Journalism Awards）的融合新闻《高铁动车 6 小时能到的地方，你想去哪个？》主要以中国地图为基础讲述数据故事。该设计团队将高铁动车的线路行驶时间进行可视化展示，当用户点击某一站点时，地图会显示一张彩色线路网，该线路网指的是从用户所选择的站点出发，6 小时以内高铁动车可以抵达的线路范围。借助简单易懂的叙述逻辑和清晰直观的视觉形式，该数据新闻作品展示了中国高铁的速度及其对人们出行所带来的正面影响，向国际社会展示了"中国高铁"的亮丽名片。

（二）情感叙事语言

情感叙事语言强调运用特定话语建构方式合理放大中国故事中的情感要素，以增强故事的吸引力和感染力，引发国际受众的共鸣，最终实现价值层面的认同。亚里士多德所谈论的"诉诸情感"实际上包含了两步：一是唤起受众的特定情感（evoking of emotion），即修辞者通过话语调动受众的情感，该步骤强调修辞者的意图与手段；二是调用受众的特定情感（invoking of emotion），即受众受到情感驱动而实施特定行为，该步骤强调受众对情感的解读与回应。后者实际上涉及恰当性（appropriateness）的问题，在一定程度上进入了对理性层面的考量①，因此情感叙事并非单单强调故事的情感要素，而是主张情理并重，将以情动人与以理服人结合起来进行叙事。如前所述，讲道理是语言文字的长处，而图像和声音则更擅长传递情感，因此数字叙事文本在情感叙事上可大有作为，如通过调用多种媒体元素协同营造文本的情感氛围，通过互动叙事结构增强故事的代入感等。

2020 年 7 月 30 日，在香港国安法落地一个月之际，浙江广电集团融媒体新闻中心推出了短视频专题《香港故事：一部法和三个人》。该专题以 H5 的形式串联起三个来自不同阶层的人物，通过短视频的方式分别呈现了在香港国安法落地前后人物的生活变化。除了在短视频内部使用极具冲击力的视觉语言，该创作团队在 H5 设计中调用了系列意象，包括以香港街头的标志性画面为背景，使用带有"涅槃重生"意味的背景音乐，插入与主人公故

---

① Brinton, A. (1988). Pathos and the "Appeal to Emotion": An Aristotelian analysis. *History of Philosophy Quarterly*, 5 (3), 207–219.

事相关的互动操作等，以此勾起受众的复杂情绪。通过融合多种媒体元素，该作品营造了一种微妙而复杂的情感氛围：用户能够同时感受到对香港社会遭受破坏的痛心和对香港未来发展的希冀，进而意识到香港"国安法"对整个香港社会发展的正面影响。

（三）互动叙事语言

互动叙事语言的关键在于利用数字媒介的互动性特征，打造开放的参与式叙事结构，创设游戏情景，将中国声音、中国智慧蕴于其中，以便国际受众在参与文本构建的过程中认识、理解乃至认同所预设的中国话语。"互动性"是一个指代用户与文本之间关系的概念，其所包含的不同关系类型便形成了不同互动叙事策略。据瑞安的分类，互动性包含了两组基本的二元对立——内在型/外在型（internal/external）和探索型/本体型（exploratory/ontological），前者的划分依据在于用户所扮演的角色是否处于故事世界之中，后者的区分点则在于用户所做出的选择是否改变了故事世界中的命运与情节。两组参数两两组合，便形成了四种叙事类型，这些叙事类型还可以混合存在，形成更复杂的叙事结构。① 实际上，无论是何种叙事结构，若要打造一个具有吸引力的故事情景，本质上回应的都是埃斯潘·J. 阿尔萨斯（Espen J. Aarseth）提出的遍历（ergodic）问题。阿尔萨斯认为，赛博文本实际上将用户带入了一个拓扑结构（topological structure），用户在这个文本结构中的系列操作行为会形成一个符号序列，这种现象便是遍历。② 遍历实际上指向这样一种叙事结构：信息元素所构筑的虚拟世界包含了多个可能世界，但用户一次只能选择体验其中一个可能世界，用户在情节分岔口所做出的选择决定了哪一个可能世界能够被揭晓并成为其所经历的世界。由于用户的体验路径并非预先设定的，直到遍历过程结束，用户方能获知最终结局，所以遍历叙事能够极大地增强文本内容的趣味性与代入感。

在融合新闻叙事中巧妙地设计和使用互动，有助于将中国话语隐匿于预

---

① 〔美〕玛丽-劳尔·瑞安. (2014). 故事的变身. 张新军译. 南京：译林出版社（pp. 93-120）.

② Aarseth, E. (1997). *Cybertext: Perspectives on ergodic literature.* Baltimore, London: The John Hopkins University Press, pp. 1-2.

设的程序规则和表征语言中,从而悄然引导国际受众客观地走近中国,理解中国。近年来,中国媒体在互动叙事方面做出了诸多探索,也取得了积极效果。财新传媒于2016年推出了后来荣获国际数字媒体创新大赛(Editors Lab)季军的新闻游戏《像市长一样思考》(*Think Like a Mayor*)。该作品以城市发展中的环境污染问题为主题,为玩家设定的任务是在规定时间内以市长的身份治理城市,需要进行升级或关闭工厂、市政建设以及增加或减少汽车数量等选择。在这期间,城市的空气质量、税收和市民的幸福指数会随着玩家的选择而不断变化,因此玩家不得不在经济发展、保护环境和市民满意度之间进行权衡。通过"治理数据结果"的直观呈现,玩家可直面经济发展和保护环境之间的冲突,从而深刻体会中国环境污染问题的复杂性。

四、新生态:叙事体系构建的实践逻辑

叙事问题被推向了体系的层面,必然涉及文本传播层面的信息"生态"问题。中国叙事体系的构建,需要解决单一文本"单兵作战"的有限性和片面性问题,即按照协同思维的内在要求,在文本实践层面打造一个系统性的文本之链与意义之网。单一的文本只能成就一种意义结构,而不同文本之间的整合、协同与对话,则意味着一个更大的意义生态。具体而言,由于媒介物质性及其对应的叙事可供性的差异,任何一种媒介形态都存在显著的"传播的偏向",其讲故事的能力和方式也呈现出不同的特点。如何实现不同文本形态之间的协同功能,打造一个丰富的、立体的、多元的文本网络和意义矩阵,成为叙事体系的应有之义。今天我们所说的全媒体传播体系,本质上回应的是信息生态问题,也就是根据媒介属性的差异,或者在横向维度讲述不同的新闻故事,或者在纵向维度挖掘一个故事在不同媒介端口的可能形式和叙事潜力,从而实现不同文本形态之间的纵深对话。

具体而言,由于媒介物质性的差异,每一种媒介形态在意义表征上存在明显的偏向:在新闻文本世界中,传统深度报道主体上以理性分析和逻辑推演见长;短视频在情感叙事上具有独特的优势;数据新闻擅长在数据维度上讲述故事或发现真相;H5新闻最大限度地激活了用户的互动参与;VR新闻创设了一种其他产品所不具备的沉浸式用户体验;AR新闻沿着场景思维将

虚拟搬到现实之中，以打造一种全新的具身体验；新闻游戏以游戏化的方式重构信息的呈现方式和用户的参与方式……不难发现，媒介本身的物质性（物质逻辑）已经深刻地嵌入叙述性（表征逻辑），由此形成了同一个故事的不同表征方式，每一种媒介都依托自身的物质性不断拓展故事的"样式"或"边界"，相应地便创造了不同的故事体验。如何发挥不同媒介叙事之间的协同和对话功能，本质上涉及跨媒介叙事（transmedia storytelling）命题。

跨媒介叙事的方法论意义在于，不同媒介文本之间的内容勾连与意义接合，是可以通过互文叙事的方式实现和完成的。换言之，实现不同文本之间的协同作战，客观上需要综合调用各种传播平台和渠道，以生产相应的文本形态，形成多元主体共建国际传播能力的局面。① 而跨媒介叙事则提供了一种连接不同文本以构筑一个更大的文本网络和故事世界的"叙事方案"。

基于此，本章从跨媒介叙事体系来理解中国叙事体系，从而在文本实践上考察中国故事表达的实践逻辑。跨媒介叙事体系为何能够形成一股强大的传播力量？关键在于不同传播渠道、不同文本形态之间协同叙事的综合效应。2003 年，时任麻省理工学院比较媒体研究项目主任亨利·詹金斯（Henry Jenkins）提出了"跨媒介叙事"的概念，后来在《融合文化：新媒体和旧媒体的冲突地带》一书中，他将跨媒介叙事定义为：故事在多个媒介平台之间展开，而不同媒介平台及其对应的叙事文本会对整个故事体系产生独特的贡献。② 换言之，文本并不是在多个平台上进行简单的复制，而是根据各个平台的特点不断调适自己的"模样"，如文本改造、形态转换、语言调整等，以此基于平台自身的传播优势，为用户提供差异化的叙事体验。由此，在跨媒介叙事实践之中，不同媒介形态的叙事文本被统摄在一个总体性的故事世界中，文本之间遥相呼应，彼此协同，形成了一个结构严密、秩序清晰的叙事系统。值得注意的是，文本消费者在其中并非全然被动的受众，而往往作为生产型消费者（prosumer），在跨媒介叙事实践中以文本盗猎者（textual poachers）的身份参与故事的二度创作，以拓展故事世界的边界。当

---

① 程曼丽. (2021). 西方国家对中国形象认知变化的辩证分析. 对外传播, 3, 4-7.
② Jenkins, H. (2006). *Convergence culture: Where old and new media collide*. New York: New York University Press, pp. 95-96.

各个平台所展现的故事内容存在拓展或改编的情况时,他们会积极地跟踪和整合散落在各个平台的文本内容,以获得完整的叙事体验和叙事意义。① 由此,叙事文本获得了强大的生命力,得以在数字空间不断生长繁衍。与此同时,文本消费者因被吸纳进跨媒介叙事实践中而不自觉地将故事世界的规则与价值观内化于心,达到认同的最高形态。

概括而言,跨媒介叙事深层的故事世界的构建与扩展,实际上包含了两个层面的含义:一方面,不同媒介渠道/文本基于自身的物质性特征,对同一故事进行不同的演绎和呈现,以实现叙事话语及其认同体系的多维建构;另一方面,不同社会主体基于自身的主观性诉求,对故事边界进行多元拓展和延伸,以实现从"文本"到"事件"的生成,达到事件营销的传播目的。通过将各种媒介文本与各类叙事主体"拧成一股绳",跨媒介叙事能够有效回应体系构建的问题,形成协同传播效应,而经过影视、广告等行业的商业实践,跨媒介叙事的传播效果已经得到了验证与认可。

那么,如何构建跨媒介叙事体系?关键在于打造互媒性(intermediality)。从狭义上来说,互媒性意味着一个特定作品涉及超过一种媒介或感官渠道;从广义上来说,"互媒性"一词是"互文性"(intertextuality)概念在媒介领域的延伸,涵盖了不同媒介之间的关系。② 总括而言,互媒性本质上回应的是叙事网络构建机制问题,其中,物质性始终是影响、制约或是指导互媒实践的关键因素,并且构成了互媒实践的底层逻辑。所谓物质性,指的是物体的存在和物理属性,这种存在和属性使得物体能够在特定条件下发挥特定的作用。③ 具体而言,物质性通过提供物质层面的"基础设施",在为文本表征提供可能的同时,也设定了叙事表达的边界,形塑了媒介的表征逻辑,因此媒介往往会形成其独有的意义表征方式。由此,当一个故事在不同的媒介

---

① 常江,徐帅. (2018). 亨利·詹金斯:社会的发展最终落脚于人民的选择——数字时代的叙事、文化与社会变革. 新闻界, 12, 4-11.

② Grishakova, M. & Ryan, M. L. (Eds.). (2010). *Intermediality and storytelling*. New York: De Gruyter, pp. 1-7.

③ Lievrouw, L. A. (2014). Materiality and media in communication and technology studies: An unfinished project. In Tarleton Gillespie, Pablo J. Boczkowski & Kirsten A. Foot (Eds.). *Media technologies: Essays on communication, materiality, and society* (pp. 21-51). Cambridge, MA.: MIT Press.

渠道流动时，各种媒介会依托自身的物质性而拓展不同的故事"样式"，从而形成多元化的故事体验。

据此，中国叙事体系的构建必须紧紧围绕不同媒介平台的物质属性展开，积极调用不同媒介平台的符号系统和叙事语法，并对叙事内容进行拓展与改编，以搭建不同媒介平台之间的对话关系，建构一个互文性的叙事文本生态，从而将不同媒介平台的潜在受众"一网打尽"。不同于拉耶夫斯基的研究语境——以语言文字为主导的文学，中国叙事体系的构建主要立足数字媒介时代。数字媒介独特的物质属性与程序语言形塑了全新的意义表征逻辑，其内容呈现形式更为灵活多样，而且其传播场景要素渗入了当下数字文本的生产过程，跨媒介叙事实践不可不考虑场景的功能。由此，互媒性被赋予了更为丰富的内涵，而不同媒介形态的叙事文本之间也随之形成了新的勾连方式。延续拉耶夫斯基关于互媒性的分类方式，即媒介转置（media transposition）、媒介组合（media combination）和互媒引用（intermedial references），本章依照媒介配置（media configuration）方式及其相应的互媒特质（medial quality），将跨媒介叙事体系的构建路径区分为嵌套、转换和协同三种。

第一，嵌套，即把核心的叙事文本以链接、二维码等方式嵌套进其他媒介形式的叙事文本中。在这种互媒方式中，叙事媒介之间存在明显的主次之分，主要的叙事媒介将呈现完整的叙事内容，而次要的叙事媒介则通常由于媒介叙事能力或使用场景的局限，仅仅用于"寄存"和"引介"承载完整内容的媒介文本。为庆祝党的百年华诞，上海市人民政府新闻办公室与新民晚报社共同策划与制作，自 2021 年 4 月 8 日起推出了融媒体系列节目《百年大党——老外讲故事》。在该节目中，上百位在沪生活工作的外国人"现身说法"，分享他们在中国的亲身经历与切身感受。该节目的产品投放于多个媒介渠道，既包括新媒体平台，也包括报纸、电视等传统媒体。该策划团队还在报纸上设置了相应的栏目，栏目以海报的形式呈现当天所播节目的信息，包括主人公的照片及其信息、一句主人公说的话和新媒体产品的二维码。借助该二维码，新媒体产品被嵌套进了报纸海报中，而感兴趣的读者便可拿出手机扫一扫，查看详细的叙事内容。此举不仅有助于"集中火力"，精心打造一个叙事产品，也有利于借助交互设计，丰富用户的体验。

第二，转换，即依据不同媒介的属性与功能，差异化表达同样的叙事内容。基于技术可供性、使用场景等方面的区别，不同媒介渠道形成了不同的叙事特点与逻辑，比如报纸以文字叙事为主，指涉清晰且擅长抽象表达，却只能进行线性叙事，电影以影像叙事为主，其优点在于具体可感、直观形象，却容易在受众解码环节产生歧义。因此，在表达同样的叙事内容时，各种媒介必然也必须依据自身的内在属性呈现出差异化的表达方式，以更好地传达核心意义。2020年7月，人民网推出了"Tales of Cities"（中国"城·事"）专题的50余个融媒体作品，包括中英文短视频和图文报道等形式。该系列作品共讲述了六个中国城市的人文故事。在移动端，该策划团队主要基于竖屏界面编排多媒体元素，以图文报道为主要形式，插入短视频，形成了纵向延展的叙事结构。而在电脑端，策划团队将所有故事内容汇集成专题页面，其页面设计也充分利用了横屏界面的叙事空间：不仅在页面右侧设置导航栏，以便跳转至特定城市的故事页面，而且将同体裁作品的封面图横向组合起来，使得用户可以通过左右滑动查找特定作品，并点击跳转至相应页面。

第三，协同，即在不同的媒介呈现差异化的叙事内容，以引导用户探索与巡历故事世界。协同是指在转换的基础上，加以必要的叙事内容调整，以不同的媒介形式讲述同一故事世界内的不同情节内容。在这一互媒方式中，各种媒介形式的文本拥有独立叙事的能力，但其叙事内容互为补充，唯有遍览，用户才能掌握故事世界的全貌。这一互媒策略对叙述者提出了更高的要求：一方面，各个文本的叙事内容都要经过精心安排，既要依托故事世界建立起紧密的勾连，又要依据媒介形式的特性实现叙事内容的改编；另一方面，每个文本都要拥有足够的吸引力，才能激发用户更进一步了解故事世界的欲望。比如，在新华报业传媒集团的"在中国，看Frank打开长三角'盲盒'"系列融媒体作品中，策划团队除了在各个媒体平台投放内容一致的短视频和中英文报道以外，还特意在移动端设计了两个H5作品：一个是答题游戏，另一个是作品集合。在融媒体产品上线以前，该策划团队还在户外大屏投放了宣传海报，吸引用户关注系列作品的推出。如此一来，该系列作品充分发挥了多个媒介渠道的特性与优势，共同构建起彼此补充的文本系统，为受众提供了多维体验。

总之，数字媒介语境下中国叙事体系构建的理论基础是数字叙事学，考察对象是国际传播语境中的文本实践，核心要义是打造融通中外的新文本、新语言、新生态。只有对叙事维度、叙事对象、叙事逻辑、叙事视角、叙事策略这五大叙事命题进行综合考察，才能完整而系统地构建"讲好中国故事"的数字叙事体系（见表 14-1）。

表 14-1 中国叙事体系构建的数字实践

叙事维度	叙事对象	叙事逻辑	叙事视角	叙事策略
形态层	新文本	形式逻辑	故事的文体问题	符号呈现 语义修辞 情境创设
语义层	新语言	语法逻辑	故事的结构问题	图像叙事 情感叙事 互动叙事
传播层	新生态	实践逻辑	故事的互文问题	嵌套 转换 协同

中国叙事体系构建实际上包含三个内在统一的切入维度：一是形态层，即文体意义上的叙事形式问题；二是语义层，即语言意义上的叙事语法问题；三是传播层，即体系意义上的叙事实践问题。新文本旨在从形式逻辑上回应故事出场的文体问题，具体包括视觉转向维度的符号呈现策略、情感转向维度的语义修辞策略以及游戏转向维度的情境创设策略；新语言主要从语法逻辑上回应故事表征的结构问题，具体包括图像叙事、情感叙事、互动叙事三种主要的叙事策略；新生态重点从实践逻辑回应故事的互文问题，具体包括嵌套、转换、协同三种常见的跨媒介叙事策略。

第 十 五 章
西方数据新闻中的中国:一个视觉修辞分析框架

西方媒体的涉华报道研究,近乎成为传播学研究中非常流行的学术命题。[1] 相关研究所涉议题主要包括 AIDS[2]、"SARS"[3]、流行病[4]、气候变化[5]、反华事件[6]、中国产品"危机"[7]、中国驻南斯拉夫大使馆遭轰炸事件[8]等等。所有的文献几乎都传递了同一个声音:西方媒体对中国的关注度逐年上升,涉华报道主要以负面为主,而西方主流媒体在框架设置策略上的

---

[1] Saleem, N. (2007). US media framing of foreign countries image: An analytical perspective. *Canadian Journal of Media Studies*, 2 (1), 130-162.

[2] Wu, M. (2006). Framing AIDS in China: A comparative analysis of US and Chinese wire news coverage of HIV/AIDS in China. *Asian Journal of Communication*, 16 (3), 251-272.

[3] Beaudoin, C. E. (2007). SARS news coverage and its determinants in China and the US. *International Communication Gazette*, 69 (6), 509-524.

[4] Shih, T. J., Wijaya, R. & Brossard, D. (2008). Media coverage of public health epidemics: Linking framing and issue attention cycle toward an integrated theory of print news coverage of epidemics. *Mass Communication & Society*, 11 (2), 141-160.

[5] Wu, Y. (2009). The good, the bad, and the ugly: Framing of China in news media coverage of global climate change. In *Climate change and the media*. New York: Peter Lang Publishing, pp. 158-173.

[6] Stone, G. C. & Xiao, Z. (2007). Anointing a new enemy: The rise of anti-China coverage after the USSR's demise. *International Communication Gazette*, 69 (1), 91-108.

[7] Li, H. & Tang, L. (2009). The representation of the Chinese product crisis in national and local newspapers in the United States. *Public Relations Review*, 35 (3), 219-225.

[8] Parsons, P. (2001). News framing of the Chinese embassy bombing by the *People's Daily* and the *New York Times*. *Asian Journal of Communication*, 11 (1), 51-67.

差异并不显著。① 在传统的涉华报道研究中，最主要的研究方式是框架分析。那些被重点提及和论述的新闻框架包括责任框架、领导框架、冲突框架、后果框架、影响框架、发展框架、爱国框架、生态框架、人情伦理框架、意识形态框架等。本章立足西方数据新闻的涉华报道，在研究视角和方法选择上，尝试超越传统框架分析的基本操作范式，将数据新闻视为一种视觉文本，从视觉修辞的理论和方法视角把握西方数据新闻涉华报道的视觉框架，尤其是关注框架分析中极为重要的一个理论问题——框架识别（frame identification）②，即从视觉修辞视角探讨视觉框架（visual framing）形成的微观修辞方法和策略。

当视觉性直接铺设了视觉文化实践的底层逻辑时，我们如何认识当代文化景观的生成机制及运作体系？在文本系统层面，任何视觉话语的建构都离不开既定的视觉框架的生产——视觉框架不仅意味着一种关于视觉文本生产的编码系统，也意味着一种通往视觉话语再造的框架形态，还意味着一种抵达视觉文化本质与规律的认知方式。简言之，视觉框架及其语言系统分析有助于我们更好地认识视觉文本、视觉话语、视觉文化的内在规律。实际上，视觉框架的生成原理和认知方式呈现出不同于语言框架的新特征、新机制和新趋势。为了避免视觉框架分析陷入泛泛而谈，本章以数据新闻这一代表性的融合新闻形态为例，聚焦于"数据可视化"（data visualization）这一正在兴起的视觉实践，尝试从叙事语言维度探讨可视化实践深层的视觉框架生成原理，进而提供一个可视化文本研究的视觉框架分析模型。

必须承认，探讨数据新闻的视觉框架必须立足两个基本前提——修辞目的和问题语境，如此才能保证视觉框架研究的科学性和合理性。修辞目的决定了视觉框架的意义方向和话语观念；问题语境决定了视觉框架的认知对象和阐释空间。一方面，视觉框架必然是修辞的产物和后果，而修辞总是携带

---

① Peng, Z. (2004). Representation of China: An across time analysis of coverage in the *New York Times* and *Los Angeles Times*. *Asian Journal of Communication*, 14 (1): 53-67.

② 华人学者潘忠党在对戈夫曼、贝特森、恩特曼、甘姆森、费尔克拉夫、舒茨、阿岩伽、凯尼曼、特维尔斯基等人框架研究的文献梳理基础上，提出了框架分析的诸多理论命题，其中最基础的理论命题是框架识别，也就是认识论意义上的框架类别和策略。参见潘忠党. (2006). 架构分析：一个亟需理论澄清的领域. 传播与社会学刊, 1, 17-46 (p.27).

着特定的目的和意图，并且最终体现为特定话语的生产实践，缺少话语"在场"的框架分析是难以想象的；另一方面，视觉框架最终提供的是关于某一议题的认知方式，而同一议题的呈现往往存在不同的视觉框架，只有在同一问题语境下的框架比较才有价值，因此有必要划定或确定一定的议题范畴。可见，离开特定的修辞目的，视觉框架必然陷入泛泛而谈；离开既定的问题语境，视觉框架注定是难以把握的，甚至是没有意义的。鉴于此，本章在修辞目的和问题语境的把握上，重点关注西方数据新闻报道中的中国议题。"西方"与"中国"同时回应了视觉框架研究的修辞目的和问题语境：一方面，西方数据新闻的修辞目的指向西方话语，这使得相应的视觉框架比较研究不仅是可能的，而且是现实的；另一方面，中国议题限定了数据新闻的问题语境，从而铺设了视觉框架分析相对明确的研究对象和意义空间。

基于此，本章选取的数据新闻文本包含两部分：第一部分是 2011 年 1 月 1 日至 2015 年 9 月 1 日《卫报》和《纽约时报》这两大权威媒体官网中的涉华新闻报道[①]，依据"interactive""multimedia""graphic""infographic"等加"China"关键词进行搜索；第二部分是全球编辑网络（Global Editor Network）主办的数据新闻奖（Data Journalism Awards）[②] 的全部获奖作品。通过二次筛选和确认，我们共获得 112 个涉华数据新闻报道。就报道来源而言，《卫报》和《纽约时报》的报道分别占据了总报道数量的 52%和 44%，其他媒体报道（包括 BBC、路透社）占 4%；就报道形式而言，静态信息图占 57%，交互地图占 38%，动态图表占 5%；就报道对象范围而言，全球报道占 52%，共计 58 个，中国报道占 48%，共计 54 个。总体来看，西方数据

[①] 之所以选择《纽约时报》和《卫报》作为分析对象，主要有两方面的考虑：第一是地缘因素，二者分别代表美国和英国极具影响力的报纸媒体；第二是专业因素，二者在数据新闻实践上具有全球影响力。具体来说，《卫报》于 2009 年成立全球第一个专业的数据新闻平台 Data Blog，同年成立并开放数据商店（data store）。当今数据新闻实务与研究的集大成者《数据新闻手册》中的一半案例来自《卫报》。《纽约时报》是美国较早开展开放数据与数据新闻实践的代表性媒体，推出的 The Upshot 平台主打数据新闻，是美国报业数字化转型公认的领跑者。

[②] 数据新闻奖是由全球编辑网络主办的面向全球数据新闻的重大荣誉。从 2012 年创办至今，每年有上百个媒体机构参评。选择数据新闻奖的原因是希望将西方其他媒体比较优秀的且产生了广泛影响力的数据新闻报道也纳入研究对象范畴。

新闻对中国的关注，更多的是将中国置于全球比较的语境中进行审视，这无疑勾勒出视觉框架研究中非常重要的一种语境结构和数据关系。

如何理解西方数据新闻叙事的视觉框架？本章强调从可视化过程中具体的修辞环节和修辞实践切入，以此确立研究的立论起点和逻辑方向。本章的研究思路是，从西方数据新闻涉华报道的可视化行为切入，聚焦于整个修辞过程中的具体修辞实践和修辞环节。为了厘清视觉修辞的具体环节和实践，客观上需要对视觉修辞过程进行必要的细化、拆解和确立，而这直接指向了可视化实践的构成体系——修辞对象、修辞目标和修辞方法。具体来说，视觉修辞的对象是数据，而选择、组织和呈现数据是视觉修辞框架确立的前提和基础；视觉修辞的目标是重构一种新的数据关系，即通过数据关系来体现话语关系，因此数据关系决定了视觉修辞的意义方向与话语落点；视觉修辞的方法强调为抵达特定的数据关系所需要的叙事策略和操作方案，尤其体现为对叙事学意义上的认知维度的确立——时间和空间是两种最基本的认知维度，而交互实践（interactivity）则拓展了文本叙事的认知深度，因为交互行为其实就是在纵深维度上的一种数据整合方式。因此，时间修辞、空间修辞、交互修辞便成为可视化过程中三种非常重要的叙事策略和操作方案。综合而言，从视觉修辞的对象、目标和方法来看，研究西方数据新闻的视觉框架，可以从数据、关系、时间、空间、交互五种内在关联的微观修辞实践切入（见图15-1）。本章接下来将立足五种具体的修辞实践，亦即五种具体的视觉叙事语言维度，分别探讨每一种修辞实践的符号行为及其深层的话语生产机制，以完整地把握西方数据新闻涉华报道的视觉修辞框架。

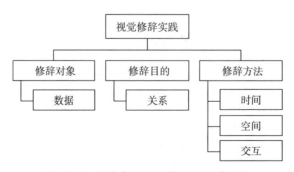

图15-1　西方数据新闻的视觉修辞实践

一、数据：从数据链条到数据拼图

数据是数据新闻的起点，它深刻诠释了数据新闻的主体和生命。数据是一种特别的信息形式，由于符合科学主义和实证主义的逻辑传统，因而成为数据新闻中最核心的表达元素。在精确新闻学那里，数据更多地意味着一种叙述逻辑，其实证主义传统增强了新闻的可信度和穿透力。数据新闻继承了精确新闻学对数据的特别青睐，并在视觉传达的话语框架中重新结构化数据，最终呈现的是一幅有关数据关系的视觉图景。

用数据说话，也是传统新闻非常重视的话语方式，只不过数据新闻对其推崇程度更纯粹、更彻底、更系统而已。在传统的新闻叙事观念中，新闻的主体是人，新闻的终极落点是对个体生命及其深层社会议题的审视与观照。因此，数据与人之间存在一定的阐释关系，并且统摄个体生命的遭际、沉浮与变迁。换言之，数据并不是孤立的表征对象，而是携带着深刻的人文内涵与叙事功能。与此同时，数据与数据之间存在明确的逻辑"链条"，因果、推演、演绎、论证、归纳等认知手段铺设了数据"串联"的主体逻辑。就数据新闻而言，数据一跃成为一个主导性的甚至是唯一的新闻元素，它驱走了人物，模糊了背景，放逐了故事，拒绝了人文，只留下视觉意义上的"数据狂想曲"，当前的大数据发展更是加速了这一趋势。可以说，数据的意义发生了微妙的偏移，一切关于人的情感、命运与体验的内容都消失了，数据成了新闻的主体，它剥离了传统新闻写作极度依赖的个体生命，最终陷入了冰冷的数据堆积景观。从幕后走入前台，所有的数据只是作为表象存在，它拒绝了一切可能的质感、文化与社会状态，成为纯粹的自我指涉对象。相应地，数据之间的关系不再遵循某种脉络清晰的叙事逻辑，而只是一种视觉上的堆砌与拼贴。

如果说传统新闻的数据关系是一种逻辑链条，那么数据新闻最终呈现的则是一幅数据拼图。所谓数据拼图，意为数据之间并不存在推理、论证、因果、演绎等逻辑关系，而仅仅是一种简单的、朴素的、机械的类比和比较。可见，数据新闻割裂了传统新闻观念中数据之间的关联与逻辑。当数据被置于一个扁平化的参照体系之中时，数据之间只有大小之别、差异之分，传统新闻写作中特别推崇的人文话语在数据新闻的数据狂欢中全面退缩，甚至消失殆尽。因此，数据新闻是对现实问题的简化表达，更多地意味着一种关于新闻表达的另类观念。具体来说，传统新闻极力把握现实世界的复杂性，真相以及接近真相的方法或过程同等重要，这也是为什么传统新闻要竭力呈现数据获取的整个过程。数据新闻则淡化了数据的获取途径和方式，只是对数据结果的简单呈现。当数据存在的背景、过程与方法普遍"缺席"时，如何选择、如何组织、如何表征、如何可视化数据就不单单是一个新闻认知行为，同时还是一个视觉修辞过程。换言之，在由数据驱动的新闻表征体系中，数据的选择、组织、布局和符号化过程都可能改写数据新闻的视觉框架，这恰恰是视觉修辞在数据维度上的精妙"算计"。

尽管每个数据的指涉对象和表征内容是清晰的、明确的，然而当所有数据被整合到一起并形成一幅数据拼图时，数据则被赋予了一种新的阐释语境。语境不仅限定或引导事物意义的诠释方向，同时也直接参与事物意义的生产和建构。① 严格来说，每个数据都有其原始的统计背景和存在语境，然而数据新闻则对数据进行了"再语境化"处理，即将数据从其原始的存在语境中剥离出来，转而置于一个由众多陌生的数据共同拼贴而成的比照语境中。按照人类学家布罗尼斯拉夫·马林诺夫斯基（Bronislaw Malinowski）的"语境论"，语境可以分为社会语境和情景语境，前者主要是指特定的社会文化系统，后者强调某种既定的存在场景。显然，数据新闻直接生产或再造了一种情景语境。艾洛·塔拉斯（Eero Tarasti）特别指出，人为再造的语境往往弥漫着强烈的权力意图，并将其命名为"权力语境"。② 原本驻扎在社会语境中的数据被推向人为构造的情景语境中，数据新闻由此通过视觉修辞方式完成了一项"语境置换"工程。

当我们试图通过这层"数据薄纱"来接近并把握现实世界时，对数据以及重构的数据语境保持必要的警惕和反思无疑是必要的。可视化直接诉诸人们的感性思维，而数据一旦插上视觉的翅膀，便往往会不假思索地主导、

---

① 刘涛. (2013). 新社会运动与气候传播的修辞学理论探究. 国际新闻界, 8, 84-95 (p. 88).

② Tarasti, E. (2000). *Existential semiotics*. Bloomington and Indianapolis, IN.: Indiana University Press, pp. 8-9.

接管或误导人们的认知系统。因此,接近并确立数据新闻的视觉框架,不能忽视由数据本身的选择、组织、布局、符号化等修辞实践所制造的"视觉陷阱"。例如,《卫报》的数据新闻《城市室外污染图》致力于在地图维度上呈现各个国家的空气污染数据。记者选择各个国家的不同地区作为数据监测对象,并用不同颜色的圆点表示其污染程度,其中绿色表示空气质量良好,红色表示重度污染。在数据的选择上,《卫报》仅仅选取了中国污染严重的30个城市,而对美国的数据采集量高达207个,涵盖了全美绝大部分大中小城市。由于中国省会城市污染状况远远高于平均水平,而美国空气状况的区域同质性比较均衡,再加上美国数倍于中国的数据采样量,因此全球地图上美国区域"一片飘绿",中国的负面形象最终在色彩意义上被生产出来。可见,从数据链条到数据拼图,实际上是重置了一种权力语境。因此,数据的选择、组织、布局和符号化等修辞环节都会影响甚至决定视觉框架的呈现方式,其结果往往是赋予了数据原本不应承受的意识形态话语,而这恰恰是数据新闻实践中视觉框架生产极为隐蔽的修辞策略。

二、关系:相关与因果的概念置换

弗里托·卡普拉(Fritjof Capra)在《生命之网》中指出,任何符号系统都包含了一个关系之网,关系是事物存在的根本属性。[1] 通过图式化的方式揭示复杂世界的各种关系,是数据新闻致力于呈现的视觉图景。西方数据新闻的数据拼图实践,其实就是在生成、重置或再造一种数据关系。数据关系存在多种类型和形式,但极具认知价值的数据关系是相关关系和因果关系。相关不等于因果:前者关注"是什么",后者关注"为什么"[2];前者属于非决定论范畴,后者是一种朴素的决定论思想。进一步讲,相关关系仅仅揭示事物之间存在方式上的关联性,而非强调二者之间的决定关系或因果逻辑。那么,西方数据新闻又如何在视觉修辞实践中回应数据维度上的

---

[1] Capra, F. (1996). *The web of life*. London: Harper Collins, p. 37.
[2] 〔英〕维克托·迈尔-舍恩伯格,肯尼思·库克耶. (2013). 大数据时代. 盛杨燕等译. 杭州:浙江人民出版社 (p. 83).

关系问题?

数据新闻的思维基础之一是大数据思维。在大数据时代,数据新闻的标志性"发现"就是,数据之间所呈现的是相关关系而非因果关系。在科学性上相关关系不等于因果关系,但现实中,因果关系却主导甚至主宰了人们的社会认知——"当我们看到两个事物连续发生的时候,我们会习惯性地从因果关系的角度来看待它们。"[1] 即便两个事物之间只是普通的相关关系,人们也会有意去建构因果关系,并将其"误认"为一种合法的存在。丹尼尔·卡尼曼(Daniel Kahneman)在《快思慢想》中指出,人类普遍存在两种思维模式,第一种是基于感性认知的快速思维,第二种是基于理性认知的慢速思维。快速思维遵循了简单的"蒙太奇思维"模式,其结果往往会使人臆想出一些因果关系;慢速思维则强调在日常生活的表象面前保持极大的克制和理性,尤其体现为对现实中相关关系的冷静确认。[2] 在视觉文本面前,人脑总会本能地寻找认知捷径,启用快速思维,这是由大脑的认知惰性决定的。[3] 数据新闻是一种典型的视觉文本,人们总是习惯性地将其中原本可能呈现的相关关系偷换为因果关系。

纵观西方数据新闻的涉华报道,不同国家往往携带着一定的数据内容或数据曲线,并且作为图像元素出场,因而搭建了一个巨大的关系网络。一般来说,只有同一语境、同一类型、同一层次的数据之间才具有比较的可能性与科学性,一旦不同背景的数据被置于同一关系结构,它们之间便可能存在一定的相关关系,但绝非因果关系。在西方数据新闻的涉华报道之中,一种常见的视觉修辞手段就是制造某种"因果幻想",从而使受众站在西方优势话语立场上想象中国,并将可能的相关关系误认为一种直接的因果关系,如中国的"举动"引起、决定或导致了其他国家的经济下滑、军费增加、工厂外迁、贸易制裁、冲突加剧等。《纽约时报》的数据新闻《中国高学历的人失业率高》表面上呈现了一个特殊群体的两个属性——学历与失业

---

[1] 〔英〕维克托·迈尔-舍恩伯格,肯尼思·库克耶. (2013). 大数据时代. 盛杨燕等译. 杭州:浙江人民出版社(p.84).

[2] 〔英〕维克托·迈尔-舍恩伯格,肯尼思·库克耶. (2013). 大数据时代. 盛杨燕等译. 杭州:浙江人民出版社(pp.84-86).

[3] 刘涛. (2011). 文化意象的构造与生产——视觉修辞的心理学运作机制探析. 现代传播, 9, 21-22.

率，但却忽视问题的复杂性，近乎粗暴地给出了新闻标题所揭示的因果结论，容易让受众形成"读书无用"的认知错觉；再如，《卫报》的数据新闻《碳地图：哪个国家要对气候变化负责》呈现了全球主要国家的二氧化碳排放量，这些数据之间原本是相关关系，但是《卫报》却将这些数据置于全球气候变化的特殊语境中，这无疑在重置一个因果框架，误导人们形成一个极不科学的因果推断：中国应该对全球气候变化全权负责。[①] 显然，西方数据新闻充分利用了大脑工作的认知惰性，将复杂问题进行简单的归因处理，用因果关系"偷换"相关关系，使得西方话语深处的预设立场不露声色地进入了文本的表征实践。因此，当所有数据聚合到一起，在认知意义上生成、重置或再造了某种数据关系时，与其相应的视觉框架也就被同步生产出来。

三、时间：时间线与"时间政治学"

时间线（timeline）是一种基本的叙事维度，也是一种特殊的认知方式。当时间线进入文本的叙事体系时，其在深层次意味着一种面向事物的组织和管理方式。[②] 在《从混沌到有序》中，伊利亚·普里高津（Ilya Prigogine）和伊莎贝尔·司汤热（Isabelle Stengers）赋予了时间特殊的认知价值，并将其视为一种终结不确定性的思想方法，认为时间的功能就是"从混沌中产生有序"[③]。正是在时间线上，事物获得了一个连续的认知坐标，所以才被赋予了"发展""变化""趋势"等属性和意义。时间线发现了事物的时间属性，并赋予了事物相对稳定的认知结构[④]，这直接决定了事物的出场方式以及呈现方式。在时间线上，如何选择时间节点？如何管理时间刻度？如何确

[①] 其实，中国碳排放量自2005年起才相对较大，而在1890年以来的100多年里，美国的碳排放量一直是世界第一，何以能够仅仅根据2014年的数据就进行简单的因果推断？相关数据见《卫报》报道，http://www.theguardian.com/environment/ng-interactive/2014/dec/01/carbon-emissions-past-present-and-future-interactive. 2020年2月10日访问。

[②] Prigogine, I. (1997). *The end of certainty*. New York: Free Press, p. 173.

[③] Prigogine, I. & Stengers, I. (1984). *Order out of chaos*. London: Heinemann, p. 292.

[④] [英] 约翰·厄里. (2009). 全球现代性. 李冠福译. 北京：北京师范大学出版社（p. 27）.

立时间坐标？这些已经不再是简单的技术问题，而直接决定了我们按照何种方式来突破混沌的、变化的、不确定的自然系统。考察文本叙事中的时间实践，其实就是关注时间线上的事物选择与要素重组策略，这在本质上意味着一种修辞行为。因此，将时间线引入文本叙事的意义在于，我们可以通过时间维度来认识文本框架，而文本话语正在人为设定的时间线的缓慢前行中流露出狡黠的笑容。

在西方数据新闻的可视化实践中，时间线是一种常见的数据整合途径，本质上体现为权力话语在时间维度上的策略部署和框架实施。时间线激活并拯救了事物属性的连续性和总体性，因而传递的是一种新的认知观念。中国议题被置于时间线上并接受时间的考验，其实就是在历史维度上发现事物的另一种存在属性——过程性和状态性。《卫报》的数据新闻《世界如何使用碳资源》在时间线上标示了每个国家的碳排放量。在图示方式上，《卫报》用以每个国家为圆心的圆面积的大小表示碳排放量。随着时间的推移，代表其他国家的圆逐渐变小，而代表中国的圆不断膨胀，最终"吞噬"整个世界地图。显然，以视觉圆代替数字本身，实际上是借助视觉修辞的方式有意强调并放大了中国与世界之间的紧张关系。因此，在时间线上，事物实际上被赋予了一种多维的观照视角和关系结构，争议则以一种视觉化的方式缓慢生成。

时间线上的事物表征中，最有代表性的产品形态就是对"时间曲线"的构造与发现，因为曲线本身暗含了事物的变化过程与规律。曲线揭示某种数据规律，并将这种规律进行可视化表征，这极大地迎合了大脑认知的惰性原则，因而创设了一条不设防的认知管道，使得人们大大削弱了对数据科学性与合法性的警惕与提防。在时间线上，中国往往被置于一种与他国的比照体系中，这使得时间线上的节点、刻度、标注、符号形式等信息都携带了明显的价值判断。例如，《卫报》的数据新闻《中国金融危机》有意选择2015年6月作为中国股市曲线的起点，而这恰恰是中国股市开始明显走低的时间节点，该新闻同时还在图表绘制中有意"拉大"数据刻度，营造了一种"动荡不安"的经济局面；再如，路透社的数据新闻《香港舆论》的时间线则被刻意选择为1997年前后的代际隔阂变化、民众对警察的满意度变化，有意将数据曲线的持续走低归因于香港回归……

在时间线上,曲线不仅指涉数据本身,也指涉一种发展趋势,具备预测未来的潜在优势。西方数据新闻往往会根据现有的趋势变化来绘制未来某一时期的数据前景。在时间线上,曲线落点选择、演变过程呈现、未来数据趋势、坐标位置安排等已经不是简单的数学问题,而很可能成为一种携带意识形态偏见的政治书写行为。2015 年,《纽约时报》的数据新闻《制造业成本上升》绘制了十年(2004—2014)来世界各国制造业成本的变化趋势。《纽约时报》试图回答的问题是:美国一美元的产品成本在其他国家是多少钱?在图表设计上,《纽约时报》有意翻转了常规的坐标类型和赋值方式(将纵坐标定义为时间轴),巧妙地将美国置于图表的中心位置,其他国家分列两侧,并用黄色有意突出了美国和中国的曲线趋势。尽管几乎所有国家的制造业成本都在上升,但是由于美国十年来保持不变,因此中国曲线逐渐逼近美国。这则数据新闻从话题选择到视觉设计,传递的信息非常明确:"'中国制造'已不再具有优势,而美国将是未来最有价格优势的商品中心。"

如何借助视觉方式来"讲述中国",是西方数据新闻在时间线上从未放弃的一种历史叙事"抱负"。中国一旦被置于一个历时的叙事结构中,便不可避免地遭遇一种话语维度的历史重构行为。主流话语常见的叙事策略就是对重大事件、重大人物、重大事实的精心选择、裁剪和拼贴,以此勾勒历史叙事的主体节点和框架,从而形成特定意识形态规约下的历史叙事。按照新历史主义的观点,如何选择历史节点?如何管理时间框架?如何取舍历史素材?这都涉及时间维度上的修辞行为。① 2013 年最佳数据新闻奖(站点奖)的获奖作品《链接中国》用时间线呈现了新中国成立以来的重大事件,然而其中的绝大部分事件都是负面事件,某些极度敏感的政治事件则在视觉上被刻意强调。可见,关于"如何讲述中国",西方数据新闻尝试在时间维度上施展其可能的叙事偏见,时间与政治被深刻地嵌套在彼此的诠释体系中,并最终建构了一套通往历史认知的"新历史叙事"。

---

① 〔美〕海登·怀特. (2003). 后现代历史叙述学. 陈永国等译. 北京:中国科学社会出版社 (pp. 325-326).

四、空间：全球地图与"新地缘叙事"

空间既是物理意义上的存在形态，也是一种关于表征和叙事的认知维度。① 在西方数据新闻的涉华报道中，"主题-并置"② 是一种常见的空间叙事理念，也可以被理解为一种空间维度上的视觉框架生产路径。所谓主题-并置，意为将不同国家与地区并置呈现，使其进入特定的主题表达结构中。基于表达的直观性，世界地图成为一种最理想的空间叙事载体和数据整合方式。当不同国家都以地缘意义上的图示方式出场时，实际上重构了一种新的区隔关系和勾连关系——各个国家都被赋予了不同的数字、色彩、图案，并且经由各种线条、箭头、路径而连接起来，从而在空间意义上再造了一种新的视觉语境和数据关系。当地图进入数据新闻的表征体系时，它便不仅是一种标识方式，同时也意味着一种权力话语观照下的框架观念——地图元素的布局与安排、国家形象的标识与呈现，以及国别关系的勾连与重构，都已经超越纯粹的新闻表征问题，而指向了深层次的视觉修辞实践。

在由地图所主导的数据新闻景观中，国家构成了数据新闻最基本的认知单元，并且在地图所铺设的视觉体系和关系结构中微妙而传神地传递着特定的意识形态话语，而这一话语过程则是借助符号学意义上的"标出"行为所完成的。在《纽约时报》和《卫报》的数据新闻《全球死刑地图》《全球妇女权利地图》《全球军费开支地图》《记者被关押在哪儿》《碳地图：哪个国家要对气候变化负责》《为什么中国让世界剑拔弩张》《中国贸易的全球扩张》《温室气体补贴去了哪儿》《中国正在南海建什么》中，"中国"往往作为一个特殊的符号形象出场。具体来说，西方媒体有意使用带有强烈情绪的色彩、图案、标识在全球地缘版图上对中国区域进行强调，这是一种典型的"视觉凸显性表达"，即在一个全球性的比较语境中对中国进行有意突出、放大和渲染，以此呈现中国与世界的内在张力与紧张关系。例如，《卫

---

① 刘涛. (2015). 社会化媒体与空间的社会化生产——列斐伏尔和福柯"空间思想"的批判与对话机制研究. 新闻与传播研究, 5, 73-92 (p.74).

② 龙迪勇. (2011). 空间在叙事学研究中的重要性. 江西社会科学, 8, 48-49.

报》的《全球死刑地图》以世界地图为视觉背景,在各个国家所处的版图位置用圆的面积大小标示其死刑数量。中国区域被涂上了极具隐喻意味的红色,在视觉上呈现出扩张性与攻击性趋势。显然,从整体话题设计、色彩搭配、视觉布局来看,这是一种对中国负面形象的视觉制造。

基于全球地图所设定的叙事背景和区隔模块,西方数据新闻创设了一个互文性的比较语境,其功能就是通过对中国的符号化处理来重构中国与世界的想象性关系,进而在视觉意义上制造了一种"新地缘叙事"。不同于西方传统媒体的涉华报道,数据新闻铺设了一个直观的、形象的、生动的比较语境,每个国家都作为其他国家的伴随文本(co-text)而存在,中国则被迫卷入了一场符号化实践,而且被一同抛入了一种互文性的语境关系。所谓符号化,就是通过对事物的有效表征,赋予其意义的过程。从经验到认知,一般都需要经过符号化过程,因为"无意义的经验让人恐惧,而符号化能够赋予世界给我们的感知以意义"①。罗兰·巴特就此断言:任何事物一旦进入人类的观照体系,就会面临符号化的趋势。② 经过符号化处理,即使没有意义的事物,也完全可以被解释出意义。可见,"新地缘叙事"的最大特点就是,在视觉意义上对中国进行符号化处理,使其成为一个携带意义的符号对象。

同时,符号化也就是片面化。片面化意味着对事物某些属性刻意呈现、对其他属性有意掩盖,使其携带特定的可感知的品质与意义。③ 片面化决定了符号的意图定点和意义方向。在以地图为基础的数据新闻图景中,西方媒体往往在中国与世界的"视觉关系"上"大做文章",其最典型的修辞策略就是对中国属性的片面化呈现。具体来说,西方话语片面化地呈现了中国不同于他国的差异性,并将这种差异性通过视觉途径进行夸张、放大和凸显,其目的就是将中国建构为一个孤立的、危险的、异己的、不合时宜的"他者存在"。纵观《记者被关押在哪儿》《中国正在南海建什么》《为什么中国让世界剑拔弩张》《碳地图:哪个国家要对气候变化负责》等数据新闻的空间修辞实践,如果说传统的涉华报道还停留在语言逻辑层面,"新地缘叙事"

---

① 赵毅衡. (2011). 符号学原理与推演. 南京:南京大学出版社 (p.33).
② 〔法〕罗兰·巴特. (2004)."符号学原理". 载赵毅衡编. 符号学文学论文集. 天津:百花文艺出版社 (p.296).
③ 赵毅衡. (2011). 符号学原理与推演. 南京:南京大学出版社 (p.37).

则试图通过制造"视觉差异"来重构中国与世界的想象性关系，使中国的主体性最终淹没在西方话语有意涂改的视觉修辞景观中。

五、交互：数据的戏剧性与语法体系

在数据新闻的可视化实践中，交互（interactivity）不仅意味着一种互动方式，也拓展了新闻的接受观念。人们可以跟随鼠标进入新闻的深层结构，游历数据图景中的每一个层级与角落。从认知维度来看，交互打开了视觉维度，拓展了认知深度，而这恰恰是传统新闻难以比拟的认知优势。交互创设了一种全新的接受体验，强化了数据意义建构的主动权和参与权，而这一过程是通过数据新闻的交互叙事完成的。从新闻认知的框架路径来看，数据新闻中常见的交互方式有三种：第一种是基于勾连关系的交互理念，即通过数据点击来凸显或勾连相关信息；第二种是基于层级关系的交互理念，即沿着"窗口思维"逐渐深入数据的深层结构；第三种是基于网络关系的交互理念，即动态呈现数据之间的结构与逻辑。显然，交互叙事的功能和目的就是铺设、改写或再造人们的认知路径，从而引导或限定人们的接受过程，因而它是一种直观而逼真的通往框架含义的修辞实践。

其实，在数据新闻的交互实践中，我们所"经历"的新闻世界，只不过是提前预设的新闻话语的戏剧化呈现而已。敏蒂·麦克亚当斯（Mindy McAdams）特别提醒我们，相对于静态的图表新闻，交互类数据新闻为我们提供了更多接近新闻的认知路径，但整个路径设计又是被限定的。[1] 尽管数据新闻赋予了人们更大的选择空间，但这种选择是在计算机语言所"掌控"的语法体系中展开的。主流话语极为迷恋的"选择"，注定是一场"选择的幻象"，真正的幕后逻辑是"物的语言"。然而，交互实践的修辞策略恰恰在于，它可以将"物的语言"进行形式化、戏剧化、游戏化处理，使其伪装在一场表面上象征能动和参与的视觉实践中。其实，交互观念的引入，最大限度地激活了新闻接受过程的趣味性和想象力，赋予了数据一定的戏剧性

---

[1] McAdams, M. (2014). Multiple journalism. In Lawrie Zion & David Craig (Eds.). *Ethics for digital journalists: Emerging best practices.* New York: Routledge, pp. 187-201.

内涵。而在新闻媒体平台上，趣味性是新媒体产品普遍的特征取向和底层规则。于是，为了迎合普遍泛滥的形式冲动和感官诉求，数据新闻不得不调整自身的出场模样，与之相应的则是一场有关数据关系的戏剧性发现与再造实践，而这一过程恰恰是通过视觉修辞的交互实践体现并深化的。数据一旦携带了消费话语裹挟下的趣味性，便不再那么严肃和冷峻了，最终若有所思地玩起了一场互动游戏。

按照"物语论"思想，交互实践实际上遵循的是"物的语言"。采用何种算法？设计何种路径？整合何种数据？挪用何种互动观念？这些互动实践直接决定了西方数据新闻中视觉框架的生成方式。交互实践赋予了认知行为极大的主动性，但鼠标的点击和移动却受制于某种既定的语法体系，因而限定了数据之间可能的结构关系和想象方式。在西方数据新闻的交互实践中，视觉修辞的重要策略就是，将数据隐匿于预设的层级结构和布局关系中，引导人们形成某种规约性的新闻认知。2015 年，《卫报》的数据新闻《全球交互威胁：世界害怕什么》通过交互方式呈现了世界各国可能面临的诸多威胁（见图15-2）。在交互观念上，它除了呈现"全球气候变化""全球经济动荡""ISIS""伊朗核问题""网络攻击""与俄罗斯关系紧张"等"威胁"，还特意将"与中国领土争端"和这些"威胁"相提并论，由此"定义"了七种全球性的"危险事物"。当鼠标位于某个国家时，系统便会自动生成一条曲线，以此揭示该国面临七种"危险事物"威胁的程度。在非交互状态下，七种"危险事物"之间不存在联系，而一旦进入交互状态，中国便与其他"危险事物"建立了数据关系。比如，当鼠标位于日本所在的位置时，系统会自动显示七种"危险事物"对于日本的威胁程度，而中国成为仅次于"ISIS"的日本的第二大威胁对象。显然，在西方数据新闻的涉华报道中，交互设计实际上重新发现并构造了一种数据关系，"中国威胁论"正在以一种极具想象力的交互方式被生产出来。尽管交互实践给了数据新闻想象的空间和生命，但这种想象却注定是某种规约性的想象，它无法改变数据的存在结构和底层语言。可见，我们要认识西方数据新闻的视觉修辞实践，尤其是西方意识形态的框架策略，就不能忽视交互实践中极为隐蔽的语法体系。

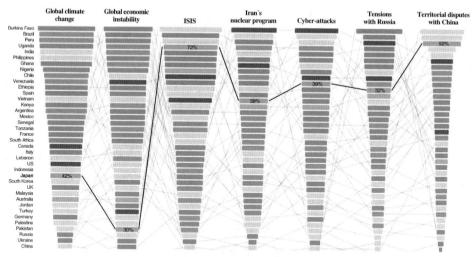

图 15-2 数据新闻《全球交互威胁：世界害怕什么》（截图）

六、视觉标出与数据他者的生产

　　认识西方数据新闻涉华报道的视觉框架，其实就是要回答这样一个问题：如何理解以数据化方式出场的中国？必须承认，上述五种修辞实践——数据意义上的中国、关系比照中的中国、时间线上的中国、地图空间中的中国以及交互体验中的中国，构成了我们认识西方数据新闻涉华报道的基本视觉框架。换言之，研究西方数据新闻中视觉框架的生成、确立和运作，可以从数据修辞、关系修辞、时间修辞、空间修辞和交互修辞这五个内在关联的微观修辞实践切入，通过观察不同修辞实践的修辞策略和符号实践，来把握视觉框架的框架识别问题。西方话语正是通过对五种修辞实践的激活、挪用与支配，重构了新闻表征的认知框架。西方数据新闻的视觉修辞实践延续了一切修辞行为的根本诉求和目的，致力于"将主体意图变得可以被识别，甚至可以被错误识别"①。其视觉修辞的结果，就是在视觉意义上对中国进行

---

① Bourdieu, P. (1991). *Language and symbolic power*. Trans. by Gino Raymond & Matthew Adamson. Cambridge, MA.: Harvard University Press, p. 170.

凸显、排斥、压制，使其成为符号学意义上的"标出项"（the marked）。①在视觉关系上，西方国家无疑居于优势地位或中心地位，并占据了更具亲和力的颜色与表征符号，而代表中国数据的图像颜色、地图坐标、符号形式与数据大小则在整个视觉景观中显得极不协调，从而成为一个被集体排斥和拒绝的标出项。

在数据修辞、关系修辞、时间修辞、空间修辞和交互修辞实践的可视化过程中，视觉权力的生产根本上是在数据维度展开的。数据既是权力运作的起点和果实，也是权力施展的媒介与载体。当中国以数据化的方式被置于全球语境中时，权力话语的基本运作思路就是通过对数据的修辞表达，使自身话语合法化，其结果就是将"中国"建构为一个"数据他者"（the data other）。数据新闻超越了传统新闻的再现框架，最终在视觉意义上将数据推崇为唯一合法的新闻元素和言说主体。经由五种修辞实践的系统作用，数据与数据的认知关系已经被重构或再造。不同于其他文本化的表征方式，当每个国家以数据化的方式出场时，视觉修辞实践无疑再造了一种新的数据关系，而这种数据关系只不过是西方观看中国或世界的一种想象方式，这也引出了数据本身的主体性问题。数据关系的生产实践要么强调数据之间的共在状态与对话状态，要么强调数据偏见与数据规训，虽然都会面临数据他者的问题，但前者的研究对象是大写的"数据他者"（the data Other），而后者则转向了小写的"数据他者"（the data other）。② 大写的"the data Other"与小写的"the data other"表示在对待他国数据的态度上是不同的——前者强调要摒弃对待他者的认知偏见、刻板印象与预设立场，强调一种对话性的、反思性的观看关系；后者则立足后殖民话语框架，要构建一种霸权话语主导下的观看关系。

从数据他者的视角来看，西方数据新闻在面对以数据化方式出场的中国

---

① 按照文化符号学观点，我们对现实世界的把握，依赖一些基本的二元对立框架，并在此基础上区分了三种对立项——正项、中项、异项。正项和中项拥有一个共同的目的，那就是对异项进行排斥、拒绝和标出，使其成为不合法的"标出项"。标出项总是意味着异常的、有危险的、不合规范的存在物，而且总是居于二元对立框架中的劣势话语位置。

② "数据他者"这一概念借用了跨文化传播领域的"文化他者"（cultural Other）。详细论述参见姜飞. (2005). 新阶段推动中国国际传播能力建设的理性思考. 南京社会科学, 6, 109-116。

的态度上，无疑是在数据意义上将中国视为"the data other"而非"the data Other"。换言之，西方数据新闻放弃了最基本的数据伦理和数据自觉，未经反思地将中国建构为一个小写的"other"，其权力运作过程既是在数据意义上施展的，也是通过数据途径完成的，而具体的视觉建构过程则依赖数据修辞、关系修辞、时间修辞、空间修辞、交互修辞这五个内在关联的视觉修辞实践和环节。《卫报》引用"国际特赦组织"（Amnesty International）的数据，连续三年发布数据新闻《全球死刑地图》。《卫报》的可视化过程聚焦于数据、关系、时间、空间和交互这五种微观修辞实践——在数据维度上炮制数据①，在关系维度上构造关联，在时间维度上铺设语境，在空间维度上强化差异，在交互维度上放大冲突，其结果就是将中国推向极为尴尬的"视觉陷阱"。殊不知，死刑制度是一个国家的法律问题，罪犯处死数据仅仅表示各个国家的死刑制度不同，或者表示死刑执行的观念和方式不同，并没有其他演绎或引申的空间。《卫报》将一些原本不具备可比性的数据强行加以对比，其视觉化的修辞结果很容易让人联想到人权问题。可见，经由五种微观修辞实践的作用，一种携带着西方话语偏见的视觉框架被生产出来，从而在视觉意义上将中国建构为一个与全球主流话语"格格不入"的数据他者。

如果说数据、关系、时间、空间和交互构成了视觉框架生成的基本语言，并且完成了对数据他者的隐性建构，那么这五种修辞实践又如何相互勾连、相互配合并形成整体合力？这便涉及视觉语言的底层语法问题。按照符号学的观点，语法是一套解释语言的语言，因而可以理解为一种元语言（meta-language）。在语言的释义体系中，元语言是解释编码原理、游戏规则和基础构造的语言②，即一套限定、解释并主导意义体系的底层语言。由于元语言的解释能力是根本性的、决定性的，因此元语言被视为一切语言诠释行为的"操作系统"。只有明确了数据新闻可视化实践的语法系统，也就是其元语言系统，才能从根本上明确上述五种修辞实践的语言逻辑和运行法则。在元语言的构成集合中，来自社会文化层面的语境元语言是一种极为重

---

① 由于中国并未公布死刑数量，《卫报》估算中国的死刑数量，用"成千上万"这样笼统的数据来表示中国的死刑数量。

② Jakobson, R. (1960). Closing statement: Linguistics and poetics. In Thomas A. Sebeok (Ed.). *Style in language*. Cambridge, MA.: MIT Press, p.356.

要的元语言。① 语境元语言强调的是文本与社会的深层关系，因为文本释义行为逃不脱其所处的社会文化系统。② 在西方数据新闻涉华报道的生产实践中，最大的语境元语言其实就是西方社会根深蒂固的意识形态。如果不理解西方话语的意识形态，就很难理解数据新闻生产的元语言体系，更无法理解数据他者被建构的深层语法体系。

因此，数据、关系、时间、空间和交互实践只不过是从不同的修辞维度对视觉框架的接近、传达和深化，而其底层的语境元语言则是西方意识形态在视觉意义上的他者化叙事系统。具体来说，从数据修辞实践来看，数据一旦脱离了生命观照，滤掉了人文内容，抛弃了社会语境，便一跃成为一个自我言说的主体，其选择、组织、布局与符号化过程便不可避免地携带了某种主观意志；从关系修辞实践来看，数据新闻可在数据维度上编织、生产与再造各种数据关系，然而西方话语最为擅长的修辞技巧就是将数据之间原本可能存在的相关关系偷换为因果关系，从而将中国置于公共议题呈现的"因"而非"果"的数据境地；从时间修辞实践来看，当时间线成为数据新闻表征体系中一种常见的叙事维度和认知方式时，时间线上时间节点的选择、时间刻度的管理、时间坐标的确立、坐标内容的符号设计则指向一个个复杂的修辞学问题；从空间修辞实践来看，当地图成为一种新兴的数据整合观念时，数据新闻无疑呈现了一幅"新地缘叙事"图景，而视觉修辞的关注重点则直接指向地图元素的布局与安排、国家形象的标识与呈现、国别关系的勾连与重构等可视化实践；从交互修辞实践来看，数据新闻创设了一种戏剧性的参与情境，但这都只是"传播的表象"，交互的观念、路径与结构的设计原本就内嵌在一套由计算机语言所掌控的规约体系中。总之，通过对数据修辞、关系修辞、时间修辞、空间修辞和交互修辞的规约、支配与控制，数据他者在视觉意义上被"标出"，并最终陷入了被其他数据轮番围攻并排斥的漫漫长夜。

---

① 除了来自社会文化的语境元语言，元语言构成系统还包括来自解释者的能力元语言和来自文本自身的自携元语言。详细参见赵毅衡. (2011). 符号学原理与推演. 南京：南京大学出版社 (p. 233)。

② 关于语境元语言的详细解释，参见刘涛. (2015). 接合实践：环境传播的修辞理论探析. 中国地质大学学报（社会科学版），2，58-67。

第十六章

国家数据话语权建设的叙事框架创新

在西方传统媒体的叙事框架中,中国长期处于被动的、负面的表征"位置"。[①] 这一报道倾向和立场在政治问题或意识形态问题上表现得尤为明显。[②] 传统媒体根深蒂固的话语偏见一直延续到了数字媒介,"形象逆差"成为当前中国亟待回应的一个话语权问题。还未来得及从传统媒体的语言束缚中挣脱出来,中国已陷入另一场猝不及防的"视觉危机"之中。纵观近些年西方媒体的表征体系,中国遭遇的形象危机逐渐呈现出新的特征、景观和趋势——西方媒体纷纷诉诸数据新闻这一典型的融合新闻形式,通过对数据的精心选择、表征及可视化处理,开始在视觉意义上重构中国形象,并且尝试通过视觉化的表征体系来重新诠释中国与世界的关系。因此,如何在叙事维度上选择数据,呈现数据,讲好中国的"数据故事",以回应国家话语权建设,成为融合新闻叙事亟待突破的新命题。

何为话语权?话语权是如何确立的?其内在的生成法则是什么?只有明确了这些基础性的话语命题,话语权建设才能具有学理上的认识基础和操作空间。有鉴于此,本章立足以数据新闻为代表的融合新闻形态,聚焦于当前中国形象建构所面临的一种新兴的危机形式——视觉危机,从话语框架的理

[①] Saleem, N. (2007). US media framing of foreign countries image: An analytical perspective. *Canadian Journal of Media Studies*, 2 (1), 130-162.

[②] Peng, Z. (2004). Representation of China: An across time analysis of coverage in the *New York Times* and *Los Angeles Times*. *Asian Journal of Communication*, 14 (1), 53-67.

论视角切入，探讨视觉危机生成的数据原理，以及应对视觉危机的视觉修辞（visual rhetoric）原理及其深层的叙事框架创新路径，并在此基础上思考数据话语权建设的"叙事方案"。

一、数据、图像与中国形象

在整个视觉表征体系中，除了传统的新闻图片和影视作品，以数据新闻为代表的融合新闻逐渐成为一种新的新闻形态，甚至主导了新媒体语境下的新闻形式。不同于传统的新闻呈现方式，数据新闻打量着散落在世界的各种数据碎片，沿着一定的视觉修辞方法与进路，通过可视化形式讲述新闻故事，从而将数据关系转换为一种图像关系，最终呈现的是一个视觉化的新闻世界。纵观《纽约时报》和《卫报》的数据新闻报道，中国形象始终没有摆脱他者化的"被动局面"。而他者形象的建构，越来越多地转向数据化的表征途径，最终成为一个"数据他者"。[①] 有别于传统的语言表征，数据新闻中的中国形象是通过数据本身的可视化实践建构的，而可视化本身体现为一种叙事实践。因此，只有回到叙事维度，探讨从数据到图像的可视化实践及其修辞原理，才能真正把握视觉危机形成的话语机制。

在数据新闻的叙事体系中，数据以何种方式呈现，取决于最终的表征形态。新媒体时代的信息形态呈现出普遍的视觉化转向特征和趋势，而数据新闻正是在这一"转向"中应运而生的。数据新闻是指以数据为主体元素、主体上通过可视化方式开展的新型新闻报道样式。阿德里安·哈罗瓦提（Adrian Holovaty）于2006年首次提出"数据新闻"这一概念，并认为数据新闻的最大特点就是抛弃了大量文字，转而使用结构化的、机器可读的数据进行新闻报道。[②] 相对于传统的新闻报道，数据新闻将数据推向了新闻表达的主体位置，演绎的是一支关于数据的狂想曲。数据的主要形态是数字，同时也包含文字、图表、声音、图形、图像、视频等数据形态。

[①] 刘涛. (2016). 西方数据新闻中的中国：一个视觉修辞分析框架. 新闻与传播研究，2，5-28+126.

[②] Holovaty, A. (2006). *A fundamental way newspaper sites need to change*. Retrieved February 10, 2021, http://www.holovaty.com/writing/fundamental-change/. 2022年2月5日访问.

如果说传统新闻中的数据只是一种认知手段和修辞资源，即数据被用来强化新闻叙事，数据新闻中的数据则是新闻的主体，甚至是新闻的全部。数据新闻的两个显著特征就是数据化（datalization）和可视化（visualization）：前者回应新闻的主体问题，即通过数据开展新闻报道；后者强调新闻的表现形式问题，即在视觉意义上对数据关系进行生产与重构。可视化的结果就是生成了一幅接近新闻认知的图像景观，其一般表现为四种视觉形式——表格、数据图、数据地图和网络图谱。① 因此，相较于传统新闻的表征体系，数据新闻沿着两个维度——符号主体和表现方式拓展了新闻的观念，而这不得不提到数据新闻的视觉形式问题。

传统新闻的主体叙述方式是语言，而数据新闻的主要产品形态是一套视觉符号系统。② 图像主导了数据新闻的主体叙述逻辑。从语言逻辑到视觉逻辑，新闻表征的语法、形态和方式发生了根本性的"图像转向"（pictorial turn）。因此，从视觉维度把握数据新闻的表征和观念体系，无疑超越了传统新闻基于语言文本的研究范式，并由此引出了新闻研究的可视化问题。如果说数据新闻是通过数据化的方式对复杂世界的简化表达，那可视化便是实施简化过程的基本手段和途径。在数据新闻的表征体系中，"数据分析的第一个战场是可视化，其目的就是揭示数据之间错综复杂的关系"③。可视化往往遵循一定的语法规则，也就是按照不同的可视化理念对数据进行编码、组织和布局，最终形成的是一种相对感性的、直观的、简洁的视觉认知系统。可视化的最终结果就是尝试在视觉意义上接近现实，把握现实。

如何在视觉意义上重构中国与世界的认识关系，又如何通过数据新闻的方式建构和争夺国际话语权？这不仅是当前中国融合新闻叙事实践迫切需要回应的专业问题，也是国际传播能力建设必须正视的一个修辞实践问题。在

---

① Gray J., Bounegru, L. & Chambers, L. (2012). *The data journalism handbook*. Sebastopol, CA.: O'Reilly Media, pp. 131–133.

② 传统新闻（如报纸、广播）的叙述逻辑是语言逻辑，即便是以电视为代表的视觉媒体，语言（如解说、采访、对话）依然是主体性的、统摄性的，并且主导了新闻话语的叙事结构和叙事逻辑；相反，数据新闻的最终产品形态是一套视觉符号系统，尽管部分数据新闻中依然存在一定的文字，但文字往往是对图像的说明和补充，新闻叙述的主体是由各种数据形态构成的视觉图像。

③ Cleveland, W. S. (1993). *Visualizing data*. Summit, NJ.: Hobart Press, p. 1.

融合新闻实践中，话语权建设的关键有二：一是根据融合新闻的特征、形式与传播规律进行有针对性的内容开发，二是在叙事语言及修辞策略上进行有针对性的符号创新，而后者恰恰涉及融合新闻叙事的视觉修辞问题。

二、从数据结构到视觉框架

德国哲学家恩斯特·卡西尔（Ernst Cassirer）在《符号形式的哲学》中给出了一个广为人知的观点：人是符号的动物，即人的存在依赖符号维度的意义实践。卡西尔强调人类存在的符号本质，与人类活动的意义实践有关。人类具有意义本能，而意义的载体是符号，因此意义实践与符号实践本质上是一致的。在意义活动中，框架的功能就是创设一个巨大的意义网络，从而限定或引导主体的理解方式，促使人们按照既定的认知逻辑完成意义建构。因此，认识活动本身亦是框架性的，离开框架，意义实践便失去了相应的组织模式。考虑到框架之于认识活动的决定性意义，我们同样可以给出一个类似于卡西尔的框架依赖论断：人不仅是符号的动物，也是框架的动物。

人为什么需要框架，又为什么依赖框架？这需要从框架之于人类存在的认知基础谈起。所谓框架，就是人为构造并加以组织化的一套相对稳定的心理结构。① 按照欧文·戈夫曼（Erving Goffman）的经典解释，框架意味着一种"阐释图式"（schemata of interpretation），它能够帮助人们"辨别、感知、确认和命名无穷多的事实"。② 其实，框架的标志性产物就是特定话语规约下的"理解方式"。一种理解方式之所以是合理的或正当的，是因为其激活、挪用或再造了一定的认知框架。美国认知语言学家乔治·莱考夫（George Lakoff）从认知心理学层面对框架的内涵给出了如下描述："框架，是你看不见也听不到的东西。它们属于认知科学家称为'认知无意识'（cognitive unconscious）的环节，是我们大脑里无法有意识访问、只能根据

---

① 刘涛. (2017). 元框架：话语实践中的修辞发明与争议宣认. 新闻大学, 2, 1-15+146.
② Goffman, E. (1974). *Frame analysis: An essay on the organization of experience.* Boston, MA: Northeastern University Press, p. 21.

其结果（推理方式和常识）来认识的结构。"①

框架铺设了一种无意识的认知方式，因而限制了意义的自由发挥与肆意入侵，最终传递的是一种经由特定意义管道"挤压"之后"授权"的意义。相应地，话语合法性的构建往往离不开话语实践中的框架生产。在框架的作用下，我们形成了一种独立的、排他的、无意识的信息加工方式。如果说话语意味着一套意义体系，那这里的意义逻辑其实就是框架逻辑。每一种话语形式的生产，都离不开对既定话语框架的生产——框架既是话语运作的动力装置，也是话语实践的最终产物。在人类交往结构中，之所以存在话语冲突，根本上是因为话语深层的框架机制具有一种冲突结构，即不同主体对于事物的理解框架存在差异，这一后果最终反映在话语层面，并体现为相应的冲突形式。

因此，话语生产必然伴随着框架生产，话语冲突也必然体现为框架冲突。换言之，由于挪用的是不同的框架资源，因此话语冲突的认知基础和修辞原理体现为框架冲突。当不同的话语形式都尝试对事物的属性和内涵进行界定时，话语冲突便发生了，随之而来的则是一场修辞学意义上的框架争夺实践。中国与西方在一些敏感问题——政治体制问题、人权问题、民族问题、网络安全问题等方面之所以存在话语冲突，根本原因在于双方给出了不同的认知框架，即将政治体制问题、人权问题、民族问题、网络安全问题纳入不同的知识框架或文化框架，由此形成了不同的话语形式。比如，中国网络安全观的主导思想是框架生产，其标志性的概念之一便是"网络主权"，即将网络安全问题勾连到地缘政治话语框架中，从而赋予网络安全一种地缘政治意义上的诠释体系。如果说地缘领土存在主权问题，那网络主权则赋予并再造了一种通往网络空间认知的框架形态，即网络空间中存在类似于地缘政治意义上的"边界"问题。其实，政治场域中的概念生产，本质上意味着一种框架再造实践，因为任何人造概念都携带着一定的话语属性。② 因此，"网络主权"这一概念被生产出来，实际上就是挪用了一套合法的框架

---

① 〔美〕乔治·莱考夫. (2013). 别想那只大象. 闾佳译. 杭州：浙江人民出版社 (p.9).
② 刘涛. (2017). PM2.5、知识生产与意指概念的阶层性批判：通往观念史研究的一种修辞学方法路径. 国际新闻界，6，63-86.

系统，其功能就是在西方设定的话语框架之外，"以框架的方式"重构一种理解网络秩序的意义网络，从而赋予中国网络安全观以合法性。

数据新闻对现实世界的建构与再造，根本上是通过视觉而非语言的方式实现的，此处不能不提到可视化实践的标志性产品——视觉框架（visual framing）。不同于传统的话语建构方式，视觉话语建构依赖特定的视觉框架。如果说传统的语言框架可以借助一定的语言修辞进行编码处理，视觉框架的建构与生产则显得更为隐蔽，甚至更具有生产性。由于数据必须经由某种可视化的转译实践才能进入公众视野，因此西蒙·罗杰斯（Simon Rogers）将数据新闻视为一个全新的领域，认为其融合了电子表格、图形图像、数据分析等学科知识。① 理解数据新闻的视觉框架，其实就是考察社会争议（social argument）在视觉意义上的建构方式和实践。探讨社会争议的视觉建构（visual construction）问题及其深层的视觉权力生产机制，恰恰是视觉修辞较为擅长的介入视角和关注问题。②

视觉框架的生产对应的文本修辞实践便是可视化。可视化既是一种数据转译方式，也是一种话语生产行为。正是基于一定的可视化实践，特定意识形态规约下的视觉框架被悄无声息地建构出来，从而以一种隐性的修辞形式建构了人们的理解方式。在社交媒体时代，以数据新闻为代表的融合新闻已然成为一种极为重要的新闻形式，能否创新数据新闻的叙事形式，在数据维度上设置全球公共议题，实现国际话语权的建构与争夺，根本上取决于我们能否实现视觉框架的合法化生产，从而在可视化的数据基础上重新界定对现实世界的理解模式。

在数据新闻的表征体系中，数据以图像化的方式出场，最终经由可视化实践整合为特定意识形态规约下的视觉框架，这一过程必然诉诸一定的视觉修辞行为。进一步讲，可视化本身意味着一场视觉修辞实践，而视觉框架一定是一种视觉意义上的修辞框架（rhetorical frame），即一种视觉修辞框架。

---

① 〔英〕西蒙·罗杰斯.（2015）.数据新闻大趋势：释放可视化报道的力量.岳跃译.北京：中国人民大学出版社（p. 22）.

② Foss, S. K. (2004). Framing the study of visual rhetoric: Toward a transformation of rhetorical theory. In Charles A. Hill & Marguerite Helmers (Eds.). *Defining visual rhetorics* (pp. 303-314). Mahwah, NJ: Lawrence Erlbaum Associates, Inc., p. 308.

拉尔夫·莱格勒（Ralph Lengler）和马丁·埃普勒（Martin Eppler）在其著名的"可视化周期表"（periodic table of visualization）中提出了六种可视化实践类型——数字可视化（data visualization）、信息可视化（information visualization）、概念可视化（concept visualization）、隐喻可视化（metaphor visualization）、策略可视化（strategy visualization）和复合可视化（compound visualization）。[①] 每一种可视化实践类型围绕特定的修辞目的和意图展开，强调的是视觉意义上的"策略性表达"，其中的隐喻可视化和策略可视化更是直接道出了可视化实践的劝服意图和修辞本质。因此，对于数据新闻的视觉框架分析而言，如何选择数据？如何重组数据？如何生成数据关系？这些问题根本上都属于视觉修辞的研究范畴。

三、视觉修辞与数据话语的生成

尽管可视化有助于清晰地呈现问题，但不能低估可视化背后的话语生产与再造能力。可视化实际上是对数据的再结构化处理，从而在视觉意义上形成甚至再造了一种新的"数据关系"，而我们恰恰是通过这种被建构的数据关系来把握现实世界的，由此引出的一系列问题是：为何可视化？谁来可视化？如何可视化？这些问题已经不单单指向新闻专业理念所要求的数据本身的真实呈现，而涉及数据新闻意义生产的视觉权力。英国《卫报》于2015年推出的数据新闻《中国拖累了世界经济》采用泡泡图的视觉方式，呈现了中国贸易进口额与世界贸易出口额的数据关系（见图16-1）。在可视化策略上，《卫报》制造了一个寓意深刻的"拖累"（slowdown）意象：其他国家如腾飞的气球浮于图的上方，中国则深深地沉于图的下方，看似钳制了其他国家的经济飞跃。严格来说，影响各个国家贸易额变化的因素很多，这些数据之间并没有必然的逻辑关系，但《卫报》却在视觉意义上构造了一种因果关系和原罪话语——"中国贸易进口额下降是导致其他国家贸易出口额下

[①] Lengler, R. & Eppler, M. J. (2007). Towards a periodic table of visualization methods for management. *IASTED Proceedings of the Conference on Graphics and Visualization in Engineering* (*GVE 2007*), 7 (8). Clearwater, Florida, p. 31.

降的'元凶'。"类似的数据表征方式在西方数据新闻实践中比比皆是，这也促使我们重新思考可视化实践深层的图像意识形态问题。尽管每个数据都有相对清晰的指涉对象和表征内容，然而可视化实践却建构了一个关于新闻的意义世界。换言之，经由可视化实践，数据新闻不仅可以在视觉意义上还原现实，也有可能重构现实。

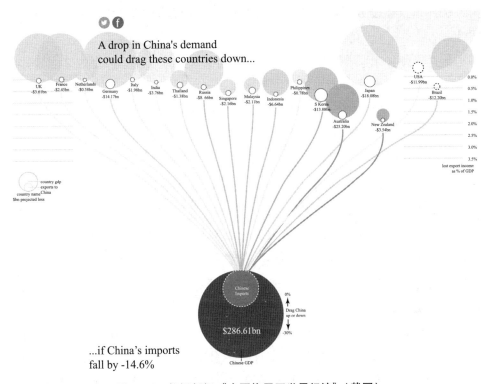

图 16-1　数据新闻《中国拖累了世界经济》（截图）

纵观西方数据新闻的视觉表征体系，中国之所以在视觉意义上被建构为一个"视觉他者"，根本上是因为西方数据新闻挪用并再造了一套视觉框架体系，进而悄无声息地赋予现实一种偏向性的"理解方式"，其结果就是在视觉逻辑上制造了一个被他者化表征的中国形象。既然视觉话语的建构是在视觉框架维度上展开的，那么，如何以数据为基础，创新新闻叙事的视觉框架，便成为话语权建设不容忽视的一个视觉修辞问题。视觉修辞既是一种认识论，也是一种方法论，还是一种实践论。作为一种认识论，视觉修辞的核心功能是在修辞逻辑上把握视觉实践的特征与规律,从而实现理解视觉文化尤其是视觉性(visuality)的认识功能;作为一种方法论,视觉修辞强调提供一种理解视觉形式、构成、语言与话语的方法体系;作为一种实践论,视觉修辞强调对现实问题的修辞回应,即在视觉修辞维度上探寻一种回应现实问题的实践路径。由于视觉修辞具有显著的认识和实践特征,故以视觉修辞为方法视角,建设数据新闻的国际话语权,在视觉方法论上具有可行性和现实性。

数据必须经由某种可视化的转译实践才能进入公众视野。西方数据新闻的重要修辞策略便是强调对视觉框架的生产,从而在视觉意义上扭转人们原有的认知话语,最终赋予公众一种新的领悟模式。2010 年,英国《卫报》基于维基百科的解密数据,精心制作了一则数据新闻《伊拉克战争日志:死亡地图》(见图 16-2)。持续多年的伊拉克战争究竟是一场何种性质的战争?它所导致的伤亡情况又如何?《卫报》通过可视化的数据途径将战争的残酷与血腥呈现在世人面前:血淋淋的红点布满整张地图,一个红点代表一次军事行动,鼠标点击其中的红点,地图上就会显示伤亡地点、发生时间、死亡人数等详细数据。这则数据新闻通过对情感话语的征用,无疑重构了一种关于伊拉克战争的新的视觉框架——它在图像维度上编织了一种自反性的话语系统,从而将战争本身的争议性与合法性推上了舆论的风口浪尖。

为了更清晰地把握视觉修辞的框架生产原理,我们不妨回到西方数据新闻的视觉修辞实践,揭示数据"变身"的叙事原理。在西方数据新闻的可视化实践中,中国实际上被置于五种视觉修辞实践中,分别是数据修辞、关系修辞、时间修辞、空间修辞和交互修辞。① 相应地,五种视觉修辞实践对应五种具体的视觉框架——数据框架、关系框架、时间框架、空间框架和交互框架。这五种视觉框架所创设的领悟模式重构了中国与世界的想象性关系:在数据框架维度,西方数据新闻抛弃了传统新闻的"数据链条"模式,逐渐转向一种类比的、比较的"数据拼图"模式,从而将原本复杂的中国

---

① 刘涛.(2016).西方数据新闻中的中国:一个视觉修辞分析框架.新闻与传播研究,2,5-28+126.

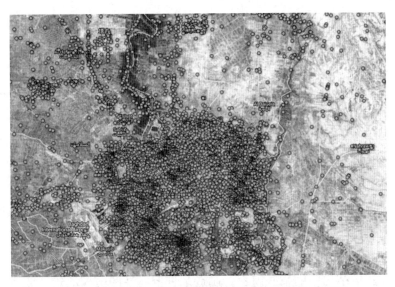

图 16-2　数据新闻《伊拉克战争日志：死亡地图》（截图）

问题简化为一种朴素的、机械的数据类比结构；在关系框架维度，西方数据新闻通过一定的视觉修辞策略，利用大脑的认知惰性将数据之间的相关关系悄无声息地置换为因果关系，由此导致中国形象认知很可能脱离事实基础，而转向一种由刻板印象所铺设的框架依赖；在时间框架维度，西方数据新闻通过对"时间线"的巧妙设计和时段布局，重构了一种关于中国发展的"演进"脉络和"趋势"预测，由此将中国的"过去"与"未来"推向了一个想象的认识空间；在空间框架维度，西方数据新闻通过征用地图这一基础性的视觉结构，在地图所铺设的认知框架中重构中国与世界的地缘结构，从而建构了一种霸权逻辑主导下的"新地缘叙事"；在交互框架维度，西方数据新闻通过对交互路径及其戏剧性过程的设计，在程序修辞基础上重构了一种理解中国的认知路径。显然，数据框架、关系框架、时间框架、空间框架和交互框架构成了视觉修辞实践中五种基本的视觉框架形式。相应地，数据新闻的可视化实践不仅要立足这五种基本的视觉框架进行有针对性的数据采集及可视化处理，也应该探索和挖掘更多元的视觉框架形式，使得视觉话语的合法化建构拥有一个坚实的框架基础。

四、数据话语权：数据故事及其视觉想象力

正如斯拉沃热·齐泽克（Slavoj Žižek）提出的"图绘意识形态"（mapping ideology）概念，西方数据新闻的可视化实践往往赋予数据某种隐秘的意识形态内涵。当数据拥有一个普遍而深刻的视觉取向时，数据新闻本质上是一种"图绘"的新闻。[①] 正是通过对特定视觉框架的生产，数据不再满足于对现象与问题的揭示，而转向故事与话语的维度，并尝试提供一套生产性的意义网络。尽管各种视觉框架的工作原理有所区别，但其对应的修辞原理都体现为对数据本身进行可视化转译——数据转译往往并非对原始的数据关系的直接临摹与重现，而体现为视觉修辞意义上的一种视觉"标出"行为，即通过强化图像结构中的某些内容，制造某种偏向性的图像形式，或者突出数据表征的某种关系，最终将中国建构为一个边缘的、异常的"数据他者"。

不同于传统的他者话语建构，"数据他者"既是在数据维度上展开的，也是通过视觉修辞途径实现的。显然，数据他者的再现与建构，已经超越了传统新闻的语言框架路径，而转向数据新闻的视觉框架方案，即在数据化和可视化维度重新界定并确立西方与中国的想象性关系。因此，综观从"语言框架"到"视觉框架"的数据实践，不能不提到西方媒介正在探索并实践着的一种新兴的权力形态——数据话语权（the data power）。

所谓数据话语权，意为主体通过最大化地占有数据资源，有组织地开展数据实践，创造性地开发数据产品，策略性地讲述数据故事，在数据维度上编织既定的意义网络，以使自身话语合法化的权力形式。传统媒介的国家话语权建设主体上是通过语言框架完成的，而数据新闻则将目光聚焦于国家的数据再现工程，在数据维度上重建全球地缘关系的识别方案和话语网络。在数据新闻的可视化实践中，数据话语权本质上意味着通过数据化的视觉方式进行话语建构的能力。正是通过对数据的挖掘、分析与可视化呈现，西方媒体以数据为"媒"设置全球议题，由此获得了影响、塑造、主导国际舆论

[①] 刘涛. (2019). 理解数据新闻的观念：可视化实践批评与数据新闻的人文观念反思. 新闻与写作, 4, 65-71.

的话语能力。可见,数据新闻实践中的话语权确立,本质上存在一条普遍的数据生产进路:既在数据维度上延伸,也在数据框架中深化,最终讲述一个数据故事。

相对于其他的符号形式,数据可谓一种新的全球通用"符号"或通约"语言"。建立在数据基础上的故事和话语,往往以理性和逻辑的姿态出场,因而携带着与生俱来的认同建构潜能。谁掌握数据?如何获取数据?为何使用数据?如何表征数据?这些问题已经超越了数据本身的诠释空间,而上升为国家话语权建设须继续正面审视的数据权力问题。纵观当前的数据新闻叙事实践,数据权力的生产本质上体现为一种视觉修辞实践,其主要的修辞策略是超越传统的语言框架策略,通过对数据的策略性使用和表征,建构、发明或再造一种视觉框架,从而在图像维度上编制并讲述相应的数据故事。

当前,一场以数据为核心的"数据争夺战"已经在全球数据新闻实践中全面铺开。相较于西方强大而娴熟的数据运用和表达能力,中国目前还处于相对劣势的位置。作为数据新闻生产的基础构件,数据的占有、获取、叙事、修辞能力,已经成为衡量一个国家数据话语权的重要指标维度。西方媒体在数据话语权建设方面形成了相对成熟的经验,尤其是在数据建设与开发上全面整合第三方数据和众包数据,从而形成了基于数据库的数据实践。相较于中国数据新闻主要依靠官方发布的数据,西方数据新闻的数据来源已经覆盖了彭博新闻社、世界卫生组织(WHO)、世界银行(WB)、国际货币基金组织(IMF)、国际和平研究所(SIPRI)、国际能源机构(IEA)、世界气象组织(WMO)、联合国政府间气候变化专门委员会(IPCC)、绿色和平(Greenpeace)、皮尤研究中心(PRC)、美国中情局(CIA)等第三方机构。如此庞大而丰富的数据来源,无疑强化了西方媒体在数据新闻领域的表征优势和叙事潜力。

如何创新数据新闻的叙事体系,编织全球语境中的国家数据话语权?中国在这一问题上依旧面临漫漫长路。根据数据所释放的话语能力,以数据新闻为代表的融合新闻的数据话语权可以从四个维度认识和评价:一是融合新闻的故事讲述能力,即以数据为基础呈现一定的社会议题,揭示鲜为人知的事实与真相，以回应全球性的公共关切；二是融合新闻的国际影响力，即数据新闻在全球舆论场中可获得较高的关注度以及积极的社会评价；三是融合新闻设置国际议题的话语潜力，即新闻报道可制造全球性的公共争议，设置其他媒体的报道议程，以及主导全球舆论空间的话语方向；四是融合新闻制造话语事件（discursive event）、重构话语框架的能力与效果，即要么体现为对自身话语合法性的直接建构，要么体现为对他国话语合法性的争夺。

倘若按照以上四个标准来评价中国融合新闻的数据话语权，那我们与真正的游戏场域之间还有一定距离。目前，新华网、财新网、澎湃新闻、《新京报》等媒体的数据新闻业务已经呈现良好的发展势头，但产生重大国际影响力的数据新闻作品少之又少，是不争的事实。财新网数据可视化实验室的《从调控到刺激：楼市十年轮回》《青岛中石化管道爆炸事故》等数据新闻获得了亚洲出版业协会（SOPA）卓越新闻奖等国际荣誉，客观上产生了一定的国际影响力。但这些作品依旧聚焦于本土议题，未能有效地回应国际议题，也未能达到在国际舆论场中设置议题与制造争议的传播效果。因此，一方面需要立足融合新闻的数据话语权，在议程设置上聚焦于全球公共议题，回应全球公共关切，尤其是那些冲突性的、争议性的全球或区域性议题，从而借助数据语言讲好"数据故事"；另一方面需要立足视觉修辞的理念、方法与策略，通过对数据图景的策略性呈现以及对视觉框架的策略性生产，在视觉意义上构建一种合法的理解方式和领悟模式，从而以数据为"媒"，探寻中国话语和中国叙事的视觉修辞体系。

总之，以数据新闻为代表的融合新闻叙事创新，亟须在叙事框架上进行突破和创新，即将数据转化为可以被图像化把握的数据语言，从而通过视觉框架的生产实现相应的视觉话语建构目的。相对而言，西方数据新闻之所以产生了强大的劝服能力，离不开其对数据本身的挖掘和生产，及其对可视化实践中视觉修辞方法与策略的应用。正是基于庞大的开放数据资源以及一系列生产性的视觉修辞实践，西方媒体开始在数据意义上重新思考全球议题与全球格局，一种"新地缘叙事"在数据新闻图景中悄然形成。"新地缘叙事"的常见策略便是在全球关系中对中国进行"再原子化"的表征和处理，其目的就是在视觉认知上巧妙地涂改中国与世界的共在状态。显然，在这种隐性的、匿名的、生产性的视觉框架中，中国形象实际上遭遇的是一场普遍而深刻的"数据霸权"。在融合新闻叙事实践中，唯有最大限度地整合各方力量，有组织地开展数据采集和数据库建设工程，一方面创新数据表征与转译的视觉修辞观念和方法，另一方面创新基于数据库的融合新闻实践，讲好数据故事，才能真正回应数据话语权建设这一亟须正视的国家战略命题。

第 十 七 章

生态文明话语建构的数字叙事体系

党的十八大以来，生态文明建设被纳入"五位一体"总体布局中，习近平总书记也在多个场合反复强调生态文明建设的重要性。党的二十大报告系统阐释了中国式现代化的五大特征，其中之一便是"人与自然和谐共生的现代化"。因此，构建中国特色的环境传播体系，客观上需要以"人与自然和谐共生"为根本的话语立场，创新环境话语建构的理念和实践。作为传播学的重要分支领域，环境传播（environmental communication）的首要任务是推进环境话语的建构与传播，回应不断涌现的环境问题。当前中国亟须立足本土的生态实践，探索本土思想遗产及话语体系，构建"以中国为方法"的生态话语体系。[①]

在人类面前，环境是沉默的，无法直接为自己发声，只能在难以承受之际，将自身的遭遇和创伤间接地"传导"到人类这里，以引起人们对环境议题的关注。换言之，尽管环境传播的内容与话语关乎生态问题，但环境总是被动地"出场"，被动地接受人类行为的打量、涂抹、改造，而环境问题的解决，也更多地依赖不同社会主体之间的协商和博弈。在这一过程中，环境既是问题产生的根源，亦是话语打量和捕捉的对象，始终未能在这一沟通体系中拥有一个合法的"主体位置"。而为了打破这一沉默的、被动的、对

---

① 刘涛, 吴思. (2022). 中国环境治理的本土实践及话语体系创新——基于"河长制"的话语实践考察. 新闻界, 10, 4-24.

象性的存在境况，生态环境迫切需要从人类的想象结构中走出来，进入一种由政策、价值、伦理所共同构筑的认知范畴，以获得应有的话语"位置"。党的二十大报告明确指出，"大自然是人类赖以生存发展的基本条件"，并强调要"牢固树立和践行绿水青山就是金山银山的理念，站在人与自然和谐共生的高度谋划发展"。①

不难发现，自然环境缺少自我表达的发声机制，致使人们在对环境议题的感知上，不可避免地携带着某种认知偏向，即人们往往从自身的价值、利益出发，想象一种可能的生态秩序。正因如此，围绕环境议题所形成的一切"问题""矛盾"和"争议"，本质上都是人为建构的产物。话语建构行为主体上是在文本维度展开的，因而叙事学提供了一种通往文本认知的理论视角。

不同于其他议题的叙事表征规律，环境传播经常面临这样一个困境：为什么有些环境议题能够成为公众的关注焦点，而有些同样重要甚至更加重要的议题却往往游离于媒介议程和公众视线之外？② 比如，中国的空气污染和土壤污染在媒介议程和政策议程中的"命运"存在显著差异——自从"PM2.5"这一概念于2010年进入中国社交媒体语境，便极大地赋能了公众的风险感知、社会动员与决策体系，由此推动了雾霾问题的媒介建构及公共治理进程③；而土壤污染作为一个同样重要的环境议题，则在大众媒介和都市精英群体中长期处于沉默状态，一直到2016年"土十条"（《土壤污染防治行动计划》）出台时才真正得到相应的制度关注。按照社会建构主义的观点，"环境"及其认知话语，本质上是社会建构的产物。④ 公众关于环境的认知、判断和话语，并非环境直接传递的，亦非从已有经验中直接获取的，

---

① 人民日报.（2022）.高举中国特色社会主义伟大旗帜 为全面建设社会主义现代化国家而团结奋斗——在中国共产党第二十次全国代表大会上的报告.10月26日01-05版.

② Hansen, A.（2011）. Communication, media and environment: Towards reconnecting research on the production, content and social implications of environmental communication. *International Communication Gazette*, 73（1-2）, 7-25.

③ 刘涛.（2017）.PM2.5、知识生产与意指概念的阶层性批判：通往观念史研究的一种修辞学方法路径.国际新闻界, 6, 63-86.

④ Lockie, S.（2004）. Social nature: The environmental challenge to mainstream social theory. In Robert White（Ed.）. *Controversies in environmental sociology*. Cambridge, UK: Cambridge University Press, p. 29.

而在很大程度上取决于媒介本身的象征性建构实践。实际上，环境议题的表征、建构与传播，本质上涉及环境传播这一学术命题。按照罗伯特·考克斯（Robert Cox）的观点，环境传播具有实用性（pragmatic）和建构性（constitutive）的双重功能。① 前者强调的是环境问题的行动方式，后者强调的是环境议题深层的符号世界与意义体系。② 从建构主义视角来看，环境传播可以借助一定的修辞手段、叙事方法、话语实践建构不同的环境议题，并进一步抵达环境问题背后深层次的文化、政治、哲学等论题。由此可见，自然环境的图景及其意义，主体上是人为建构的结果，而建构的方式和方法则依赖叙事意义上的语言形式及其修辞实践。

叙事包含了"故事"和"话语"两个构成维度③，前者关注的是文本的呈现内容，后者则主要是指文本的表现方式。玛丽-劳尔·瑞安（Marie-Laure Ryan）保留了叙事是故事与话语的结合之观点，给出了对叙事的另一种界定："叙事是故事的文本实现，而故事则是虚拟形式的叙事。"④ 不同于经典叙事中的事件主要以序列的、流布的方式组织和呈现，数字叙事中媒介技术的中介与配置作用，使得文本拥有了更为丰富的表征形式和应用场景。数字叙事实际上与数字媒介的属性（property）密切相关。⑤ 由于媒介属性深刻地嵌入叙事维度，因此数字叙事最终呈现的是一种经由数字媒介参与生成的中介化故事（mediatized story）。⑥ 尽管叙事存在不同的媒介形式，但"叙事学界公认的'故事'和'话语'的区分适用于不同媒介的叙事作品"⑦。因此，我们可以从故事和话语两个分析维度切入，思考数字叙事所打开的有

---

① Cox, R. (2006). *Environmental communication and public sphere*. London: Sage, p. 12.
② 刘涛. (2016). "传播环境"还是"环境传播"？——环境传播的学术起源与意义框架. 新闻与传播研究, 7, 110-125.
③ 〔美〕西摩·查特曼. (2013). 故事与话语：小说和电影的叙事结构. 徐强译. 北京：中国人民大学出版社 (pp. 5-9).
④ 〔美〕玛丽-劳尔·瑞安. (2014). 故事的变身. 张新军译. 南京：译林出版社 (p. 7).
⑤ Ryan, M. L. (2002). Beyond myth and metaphor: Narrative in digital media. *Poetics Today*, 23 (4), 581-609.
⑥ Lundby, K. (2008). Mediatized stories: Mediation perspectives on digital storytelling. *New Media & Society*, 10 (3), 363-371.
⑦ 申丹, 王亚丽. (2010). 西方叙事学：经典与后经典. 北京：北京大学出版社 (p. 20).

别于经典叙事的文本表征及意义生产方式，并进一步把握环境议题建构的融合新闻叙事原理。

具体而言，在环境传播实践中，数字叙事的主要特征体现为，媒介的技术语言嵌入了文本的表征语言，从而改写了经典叙事的故事内涵和话语方式。一方面，就故事而言，数字叙事的跨媒介特性改写了故事的存在形式及内涵体系——故事不再是独立的、静态的、结构化的认知对象，而拥有了可延展、可编辑、可迁移、可转换的跨媒介生成基础，尤其是在程序修辞的模块化设计系统中，主体得以深度参与对故事世界的建构。这意味着，环境议题表征逐渐转向数字化的生成结构和形式，由此在故事维度上创设了一种参与性的、论证式的、探索性的环境问题生成方式。另一方面，就话语而言，数字叙事具有交互性、跨码性、智能化等特征，突破了经典叙事赖以存在的结构问题，从而拓展了环境议题表征的文本形态及其话语方式，尤其是在数字媒介技术的配置体系中，延伸了"文本"的内涵与外延，即建构了"人-文本-环境"这一新型关系结构，这无疑在话语维度上创新了环境传播的美学景观、传播场景和生产方式。概括而言，综合数字叙事在"故事"和"话语"两个维度的突破和超越，可以从四个维度切入环境议题建构的数字叙事体系，分别是符号维度的数字表征、美学维度的数字景观、互动维度的数字体验、生产维度的数字参与。

基于此，本章聚焦于融合新闻这一代表性的数字文本，分别从符号维度、美学维度、互动维度、生产维度切入，探讨生态文明话语构建的融合新闻叙事理念与实践。

一、数字表征与生态争议的发现

相较于灾难、战争、恐怖主义等社会议题，建立在风险感知与科学话语基础上的环境议题往往更具隐蔽性，在媒介话语图景中更多地处于沉默状态或劣势地位，由于声量微弱，因此一般难以引发公众的直接感知。纵观环境传播的媒介表征体系，能够引发传统媒体关注的生态议题主要是环境危机事件，如极端天气、生态悲剧、环境污染及其引发的群体性事件等。而以物种灭绝、生物入侵、全球变暖、土壤污染等为代表的绝大多数环境风险议题的发生过程是悄无声息的，是难以察觉的。这些议题处于现实利益结构的计算盲区，加之科学话语与生俱来的认知"门槛"，往往难以在经典叙事中拥有足够的"出场"机会。数字媒介则极大地拓展了环境争议的想象方式、呈现形式及论证方式，其主要特征是通过数字技术赋能文本叙事的创新实践，以此实现环境问题的"可见性的生产"（the production of visibility）。

如果说经典叙事倾向关注环境危机事件，数字叙事则擅长通过"数据故事"，呈现传统媒体难以描绘的环境风险议题，从而将环境问题带入公共话语空间，并在大数据维度上发现那些沉默的、不可见的公共争议，以释放数字叙事的公共性内涵。当文本叙事服务于公共利益这一话语目的时，其便具备了公共修辞（pubic rhetoric）的属性和内涵[①]，而数字叙事则通过对环境问题及矛盾的数字化表征与可视化呈现，实现了公共空间中的争议建构功能，进而拓展了公共修辞的想象力。

根据数字叙事的媒介特性，环境议题在数字叙事体系中的可见性生产可以概括为三个维度：第一，在数据维度上，数据库技术能够通过储存、整合和分析数据信息，客观地呈现环境议题的事实真相；第二，在时间维度上，算法技术能够通过数据推演来预测环境问题的发展趋势，实现对未来环境风险的预警目的；第三，在空间维度上，数字媒介挪用地图这一视觉图式装置，能够重现数据背后的关系结构，从而打开通往事实真相的认知通道。

（一）数据向度的真相发掘

数字叙事的显著特征便是将数据逻辑推向了文本论证的核心位置。环境传播的数据逻辑实际上包含两层内涵：一是通过数字技术（如位置媒介、传感器等）收集和分析一个地区的生态环境数据，依赖数据化的论证逻辑揭示事实真相；二是侧重大数据技术与方法的应用，即在大数据基础上识别和发现躲在暗处的环境矛盾和问题。借助数据库技术，记者可以高效地整合和组织数据，并对相关信息进行搜索和分析，发现社会议题背后的真相。对于环境议题而言，数据库技术所集合的真实数据能够将抽象的、隐蔽的环境问题

[①] 刘涛.（2022）.公共修辞：话语实践中的公共利益及其修辞建构.西北师大学报（社会科学版），6, 67-82.

具体化，揭示相关主体间的利益冲突与权力争夺，从而揭露与核查不为人知的事实真相。

由美联社（The Associated Press）、调查性新闻中心（Center for Investigative Journalism）与Quartz网站于2019年联合出品的数据新闻《谁死于玛丽亚飓风》（"Hurricane Maria's Dead"）应用数据库技术，披露了波多黎各及美国联邦政府在自然灾害发生后消极应对以致更多人员伤亡的问题。2017年，飓风玛丽亚登陆波多黎各，当地政府公布的灾害死亡人数引发广泛的质疑。针对这一问题，该报道团队通过在线调查、诉讼等渠道获得了死者名单及家属的联系方式，并通过电话采访，收集了487位死者的相关数据，包括去世年龄、死亡时间、死亡地点等，建立了一个线上数据库。基于该数据库，该报道团队打造了这篇融合新闻报道，主要包括"数据库"和"故事"两部分。在数据库页面中，用户可以点击查看每一位死者的死因，还可以通过筛选和搜索，查看特定死者的相关数据。在故事页面中，数据以可视化的形式，直观地说明了飓风过后，波多黎各政府缺乏相应的应急措施，美国联邦政府也未能提供有力的支持，导致一系列本可以避免的社会性灾难接连爆发，"天灾"最终成为"人祸"。在这篇报道中，数据库技术对灾难真相的揭露发挥了关键作用，其储存和整合数据的功能有助于记者从复杂混乱的现实中整理出叙事线索，极大地提高了记者的工作效率。除此之外，该数据新闻还允许用户自由调取与查看具体的数据库信息，从而还原了死亡人数背后的事实真相，即当地政府及美国联邦政府在应对突发环境灾害问题中存在明显的决策失误。

（二）时间向度的趋势预警

环境问题往往不是一个显而易见的危机，而是具有不确定性的潜在风险。传统新闻所表征的环境议题通常"面向过去"，只能引导公众与有关部门解决已经发生的环境问题，却难以防患于未然。算法技术则从时间维度拓展了新闻叙事的可能性，能够基于过去与现在的数据信息，挖掘环境问题与时间在数据维度上的关联性，从而预测未来向度的环境危机。算法技术对时间的复现与延展主要是通过模拟来实现的，模拟是科学技术领域一种代表性的研究方法，通常用来预测和复制某个复杂系统的行为特征。换言之，算法技术支持的数字叙事是前瞻性的，是对系统行为变化的预期，充满了不确定性。基于算法技术，融合新闻报道能够通过模拟来呈现环境议题的动态生成过程，并预测环境问题的发展趋势，以达到预警目的。

ProPublica 与《纽约时报》于 2020 年制作的融合新闻《何以为家？》("Where Will Everyone Go？")，首次模拟了气候难民如何穿越国际边界，并预测了各国政府封锁国界线的后果。具体而言，该作品收集了农业生产力、粮食、水供应、天气等相关数据，并创建了一个气候迁移模型，以分析气候变化将如何引发中美洲和墨西哥的人口迁移。其分析结果显示，气候和移民政策的改变会引发气候难民迁移情况的变化，并产生政治影响。例如，若美国的国界线持续开放，大量墨西哥和中美洲地区的农民将进入美国，导致美国城市化加剧；若美国关闭国界线，则中美洲人口将激增，导致区域性贫困与饥荒加剧，气候进一步恶化，水资源严重短缺，将有更多人被绝望地围困在原地。借助该模型，公众和决策者得以"一瞥"可能发生的危机，认识到全球变暖对人类生存的威胁，从而积极探索改革方案，避免危机的降临。由此可见，在时间维度，算法技术所提供的并非解决方案，而是关于未来危机的预警：一方面呈现未来向度的风险，昭示环境问题的存在；另一方面强调变革发生的可能性，提醒人们及时做出改变。

（三）空间向度的关系识别

"地点"作为新闻的要素之一，是新闻叙事的重要背景。在数字叙事体系中，地点超越了经典叙事中的"背景"意义或"容器"属性，转而作为一种叙事元素，积极参与对叙事进程的推进。其中，地图作为一种常见的空间结构图式，能够清晰地展现数据在空间维度上的关系。[①] 关于地图的数据化使用可以追溯到 1854 年。彼时伦敦暴发霍乱疫情，为了寻找传染源，医生约翰·斯诺（John Snow）深入伦敦霍乱高发区调查，并将每个区域的死亡人数以黑色条形图的方式标注在伦敦地图上。通过直观呈现疫情的分布情况，斯诺在地图维度上发现了疫情的传播路径，并随之采取措施，及时遏制

[①] 刘涛，黄婷.（2023）.融合新闻的空间叙事形式及语言——基于数字叙事学的视角.新闻与写作，2，56-67.

了霍乱的扩散。不同于传统的地图绘制，数字技术加持下的地图技术不仅在精度和效率方面独具优势，而且能够通过动画设置、交互设计等，容纳更多的信息内容，拥有更丰富的叙事可能性。

通过挖掘数据中的空间信息，并借由色彩、标识、图案等视觉元素将之整合进地图这一结构图式中，融合新闻能够简洁明了地再现数据所蕴藏的关系结构，进而从空间维度打开通往事实真相的认知通道。对于环境议题的识别、确认与认知而言，地理空间意味着一种空间性的认知媒介，不仅关涉环境危机波及的范围，也涉及环境问题的溯源，当中潜藏着区域间的相互作用、话语权争夺等信息。正因如此，地图成为环境议题建构的重要表征手段及可视化图式。比如，就水资源匮乏这一环境议题而言，数字地图技术能够将现实物理空间中复杂的、流动的关系投射到屏幕上，使资源匮乏的问题形象、生动地呈现于用户眼前，"迫使"公众直面现实。在2018年的"世界水日"当天，财新新闻特别策划了数据新闻《我们有多缺水？》。该作品以中国地图为基础叙事装置，将全国各地可用水资源、人口密度、生活用水、工业用水、农业取水等多种数据叠加其上，并使用深浅不一的颜色进行标注，旨在凸显地区之间的差异，帮助公众勾勒出我国水资源分布与使用状况。随着用户不断上滑页面，在同一地图背景之上，各种数据及相关的文字说明交替出现，从而帮助用户认识数据之间的关联，了解水资源匮乏的原因及可能的解决路径。不难发现，依托地图技术，水资源匮乏的问题得以可视化，以一种易于理解的方式进入公共空间。

二、数字景观与生态美学的重构

尽管环境难以为自身直接"发声"，但附着于自然生态的景观，却携带着符号学意义上的"物语"，向人们无声地诉说着"心声"。创伤与美学构成了两种基本的生态景观——前者呈现生态环境所承受的污染之痛，旨在从理性维度建构一定的反思话语；后者竭力挖掘和呈现生态环境与生俱来的自然之美，从而在美学意义上激活公众的情感认同。

(一) 数字叙事：从自然美到艺术美

黑格尔在《美学》中对自然美和艺术美进行了区分，认为二者在美学体系中的位置是不同的——艺术美是美学的高级形式，自然美不过是美学的初级状态。相对而言，由于艺术对象是观念和心灵的直接产物，因此艺术美是黑格尔极为推崇的美学形式，完美地体现了"理念的感性显现"这一艺术哲学的认识论基础。而自然对象能够进入美学范畴，成为自然美的认识基础，一个重要的原因在于，"自然美只是为其他对象而美，这就是说为我们，为审美的意识而美"①。简言之，尽管自然对象并非自为的存在形式，亦非心灵的直接产物，但却承受心灵的打量、投射和认领，从而能够进入主体的心灵世界，并形成"心物同形"的对应关系，即主体认知的心理结构与自然对象的形式结构之间具有某种感性的呼应关系。正是在主体的观看与接纳结构中，自然之物找到了心灵的归宿，相应地，自然美被推向了一个显性的美学位置。

在经典叙事中，自然景观仅仅是借助一定的书写或记录媒介还原和表征的物象，而美学意义上的"心物同形"及其产生机制，则源于主体情感投射到自然景观之上所产生的"情景交融"感知效应。显然，经典叙事中的自然景观是主体有意识建构的产物，对应的生态美学内涵主体上停留在自然美这一美学范畴。数字叙事则拓展了生态美学的内涵和外延，其主要标志便是借助数字化的技术手段，重构了一种基于媒介技术的自然景观，从而将生态美学从自然美延伸到艺术美的范畴。具体而言，在数字叙事文本中，自然景观不再是对原始生态图景的简单复现或还原，而是一种数字化的模拟、想象、重构或再造。这意味着，数字景观并非自然美意义上的非自由化的、去观念性的、自在而不自为的客观对象，而是经由技术语言和表征语言的结合，心灵世界主动参与的"理念的感性显现"。因此，数字叙事中的自然景观及生态美学本质上属于艺术美的范畴。

关于生态美学，中国学界的讨论主要围绕其内涵展开，强调在后现代经济、哲学、文化背景下，对现代工业文明所造成的人与自然的冲突进行批判

---

① 〔德〕黑格尔. (1979). 美学（第一卷）. 朱光潜译. 北京：商务印书馆 (p.160).

与反思。① 然而，生态美学同时在形式层面指向自然环境的美学呈现。实际上，当生态美学的内涵得到普遍认可时，如何借由媒介进行推广，并实现生态审美教育，成为一个需要迫切回应的传播命题。随着数字技术的普及与应用，生态美学的书写方式已然发生变化，形式层面的生态美学议题变得更为突出。不同于传统文本，数字文本的叙事在要素、结构、语言和形态等方面都发生了翻天覆地的变化，这些变化也直接反映在生态美学的表现方式上——立足数字逻辑的新景观、新感知和新体验，构成了独特的"数字生态美学"。事实上，由于非线性、融合性、交互性的特征，数字文本往往更容易突破人类中心主义的美学规律，将人与自然置于平等的位置，还原自然的本真状态及美学景观，进而传递人与自然和谐共生的生态观念与审美态度。

概括而言，相对于传统的生态美学呈现，数字生态美学将数字技术的媒介逻辑推向前台，最终打造的是一种被媒介技术所中介的美学景观，其主要特征便是数字美学和生态美学的呼应以及技术语言和表征语言的融合。换言之，数字技术重构了一种全新的自然景观。纵观当前的数字文本叙事，环境议题表征总体上沿着两个维度展开：一是基于数字美学的符号景观生产，二是基于具身体验的空间景观生产。前者主要在媒介表征维度上重构自然景观的数字形式，通过数字技术想象并构造自然生态的另一副"数字面孔"，从而创设了一种超越利益逻辑的情感认同体系；后者则超越了一般意义上的"界面"表征逻辑，将美学从界面带入现实，强调以身体为"媒"来触摸环境之美，感悟自然之道，以此重构了一个立足具身认知的空间美学。

（二）数字美学与符号景观的生产

数字技术的诞生使得生态美学实践超越了简单的记录和再现。经由剪辑、合成、绘图等数字创作手法，主体能够将更多的意识与情感投射到自然景观之中，并使其上升为一种具有人文性的符号景观。综合而言，数字美学维度的符号景观生产主要存在两种表征形式，分别是视觉维度的景观再造和听觉维度的声音构景。第一，数字时代环境传播的内容生产发生了深层的

---

① 曾繁仁. (2002). 生态美学：后现代语境下崭新的生态存在论美学观. 陕西师范大学学报（哲学社会科学版），3, 5-16.

"图像转向",可视化已经深刻嵌入融合新闻的生产逻辑,成为数字叙事美学的支配性思维。约翰·汉尼根(John Hannigan)提出了环境议题建构的六个必备要素,其中之一就是用形象化、视觉化的符号和文本展现环境问题。[①] 视觉性观念统摄并重构了环境叙事和表意的基本逻辑,视觉维度的景观再造也因此成为数字时代生态美学实践的基础方式。第二,在数字技术的支持下,可听化(sonification)趋势兴起,"声音景观"(soundscape)即一种由声音符号组成的听觉环境,进入数字叙事体系,成为备受关注的融合新闻实践形态。由此,声音成为表征环境问题的另一重要元素,构筑了听觉维度的生态美学景观。

在视觉维度上,景观再造指的是借助数字技术,介入自然景观的视觉呈现,甚至打造人类尚且无法直接感知的景观,以激活公众的审美体验。传统视觉文本对于自然景观的美学呈现主体上是通过精心设计视角、灯光、色彩、构图等表现语言来实现的,在此基础上,诸如动画、全息投影等数字技术能够对自然景观进行编辑和再创作,进一步凸显自然景观的美学特征。如此一来,自然景观的表征不仅能够更贴合新媒体时代用户的审美趣味,也可以更具针对性,更好地服务于环境议题的建构与生态美学观念的传播,进而赋能整体性的生态保护。例如,德国 Circus Roncalli 马戏团为了保护动物,通过 3D 全息投影技术打造虚拟动物,代替真实动物进行表演。除此之外,这些技术还能够以可视化的方式呈现借助大数据、算法等技术所预测的未来生态环境,从而赋予未来向度的生态美学实践以可能性。2019 年,美国气象频道推出了一则沉浸式混合现实视频《消逝的冰川背后的科学》(*The Science Behind Vanishing Ice*)。在该视频中,气象学家珍·卡法格诺(Jen Carfagno)作为主持人,出现在 2100 年美国南卡罗来纳州的城市景观——被洪水淹没的街道、城市的遗迹中,为公众介绍造成这一景观的原因——冰川消融。接下来,视频画面跳转至格陵兰岛的冰川,以动画形式展示了过去 100 年冰川消融的情况。该作品利用可视化技术把不同时空的场景压缩进同一个表意空间,既借助数字美学的表现方式,直观地展现了自然环境的变化,构

[①] 〔加拿大〕约翰·汉尼根. (2009). 环境社会学(第二版). 洪大用译. 北京:中国人民大学出版社(p. 82).

造了具有冲击力的美学景观，又将人与自然景观并置，呈现了人类与自然紧密相连、和谐共生的生态美学理念。

在听觉维度上，声音构景指的是借力数字技术，将自然声音纳入特定的美学表现结构，以凸显其审美价值，从而激发公众对生态环境的情感共鸣。区别于传统叙事文本，数字叙事文本具有多媒体元素融合叙事的特点，因此，声音往往作为一种叙事元素在融合结构中参与表达。① 相应地，在数字叙事中，声音通常与其他媒介元素相配合，共同构建数字化的自然景观，生态美学由此获得了新的呈现方式。在这种呈现方式中，声音元素不仅能够从听觉维度拓展用户的审美体验，也可以唤起用户的特定审美情感，进而以更立体生动的方式传递生态美学观念。此外，双耳在接收声音信号时存在一定的时间差和强度差，这提供了人类辨别距离与方位的认知线索，赋予了声音以空间感和现场感。所以，声音能够将人拉入某一时空，通过声音景观的制造来唤起心理幻境。更重要的是，声音以空气为传播媒介，因而人类难以拒绝声音的传递。通过听觉维度的声音构景，主体便会在不自觉间"置身"于技术中介的"自然"景观之中。由此，声音构景能够弱化人与自然对立的现实处境，摆脱人类中心主义的认知框架，营造人与自然和谐共生的审美体验。

2021年，在《生物多样性公约》第十五次缔约方大会执委办的指导下，新华社联合腾讯新文创推出了H5作品《听，野生动物交响乐》，旨在倡导关注野生动物种群，保护生物多样性。用户点击"进入演奏大厅"后，弹出的小窗口会播放某种动物声音，用户需要从三个选项中选择正确的动物名称。随后，页面便会自动跳转到该动物的动画形象及相关介绍。在完成所有答题后，用户也可在地图界面继续选择感兴趣的动物进行深入了解。显然，这一作品从听觉维度开辟了公众走进动物世界的情感通道，悄然传递了保护生物多样性的观念。

（三）具身体验与空间景观的生产

具身性源自法国哲学家莫里斯·梅洛-庞蒂（Maurice Merleau-Ponty）所

---

① 刘涛，朱思敏. (2020). 融合新闻的声音"景观"及其叙事语言. 新闻与写作, 12, 76-82.

提出的知觉现象学，旨在打破哲学领域的身心、主客二元论，将身体置于主体性之中，复活身体的主体位置。而后，该观念进入心理学领域，并被认知神经科学和实验心理学所证实。由此，身体之于人类认知与思维的作用与影响得到了验证，并且被广泛地应用于各个领域。随着 VR、AR、MR 等数字技术的发展，具身认知的观念也进入新闻传播领域。这些技术不再局限于单纯的自然景观再现，而是能够将用户带到特定的空间景观之中，营造一种美学体验，以感官渗透的方式塑造其认知，进而在生态美学维度促成公众对环境保护观念的情感认同。

目前，在新闻传播领域，用于塑造具身认知的数字技术主要是 VR 和 AR，两者形成了略有差异的空间景观，以不同的空间美学来回应人与自然和谐共生观念的数字建构。第一，VR，即虚拟现实技术，主要通过 360 度的全景复现，构造一个沉浸式的体验空间，用户可以在其中自由畅游，从而超越时空界限，全身心投入虚拟的自然景观，探索与体悟自然环境之美。第二，AR，即增强现实技术，主要通过融合虚拟空间与现实空间，为用户打造融合性的具身体验空间。借助交互设计，用户甚至可以参与生态美学的建构。

VR 技术可赋予生态美学以多感官、全方位的呈现方式，能够通过打造虚拟的空间景观，实现跨越时空的沉浸式审美体验。相关研究发现，相较于其他呈现方式，VR 技术所创设的虚拟现实能够更有效地激发公众对生态环境的感知、体悟和同理心，从而提升公众的风险感知意识以及深层次的环保意识。斯坦福虚拟人机交互实验室于 2016 年发起了一项关于"VR 如何帮助人们对气候变化产生同理心"的实验。该实验共设置三个组，分别以 VR、电影、论文的形式观看纸张的生产过程。经团队跟踪调查发现，VR 组所受的影响最大，其纸张使用量减少了 20%。实验过程中，实验对象在 VR 空间中目睹了电锯砍伐树木、森林逐渐缩小等场景。进一步讲，在虚拟空间中，受众享有镜头的掌控权，可以进入环境破坏的原发地，沉浸式地感知生态变化是如何发生的，由此对自然环境产生了更强烈的同理心和保护意识。[①]

[①] TED. (2016). Can VR help create empathy around climate change? Retrieved May 4, 2023, https://stanfordvr.com/video/2016/empathy-around-climate-change/#more-11243. 2023 年 5 月 24 日访问。

如果说全景视域为用户建构了一个更具视觉冲击力的空间景观，那么多感官互动则可让用户收获一种主动参与式的审美体验。换言之，用户的审美体验是主动获取的，而非被动接受的。如此一来，用户的审美情感更为强烈，人与自然和谐共生的生态理念也得以强化。2018年，澎湃新闻推出了融合新闻《海拔四千米之上》。该作品内嵌了视频、全景图片、VR视频等多种表现形式，全方位展现了三江源国家公园的原真之美。其中，VR技术使得用户能够身临其境般感受当地自然环境的壮美与震撼，进而领悟人与自然和谐共生的内涵。除了复原真实的自然景观，VR技术还可以虚构一个非真实存在的空间景观，进一步释放生态美学的想象力。

AR技术赋予生态美学以虚实交融、实时交互的表现方式。AR能够将虚拟信息叠加在现实场景之上，构造另类的空间景观。通过加入想象性的、虚拟性的数字叙事元素，AR技术能够重构物理空间的视觉景观，进一步拓展生态美学的表达方式。与此同时，实时交互的特性也让用户得以参与自然景观及其生态美学的建构，亦即经由具身实践塑造个性化的空间景观。2018年，腾讯与长隆野生动物世界合力打造了世界上第一个"AR濒危动物园"。在长隆野生动物世界的不同区域，用户只要打开QQ扫一扫，虚拟的濒危动物便可出现在现实场景中。借助这一融合性的空间景观，用户可以接近日常难以见到的濒危动物，了解其在自然环境中的生存情况，从而提升自我的环保意识。

三、数字互动与生态场景的再造

在经典叙事那里，文本往往表现为某种静止的、封闭的、结构化的符号形式，其意义注定受制于作者的"初始设置"，而数字叙事的互动性特征极大地拓展了文本的开放性内涵，这使得建立在交互基础上的文本结构及其意义系统呈现出丰富的形式和内涵。互动性从根本上改写了文本接受的"阅读模式"或"观看模式"，将受众带入数字技术所驱动的互动场景中，由此拓展了受众与文本的相遇方式，并催生出数字文本认知的"体验模式"。当前，互动性几乎成为数字文本的标准配置，指的是用户实施一个行动，程序通过执行代码模块并做出反应，能够改变系统的总体状态。① 当互动性被推向数字叙事的核心位置时，一种被称为互动新闻（interactive news）的新闻形式和实践便浮出了水面，意为"通过代码来实现故事叙事的视觉化呈现，通过多层的、触觉的用户控制，以便实现获取新闻和信息的目标"②。

在数字媒介语境下，互动新闻越来越多地应用于环境议题的表征和生产实践。就文本叙事而言，互动性的叙事功能主要有三：一是重构了故事的生成方式——用户进入故事，从被动的聆听者位置走出来，不仅成为故事线推进的叙述者和控制者，也成为故事本身的参与者和生产者；二是创设了一种双向互动的感知方式——用户可以借助一定的程序、代码来控制文本的组织结构，"在这一过程中，时间、速度、内容以及探索路径等因素"③ 创造了新的体验；三是拓展了人与环境之间的交流模式——数字叙事将互动的对象从文本延伸到现实环境，个体进入一种由技术中介的现实场景，由此形成了虚拟与现实之间的多维连接方式④。

在环境传播的文本实践中，数字互动的价值和意义并非局限于创设新型的用户体验，而更多的在于从修辞维度上重构公众对自然、生命、风险的感知和体悟方式，进而提升环境议题的建构效力。按照建构主义的观点，人类认知依赖一定的情景创设——正是在既定的情景结构中，信息拥有了存在的源流、出场的语境以及传播的功能，人们得以有效地实现知识内化和意义建构。而互动性特征，意味着数字媒介可以通过一定的程序装置和代码设置，自由地配置主体与文本、主体与环境之间的交往结构，进而重构信息发生的数字情景。不同于其他公共议题的建构逻辑，环境议题中最为棘手的风险形式往往躲在暗处，难以直接识别，因此需要诉诸一定的情景再造工程，以复活风险的存在之"场"、发生之"源"以及因果之"链"，使其具有可显现、

---

① 张新军.（2017）.数字时代的叙事学：玛丽-劳尔·瑞安叙事理论研究.成都：四川大学出版社（p.131）.

② 〔美〕尼基·厄舍.（2020）.互动新闻：黑客、数据与代码.郭恩强译.北京：中国人民大学出版社（p.31）.

③ 同上.

④ 刘涛，黄婷.（2023）.融合新闻的空间叙事形式及语言——基于数字叙事学的视角.新闻与写作，2，56-67.

可追溯、可感知的认知基础。而互动技术的嵌入能够重新配置生态文本的多元数字情景，即通过重构矛盾、争议、风险的显现方式，让公众参与文本的生成系统，从而获得传统叙事难以抵达的感知方式、共情方式和认知方式，如重构自然景观的另一副"数字面孔"，近距离触摸遥远的生态之痛，创设趣味情景以习得相应的环境知识，在虚拟与现实的交汇处重组个体的生态经验，等等。显然，数字情景的生成依赖以互动为基础的交互设计体系。换言之，互动的语言和形式决定了数字情景的构筑结构和生成语法，也决定了环境信息和知识在数字情景中的出场方式和存在形式。

以互动性为基础的数字场景生产，主要沿着两个维度展开：一是基于消费逻辑的游戏场景（game situation）生产，主要体现为以H5、互动视频、游戏设计为基础的环境叙事；二是基于空间媒介的混合场景（hybrid situation）生产，主要表现为以AR、MR技术为支撑的现实与虚拟相结合的环境叙事。如果说前者拓展了信息传播的游戏向度，那么后者则延伸了故事感知的多感官认知向度。

（一）基于消费逻辑的游戏场景生产

在消费逻辑主导的社交语境中，数字叙事越来越多地呈现出游戏化趋势，其运作机制是以代码为元语言，以编程为叙事手段，以计算机为叙事媒介，利用程序修辞实现文本意义的表征与建构。[①] 所谓程序修辞，主要是指通过对游戏规则及其符码表征体系的策略性设计，达到既定游戏目的的修辞行为与实践。[②] 建立在程序修辞基础上的叙事理念与实践即为游戏叙事。不同于经典叙事的论证逻辑，游戏叙事重构了用户认识环境的新型结构，即通过打造交互性强的游戏场景，让用户悄无声息地完成对既定环境话语的隐性认同。

在程序修辞的运作下，游戏叙事往往打造了一个开放的可能世界，让处于特定情景中的用户在依照规则体系进行互动的过程中，不自觉地对游戏话语深层的环境观念产生认同，最终通过实际行动回应现实中的环境问题。在

[①] 刘涛. (2021). 融合新闻学. 北京：高等教育出版社（p. 302）.
[②] 刘涛，曹锐. (2022). 程序修辞的概念缘起、学术身份与运作机制. 新闻与写作, 4, 46-56.

切尔诺贝利核事故发生 30 周年之际，网易推出了特别策划的融合新闻《核辐射的回声》。该作品以对话游戏的形式展现核辐射区域的基本图景，并设置了两种互动模式——"阅读完整特稿"与"用聊天的方式看"，用户可以根据自身的阅读偏好选择阅读方式，也可以通过与 AI 交流获取相关的报道内容。该作品以对话为主线，设计了数十个选择路径，综合使用图片、视频等媒介元素，逐级展现了切尔诺贝利事件的全貌。用户可以在互动过程中"亲历"整个事件，同步感受核污染的影响与损害，产生感同身受的体验效果，进而在这一游戏场景中实现对核污染知识的接受与内化。

通过精心设计游戏的任务、叙事线路、角色构成、遍历结构、目标实现方式等情景要素，原本沉默的环境议题披上了游戏的外衣，这无疑有助于激发用户的参与意识和探索欲望。通过与现实中的环境真相或环境使命相勾连，游戏叙事便超越了纯粹的娱乐面向，而体现出公共知识生产的修辞智慧。2014 年，半岛电视台在其网络平台推出了互动新闻游戏《偷渔》(*Pirate Fishing*)。该作品根据真实的调查事件设计制作，讲述了记者在西非国家调查非法捕鱼的故事。用户可化身调查记者的角色进入游戏，通过界面响应、路径选择等互动形式，以第一视角追踪真相。用户在挖掘叙事线索的探险过程中，能够同步感受人类活动对生态平衡的破坏。

除了映射、再现、模拟现实中的环境议题，游戏叙事还能创设复杂的环境决策情景，尤其是创设一个以现实为"脚本"的风险情景，以此考察用户面临复杂情景时的认知能力和行为决策。《洛杉矶时报》于 2019 年打造了一款环境类新闻游戏《海洋游戏：海平面上升，你能拯救你的城市吗?》(*The Ocean Game: The Sea is Rising, Can You Save Your Town?*)。游戏场景被设定在美国加利福尼亚州的一个海边小镇，随着海平面上升，沙滩即将消失，小镇面临被海水淹没的危险，用户作为决策者需要在八个回合内拯救小镇。该游戏提供三种应对海平面上升的方案，分别是修筑石墙、填充沙子和咨询专家，每种方案都将影响居民离开海岸的意愿，同时也影响政府收购房屋的资金。如何保护小镇，便成为摆在每个用户面前的一道难题。这一巧妙的游戏设计，无疑有助于人们关注气候变化可能引发的现实问题，激发公众的环保使命意识。

(二) 基于空间媒介的混合场景生产

当前的数字叙事已经不再满足于指尖上的屏幕互动,用户与文本之间的交互方式拥有更多元的界面形式和感知模式。随着空间媒介和物联网系统的发展,数字媒介建构了"用户-文本-环境"这一新型交往关系,其主要特征是:基于空间媒介(spatial media)[1]、位置媒介(locative media)[2]和地理媒介(geomedia)[3]技术(如 GPS、GIS、LBS、AR、MR 技术)的中介化配置体系,身体和环境之间拥有了自由而多元的交互方式。

在数字媒介技术的配置系统中,混合场景成为一种基本的空间形式。[4]其特点是线上与线下的融合、具身空间与意识空间的耦合、浪漫主义与写实主义的结合。如果说经典叙事主体上依赖时间性媒介所铺设的线性结构和因果逻辑,数字叙事则极大地释放了空间叙事的想象力,其主要特点便是将虚拟带入现实,即以身体为界面、以现实为幕布编织故事,旨在打造一个现实空间与想象空间杂糅的混合空间。纵观环境传播的数字实践,为了营造与自然亲密接触的真实体验,一系列剧场化的全感官沉浸式混合场景纷纷被生产出来。体验式娱乐公司 Illuminarium Experiences 于 2021 年在美国亚特兰大建成了一座包含环保主题的线下体验馆。该体验馆以在南非、肯尼亚等国家的野生动物栖息地拍摄的纪实影片为素材,利用激光投影、裸眼 VR 等数字技术还原了真实的非洲野生世界。场馆内的音频系统可以智能识别用户位置,并随用户的移动而变化;地板内设有压力传感器,在用户四处走动时,地面会自动产生水坑的涟漪、脚印等;当用户进入不同的场景时,气味也随之发生变化,用户可以闻到非洲草原和尘土的味道;场馆安装了激光雷达传感器,用户可以与场景互动,如在走近一棵树时,栖息的鸟群就会四散飞开。

---

[1] Kitchin, R., Wilson, M. W. & Lauriault, T. P. (Eds.). (2017). *Understanding spatial media*. London: Sage.

[2] Wilken, R. & Goggin, G. (Eds.). (2015). *Locative media*. New York: Routledge.

[3] Fast, K., Jansson, A., Lindell, J., Bengtsson, L. R. & Tesfahuney, M. (Eds.). (2017). *Geomedia studies: Spaces and mobilities in mediatized worlds*. New York: Routledge.

[4] De Souza e Silva, A. (2017). Pokémon Go as an HRG: Mobility, sociability, and surveillance in hybrid spaces. *Mobile Media & Communication*, 5 (1), 20-23.

其强烈的参与感和触觉体验,拓展了用户对环境的感知方式。

必须承认,混合场景中触觉向度的发掘,大多存在一个基础性的游戏取向。当前备受关注的 AR 环保游戏,则将数字游戏搬到了现实空间,实现了信息、数据、身体在现实空间和虚拟空间的自由切换和无缝过渡,并以此打造了一个混合式的游戏时空。清华大学于 2021 年制作的环保类 AR 游戏《霾伏》实现了具身空间与虚拟形象的深度互动。该游戏背景设定在 2050 年,彼时大气污染严重,人类不得不搬离地表,进入地下生活,但是日常出行仍需回到地表,因此不得不与雾霾怪物展开斗争。游戏以 AR 场景为主要叙事空间,当用户在现实生活出行中打开手机相机识别周围环境时,屏幕中会出现相应的雾霾怪物,用户须使用相应的游戏装备消灭怪物,并以"绿色出行"的方式积累奖励,所获奖励可用于升级装备、参与好友排名、获得嘉奖等。正是在基于空间媒介的混合场景中,现实秩序与游戏秩序之间具有了通约基础,这无疑有助于绿色观念的隐性传播。

四、数字参与生态书写的创新

长久以来,环境议题面临关注度高、参与度低的困境,公众的环保意识与环保行为之间存在较大落差,即存在"知而不行、言而不行"的知行断裂。[1] 进入数字时代,新闻的生产与传播机制发生了结构性的变革,这为激活公众的环保行为提供了新的可能性。一方面,在去中心化的传播结构中,公众所能接收的信息未必少于专业新闻工作者;另一方面,媒介技术的快速发展降低了新闻生产的门槛,也搭建了公众与专业媒体之间进行对话沟通的桥梁。如此一来,新闻生产便不再局限于编辑室,而被置于一个整体性的新闻生态之中[2],这使得公众和机器也能够深度参与新闻生产实践。相应地,专业媒体的主体地位被解构,环境新闻的生产方式被改写,其生产主体呈现出多元化的特点。数字叙事打开了新闻文本生产的协作空间,异时异地的多

---

[1] 贾广惠. (2018). 环境议题传播中的公众参与难题及其破解. 中州学刊, 5, 168-172.

[2] Reese, S. D. (2016). The new geography of journalism research: Levels and spaces. *Digital Journalism*, 4 (7), 816-826.

元生产主体构成了一个信息网络，以数字化的方式参与环境新闻的生产流程，从而改写了环保话语的生产方式。用户从被报道、被记录、被描述的客体角色中挣脱出来，作为环境议题的利益相关者，进入了生产环节，主动发声并采取行动。

在环境新闻生产的数字参与实践中，众包新闻（crowdsourcing journalism）是较为常见的表现形式及生产模式，意为公众充分参与新闻生产的相关流程，如搜集信息、核实事实、分析数据等，并深度介入新闻的报道与发布环节。借此，公众可以主动投身环境议题的建构，为环境保护贡献自己的力量。依据公众的参与程度，环境新闻的众包方式可以分为内容原产型众包与数据整合型众包。内容原产型众包指向公众的全程参与，即用户自行搜集数据和创作文本，其生产的内容能够成为新闻报道的一部分；数据整合型众包指向公众的部分参与，即用户在专业媒体指导下，搜集可供编辑的环境数据，并交予媒体进行整合与呈现。

内容原产型众包适用于报道涉及特定利益群体或地域群体的环境议题。这种新闻生产方式不仅能够有效地发掘新闻资源，拓展报道视角，也有助于激活特定群体的社会参与行为，助其在公共空间发声，建构特定的环境议题。2016年，美国民间团体发起了"一条河，许多故事"（"One River, Many Stories"）项目，旨在动员明尼苏达州北部和威斯康星州西北部的记者、市民共同讲述关于圣路易斯河的故事，以不同的叙述视角展现同一环境议题。对圣路易斯河的地域性情感连接促使当地民众积极参与项目，借助话题标签在社交媒体上发表自己与河流的故事。这一参与式的在地书写方式不仅有助于公众认识并反思本地的环境问题，也加深了他们与圣路易斯河之间的情感联结。当一条河流与许多故事呈现在交互地图上时，环境议题的人文话语便被源源不断地生产出来，并实现了较为广泛的社会连接和动员实践。

数据整合型众包主要用于报道数据信息量较大的环境议题。这类环境新闻的信息收集环节往往耗时长、成本高，而数据整合型众包恰好能够解决这一问题，有助于提高新闻生产的效率。2014年春节期间，《南方周末》与环保组织创绿中心联合发起了"回乡测水"行动，通过为公众提供低成本、便捷、快速的水质监测工具，新闻生产团队得以实时收集多地的水质监测信息。这次活动共有192位志愿者报名，至截稿时，《南方周末》共收到来自

20个省份的35组饮用水、12组地表水的水质数据。基于这些数据,《南方周末》制作了"民间水质地图",并推出了数据新闻《南方周末"回乡测水"家乡水,清几许》。除了能够解决新闻生产的难题,这种允许公众参与的新闻生产方式还有助于激发公众身为生态共同体一员的联结感与责任感,进而强化人与自然和谐相处的生态理念。

实际上,数据整合型众包新闻通常涉及的地域范围较广,这使得地理位置成为一个极其重要的数据信息,而基于地理位置的新闻众包实践,往往能够集合来自不同地域的公众所提供的数据,最终经过组合与分析,以形成环境议题的基本面貌。此外,用户可以选择感兴趣的区域,进一步了解详细的新闻事实。2013年,为了预测美国东部沿海地区某种蝉虫的破土时间,纽约公共广播电台(New York Public Radio)邀请当地群众利用传感器测量自家花园的土壤温度,采集蝉鸣声音,收集蝉虫出土数据,以探索自然环境与蝉虫生长周期之间的关系。该团队先后收到800个不同地点的群众提供的1750份监测报告,并在此基础上制作交互地图,最终完成了数据新闻《蝉虫追踪》("Cicada Tracker")。该交互地图以不同颜色的圆点记录和描绘了不同地点的土壤温度和蝉虫出土情况,用户可以通过点击圆点查看特定地点的具体数据及其更新时间。

鉴于位置数据的重要性,已然普及的定位系统能够通过提供实时且精准的地理位置信息,为公众创设一种新的数字参与方式。这意味着,人们在物理空间的位置及移动可以被采集和共享,并进入数字叙事文本,构成环境新闻生产的重要素材。事实上,在与交通出行相关的议题中,这一公众参与方式已经得到了实际应用。比如,百度公司在2014年春运期间推出了一个品牌项目"百度迁徙"。该项目利用百度地图的LBS(基于地理位置的服务)数据,以可视化的方式呈现了当年中国春节前后人口迁徙的轨迹与特征。不难发现,这种公众参与方式,不一定是公众主动参与新闻生产,可能是公众因商业机构的数据共享或再生产而被动参与。

近年来,基于协作文档的公众参与方式备受关注。协作文档指的是一种具有开放性、连接性、共享性与实时性的在线文档,支持多人在线协同编辑,且能够实时同步更改的内容。借助协助文档,个体行动者得以连接成为一个"汇聚、规范、呈现公共信息的协同生产网络"。区别于众包新闻,该网络并不存在固定的中心,其结构是动态连接的。① 因此,基于协作文档的公众参与程度较深,更有利于激活公众的环境意识与环保行动。2021 年 7 月,河南省郑州市遭遇特大暴雨侵袭,多处房屋倒塌,诸多民众遭遇险情。此时,一份被称为"救命文档"的《待救援人员信息》协作文档在社交网络迅速扩散。这份文档由一名高校学生自发建立,旨在整合网络上的求助信息和救援信息,为遇险人员对接救援力量。在这一突发性的环境危机事件中,该文档开放编辑的属性为关心灾情援助的广大网络用户提供了数字参与的机会。短短两天内,文档更新超过 450 个版本,浏览量超过 250 万次,且有超过千位用户修改或补充过文档内容。② 随着越来越多的用户涌入这一数字空间,自发参与信息内容的更新、核实、整合,协作文档逐渐演变成一个实时的、公共的信息资源集中平台。

因此,数字技术极大地释放了环境议题表征与叙事的想象力,尤其是在生态争议的发现、生态美学的重构、生态场景的再造、生态书写的创新等方面独具优势,并且呈现出不同于经典叙事的新理念、新语言和新实践。当前,随着人工智能生成内容(AIGC)的崛起,AI 技术已经深度嵌入环境传播的诸多场景,其对环境叙事的影响注定是深远的。如何最大限度地开掘新兴技术的媒介属性与数字文本的表征语言之间的深度对话,赋能环境议题建构的叙事创新实践,则是一个亟待探索的环境传播命题。

概括而言,传统的环境议题建构主要立足经典叙事,而数字媒介的兴起则重构了环境议题的表征方式。环境议题建构的数字叙事,本质上体现为在数据维度上重构新闻故事的内容和形式,以提升公众的环境素养。融合新闻叙事主要沿着符号维度的数字表征、美学维度的数字景观、互动维度的数字体验以及生产维度的数字参与展开,从而形成了一种有别于经典叙事的环境议题建构的"叙事方案"。具体而言,符号维度的数字表征强调通过数据化的方式重新发现环境议题的问题、争议和矛盾,包括数据向度的真相发掘、

---

① 徐笛,许芯蕾,陈铭.(2022).数字新闻生产协同网络:如何生成、如何联结.新闻与写作,3,15-23.

② 腾讯研究院.(2021).协作河南:暴雨中的全民互联网救援.7 月 22 日,https://mp.weixin.qq.com/s/8Gt9aS0JMGZpsBXJp-_HDg.2023 年 1 月 3 日访问.

时间向度的趋势预测、空间向度的关系识别；美学维度的数字景观意为通过新兴的数字技术，打造经典叙事难以抵达的具身体验和生态美学，从而构建环境议题认知的情感认同体系；互动维度的数字体验强调立足互动叙事基础，通过游戏化的方式重构用户感知环境议题的游戏场景和混合场景；生产维度的数字参与强调公众深度参与环境文本的数据收集、分析和生产体系，形成以"众包"为基础的协作式环境新闻生产方式。

第十八章

传统文化传承创新的语义修辞系统

习近平总书记多次对宣传思想文化工作作出重要指示,并在多个场合反复强调要推动"中华优秀传统文化创造性转化和创新性发展"(以下简称文化"双创")。2022年10月,习近平总书记在党的二十大报告中提出了将马克思主义基本原理同中国具体实际相结合、同中华优秀传统文化相结合的重要理论观点。① 2023年10月,全国宣传思想文化工作会议正式提出了习近平文化思想。② 中华优秀传统文化源远流长、博大精深。基于历史和文化本身所具有的特殊属性,中华优秀传统文化具有极其丰富的内容和意涵,习近平总书记将其重要元素概括为:"天下为公、天下大同的社会理想,民为邦本、为政以德的治理思想,九州共贯、多元一体的大一统传统,修齐治平、兴亡有责的家国情怀,厚德载物、明德弘道的精神追求,富民厚生、义利兼顾的经济伦理,天人合一、万物并育的生态理念,实事求是、知行合一的哲学思想,执两用中、守中致和的思维方法,讲信修睦、亲仁善邻的交往之道。"③

---

① 人民日报.(2022).高举中国特色社会主义伟大旗帜 为全面建设社会主义现代化国家而团结奋斗——在中国共产党第二十次全国代表大会上的报告.10月26日01-05版.

② 人民日报.(2023).坚定文化自信秉持开放包容坚守正创新 为全面建设社会主义现代化国家全面推进中华民族伟大复兴提供坚强思想保证强大精神力量有利文化条件.10月9日01版.

③ 人民日报.(2023).赓续历史文脉 谱写当代华章——习近平总书记考察中国国家版本馆和中国历史研究院并出席文化传承发展座谈会纪实.6月4日01版.

不难发现，中华优秀传统文化在内容层面所对应的"实际世界"（actual world）是异常丰富而厚重的，这为符号阐释的"可能世界"（possible world）提供了充盈而丰沛的事实材料。与此同时，数字媒介文化和语言越来越多地介入文化的符号转化过程，这使得文化在内容表达层面不得不回到媒介逻辑维度寻找答案。玛丽-劳尔·瑞安（Marie-Laure Ryan）在谈论电脑文化时提出了"可述性"（tellability）这一概念，认为故事的内在可述性是一种让情节不断产生新版本的品质，也是能够广泛利用虚拟性的一种功能。[①] 这提供了一种在叙事学层面认识中华优秀传统文化"双创"问题的逻辑进路，并进一步揭示了中华优秀传统文化符号转化过程中的两个核心问题：第一，在叙事内容层面，传统文化所具备的丰富内涵使其叙事天然具有整体性、逻辑性和故事性，这对应着叙事内容的"可述"。第二，在外在形式层面，传统文化是高度抽象化的，这与其在内容层面所具有的丰富意涵之间存在内部张力。如前文提到的理想、思想、传统、伦理、理念、思维方法、交往之道等所对应的具体情境往往复杂而微妙，体现为"溶解"于过往社会传统之中的经验标准、伦理秩序和道德规范，难以通过言语和物质实体准确地得以"外显"，也难以被处于完全不同社会情境中的人们理解和认同。文化的抽象性与前文中提到的"可述性"问题之间存在的罅隙也慢慢浮现出来，即缺乏能够与具有丰富可述性的文化内容准确对应的、具有传播力的符号形式，尤其在当下的数字化传播情境之中，符号固着化机制的缺位已然成为传统文化传承和创新所面临的现实困境，这便为数字叙事的"出场"提供了逻辑合理性。

一、文化可述性与技术可塑性的相遇

数字叙事在符号层面提供了一条理解传统文化内容的新兴路径。有别于经典叙事实践，数字叙事借助计算机技术的强大计算和整合能力，能够将文字、图像、声音等符号元素整合为统一的数字文本，从而生产出视觉、听

[①] 〔美〕玛丽-劳尔·瑞安. (2002)."电脑时代的叙事学：计算机、隐喻和叙事". 载戴卫·赫尔曼主编. 新叙事学（pp. 61-88）. 马海良译. 北京：北京大学出版社（p. 66）.

觉、触觉等多感官交融聚合的交互界面，衍生出较为灵活的叙事形式、文本结构及用户参与逻辑。尼克·蒙特福特（Nick Montfort）研究发现，互动小说可以创造出全新的交互式虚构体系，从而改写叙事的顺序和事件结构。①亨利·詹金斯（Henry Jenkins）谈及电子游戏的空间叙事及世界营造时，指出情节的组织变成了一个设计想象世界的地理空间问题。② 信息的传输方式也得以彻底革新，数以亿计的信息能够借由数字文本这一形式实现超速率的传播，并且借由互联网的传播结构汇集成信息的"海洋"，彻底颠覆传统信息传输过程的模式、秩序与规范。换言之，数字叙事在内容层面的"可述性"基础之上提供了技术层面的"可塑性"（shapeability），这极大地拓展了传统文化内容转化和传播的潜能。就其具体问题语境而言，这种可塑性实际上对应的就是传统文化叙事体系的建构问题，即传统文化的物质形态和非物质形态如何在数字叙事的表征体系和意义系统中被重新建构。

数字叙事涉及不同的文本形式，诸如文学、艺术、新闻、影视、展览、游戏等文化和艺术形式共同构成了数字叙事的庞大"家族"，其分别对应的是现代文化中不同类型的文本实践，也生发出不同的数字叙事体系。必须承认，不同的文本实践，往往诉诸不同的数字技术，相应地也就形成了不同的故事理念和叙事语言。因此，唯有回到具体的叙事场景，聚焦于具体的文本实践，开展有针对性的研究，才能真正揭示传统文化"双创"的数字叙事原理和机制，并从根本上解决数字叙事方案的"落地"问题。基于此，本章以融合新闻这一数字文本形式为研究对象，探讨传统文化在融合新闻实践中的数字叙事原理以及语义修辞机制。

新闻是一种纪实性文本。作为人类社会中广泛存在的一种信息实践形式，新闻以其现实面向深刻地决定了叙事的功能、形式和逻辑。就叙事功能而言，新闻的价值目标之一便是传承文化。哈罗德·拉斯韦尔（Harold Las-

---

① Montfort, N. (2011). Curveship: An interactive fiction system for narrative variation, 2011. In Ruth Page & Bronwen Thomas (Eds.). *New narratives: Stories and storytelling in the digital age* (pp.103-119). Lincoln, NE.: University of Nebraska Press.

② Jenkins, H. (2004). Game design as narrative architecture. *Computer*, 44 (3), 118-130.

swell)敏锐地指出,大众传播的基础功能之一便是实现社会遗产代代相传。① 就叙事形式而言,在多媒体、融媒体、跨媒体持续发展的技术语境之下,融合新闻这一叙事形态不断推陈出新,短视频、数据新闻、H5、VR、AR、新闻游戏等融合新闻形式在公共议题上持续发挥作用,并在社会治理逻辑方面发挥着积极的文化教育和传承功能。就叙事逻辑而言,融合新闻为传统文化"双创"提供了文化数字化的实践语境和数字方案,而文化数字化的核心问题之一便是要从"讲故事"的叙事逻辑入手,解决文化的故事化问题。

"讲好中国故事"的数字叙事体系总体上可以切分为三个逻辑维度,分别是形式逻辑、语法逻辑和实践逻辑:形式逻辑关注文本的形态问题,语法逻辑指向文本的语义问题,实践逻辑强调文本的传播问题。其中,对于形式逻辑,可以沿着文本形态的"三大转向"——图像转向、情感转向和游戏转向加以理解,相应地便形成了数字叙事的三种常见的语义表征进路,即图像化、情感化和游戏化。② 实际上,文本的三大转向本质上回应的是文本语义规则的变化问题,即借助图像化、情感化、游戏化的方式创新故事的呈现方式。

因此,就传统文化"双创"的数字景观生成而言,图像化、情感化、游戏化揭示了数字文本的三种形态取向与形式特征,更为重要的是,意味着故事化的三种语义修辞策略:图像化回应的是故事形态的视觉表征问题,强调借助可视化的方式讲述文化故事,本质上体现为一个视觉修辞(visual rhetoric)问题,即在图像维度解决文化呈现形式上的"可见"问题;情感化回应的是故事感知的叙事认同问题,强调文化识别与认知的情感认同进路,本质上体现为一个情感修辞(emotional rhetoric)问题,即在文化故事的内容选择和数字转译中打造一条情感化的心理认同"通路";游戏化回应的是故事生成的用户参与问题,强调创设一种趣味性的故事接受情境,本质上体现为一个程序修辞(procedural rhetoric)问题,即在技术逻辑层面创新

---

① 〔美〕哈罗德·拉斯韦尔. (2013). 社会传播的结构与功能. 何道宽译. 北京:中国传媒大学出版社(p. 37).
② 刘涛,刘倩欣. (2022). 新文本 新语言 新生态 "讲好中国故事"的数字叙事体系构建. 新闻与写作, 10, 54-64.

文本规则和互动语言，以实现故事生成的参与性和趣味性。

基于此，本章立足融合新闻这一数字文本形式，从数字叙事的语义修辞视角出发，重点关注文本的图像化、情感化、游戏化三大转向，探讨融合新闻在故事形态、故事感知、故事生成层面的语义修辞策略。具体而言，在故事形态层面，数字叙事回应了传统文化的可视化问题，各种图像文本得以进入传统文化的呈现和转译过程，重新打开了观念、意识和符号形态文化的视觉向度；在故事感知层面，数字叙事系统促进了理性语言与感性语言两种文本意义组织方式的交汇，激活了人与物的情感互动空间；在故事生成层面，情境化、沉浸式和趣味性的游戏底层逻辑得以嵌入故事，不仅赋予了故事一种游戏化的呈现方式，同时也通过对文化呈现规则的设计，赋予了故事某种偏向性的意义内涵。

二、故事形态：图像化与叙事时空再现

无论何时，思想活动与其记录、传递和存储的技术条件都是无法分割的[1]，对于人类文化活动而言，尤为如此。雷吉斯·德布雷（Régis Debray）指出："一个繁荣的文化可以被定义为在媒介化中悄无声息的痕迹游戏。"[2] 这提示我们亟须关注文化表征在媒介维度的可感知性。古人曾尝试取径于绘画、建筑、雕塑等符号媒介，将文化所蕴含的神秘哲思固着下来，并对其进行记录、转译、传承和发展，如绘制太极八卦图来指代道家思想中的和谐、对称、平衡等自然理念，建造长城等建筑奇观来隐喻权力边界与政治秩序等。这些媒介载体能够帮助人们在纷繁复杂的自然与社会系统之中进行自我定位，即德布雷所说的"痕迹游戏"。除了物质意义上的媒介固着之外，其中也蕴含着丰富的叙事结构，文化的故事形态通过符号与媒介的两重转化得以呈现在人们面前。

叙事结构中最为基础的问题就是文化的形态及其呈现方式问题，即文化的图像化问题。具体而言，作为一种社会意识形式，文化通过符号与媒介的

---

[1] 〔法〕雷吉斯·德布雷. (2014). 普通媒介学教程. 王杨译. 北京：清华大学出版社 (p.261).
[2] 〔法〕雷吉斯·德布雷. (2014). 普通媒介学教程. 王杨译. 北京：清华大学出版社 (p.265).

两重转化得以呈现在人们面前。从宏观角度来看，文化与符号的关联是天然存在的——文化是符号的内核之一，符号是文化的外显形式，二者的双向耦合构成了一种相对稳定的、视觉化的逻辑关系、秩序和结构。时至今日，数字媒介文化将这种视觉性推向了一个更为重要的认识位置，超越传统媒介文化的图像表征维度，转向了更为深刻的图像化生成阶段，其原因就在于可视化图像已然成为数字媒介技术系统的通约语言，文字、声音、数据等文本序列都可以通过计算机的二进制编码被转化为可见的图像语言，并且通过计算机的窗口和界面抵达用户。列夫·马诺维奇（Lev Manovich）认为，计算机的优势在于可以使用自然语言中没有的任意精度来量化各种各样的视觉元素，还可以定性地描述图像的特征，或者描述图像中视觉"元素"不明显的部分。① 由此可见，数字媒介具有将观念、思想、伦理等心灵经验扩展为可观察、可感知之物的潜力，并且能够在书写和呈现其故事结构的过程中生成一个叠加现实世界的"景观世界"。

　　文化之所以需要视觉化的再现形式，是因为其为人类精神活动所表现出的不可见属性和状态。从时间维度来讲，传统文化具有历史性，是人类社会在特定时间、区域内的行为实践，这也决定了文化在物态、行为、制度、心态等层面的易损性。赵毅衡指出，"文化"与"文明"的显著不同之处在于，文明具有累积性和进步性，文化却具有保守性。② 正因如此，在人类历史发展长河中，时过境迁，物是人非，特定的文化形态就会因其生存"境遇"的流逝而面临自然消亡的"宿命"。从空间维度来讲，传统文化具有民族性和区域性。"设神理以景俗，敷文化以柔远。"王融在《三月三日曲水诗序》中阐明了，文化只有在地理空间上无远弗届，方能教化远方的人民。倘若不借助恒久稳定的介质，文化及其所负载的核心意义极容易失散于时间长河，消弭于山川湖海，无法被人们所感知。换言之，在文化的视觉再现过程中，时间与空间是无法绕开的两个问题。时间逻辑作为一种基础性的故事结构，展示出文化繁衍生息在时间刻度中的关键时刻，对应着文化的过程性；空间逻辑则作为一种秩序性故事结构，提供文化的原始生成语境，并观

---

① 〔俄〕列夫·马诺维奇. (2020). 新媒体的语言. 车琳译. 贵阳：贵州人民出版社 (p. 6).
② 赵毅衡. (2018). 赵毅衡形式理论文选. 北京：北京大学出版社 (p. 101).

照文化的具体形貌，对应着文化的状态性。而新闻作为一种信息交往活动，是文化得以外显和传播的重要介质。在技术融合的信息传播结构之中，新闻报道正越来越多地关注到传统文化在时间与空间上的可见性逻辑，并借助技术手段让时空统一于图像语境之中，从而扩展用户感知传统文化的可能性空间。

一方面，在以时间为轴的阐释图示之中，融合新闻报道能够提供一个文化事件发生的逻辑语境，展现物态文化和心态文化生成、延续、更迭与交替的过程。由于平面媒介的空间限制，传统的新闻报道能够呈现的事实信息往往极为有限，由此形成了常见的"倒金字塔"信息结构。在这种信息结构中，新闻事件的历史背景及其发展过程往往作为次要资料被置于新闻报道的结尾部分，时间被后置和忽略了，而融合新闻报道所生成的技术语境则可以抚平被折叠的时间"褶皱"，还原文化物的具体存在方式和时间流变过程。例如，在2023年4月18日"国际古迹遗产日"到来之际，由国家文物局指导，敦煌研究院和腾讯联合推出了一款名为"数字藏经洞"的数字产品。该产品采用"时空穿越"的叙事视角拼接了敦煌莫高窟在不同历史时期的时间影像，通过852年（唐）、964年（宋）、1035年（宋）、1907年（清）、2023年这五个时间锚点，在动态的时间变化中组合出莫高窟的"跨时空影像"。用户作为来自现代的"穿越者"来到敦煌，可前往不同的时间片段，完成相应的游戏任务。如在"百年封存"关卡中，玩家可穿越到北宋景祐二年（1035），见证僧侣搬运经卷和封闭洞窟的历史场景；而在"文物之殇"关卡中，用户可来到清光绪三十三年（1907），目睹斯坦因等外籍探险家盗走敦煌经卷的沉痛史实。这种体验式的新闻"阅读"模式为用户打开了一个新的故事空间，用户得以在不同的时间片段之中沉浸式地感知敦煌"藏经洞"开凿的历史，仿佛开启了一场"时间旅行"，这无疑在时间维度赋予文化一种崭新的生命形式。

另一方面，在以空间为情境的感知维度之中，虚拟现实技术能够模拟出极为逼真的三维视觉环境，由此建构出一种拟像式、互动式的新闻叙事景观。在这种数字景观中，用户能够通过移动设备和可穿戴设备体验身临其境的感觉，完成从叙事"对象"到叙事"主体"的转换——用户不再被动地接受信息，而是主动地、有选择性地感知和体验文化事件。这种叙事方式可以模仿文化产生和发展的现实语境，形成具有高卷入度的拟像空间，在宏观上模拟文化所生发的地理环境，在微观上关注文化的物理形貌。如前文提到的关于敦煌的数字产品"数字藏经洞"，用户能以第一视角越过石窟外的戈壁、草甸与树林，进入敦煌藏经洞——壁光亮起，美轮美奂的壁画、碑刻、佛像和经卷呈现于眼前。再如故宫博物院开发的一系列数字漫游产品：进入"V故宫"小程序，用户可以通过VR眼镜和裸眼两种观看模式，身临其境地游览养心殿、灵沼轩、倦勤斋等故宫著名建筑景观；"全景故宫"小程序则通过数张720度的4K全景照片，将故宫内外景观组合为极具沉浸感的全息影像，用户通过操纵手机遥感即可实现对故宫景物的细致观赏；"AR游故宫"功能更是关联位置媒介和现实中的视觉信息，用户只要将手机对准特定景物，系统便会精准识别并弹出相应的知识介绍。由此可见，在融合新闻的故事形态中，空间超越了传统新闻报道中的"地点"属性，而成为一种感知空间和行动空间，用户能够通过身体感官深度参与其中。在这一过程中，用户的身份也不再仅仅止于新闻报道的"受众"，而成为故事的见证者和参与者。

三、故事感知：情感化与叙事认同重塑

在符号形态维度，融合新闻叙事需要回应的核心问题是故事建构过程中的语言感知逻辑。在媒体融合的技术语境下，新闻报道的语言在真实性和客观性的基础之上衍生出一系列新兴的形式和路径，其中情感语言作为较为重要的一种语言形式，极大地打开了融合新闻叙事的想象空间。① 因此，本章接下来主要探讨传统文化在融合新闻叙事中的情感语言及其认同逻辑。

新闻叙事语言的情感转向主要回应了文化传播所面临的一系列现实问题。一方面，传统文化（尤其是具有物质形态的文物）是历史时间中人类社会活动的凝缩，储存着精妙深奥的历史底蕴和思想价值，只有具有一定文化知识和艺术鉴赏能力的观众才能一窥门径。因此，以传统文化为母题的新闻报道模式长期以来遵循的是理性逻辑，其极高的信息密度决定了文化物

---

① 刘涛，薛雅心.（2024）.技术何以"赋情"：融合新闻的情感叙事语言及修辞实践.新闻与写作，1，14-25.

"高居庙堂之上",难以真正走入"寻常百姓家",这也掣肘了新闻的信息传播功能和知识转译功能。而近年来兴起的传统文化复兴潮流,使本来沉淀于历史深处的物态文化和观念文化开始在当今社会生活中勃发生机,越来越多的文化物从历史深处走来,进入了受众的情感世界。2023年,景德镇中国陶瓷博物馆的一件罗汉陶瓷雕塑因其表情和神态酷似网络情感符码中的"无语"情态,而被网友冠名以"无语菩萨",引发文物爱好者争相前往打卡。山西省博物院馆藏文物商代青铜器"鸮卣"也曾因外表呆萌可爱,而被称为"最萌战神"和"商代版愤怒的小鸟",一度成为社交媒体中年轻用户津津乐道的热点议题。从以上两个案例可以看出,当下文化传播的故事语言模式已经悄然发生变化,高密度知识传输的文化鉴赏逻辑逐渐让位于感性的情感消费逻辑。

另一方面,文化的意义本质是符号属性。克利福德·格尔茨(Clifford Geertz)曾断言:"文化概念实质上是一个符号学概念。"[①] 文化议题报道相对于政治、经济、社会等其他议题报道而言具有特殊性,因为文化无法像突发性的社会事件那样显著地波动起伏,亦不能展现给读者以特点鲜明的人格化特征,这也决定了文化议题的新闻语言长久以来依赖的是理性话语,遵循的是知识逻辑。而当文化传播取径于情感时,文化物开始借助媒介叙事载体频频引发"情感事件",由此跻身公众的集体关注视域,也在用户层面拓展了文化感知的又一路径,即情感化的感知路径。2023年8月26日,大英博物馆约2000件藏品被盗,引发多国强烈抗议,包括希腊、尼日利亚、中国等在内的多国要求大英博物馆归还本国文物。两位自媒体博主以该事件为引拍摄了短剧《逃出大英博物馆》。该剧讲述了大英博物馆所藏文物"中华缠枝纹薄胎玉壶"化成人形踏上回家之路的故事。"小玉壶"在归家过程中的辛酸、遗憾、欣喜、无助等情绪撼动人心,也让不少网友唏嘘不已。截至2023年11月1日,新浪微博话题#逃出大英博物馆#阅读量已达6.5亿次。从这一案例可以看出,情感已然成为文化议题呈现的深层叙事基底,用户能够在以文化物为对象的叙事结构中感知快乐、悲伤、愤怒、惊讶、厌恶、恐惧等情感基模。

---

① 〔美〕克利福德·格尔茨.(1999).文化的解释.韩莉译.南京:译林出版社(p.4).

基于此，本章讨论的核心问题是：数字叙事何以在情感维度叩问文化的符号表征形式，并打开用户的情感认知向度，实现赋情、移情与共情的传播功能。格兰特·博尔默（Grant Bollmer）提出了"移情机器"（empathy machines）的概念假说，意在强调虚拟现实具有一种超越感官的力量，技术的沉浸可以使用户产生移情。[1] 这一观点富有洞察力地强调了以技术为路径通往人类情感世界的可能性，而其核心机制就是对技术中介感觉器官合理性的论证。这一概念亦有助于我们以技术视角来理解新闻内容与用户情感的联结过程。在博尔默的论述中，该过程包含数字沉浸、数字交互、数字模拟等不同层面的内容，我们可以将其与文化议题的情感认同问题——对应：一是数字沉浸、数字模拟对应情绪感知问题，数字技术创造出了沉浸式的环境感知空间，实现了对文化物层面的赋情；二是数字交互对应情绪交流问题，数字技术深化了文化符号的阐释空间，催生了用户在文化价值层面的移情和共情，并在此基础之上建构出相应的认同空间。

（一）赋情于物：沉浸体验与环境感知

在数字技术所创造的理想情境中，用户可以沉浸式地探察遥远的世界境貌，纵使这一世界可能与自己所处的时空区域完全不同。在此基础之上，用户能够通过一种"异主体"的生命体验对遥远而抽象的东西产生具体的认知，甚至打开情感通道，这极大地更新了传统文化的叙事结构，呈现出崭新的语言逻辑。

一是融合新闻叙事中"物"的显现逻辑。图文、视频、音频、直播等数字技术极大地拓展了融合新闻中景物、人物、事物的可见性，以往新闻报道容易忽略的物元素和符号元素得以呈现在用户面前，并因用户的参与而被赋予特定的人格特征和感情色彩，这无疑有助于解决传统文化传播过程中的符号障碍问题。围绕着这一逻辑，当前文化议题报道中出现了以"慢直播"为代表的融合新闻呈现方式。2020年初，央视频慢直播《与疫情赛跑——全景直击武汉雷神山医院建设最前线》和《与疫情赛跑——全景见证武汉火神山医院崛起过程》引发超9000万网友在线"云监工"，参与现场建设

---

[1] Bollmer, G. (2017). Empathy machines. *Media International Australia*, 165 (1), 63-76.

的工程设施也有了"粉丝团"。这一即拍即播、无人干预的叙事方式极大地打开了物的呈现空间,也赋予用户感知、解读和参与的权利。例如,在该直播中,高层吊车和混凝土运输车被网友们亲切地称为"送高宗"和"送灰宗",小型黄色挖掘机和绿色渣土车则被称为"小小黄"和"小绿"等。如今,这一信息呈现方式也被运用于传统文化呈现,即通过激励用户的情感参与,构建文化物的身份主体性。近年来社交媒体上频频引发关注的考古直播活动是又一个鲜明的例子。《扬子晚报》于2023年推出的融媒体直播《开启6000年盲盒——探源马家浜文化墓葬》,借助媒介技术方式,将遗迹科学考察转化为网民所喜闻乐见的体验式围观活动,打开了用户对于文物的解读和赋情通道。在央视探访三星堆遗址考古发掘的直播中,观众可以一边"欣赏"考古队员们清坑,一边"拆盲盒式"地感受文物出土的惊喜瞬间。除了遗迹考古形式,民间节日、民俗活动与慢直播的相遇也带来了更为丰富的情感体验。2023年中秋节期间,北京古观象台的"赏月慢直播"如期而至,用户得以通过移动设备在明清两代的皇家天文台仰望星空,在历史文化学者的讲解下一窥中国古代天文学的时空观,体悟中国式浪漫。不同于传统新闻的观念系统,融合新闻的"5W"和"1H"内涵得到了极大延伸和拓展,几乎任何事物都能成为融合新闻的报道对象。[①] 在传统文化的新闻呈现方面,长期被遮蔽的物态文化和观念文化得以借助其符号属性而被重新看见,并且因用户的参与而被赋予了情感维度的趣味性。基于一定的趣味体验,用户愿意去接触、了解和感知传统文化,融合新闻也借此实现了信息传递、知识建构和文化传承的特殊功能。

　　二是融合新闻叙事中用户的参与逻辑。数字媒介技术前所未有地提升了新闻感知环境的拟真度,带给用户身临其境的"临场感",用户得以积极参与新闻事件,从而结成"想象的共同体"。在参与性的故事语言逻辑基础上,融合新闻叙事超脱了传统的线性叙事模式,将用户的情感反应纳入了叙事语言的修辞实践。例如,2019年,敦煌数字化保护组织和腾讯公益推出的互动H5《敦煌未来博物馆》,通过模拟敦煌莫高窟壁画的自然脱落过程阐明了敦煌文物保护所面临的困境。在"长按吹气 感受风化"的互动设置中,

---

① Waisbord, S. (2019). The 5Ws and 1H of digital journalism. *Digital Journalism*, 7 (3), 351-358.

用户可通过"吹气"来模拟自然风,通过手指"长按"来记录时间流逝。随着手机屏幕上的年份不断增长,用户能够看到的壁画也由清晰逐渐变得模糊,最终完全失去原来的样貌(见图18-1)。在体验过壁画的自然毁坏过程之后,手机界面将跳转到捐赠界面,用户可以通过该H5中的超链接进行文保募捐,成为莫高窟壁画的"数字供养人"。这一带有悲剧色彩的叙事脚本指向物态文化保护过程中难以抵抗的"自然力",揭示了敦煌艺术瑰宝的物理形态终将消逝于历史长河之中的宿命,而用户可以通过身体感官控制时间的自然流逝,参与和见证文物的命运轨迹,并且有机会为文物保护贡献力量。由此可见,参与性语言逻辑可以被视为一种以情感为核心导向的认知、态度和行为的反应序列。情感成为联结用户感知、用户行为和用户身份转化的关键节点,这为用户预测、解释、回应、控制故事语境与叙事进程提供了合理性。

图18-1　H5《敦煌未来博物馆》中的莫高窟第112窟影像变化过程(截图)

（二）共情于人：情绪互动与叙事认同

如果说"移情机器"的第一层内涵指向技术赋情于物的沉浸式感知环境，那么其第二层意涵则关注的是用户自身以及用户之间的情绪反馈与感染过程，即存在于文化物本体物质感知维度的情感互动及叙事认同过程。

在情绪反馈和互动层面，罗伯特·哈桑（Robert Hassan）将"共情"定义为一种假定的神经系统能力，强调的是个体能够了解他人的思想与感受。[①] 博尔默也指出，移情的心理状态必然产生于人类交流的过程之中。[②] 因此，用户之间存在一个"多孔的边界"（porous boundary），其允许两个主体在一个共享的精神空间之中"融合"（mingle）。[③] 在路径层面，数字媒介及其所依存的网状拓扑结构让用户的信息感知点位能够相互连接，这在创造出同一信息感知环境的同时，也为用户之间的情感互动提供了一个融通的空间。在这一空间中，用户对文化物的情感反应能够彼此呼应、共鸣。在内容层面，"用户生成内容"融入了新闻报道的产品和反馈体系，形成了一种生成式的语言逻辑，用户像记者、编辑一样拥有了创制、组合新闻的权力，并且积极参与着对文化故事的讲述。因此，为了保证用户能够在共同的新闻信息空间中彼此"可见"，"弹幕"、留言、点赞等技术被广泛地运用于融合新闻报道。2021年7月，河南卫视"中国节日"系列节目《七夕奇妙游》在Bilibili网站上映。通过观看，在即时互动技术和"弹幕"技术的支撑之下，千万网友在线完成了情感汇聚的线上景观仪式，民众对于河南暴雨洪涝灾害的悲痛情绪与七夕传统节日所蕴含的祈福、祝愿、感恩等文化价值内涵实现了有效接合。在歌曲节目《夜空中最亮的星》的短视频中，流星划过天际，河南卫视文化IP"唐小妹"手摘流星，打开双手却变出了一朵黄色的菊花。网友通过"弹幕"直呼："泪目！节目组用心了，没有忘记那些被暴雨带走的生命。"伴随着英仙座流星雨划过屏幕上空，画外音响起："你们一定要记得回家的路哦。"不少网友为之瞬间泪目、"破防"。除此之外，河南卫视

---

① Hassan, R. (2020). Digitality, virtual reality and the "empathy machine". *Digital Journalism*, 8 (2), 195-212.
② Bollmer, G. (2017). Empathy machines. *Media International Australia*, 165 (1), 63-76.
③ Rifkin, J. (2010). *The Empathetic civilization*. New York: Tarcher-Perigree Press, p. 173.

在春节、元宵、端午等传统节日期间推出的系列节目均在 Bilibili 网站以短视频形式呈现,并且屡屡引发规模宏大的符号互动景观。例如,当博物馆里的隋代乐舞俑跃出展柜,化身娇俏可爱的少女,嬉戏于赴宴途中,舞动于大殿之上时,网友直呼"再来亿遍";当国乐古曲混合中国鼓 solo 和战场风声,重新演绎着《兰陵王入阵曲》时,《北齐书》中的文句以"弹幕"的形式刷屏;当身着汉服的女孩在乞巧节的歌声中贴花钿、点绛唇时,网民开始在线"虚拟大合唱"。借由即时互动的"弹幕"装置,用户以弹幕短文本为其"数字身份",云端共聚在特定的文化展演场景之中,进行着情感的传递和交换。传统中国节日文化的意义在共通的情感体验中获得了具象化的符号形式,亦拥有了情感上的意义升华。

这一开放式的参与过程往往还叠加了用户的个体记忆、生活故事等叙事脚本,促使用户在文本感知和价值阐释过程中生发出更为丰富的情绪感应。例如,融合新闻报道对传统节日文化符号遗存的展现可以激活个体的环境感知和过往记忆,并在此基础之上询唤出一种基于共同记忆的文化认同。在 2017 年清明节到来之际,新华网推出了一条互动答题类 H5 新闻作品《清明八问:探知生死的一张考卷》。"你上一次扫墓是什么时候?""小时候,你曾经被家人隐瞒过亲友的死讯吗?""你最希望在你的墓地收到什么礼物?"这些问题可以将用户个体的记忆与经历串联起来,引发用户深刻的情感反馈。在完成答题之后,用户还可以选择查看他人留下的"心事"。该答题页面的"题注"选项则扮演着意义阐释与引导的功能,在讲述清明节的文化知识的同时,也借传统节日和民俗阐述着中国传统文化代代延续、相互关联的生命观和生存哲学。以题注和设问为引,通过鼓励新闻用户众包式、开放式的内容生产,"清明"这一文化主题得以联结起个体的生命故事与集体的文化记忆,在情感的反馈与感染中化入人心。由此可见,在数字化的情绪感知环境之中,个体记忆和生命故事受到叙事图像、声音、动作等多重技术融合形态的召唤。无数个体在数字环境中的共时性存在与彼此"可见",使得情绪的交互、传染与合流成为可能。用户完全可以在数字化的叙事环境中形成一种"记忆共同体"和"情感共同体",并在此基础之上形成"身份共同体",这一过程也完成了个体生命记忆和集体记忆两种记忆模式的粘连。

如何通过情感语言的创新,实现传统文化传播的叙事认同(narrative

identity) 目的，无疑是融合新闻实践需要迫切回应的情感叙事命题。"叙事认同"这一概念脱胎于叙事学情感转向与心理学叙事转向的双向耦合过程。心理学学者丹·P. 麦克亚当斯（Dan P. McAdams）认为，认同是文化现代性的重要特征之一，人们通过从文化中挑选故事和图像构建自己的身份认同，并且这一行为已经成为一种真正的文化使命（cultural imperative）。[1]沿着麦克亚当斯的思路，我们可以将叙事认同视作一种以叙事文本为中介来建立身份归属的心理机制，而情感则是打开身份认同的"装置"。在融合新闻的实践语境之中，无论是"弹幕"、留言等参与方式，或者是基于感觉器官的互动操作，都致力于通过互动装置将用户带进一个故事化的情境空间之中，并赋予用户以新的感知角色和身份，如《敦煌未来博物馆》中的文物观赏者、时空穿越者和数字供养人。通过用户与作者、用户与机器的中介以及用户之间的交互，这种虚拟身份在社会和现实层面获得了合理性。由此，用户对于文化议题的感知不再止于新闻阅读、识记和体验，而上升到更深入的情感、互动与认同层面。

四、故事生成：游戏化与叙事情景重构

故事是按照时间顺序排列的事件[2]，而游戏化意味着对故事本身及其诸要素的一种"变奏"。要理解这种发生于叙事结构内部的深刻变化，就必然要谈及游戏叙事中的程序修辞问题。基于融合新闻的传统文化传播，实际上是借助一定的新闻信息工具对历史形态进行再现。由于报道对象具有事实静态化、知识密度高的特征，因此融合新闻叙事迫切需要在修辞策略和表现手法上锐意创新，以增强信息表达的具象性、趣味性和可读性。游戏与文化的结合并非偶然，二者之间存在天然联系。约翰·赫伊津哈（Johan Huizinga）曾将游戏与文化的关系提升到了一个理论维度加以认识，他认为应该把游戏当作文化的一种功能来研究——"古人深思存在的神秘，翱翔于神秘诗歌、

---

[1] McAdams, D. P. (2001). The psychology of life stories. *Review of general psychology*, 5 (2), 100-122.

[2] 〔英〕爱德华·摩根·福斯特. (2009). 小说面面观. 冯涛译. 北京：人民文学出版社 (p. 74).

深奥智慧、神秘主义和纯言语的玄妙边际……在这些令人敬畏的文本中，我们看到哲学的诞生……在神圣的游戏里诞生。"[1] 因此，文化传播过程中的"游戏化"思维并不是"游戏+"或"文化+"的机械叠合思维，而是通过游戏的程序逻辑还原文化本身的游艺性、趣味性和实践性，重塑传统文化的活态"传承场"。

在融合新闻实践中，游戏与文化议题报道的"相遇"打开了新的想象空间，具体表现为新闻游戏这一新兴新闻报道方式。新闻游戏在概念上具有"作为新闻事件改编的严肃游戏"和"作为互动新闻的程序叙事策略"两重意指。[2] 在文化议题的报道中，游戏技术极大地拓展了新闻呈现事实和阐述观点的途径，有助于将"文化"这一难以"言传"的社会结构性要素呈现在人们面前。一方面，游戏技术形式能够打通虚拟的"可能世界"、曾经存在的"历史世界"和当下现实世界之间的多孔边界。在此基础之上，游戏系统的秩序规则、时空范围、起止界限、角色视角等要素充分地显示出来，新闻得以借助游戏再造文化曾经繁衍生息的情境。另一方面，沉浸式互动技术的出场拓展了人类身体与数字文本"相遇"的体验方式，使得人体感官及其虚拟化身可以在其中自由穿梭，极大拓展了文化感知的"具身"空间。就其具体的实践路径而言，新闻游戏正从两条路径出发参与着文化新闻报道并激活着用户文化参与的"动机可供性"（motivational affordances）[3]：一是文化情境的再造，二是身体感官的激活。

（一）情景再造：多重世界的孔径融通

针对文化形式的"不在场"问题，虚拟现实技术可以模拟或重现历史。游戏技术集群中的即时云渲染、高精度三维扫描、超景深显微镜等技术可以将人体感官"邀请"至这一虚拟的文化环境之中，提供极限逼近于真实的

---

[1] 〔荷兰〕约翰·赫伊津哈.(2007).游戏的人：文化中游戏成分的研究.何道宽译.广州：花城出版社（p.119）.

[2] 潘亚楠.(2016).新闻游戏：概念、动因与特征.新闻记者, 9, 22-28.

[3] Hamari, J., Koivisto, J. & Sarsa, H. (2014, Jan.). Does gamification work? —A literature review of empirical studies on gamification. In 2014 47th Hawaii International Conference on System Sciences (pp. 3025-3034). IEEE.

环境体验，有效打通历史和现实的时空壁垒，生成一个不可能存在于现实世界中的故事宇宙。2022年6月，央视新闻中心推出了沉浸式数字交互空间《三星堆奇幻之旅》。该沉浸空间内设有古蜀王国、三星堆考古现场和三星堆数字博物馆三张游戏地图，分别代表了过去、现在和未来三个时空的现实情境。电视机前的观众可以通过扫码答题方式获得进入三星堆世界的入场券，拥有自己的角色化身并在三星堆的不同时空之中游历。该新闻作品化用了角色扮演类游戏中的诸多要素，如极具奇幻色彩的世界和独自游历的英雄，实现了新闻与游戏基于严肃属性的一次形式与价值的接合。

除了高精度地模拟现实情境之外，新闻游戏还可以创制出现实世界中完全不可能出现的故事场景。在2018年5月18日"国际博物馆日"当天，由中国国家博物馆等七家文化事业单位和抖音联合推出的融媒体作品《第一届文物戏精大会》走红社交网络。人像抠图技术、计算机视觉技术和3D渲染技术让文物们拥有了表情、动作和声音。汉代说唱陶俑、玉三叉形器、大禾人面纹方鼎等国宝级文物在夜深人静的博物馆展厅里化身"戏精"，载歌载舞，宜喜宜嗔，趣味十足。该作品创制出一个与现实世界完全不同的、充满奇幻色彩的博物馆"奇妙夜"的场景：伴随着手电筒灯光的熄灭，潮州窑白釉观音立像和三彩釉陶女俑在展柜中低声细语，唐三彩胡人跳起了"千年拍灰舞"，商代晚期的大禾人面纹方鼎拥有了"98k电眼"，兵马俑们齐声高呼："我们不红，始皇不容。"该作品之所以能够极大地调动起用户的积极性，是因为其不仅打通了哲学逻辑上的"可能世界"与"不可能世界"之间的技术通道，也实现了符号的"破次元"联结，在历史文化符号与流行文化符号之间架设起了桥梁，让有型文化物不再被束之高阁，而在现实文化语境之中再次被赋予了生命。

（二）身体激活：文化与感官的再相遇

在有形遗产中，文化特征是通过实物体现出来的，而无形文化表现形式则是通过默认的习惯和具体的实践来界定的。[①] 例如，中国古代的冰嬉、蹴

[①] Hou, Y., Kenderdine, S., Picca, D., Egloff, M. & Adamou, A. (2022). Digitizing intangible cultural heritage embodied: State of the art. *Journal on Computing and Cultural Heritage*, 15（3），1–20.

鞠、投壶是具有节令特色的体育和竞技活动，其中不乏身体的展演实践。民间文学、音乐、舞蹈、美术和传统工艺也是在人体感官的参与和协同之下发展而成的文化形式。这也说明了人类社会的身体交往实践在传统文化存续和传衍中居于尤其重要的地位。因此，以策展为主的传统文化的艺术观赏模式固然能够起到一定作用，但难免收效甚微，只有将"观赏模式"转化为"参与模式"和"体验模式"，才能从根本上解决传统文化的活态传承问题。针对这一问题域，游戏语境中的"身体"和"感官"提供了一条独特的解决路径。延续德布雷关于"媒介域"这一概念的洞察，在逻各斯域、书写域和图像域之后将出现关于"拟态域"的想象，"具身"霸权或将完全取代图像霸权。[1] 通过模拟和联结感觉与知觉器官，人类将可以在虚拟世界中实现对现实的"拟态"。在拟态域中，具有物质形态的文物、遗迹和建筑可以突破时间、空间限制而实现永续保存。更重要的是，已经消弭于特定时空的人类身体实践活动能够得以重现。通过即时开启的技术通道，今人亦能够闻古人之所闻、见古人之所见、感古人之所感。根据用户的参与方式和深度，融合新闻叙事的互动形式主要分为界面响应、路径选择和角色扮演三种类型。[2] 基于本章的问题语境，可以根据感官的卷入程度将其分为两种路径：一是感官激活，包含界面触发和视觉、听觉等器官互动的参与类型；二是化身投射，包括通过角色扮演等游戏参与方式将人类身体作为"化身"整体投射于虚拟环境之中。

在感官激活维度，以动画新闻、H5新闻、VR新闻为代表的融合新闻将文化内容、媒介载体与用户感官的互动置于叙事的核心位置，这极大地拓宽了人体感觉器官参与新闻叙事的限度和空间。借助移动设备中触屏、陀螺仪、GPS定位、语音等装置和技术，用户可以深度观察和感知作为报道对象的文化物。例如，新华社于2022年农历虎年春节期间推出的创意长图《敦煌壁画里走出的中国年，走它一个虎虎生风！》，从敦煌文献和壁画中挑选了与"春节"这一节日意象相符合的视觉符号，如引用文献《岁日相迎书》

---

[1] 许加彪，程伟瀚. (2022). 从"图像域"到"拟态域"："元宇宙"时代的媒介域更替. 传媒观察, 3, 12-17.
[2] 刘涛，杨烁燏. (2019). 融合新闻叙事：语言、结构与互动. 新闻与写作, 9, 67-73.

中的词句"献岁初开，元正启祚，入新改故，万物同宜"作为开篇，用壁画《报恩经变之大乐舞》来联结春节期间的各种歌舞庆祝活动。用户在观看新闻的同时，可以通过触摸图像为壁画中的人物衣饰上色，亦可左右滑动来解锁古代返乡大军的身影。随着手指的移动，空白的壁画变得流光溢彩，壁画中的人物也栩栩如生地出现在新闻的叙事语境中。在这一案例中，人体触觉与视觉得以在游戏化的感知路径中实现联动，用户因此拥有了全新的感知方式。实际上，人体感官还可以作为一种激活游戏遍历文本的"装置"与"开关"，赋予用户与文化"相遇"的感知自由，即用户可以通过身体媒介，自主选择在何种语境之下、使用何种方式来感知文化存在。广州市黄埔区融媒体中心于2022年推出的H5作品《与古人一席谈，治好了我的精神内耗》就给予了用户一定的路径选择空间。随着手指长按界面，用户能以第一人称视角穿梭于广州市的历史古迹之间，在不同的场景中，用户可以通过"点按"的方式来选择少年、青年和中年三种角色模式，并进入相应的故事世界，与古代名人进行对谈，探讨不同年龄段所面临的人生际遇。

在化身投射维度，VR新闻和AR新闻通过"设备+信息"的组合方式提供了更具有沉浸感的文化感知方式。通过VR眼镜、眼罩、头盔等显示设备，媒介得以真正成为"人体的延伸"，人体也被赋予了"媒介化感官"的真实意涵。例如，在爱奇艺上线的中国书法模拟应用《墨之韵》中，用户只需佩戴VR眼镜和手柄，便可以在虚拟空间中使用墨汁和毛笔进行虚拟创作，沉浸式地感受中国传统书法艺术的魅力。相较于其他的新闻形式，VR新闻的叙事特性主要有二：一是强占有性，深度的沉浸感可以隔绝外界物理环境，消除"媒介多任务行为"的可能性；二是重复感知的兴趣，用户在虚拟现实场景之中的每一次身体体验都意味着不同的信息获取线路，从而可以形成不同的认知模式，这有助于吸引用户多次"回味"。[①] 在传统文化的表征结构中，VR新闻的这两重特性极大地拓展了文化遗产的教育功能——用户在无干扰的环境中不断重复和体验，有助于加深对文化的理解与记忆，而且由于身体的沉浸式卷入，更能够产生一种"心流体验"。VR技术能否

[①] 李唯嘉，周泉. (2022). "我觉得像是玩游戏"：用户对VR新闻的使用体验研究. 国际新闻界，4，78-95.

实现沉浸式的传播效果，取决于数字情景再造的技术美学体系。例如，基于最大限度地复盘文化的存在情境，并释放身体感知的美学空间，一种被称为"VR 画师"的职业随之诞生。画师"企鹅妈妈 Alice"在 VR 空间创作的《水墨荷塘》《敦煌壁画九色鹿》等国风作品，打开了技术赋能文化创新的美学维度。

概括而言，赓续中华文脉、推动文化"双创"是一项极为重要的时代议题。图像化、情感化、游戏化不仅意味着数字文本表征的三种形式转向，亦代表了文化故事化的三种叙事语言进路，分别对应的语义修辞命题是符号形式、认同模式、生成规则。融合新闻叙事的故事空间构建，客观上需要沿着图像化、情感化、游戏化三个维度进行叙事创新，以此形成文化"双创"的数字叙事体系。其中，图像化回应的是故事形态的视觉表征问题，即借助可视化的方式实现文化故事的数字转译与出场，具体可以从时间、空间两个维度复活文化的"可见"状态、"活态"生命；情感化回应的是故事感知的叙事认同问题，即在情感维度打造文化认知的感性"通路"，具体的情感修辞策略包括"赋情于物"和"共情于人"；游戏化回应的是故事生成的用户参与问题，即通过文本规则和互动语言的创新来构建一种趣味性的故事接受情境，具体可以从"情境再造"与"身体激活"两个维度进行叙事重构。必须承认，技术逻辑与内容逻辑的"相遇"正使传统文化的传承与创新呈现出崭新的面貌。然而，传统文化"双创"是一项较为复杂的议题，如何在兼顾严肃性和教育性的基础之上，打开其传承与传播的更多面向，让技术真正为文化所用，而非让文化沦为技术形式的附庸，则是后续研究需要进一步探讨的命题。

讨 论

生成式人工智能与人机协作叙事

数字时代涌现出一系列新兴的媒介"物种",它们在媒介生态中极速生长和蔓延,不仅重塑了媒介系统的运行法则,而且重构了社会系统的结构秩序。作为一种颠覆性的技术形态,人工智能(artificial intelligence)带来的是一场系统性的社会变革,其已然嵌入社会系统的深层逻辑,铺设了社会运行的底层游戏规则。一场被称为"第四次工业革命"的"AI革命"正在如火如荼地上演。在这一块茎式蔓延的"AI革命"面前,一切事物似乎都面临"浴火重生"的选择与再出发。叙事学也不例外。从早期的机器人写作叙事,到如今基于大模型的人机深度协作叙事,人工智能已然超越了叙事系统中的"工具"角色,亦超越了新闻叙事中的要素和变量功能,而以智能体(intelligent agent)的身份出场,成为叙事中的一个行动者。随着人工智能在新闻传播领域的广泛应用与深度嵌入,人与智能体的生产关系成为智能新闻生产传播的核心关系。① 因此,数字叙事学必须正视人工智能带来的诸多挑战,并以此为认识起点,展望数字叙事学的未来图景。

当前,人工智能已经深刻地嵌入融合新闻采集、生产、传播、评价的全过程②,融合新闻之"融合性"被赋予了前所未有的想象力。发生在新闻生

---

① 杨保军,孙新(2024). 智能体:主体与客体相统一的"中介体"——兼论智能体在新闻生产中的地位和作用. 全球传媒学刊(6), 3-23.
② Broussard, M., Diakopoulos, N., Guzman, A. L., Abebe, R., Dupagne, M. & Chuan, C. H. (2019). Artificial intelligence and journalism. *Journalism & Mass Communication Quarterly*, 96(3), 673-695.

产与传播领域的智能新闻实践,已然传导并渗透进融合新闻的叙事系统,并引发了一场猝不及防的"叙事革命"。而以 ChatGPT 为代表的生成式人工智能(generative artificial intelligence)的兴起,更是创设了一种新兴的叙事图景——人机协作叙事(human-machine collaboration narratives)。那么,生成式 AI 究竟如何影响融合新闻叙事,打开了何种新兴的叙事空间,催生了何种新兴的叙事论题?由于算法"黑箱"的存在,人类不可能对生成式 AI 的计算过程进行全面审查,由此必然带来认识上的不透明问题。[①] 在生成式 AI 铺设的以"聊天"或"对话"为基础的信息生成模型中,尽管人类已经意识到机器计算过程的不透明性,但也不得不接受与其协作的宿命。这表面上看似是一场充满悲观色彩的协作,但也为人类理智能力的提升创设了机遇与可能。[②] 因此,唯有将生成式 AI 置于叙事学的总体知识视域中,赋予人工智能及其深层的算法"黑箱"一定的理论"位置",才能完整地想象并理解融合新闻叙事的未来图景。基于此,本书讨论部分立足生成式 AI 对新闻叙事的深层影响,正视人工智能在叙事实践中的"智能体"角色,对这一进行中的"叙事革命"进行分析和探讨,以此展望人工智能时代新闻叙事的新问题与新视野。

一、智能体:叙事中的行动者

从经典叙事到数字叙事,叙事学之所以拥有了全新的知识视域,是因为其在与数字媒介的"相遇"中,实现了媒介性与叙事性的深度互嵌——媒介所携带的技术属性悄无声息地"潜入"叙事的内部世界,改写了文本的表现形式及其叙事语言,也改写了文本在传播场景中的出场方式,亦改写了文本与受众之间的作用方式。当叙事拥有了一个普遍的媒介向度时,媒介性便深刻地嵌入叙事性,赋予了叙事新的问题域和想象力,这使得数字叙事上升为一个合法的学术领域。

媒介性与叙事性的关系辨析,可以借助叙事可供性(storytelling affor-

[①] 董春雨. (2023). 从机器认识的不透明性看人工智能的本质及其限度. 中国社会科学(05),148-166+207-208.

[②] 韩水法. (2019). 人工智能时代的人文主义. 中国社会科学(06),25-44+204-205.

dance）这一概念加以认识。一般而言，媒介性本质上意味着一种"成为媒介"的内在规定性，这意味着在不同的媒介技术那里，技术所携带或提供的媒介逻辑往往呈现出明显的差异，而这种差异最终会"传导"到叙事那里，从而赋予叙事不同的形式空间和表意潜能。相较于传统媒介而言，数字媒介的融合性、数据性、交互性等属性内涵从根本上动摇了传统媒介的物质属性，并赋予叙事更丰富的"传导"形式及语言，这使得叙事性呈现出前所未有的想象空间。换言之，数字媒介极大地拓展了叙事可供性的可能形式及意义潜能。如果说传统媒介的叙事可供性主要体现在媒介物的物理属性维度，那么，数字媒介则立足数字装置的物质逻辑和程序逻辑，重构了媒介性与叙事性的作用结构。

在媒体融合的总体语境下，人工智能已然成为推动媒体深度融合的基础设施，并且将"全媒体"问题带入了一个全新的理论和实践维度。纵观全媒体生产与传播的过程与环节，如生产体系一体化、渠道整合一体化、技术支撑一体化、精准运营一体化，实际上都离不开人工智能的深度参与和赋能实践。[①] 例如，《人民日报》于 2020 年正式发布"创作大脑"平台，并于 2023 年将其升级为"创作大脑 AI+"。有别于传统的"中央厨房"的生产方式，"创作大脑 AI+"集纳大模型、自然语言处理、计算机视觉、音频语义理解、图像识别等多项先进的人工智能技术，致力于实现内容的智能化、协作化生产，进而形成集智能化、场景化、自动化于一体的全新工作模式平台。"创作大脑 AI+"的功能包括收集素材、智能生产、智能剪辑、智能协同、智能互动等，其凭借一系列智能化的处理技术，实现了场景与产品之间的深度融合。

人工智能在新闻领域的深度介入，推动了算法新闻学（algorithmic journalism）[②]、计算新闻学（computational journalism）[③]、人工智能辅助新闻学

---

① 刘涛等.（2021）. 融合新闻学. 北京：高等教育出版社（pp. 29-36）.
② Dörr, K. N. (2016). Mapping the field of algorithmic journalism. *Digital journalism*, 4（6），700-722.
③ Flew, T., Spurgeon, C., Daniel, A., & Swift, A. (2012). The promise of computational journalism. *Journalism practice*, 6（2），157-171.

(AI-assisted journalism)①等新闻观念的兴起与发展。在人工智能技术的驱动下，诸如 AR 新闻、传感器新闻（sensor news）、位置新闻（locative news）等新兴的新闻形态逐渐浮出水面，并呈现出自动化、智能化的生产趋势。近年来，基于神经网络的深度机器学习成为人工智能的主要实现路径。随着人工智能在自然语言处理和图像识别领域的广泛应用，人工智能也嵌入新闻生产与分发的各个环节，形成了人类智能与人工智能相互协作的新闻策划、写作、生产与分发模式。②

必须承认，智能新闻实践已经从传统的智能新闻写作转向智能新闻生产。从"写作"到"生产"的转变，不仅揭示了新闻文本的多模态转向，而且揭示了新闻叙事的外延拓展。当"生产"进入叙事的范畴时，融合新闻叙事便真正走向了广义的叙事范畴：一方面需要回应文本、技术、意义之间的叙事接合问题，另一方面需要处理叙事、程序、装置、智能体之间的复杂关系问题。

早期的人工智能生成新闻叙事主要体现为模板化的叙事模式，即人类借助程序语言设定好创作模板，人工智能通过填充数据以生成新闻报道。模板化的新闻叙事常见于财经、体育、医疗卫生等包含大量结构化数据的议题报道。早在 2010 年，美国《洛杉矶时报》就已经开发了一款自动生成新闻报道的软件，旨在及时报道洛杉矶的全部凶杀事件。该软件能够将来自当地法医部门的关于凶杀事件的结构化数据直接填入文章模板，快速生成短篇报道。尽管模板化的智能叙事模式所依赖的模板填充技术也可以生成自然语言文本，但其工作原理主要是通过调用数据接口来填充固定模板。概括而言，模板化的智能叙事活动受制于模板本身的程序规则，其内容处理的灵活性依旧有限，不能算作严格意义上的自然语言生成。

人工智能生成新闻叙事的最新形式是基于自然语言生成（NLG）技术的人机协作叙事。2022 年 11 月，美国 OpenAI 公司发布聊天机器人 ChatGPT。该机器人基于对人类语言的深度学习，能够像人类一样与用户进行自如的对

---

① Quinonez, C., & Meij, E. (2024). A new era of AI-assisted journalism at Bloomberg. *AI Magazine*.
② 刘涛等. (2021). 融合新闻学. 北京：高等教育出版社（pp. 318-340）.

话互动，还可以自主完成翻译语言、设计视频脚本、编写代码、撰写论文等内容创作任务。虽然 ChatGPT 并非专门的新闻生产工具，而是基于问答的聊天机器人程序，但是在使用者的引导下，其可以生成具有新闻作品特征的文字内容。2023 年 4 月 25 日，《人物》杂志公众号发布了一篇完全由 ChatGPT 主导写作的稿件《ChatGPT 会让人变懒吗?》。该文章的事实素材来自三位采访对象，人类作者完成了前期的采访工作，随后将共计三万字的访谈记录切分成多个 1000 字左右的片段，逐一"投喂"给 ChatGPT，由其整理成 6000 字左右的材料。接着，作者按照 ChatGPT 所生成的写作框架，将三段访谈材料拆分重组后再次输入 ChatGPT，由其完成最后的文字生成、润色工作。然而，在同时刊出的编后语中，作者指出 ChatGPT 在采访素材的预处理、材料有机融合、写作真实性方面仍有很多不足，尤其是在人机合作效率和新闻写作伦理上依旧存在一定问题。

不难发现，作为一个智能体，生成式 AI 已然成为智能新闻生产中的一个行动者。在人机协作叙事模式中，人与智能体之间的关系本质上显化为一种主体关系。按照贝尔纳·斯蒂格勒（Bernard Stiegler）的技术哲学观点，人和技术之间是一种共生进化关系，技术不仅仅是人类身体官能的外在化"延伸"，更是作为一种实质性的"替补"，代具性地作用于人类的内在演变，并接通了人与非人的世界。这一观念与将智能体视为主体和客体相统一的"中介体"观念不谋而合。简言之，在斯蒂格勒那里，技术被视为一种"中介体"——中介了主体与客体，亦中介了人与世界。然而，在人工智能生成内容（AIGC）的世界里，生成式 AI 超越了"中介体"的内涵与范畴，其并非人类官能的简单"外化"，而是作为一种不透明的智能装置，将人类的价值智能与 AI 的计算智能统合在一起，并以"对话"为协作基础，建立了一种全新的智能形式——人机混合智能。当人类与 ChatGPT 以"chat"（交谈）的方式打开全新的认识世界时，生成式 AI 作为一种智能体，已然上升为一种能动的主体形式或类主体形式。

二、"咒语"的世界：人机何以交流？

人工智能研究中的核心理论问题之一是人工智能的"理解"及"理解力"问题。① 由于生成式 AI 主要依赖提示词进行人机交流，并通过提示词实现理解与推理，生成相应的自动化内容，因此，AIGC 的重要特征之一便是提示生成。正是借助用户的提示方式和策略，AI 获得了思考的方向、推理的线索、纠偏的依据、创作的灵感等。然而，人与机器之间的交流，并非早期人机关系中的支配模式，即人类通过指令对机器行为和操作进行直接控制，而是体现为人机之间的双向驯化过程——人类不断地调整提示词，以试探、适配、养成 AI 的"思维"方式，如此才能实现人机之间的深度理解。尽管人类通过向大模型"投喂"数据，能够实现对机器的潜在驯化，但一个不争的事实是，大模型并非指令的奴隶，它以人类世界的知识库为认识基础，形成了一套经由算法"黑箱"中介的"思维"模式。由于算法本身的不透明性，"黑箱"成为横在人类与机器之间难以跨越的壁垒，因此，人类与机器之间以何种方式进行交流，注定是一场相互试探、彼此妥协的漫长过程——其中既有人类思维对机器思维的潜在塑造，也有机器算法对人类思维的隐性驯化。

威尔·奈特（Will Knight）在《麻省理工科技评论》上撰写文章《人工智能深处的暗黑秘密》（"The Dark Secret at the Heart of AI"）指出，基于神经网络的深度学习的确赋予人工智能以强大的理解和推理能力，然而，即便是算法设计的工程师，也难以解释算法本身的工作模式及决策机制。② 面对算法"黑箱"这一无法回避的"暗黑秘密"（dark secret），唯有赋予其一定的理论位置，才能真正理解人机之间的交流模式。相较于早期模板化的人机交流，算法"黑箱"的不透明性决定了人与机器之间的交流，本质上体现为一种基于程序和指令的匹配过程——人类不断地调适自己的语言方式，对

---

① 董春雨. (2023). 从机器认识的不透明性看人工智能的本质及其限度. 中国社会科学 (05), 148-166+207-208.

② Knight, W. (2017, April 11). The Dark Secret at the Heart of AI. *MIT Technology Review*.

机器的反馈加以矫正或纠偏，如此才能在反复磨合中达成真正的理解，并最大限度地激活 AI 的"创作"潜能。然而，走进大模型的"语言"世界并非易事。大模型在执行人类的输入指令时，面对的依旧是一场"跨文化"交流，这一过程难免出现理解上的错位和偏差。唯有经历漫长的训练过程，与大模型进行反复沟通、纠错、磨合，才能进入大模型的"心灵"世界，实现更高效、更流畅的交流，并在交流中激发大模型的潜能、智慧与灵感。

作为开启大语言模型"心智"的源代码，提示词对于 AIGC 的重要性不言而喻，其不仅构成了人机交流的基础"媒介"，而且在人类语言和机器语言之间建立了通约的可能。如同巫师扮演着人与鬼神之间"沟通"的媒介，提示词也被戏称为人工智能时代的特殊语言——"咒语"。当机器不再臣服于人类的任意摆布时，一个新兴的人机交流问题逐渐浮出水面，即如何创建并设计更有效的提示词，以提高生成式 AI 的理解效率，并生成理想的作品？在这一"交流"问题的直接驱动下，提示词被推向了一个关键的内容生产位置，也作为人机交流的源代码，铺设了文本叙事的底层语法。因此，为了实现人机之间的深度理解，提示词写作本身成为一门"学问"。于是，网络上出现了一系列专门的提示词写作或交易平台，如 PromptBase、Krea、PromptExtend、Thomas IO 等，其功能便是为 ChatGPT、Stable Diffusion、Midjourney、Dall-E 等生成式 AI 工具提供精准而高效的提示词写作服务。例如，PromptBase 内置了海量的提示词模型，当用户输入创作需求时，便可得到定制化的提示词服务。

如何引导大语言模型对齐人类的思维模式和价值根基，以实现人机之间高效而准确的交流效果？一个关于提示词的"咒语"世界已然形成，并日益成为人机协作叙事生态的一部分。为了更好地驯化、匹配或迎合 AI 的思维模式，诸多大模型逐渐形成了相对独特的"提示词语法"。例如，作为一款 AI 绘图工具，Stable Diffusion 的提示词语法主要体现为"主体+细节+标签+参数"的格式，其中的参数部分内置了一些相对稳定的程序语言，如 [cat: tiger: 0.6] 表示前 60% 的采样步数画 cat，后 40% 画 tiger，最后生成的基本上是一幅结合了猫和虎特征的图像。显然，在大语言模型的世界里，任何一幅图像都可以被"拆解"为提示词的集合，这意味着只要得到一幅图像的提示词，便可以借助AI绘图工具得到类似风格的图像。于是，许多专业平台推出了"图像转提示词"的智能工具，用户只需上传图像，即可得到相应的提示词。例如，Replicate网站是一个专门为Stable Diffusion、Dall-E等AI绘图工具量身打造的"图像转提示词"平台，其能够对用户上传图像进行自动解析，并生成相应的提示词。一旦获得了一幅图像的提示词，用户便可以将其复制到Stable Diffusion中生成类似的图像，或者将其作为图像生成的"基模"，以此为基础进行修改，从而在原始图的"躯体"里，孵化出个性化的图像内容。

只有那些深谙大模型工作"语言"的人，才能逐渐洞悉提示词的写作精髓，从而与大模型建立良好的交流和交往体系。然而，随着大语言模型愈发复杂，其回答问题的质量不仅取决于底层算法和训练数据，还取决于其接受的提示词（问题/需求表达）的质量及有效性。于是，一种全新的职业——提示工程师（prompt engineer）进入公众视野。[1] 在既定应用场景中，任何以大语言模型为工具的创作主体，必然需要具备专门的能力素养，即掌握大模型的工作机制以及相应的提示词设计技巧。对于融合新闻生产而言，记者除了需要具备全媒体生产能力，还需要具备提示工程师的专业素养，如此才能将自身的思考与需求准确地传达给生成式AI，并得到最有效的反馈。

自OpenAI公司的GPT-4o发布以来，多模态交互已然成为人机交互的新课题。有别于ChatGPT早期版本较为单一的文字输入，GPT-4o可接受文字、音频、图像的组合输入，这显然将人机交互推向了一个全新的阶段。当人机之间的"对话"模式不再局限于文本层面的交流，而是延伸到多模态维度的多元互动时，如何提升大语言模型的跨模态感知、计算和理解能力，成为人机协作叙事需要正视的难题。相应地，人类需要处理的"对话"问题，除了模态内部的指令、参数、语境问题，还包括不同模态之间的转译、通约、对话与协同问题。其实，大语言模型之所以具备一定的推理及想象能力，一个重要的原因在于其对语境的感知和理解。相较于单一模态文本的语

---

[1] 喻国明，曾嘉怡，黄沁雅. (2023). 提示工程师：生成式AI浪潮下传播生态变局的关键加速器. 出版广角（11），26-31.

境问题，多模态语境生成工程变得更加复杂，这一过程需要协调和处理更为抽象的模态转换问题，如此方能形成便于生成式 AI 感知和理解的多模态上下文关系。随着人机交流的多模态转向，如何通过多模态的"提示"方式创设人机沟通的对话语境，以便从生成式 AI 那里获得更精准、更有效的反馈与输出，这既是提示词亟须拓展、突破和创新的新命题，也是人机交互迈向通用人工智能（AGI）的必经阶段。

三、迈向人机协作叙事时代

当尼古拉斯·尼葛洛庞帝（Nicholas Negroponte）于 20 世纪 90 年代提出著名的"数字化生存"论断时，他或许未能想到 20 多年后的今天，人类正在面临另一种生存问题——如何与大模型相处与交流？纵观当前的数字内容生态，生成式 AI 具有永不枯竭的生产能力，而且已经流动并渗透到其他文本的生成规则与结构之中，如当前的短视频、影视剧大量使用 AIGC 进行场景模拟与情景再现。

未来的生成式 AI 文本叙事，必然迈向一种全新的人机协作模式，即人类创作主体、生成式 AI、提示工程师、AI 监督模型等主体形式（行动者）之间深度合作。之所以将提示词生成工具也视为一种创作主体，是因为其预设或内嵌了一系列成熟的创作模型，如特定文体的语言模式，特定风格的创作模式，特定诗人或画家的作品风格等，从而为大语言模型提供了更具针对性的内容生成源代码，以提高大语言模型的理解效率和推理能力。相应地，未来的数字叙事必然呈现出一种多主体混合叙事模式，即不同主体各司其职，但又深度协作，在场景或任务驱动的内容生产生态中共同完成文本叙事。首先，人类创作主体主要负责模型调试、任务设计、叙事整合等工作。实际上，人类与 AI 的叙事协作，不能仅仅停留在局部的任务协作层面，而是要打造一种从模型设计到内容生成的全过程、全链条的协作模式。其次，生成式 AI 作为叙事活动中的协作主体，已然嵌入叙事活动的整个流程与环节，其在叙事中的功能主要体现为发挥 AI 的计算智能优势，协助人类发现或打开一个可能的叙事世界。再次，提示工程师需要配合创作主体的需求，专注于特定任务驱动下的提示词创作，尤其是熟练使用相关的提示词生成工具，能够根据叙事语境的变化或机器反馈的结果进行创造性的叙事探索。[①]最后，AI 监督模型意为借助 AI 的方法与方案，对生成式 AI 模型进行强监督，使得 AIGC 能够对齐人类的思维模式与价值标准。

由于生成式 AI 已然全面嵌入叙事活动的各个环节，甚至重构与再造了新的叙事流程，人机协作叙事的内涵便不再局限于传统叙事观念中的故事讲述与要素组织，而是更多地聚焦于 AI 在叙事链条中的一体化作用机制，即从文本内部世界延伸到外部世界，以"生产"为核心来统摄叙事的内涵与外延。人类智能和机器智能具有不同的叙事潜能，前者擅长选题策划、复杂沟通、价值判断等，后者则擅长数据分析、代码写作、智能生成等。因此，人机协作注定是智能时代新闻叙事的核心模式，而且贯穿于选题策划、内容生产、信息审核、新闻分发的各个阶段。

首先，在选题策划阶段，人机协作有助于拓展信息采集能力，从而在数据分析中探寻新闻选题。人工智能（如传感器、智能机器人）能够全天候采集数据，并进行实时传输和智能分析，这有助于记者从数据维度获取新闻事实，发现不为人知的新闻线索或规律，并基于数据分析进行追溯性报道和预测性报道，从而以数据基础打通过去、当下、未来之间的通约语言。

其次，在内容生产阶段，人机协作有助于提升内容生产效率，深入挖掘事实信息，创新新闻表现形式。人工智能在信息加工效率、数据可视化、多模态文本分析、智能化生成方面独具优势，因此可以替代人类完成相应的内容处理工作。人类善于挖掘新闻中的人文内涵与情感意蕴，而人工智能则擅长挖掘数据关系与规律，二者的深度结合有助于拓展新闻报道的事实空间和表现形式。例如，澎湃新闻于 2024 年推出的数据新闻《数说丨如果把上影节的历史喂给 AI，它能看出什么？》便充分发挥了人机协作的叙事优势。记者将以往 26 届上海国际电影节的历届海报和 11 年的片单信息"投喂"给 ChatGPT，后者便根据海报的设计元素、主题色彩等要素生成了一系列数据图表，从而以图像叙事的方式揭示了上海国际电影节的变化过程，如第 23 届正值新冠疫情期间，电影业停滞，图表中的海报色彩以黎明时天空的颜色

[①] 需要特别强调的是，提示工程师是高度职业化背景下的一种分工。熟练地掌握提示词的创作策略以及与 AI 的沟通策略，同样是人工智能时代内容创作者应该具备的一种基本的职业素养。

为主色调。

再次,在信息审核阶段,人机协作有助于提升信息核查的广度与速度。人类决定着信息的审核标准,而且具有较大的灵活性,因此可以应对错综复杂的情况。然而,人工审核成本高昂,效率低下。人工智能则可以依靠强大的数据处理能力,有效弥补人工审核的不足,尤其是在对虚假新闻、深度伪造(deepfake)内容的识别与审核上具有难以比拟的优势。

最后,在新闻分发阶段,人机协作有助于调适社会信息生态,帮助用户获取更多元的社会公共信息,从而更好地实现社会整合。人工智能的智能分析和精准分发特征,能够有效缓解海量信息内容与个性化信息需求之间的矛盾,降低人们获取信息的成本。然而,智能分发容易引发"信息茧房"和"回音室"效应、群体极化等伦理问题,人类则可以通过专业判断进行介入和干预,让公众挣脱"信息茧房"和"回音室"等桎梏,形成更多元的认识视角和能力。

人机协作叙事的关键是理解。人类与AI之间的理解,是碳基物种与硅基物种之间的彼此感应,是经验法则与计算法则之间的深度对话,亦是人类语言与机器语言之间的双向驯化。正是在人机协作模式中,智能体被推向一个显著的主体位置,而人类恰恰是在与智能体的"对视"中,重新发现自我,认识自我,并获得了全新的主体性内涵。例如,在AI的计算世界中,人类看到了一种替代性的思维方式与逻辑规则,也看到了一种基于人机协作的知识型之诞生;在"咒语"的世界中,人类看到了一种语言与另一种语言的妥协、和解、交融,而这恰恰构成了人机"对话"的前提,也构成了人机混合智能形成的条件……智能主要包含两种形式,一是以价值计算为基础的人类智能,二是以数学计算为基础的机器智能。[①] 如果说传统的人机协作依旧体现为一种支配性的控制结构,机器匍匐在人类的指令之下,未能摆脱被动的、从属的工具性角色,那么,人工智能时代的人机协作则极大地激活了机器的主体身份,人类面对的不仅是一个执行指令与任务的机器,还是一个具有思考和推理能力的智能体。

---

① 刘伟. (2023). 人机混合智能:新一代智能系统的发展趋势. 上海师范大学学报(哲学社会科学版)(01),71-80.

四、人机混合智能与叙事的"智能转向"

2018年,保罗·R.多尔蒂(Paul R. Daugherty)和H.詹姆斯·威尔逊(H. James Wilson)合著的《人+机器:重新构想人工智能时代的工作》(*Human+Machine: Reimagining Work in the Age of AI*),提出了一个至关重要的概念——"智能协作"(collaborative intelligence),具体包括AI扩展人类能力、人类与AI交互、AI优化工作流程等协作模式。今天,在从一般人工智能向通用人工智能"进化"的过程中,智能协作必将呈现出多维度的内涵与模式,不仅强调人类智能与机器智能之间的优势互补,而且强调人机之间多维度、多层次的协作与共生。

由于智能体以合作的、对话的、共创的主体形式出场,因此人类得以重新审视自我与机器的关系,并以"人机混合智能"为认识基础,想象"人机统一体"这一新兴的主体形式及其形成之可能。当我们承认智能体的主体形式时,协作、共生、多元、差异无疑成为人机交往的价值基准。一方面,人类可以在AI近乎完美的推算认知中识别出自身的认知缺陷;另一方面,AI也可以在人类较为擅长的行为认知和本能认知中确立自身的训练方向。必须承认,任何大语言模型注定都是不完美的,然而,其如同一面镜子,能够折射出人类世界及人类思维的诸多不足——有些属于权力运作的范畴,有些则属于集体无意识的范畴。在传统的认识范畴中,人往往被视为机器的尺度[1],相关研究主要集中于如何更好地对算法进行介入和干预,以达到"机器向善"的规约目的。然而,当我们一味地抱怨生成式AI存在的歧视、偏见、刻板印象时,似乎不应该忘记对"人的尺度"加以反思和追问。例如,大语言模型训练的数据资源一般来源于现实世界的开源数据,而在人类积累的数据资源中,或许早已埋下了不完美的种子,AI只不过是将这些躲在暗处的歧视、偏见、刻板印象"打捞"出来,让人们近距离地一窥其"真容"而已。

随着生成式AI在新闻传播领域的智能嵌入,未来的人机协作叙事将会

---

[1] 张劲松. (2017). 人是机器的尺度——论人工智能与人类主体性. 自然辩证法研究(01),49-54.

进一步拓展融合新闻的"融合性"内涵及其想象力。倘若回到本书绪论中所提及的"融合"命题,即媒介元素融合、情景系统融合和故事世界融合,我们便不难发现,一种全新的融合趋势已然来临:人机协作叙事在上述三个"融合"维度同步发挥作用,并且以"融合"为方法,打通了三者之间的边界,赋予了"融合"以新的内涵和外延。例如,就情景系统融合而言,生成式 AI 以可计算性为基础,重构了文本、界面、身体、空间、场景之间的融合规则,并在彼此之间建立了一套可连接、可转化、可对话的通约语言。当文本、用户、机器、环境之间呈现出复杂的作用关系时,我们有理由想象未来人机混合智能的存在场景。正是在这一智能化的互动结构中,环境超越了信息存在的场所属性或地理属性,而上升为一种可计算的叙事变量,这无疑拓展了新闻叙事的想象力,如将身体置于新闻之中,将新闻带向"身边"。相应地,新闻不仅关乎事实的呈现与挖掘,而且关乎人的处境,关乎人与智能体的相处之道。至此,融合新闻叙事真正走向了广义叙事学的范畴。

生成式 AI 正在加速万物互联的进程,这一过程既是以可计算性为基础的,也是通过可计算性加以实现的。在现有的人工智能阶段,人类智能中的某些经验、感悟、情感往往难以被数据化,"情感计算"依旧是一个相对遥远的命题。因此,人机协作的深意,反映的是人类行动者和非人类行动者的统一,亦是一种不可计算性和可计算性的统一。这种协作体现在叙事层面时,则重构了叙事学的基础假设——叙事超越了同域内要素的组织、表征及叙述命题,而延伸到了人机环境系统中异质要素的跨域通约、接合及意义形成命题,尤其是环境中的故事生成及讲述命题。

技术的前进步伐不会停歇,新闻叙事的"智能转向"正悄然发生,并必将成为现实。但是,无论我们走多远,都不应该忘记叙事的"使命"以及新闻叙事的"初心"。我们在谈论人机协作叙事时,更应该跳出协作的"形式狂欢",而真正关注这一全新的"信息方式"及其深层的知识生产逻辑,思考人机协作对于新闻事实及公共性的"打开方式",以及追问人机混合智能如何"通过叙事的方式"加以显现或实现。

后　记

　　我一直觉得，故事是一种特别奇妙的事物。故事是有生命的：有生，有死，有爱，有欲。人与事，因被讲述而成为故事；故事，寄居在媒介里，因媒介而变换着模样。在这纷纷扰扰的尘世间，有些故事暂时离场，只因那些过不去的坎；有些故事历经沧桑存活下来，走出斑驳的光影，注视远方，启人悟道。

　　变化的是故事，不变的是剧目。一个故事总是勾连并牵动着另一个故事，形成了我们称之为"命运"的东西。三年前的东京奥运会上，因对手在比赛中突然受伤、被迫退赛，中国羽毛球选手何冰娇不战而胜，但她却泣不成声。三年后的巴黎奥运会中，何冰娇与西班牙名将马林相遇女子单打半决赛，对手完成一记扣杀之后痛苦倒地，遗憾退赛。最后，站在领奖台上的何冰娇，左手握着银牌，右手握着西班牙奥委会徽章，致敬对手，这一刻，荣誉已跟奖牌无关……

　　早在十多年前从事修辞学研究时，我便同步关注叙事学。叙事与修辞的关系颇为密切，二者沿着"作为修辞的叙事"与"作为叙事的修辞"两个理论维度，嵌入彼此的知识框架。自那时起，我便尝试着手写一本有关数字叙事学的著作，但很快便意识到了这项工作的挑战性和难度。从经典叙事到数字叙事，叙事研究不能仅仅停留在"形式"捕捉层面，而是要引入传播的视角，系统地思考媒介、内容、形式、用户、情景之间的复杂结构和关系，以重新勾勒叙事学的知识框架及理论话语。随着思考的深入，有几个关键概念进入我的关注视野，如"媒介性""叙事性""叙事可供性"等。我愈发觉得力不从心，主要是因为数字媒介技术的迅速迭代，拓展了数字叙事的应用场景和理论内涵，而要系统地勾勒数字叙事的知识体系，似乎还是一个艰难而遥远的命题。

与其疲惫地"追赶"技术，不如冷静下来，关注具体的叙事场景和叙事问题。于是，我将目光转向学科本行，尝试在叙事学和新闻传播学之间寻求对话——关注新闻叙事命题，构建数字媒介时代的新闻叙事理论、方法与实践。相较于其他的叙事场景，新闻叙事无疑是一个更为重要的跨学科知识领域，亦是媒体融合时代一个亟须正面回应的新闻实务创新命题。

在很多场合的经验交流中，我将自己的研究特点概括为一场"教学驱动"的学术实践。修辞学、叙事学、阐释学这些学科视角之所以进入我的关注视野，一个重要的原因在于教学本身的内驱力。叙事学亦是如此。从入职暨南大学的那天起，我承担的第一门课程便是"新闻采写"，后来的教学内容也大多与新闻实务有关。还记得那时候往返于广州和珠海之间，只为了每周一次的本科教学。前一天晚上乘车到达珠海校区，第二天上午上课、下午返回广州，基本上一天就过去了。

当然，这都是十年前的故事了，但新闻写作中的故事问题却始终是我苦苦思考的一个问题。由于早期在央视《新闻调查》栏目工作，后来又担任《中国教育报》专栏作者，因此我对传统媒体的叙事问题相对较为熟悉。然而，不可阻挡的媒体融合浪潮已然消解了传统媒体和新兴媒体的边界，一场猝不及防的媒介变革全面袭来——"融合新闻"作为一个统摄性的概念，成为数字媒介时代新闻观念、形态、活动的总称。在传统媒体与新兴媒体深度融合的背景下，我产生了一种莫名的危机感：新闻采写如何才能适应新媒体的实践要求？

正是基于这样的问题意识，我立足传统媒体与新兴媒体的"变"与"不变"，开启了"新闻采写"课程的教学改革探索，主要的探索思路便是关注融合新闻的采写及叙事问题。2021年，我参加了首届全国高校教师教学创新大赛。还记得那年7月，延迟一年的东京奥运会拉开"战"幕，强台风"烟花"肆虐长三角，我差点迷失在上海的邯郸路。比赛的结果大为出乎意料：正高组第一名。看到成绩的那一瞬间，我不自觉地鼻子一酸。

2018年，教育部"新国标"要求，在新闻学、网络与新媒体、广播电视学等专业的核心课程中新增"融合新闻学"。基于前期对融合新闻实务的关注与探索，我着手打造暨南大学融合新闻教学团队，承担"融合新闻学"课程教学。经过系统的理论研究和实践探索，我带领团队建成了立体化教学资源体系：2019年上线慕课（MOOC）"融合新闻：通往未来新闻之路"，陆续出版教材《融合新闻学》，建成虚拟仿真项目"社会骗局类事件卧底调查报道虚拟仿真实验"，获批教育部融合新闻虚拟教研室，入选全国高校黄大年式教师团队（融合新闻教师团队）。

在媒体融合时代，融合新闻如何讲故事？这是"融合新闻学"课程教学向我提出的问题。后来的叙事学研究之所以转向融合新闻叙事，最直接的原因是为了回应来自课堂与教学的发问。因此，于我而言，教学更像是对科研的反哺——从教学中来，到科研中去，再回归教学。

融合新闻叙事的理论基础是数字叙事学。我不止一次地问自己：当我们在谈论数字叙事的时候，我们究竟在谈论什么？尽管近年来学界持续关注数字叙事命题，但这依旧是一项"未完成的工程"。相关研究主要停留在对经典叙事学的批判性反思层面——在经典叙事的"躯体"里，"建造"一个崭新的叙事世界。这一思路固然有其合理之处，也符合对"新事物"的一般认知路径，然而，数字叙事需要面对的问题并非局部的知识"修补"，而是对问题域的整体考察与深度发掘，如此才能解决"数字"的合法"出场"问题。倘若"数字"与"叙事"的结合，未能打开叙事学的新问题和新视野，也未能拓展叙事学的理论话语，那么，"数字叙事"之"数字"便仅仅是对叙事形式的描述与限定，并未上升为一种关乎叙事之本质的知识话语命题。

沿着这一认识思路，我对数字叙事学的关注点逐渐转向数字媒介，转向问题语境，转向应用场景。实际上，数字时代的媒介及其媒介性问题，已然超越了传统的"物性"观念，而是在装置、程序、算法等维度，携带着极为丰富且复杂的媒介逻辑。与此同时，数字叙事中的叙事性命题，同样超越了传统的文本认识向度，而延伸到广义的叙事范畴。这便需要回到具体的应用场景、围绕具体的问题语境开展数字叙事研究，从而以叙事学为方法，打开相关问题的知识空间。

相对于经典叙事而言，数字叙事往往存在一系列普遍而深刻的"出场"

问题——指向何种叙事场景？依赖何种媒介装置？源于何种修辞意图？实现何种传播效果？在经典叙事学那里，尽管叙事也承认媒介的因素，但媒介的"物性"并未完全"传导"至叙事的表征与编码维度，亦未上升为一个显著的叙事"变量"，这也是为什么经典叙事将小说叙事和电影置于共通的叙事框架加以讨论。相反，数字叙事的出场，既存在普遍的媒介向度，又具有显著的传播维度，其最终指向的是一种"场景驱动"的叙事问题与实践。

正因如此，从 2016 年开始，我将目光转向具体的数字叙事场景——融合新闻叙事，开启了以问题为导向的数字叙事研究，即以融合新闻为研究对象，深入思考融合新闻的叙事学命题。自那时起，我便决定写一本系统研究融合新闻叙事的学术著作。最初的写作进展比较缓慢，尽管发表了几篇相关文章，但彼此之间的体系性并不强。

事情的转机发生在 2018 年。彼时，《新闻与写作》杂志的李蕾和李嘉卓老师向我约稿，希望不定期开设专栏。这于我而言是一个很好的契机，也促使我沉下心来，系统地思考融合新闻的叙事学问题。正是从彼时开始，我才在之前的叙事学研究基础上，进行有组织的布局和写作，初步拟定了本书的章节框架，即聚焦于叙事理论、叙事语言、叙事实践三大知识模块，尝试构建融合新闻叙事的知识体系。在后续的专栏写作中，我便逐"章"突破，便于日后成书出版。这几年，我在《新闻与写作》上陆续发表了近十篇融合新闻叙事研究的论文，在此特别感谢李蕾和李嘉卓老师。正是杂志的信任，让我有了成书的念头，并沉溺于叙事学的研究世界。

按照前期设计的框架结构，本书的十八章内容均已在期刊发表。成书出版前，考虑到知识体系的完整性和系统性，我历时一年多，修改了前期发表的论文：一是对论文内容进行重新整合与打磨，增加了一些新思考，也补充了一些新案例；二是对论文中未能深入展开的一些理论问题进行了系统阐释，也新增了一些对相关知识点的理论梳理；三是对重复的文献、内容和论述进行删减与整合。书中内容均形成于以单篇形式发表的论文，其中部分文章系与学生合作完成，我指导的博士生和硕士生刘倩欣、张媛媛、庞玉瑶、薛雅心、朱思敏、蔡雨耘、黄婷、刘锦鹏、曾宪博参与了案例收集和部分写作工作，在此一并表示感谢。

作为本书编辑，北京大学出版社编辑董郑芳女士在本书出版工作中给予了全程支持，在此送上特别的感谢。说来也是一种缘分，从上一本书《视觉修辞学》到现在这本书《融合新闻叙事：故事、语言与修辞》，董老师细致的编校、专业的建议、耐心的沟通，让整个写作过程充满期待，也让我从中获益良多。按照前期商定的出版进程，这本书稿原本应在一年前交稿，但在每次"出手"之际，我总会发现些许不足，这也导致交稿进程一拖再拖，至今依旧心存歉意。此外，我也特别感谢北京大学出版社社会科学编辑室副主任周丽锦女士。这本书的前期策划和出版离不开她的领导和有序推进。来日方长，也期待下一本书有机会再度合作。

多年来，自己能有一个相对安静的写作空间，离不开家人的无私支持。我之所以可以触摸学术世界的单纯与纯粹，甚至偶尔还能忘我地沉浸其中，是因为家人默默地扛下了太多。所以，我要特别感谢我的家人。

无论是融合新闻，抑或是数字叙事，都是行进中的新话题。本书努力将二者结合起来，但跨学科研究对知识融通要求较高，囿于自身能力，写作与思考中难免存在诸多不足，也请大家批评和指正。

行文至此，并不意味着关于融合新闻叙事的研究可以画上句号，后续还有很多新问题有待持续思考和回应。当然，正因为完成了这本书，也让我多了一些信心，从而有勇气回到这本书的写作起点——跨学科研究更像是一次漫长的"破壁"之旅，假以时日，希望自己能拿出一本真正有分量的数字叙事学研究著作。

刘 涛
2024 年 8 月于暨南大学